KB069328

1인자의 인문학

리더는 어떻게 탄생하는가

Ι 중국편

— 리더는 어떻게 탄생하는가 —

1인자의 인문학

| 중국편

신동준 21세기 정경연구소 소장

미다스북스

| 차례

들어가는 글

리더는 어떻게 탄생하는가

1인자인가 2인자인가

　동양의 제왕은 오랫동안 민심民心을 통해 표출되는 천도天道의 실천자로 간주돼 왔다. 북송 때의 문인 범중엄范仲淹이 갈파했듯이 사대부들 모두 천하가 걱정하기 전에 걱정하고, 천하가 즐긴 후에 즐기는 이른바 '선천하지우이우先天下之憂而憂, 후천하지락이락後天下之樂而樂'의 자세를 금언으로 여겼다. 말할 것도 없이 공자를 창시자로 하는 유가 사상에서 나온 것이다.

　'선우후락先憂後樂' 자세에 대한 주문은 군왕 가운데 최고의 군왕으로 간주된 황제의 경우 그 강도가 더욱 높을 수밖에 없었다. 그런 전통이 21세기 현재까지 그대로 이어지고 있다. 지난 2015년 8월 시진핑 국가주석이 천안문 망루에서 러시아의 '차르'인 푸틴 등을 옆에 '들러리'로 세운 채 중국 70주년 전승절 열병식을 관람했다. 이른바 '중화사상中華思想의 21세기 버전'에 해당한다.

실제로 중화인민공화국의 최고 통치권자인 국가주석이 보여주는 행보는 과거 제왕정 시대의 황제와 크게 다르지 않다. 많은 학자들이 중국의 국가주석을 두고 '선출된 황제Elected Emperor'로 평한다. 겉옷만 바뀌었을 뿐 몸통은 하나도 변한 게 없다.

일찍이 중국을 대표하는 역사학자 전목錢穆은 중국의 전 역사를 군권君權과 신권臣權의 대립으로 분석했다. 이는 21세기 중국의 현황과 앞날을 분석하는 데도 매우 유용하다. 본서 역시 그런 의미에서 중국 역대 왕조의 황제와 정승의 만남에 주목했다. 명군과 현신의 전형으로 간주되는 주문왕과 강태공의 만남을 시작으로 춘추시대 첫 패업을 이룬 제환공과 관중, 첫 평민 출신 황제인 유방과 최고의 책사인 장량, 세상의 절반을 차지한 칭기즈칸과 이를 가능하게 한 야율초재, 20세기 '신 중화제국'의 창업주인 모택동과 일등공신인 주은래 등에 이르기까지 다양한 유형의 리더십 조합을 다뤘다.

동양은 예로부터 『주역』을 관통하는 키워드 음양론陰陽論처럼 1인자와 2인자의 관계를 우열이 아닌 역할 분담의 차원으로 봤다. '음' 속에 '양'이 있고, '양' 속에 '음'이 있다. 현대 물리학의 양자역학에서 말하는 음양론 이론과 다르지 않다.

『논어』를 비롯해 『맹자』, 『순자』, 『한비자』 등의 모든 제자백가서가 해석상의 차이에도 불구하고 하나같이 군도君道와 신도臣道를 언급한 것도 같은 흐름에서 이해할 수 있다. 『춘추좌전』과 『사기』 등의 사서도 제자백가서의 입장과 아무런 차이가 없다. 이들 모두 후대인들에게 1인자에게서 배울 수 없는 난세의 지략을 2인자의 지혜를 통해 배울 것을 주문하고 있다. 현대 리더십 이론에서는 1인자의 리더십과 대비되는 2인자의 리더십을 이른바 '팔로워십'으로 규정하고 있다. 1인자 리더십을 통상 '군주론君主論'으로 번역하는 관행에 비춰 대략 '참모론參謀論'으로 번역할 수 있다.

2인자가 1인자를 살린다

1인자의 리더십과 2인자의 리더십의 특징과 상보相補의 중요성은 입체적으로 분석할 필요가 있다. 이를 집중 분석한 본서는 성격상 '1인자의 군주리더십 vs 2인자의 참모리더십' 범주에 속한다. 원래 '참모'는 청나라 말기 장군인 '제너럴'의 참모인 영어 '스태프staff'를 번역하기 위해 등장한 용어이다. 이 용어는 당나라 때 기승을 부린 절도사節度使 휘하의 막료幕僚 가운데 한 사람을 가리키는 말로 등장했다. 전략 등을 미리 짜는 게 주요 임무였다. 당나라 때 시인 한유韓愈가 쓴 비문에 '참모'라는 단어가 등장한다.

그러나 청나라 말기 이전까지만 하더라도 2인자 리더십의 의미로 사용된 '참모'는 통상 책사策士로 표현됐다. 꾀를 잘 내어 일을 성사시키는 사람을 가리킨다. 삼국시대의 제갈량이 유명하다. 그가 북벌에 나서기 직전에 쓴 「출사표出師表」에 국궁진췌鞠躬盡瘁라는 표현이 나온다. 죽는 날까지 나라를 위해 온몸을 다 바친다는 뜻이다. 사직지신社稷之臣의 뛰어난 충성심이 그대로 드러나는 성어이다.

제갈량이 보여준 '국궁진췌'의 행보는 2인자 리더십의 가장 뛰어난 덕목에 해당한다. 제갈량은 죽을 때까지 잠시도 쉬지 않고 노심초사하며 성실한 자세로 정사에 임했다. 20세기에 들어와 '신 중화제국'의 초대 총리로 있었던 주은래가 바로 그런 인물이다. 창업주인 모택동을 성심으로 보필하며 나라와 인민을 위해 헌신한 삶의 궤적이 이를 뒷받침한다. 21세기의 중국인들이 역대 재상 가운데 가장 뛰어난 인물로 제갈량과 주은래를 꼽는 것도 이런 이유 때문이다. 제갈량은 공을 세운 자는 소원한 자일지라도 반드시 상을 내렸고, 법을 어긴 자는 가까운 자라도 반드시 벌을 주었다. 공과 사를 엄격히 구분한 것이다. 화려함은 1인자보다 덜 하지만 자신의 보필이 가시적인 성과를 거둘 때 2인자가 느끼는 희열은 측량하기 어렵다. 제갈량도 그랬을 것이다.

본서가 사상 처음으로 1인자와 2인자 리더십의 조화 및 대립을 통해 중국의 전 역사를 개관한 것도 바로 이 때문이다. 사람을 부리는 데에만 익숙한 1인자는 사람을 섬기는 2인자의 지혜를 배울 필요가 있다. 집안으로 치면 밖에서 아무리 뛰어난 활약상을 보이는 남편도 안에서 헌신적으로 내조하는 부인이 없다면 존립이 불가능하다. 노자는 『도덕경』 제28장에서 이같이 언급했다.

"그 수컷을 알고 그 암컷을 지키면 천하의 계곡이 된다. 천하의 계곡이 되면 상덕常德이 떠나지 않아 영아嬰兒로 복귀하게 된다."

여기에 나오는 '천하의 계곡'은 리더십의 요체가 1인자가 아닌 2인자에 있음을 웅변하고 있다. 원래 고요한 골짜기와 부드러운 여성을 관통하는 상징어는 '물'이다. 물은 고요하고 부드러우면서도 미치지 않는 곳이 없고, 앞을 다투지도 않는다. 노자를 시조로 하는 도가가 공자를 비조로 삼고 있는 유가와 달리 겉으로 드러나는 양도陽道가 아닌 속으로 감춰진 음도陰道에 초점을 맞춘 이유다.

이는 최첨단을 걷고 있는 현대의 유전생물학 이론으로도 뒷받침되고 있다. 남녀가 결혼해 DNA를 절반씩 결합시켜 자식을 만들 때 오직 여성의 미토콘드리아만 그대로 복제되어 끝없이 이어진다. 남자의 경우는 자신이 지닌 DNA 정보만 전할 뿐 미토콘드리아를 비롯한 모든 물질이 사라지고 만다. 그런 의미에서 남성을 위주로 한 동양 전래의 족보는 진실을 거꾸로 기록한 셈이다.

1인자와 2인자의 견제와 균형

낮과 밤이 상호보완관계를 이루듯이 군권은 반드시 신권의 보필을 받아야 제 몫을 할 수 있다. 신권 세력이 군권의 장식물로 전락하면 군주의 독선으로 인해 나라가 어지럽게 되는 게 그 증거다. 『맹자』가 신권을 역설한 이유가 여기에 있다. 그러나 신권의 타락도 왕권의 타락만큼 매우 위험하다는 사실을 기억해야 한다. 군권이 무너질 경우 신권 사이의 무한한 경쟁이 전개되기 때문이다. 그게 바로 붕당朋黨 간의 암투 내지 혈투로 전개되는 망국적인 '당쟁黨爭'이다. 뛰어난 2인자가 절실히 필요한 이유다.

사상사적으로 볼 때 군권과 신권의 갈등과 조화가 빚어내는 다양한 유형의 '군신君臣 리더십' 관점에서 보면 공자와 순자는 신권과 군권이 견제와 균형을 통해 통치 권력을 나눠서 행사하는 군신공치君臣共治, 성리학의 사상적 스승인 맹자는 사실상 신권이 군권을 압도해 통치 권력을 좌우하는 신권독치臣權獨治, 정반대로 법가사상을 집대성한 한비자는 군권이 압도적인 우위를 점하는 군권독치君權獨治를 주장했다.

얼핏 다른 얘기인 듯이 보이나 객관적으로 볼 때 이들의 주장은 결코 모순된 게 아니다. 마치 한낮과 한밤중이 각각 양과 음을 대표하는 것처럼 태평세太平世는 맹자의 '신권독치', 위란세危亂世는 한비자의 '군권독치'가 바람직하기 때문이다. 난세와 치세의 중간에 속하는 이른바 소강세小康世는 공자가 역설한 '군신공치'가 타당하다. 군권과 신권의 우열에 기초한 '군신 리더십'의 조합은 당시의 시대 상황에 비춰 판단해야 한다는 얘기다.

21세기 G2시대는 국가총력전 양상의 경제전 시대이다. 정글의 약육강식을 방불하고 있기에 뛰어난 책사가 더욱 필요하다. 그래야만 살벌한 국가총력전에서 살아남을 수 있다. 이는 글로벌 기업의 CEO를 생각하면 쉽게 이해할 수 있다. 총수가 아무리 뛰어난 재주를 지닌 인물일지라도 곁에서 충고하며 보필해주는 참모의 존재 여부에 따라 흥망이 엇갈리게 된다. 세계무대에서 영원한 1등이 없는 이유다. 애플의 등장으로 소니와 노키아는 급속히 몰락해갔다. 또 삼성의 분발로 애플과 삼성은 역전현상이 나타나고 있다. 경제전 상황에서는 스스로를 채찍질하며 부단히 노력하는 이른바 자강불식自强不息을 하는 자만이 살아남을 수 있다. '자강불식'은 『주역』의 핵심원리이기도 하다.

본서는 기원전 11세기부터 21세기 현재에 이르기까지 총 3천 년에 달하는 중국의 역사를 다양한 유형의 '군신 리더십' 조합을 통해 개괄적으로 살펴보고 있다. 최고통치권자를 비롯한 위정자와 초超일류 글로벌기업을 꿈꾸는 기업 CEO들은 이 책을 통해 여러 유형의 난관타개 지혜를 찾아낼 수 있을 것이다. 일반 독자들도 본서를 통해 해당 분야에서 천하제일이 될 수 있는 비책을 찾아낼 수 있을 것으로 본다. 모쪼록 본서가 코앞으로 다가온 한반도통일을 실현시켜 명실상부한 '동북아 허브시대'를 만들고자 하는 모든 사람들에게 도움이 됐으면 하는 바람이다.

2017년 가을 학오재學吾齋에서 저자 쓰다

주문왕
·
기틀을 설계한
1인자

VS

설계를 실현한
2인자
·
강태공

2인자는 1인자가 될 자격이 없는 사람이 아니다. 2인자의 능력은 1인자에 못지않은 경우가 많다. 그러나 2인자는 1인자를 넘어서려 하면 안 된다. 1인자가 보지 못하는 것을 보고, 느끼지 못하는 것을 느끼며, 감당하지 못하는 것을 감당하는 게 2인자의 몫이다. 톱니바퀴처럼 아귀가 서로 맞을 때 가장 큰 성과를 낼 수 있다.

더 멀리 바라보지만 늘 한 발 뒤에 서 있는 것이 2인자의 자리다.

제1장 주문왕과 강태공

"우리 선대인 태공太公 때부터 이르기를, '장차 성인이 주나라에 올 것이니 주나라는 그로 인해 일어날 것이다'라고 했소. 선생이 진정 그 분이 아니오?"

– 주문왕

탐욕은 눈을 멀게 한다

중원 최초의 고대왕국인 은殷나라의 마지막 왕은 주紂이다. 『사기』「은본기」에 따르면 가혹한 형벌과 황음무도한 방탕을 일삼다가 민심이 이반돼 주나라 무왕武王에게 패한 것으로 되어 있다. 그러나 이를 액면 그대로 믿어도 좋은 것일까? 고금의 모든 사서가 그렇듯이 패한 왕조의 마지막 군주는 늘 폭군으로 그려지고, 정반대로 창업 군주는 성군 내지 현군으로 묘사된다. 사서 기록의 이면을 면밀히 검토할 필요가 있다.

「은본기」에 따르면 은왕 주는 스스로 천제天帝에 빗대 천왕天王을 칭하면서 쾌락을 위해 사치스러운 궁궐을 지었다. 지금의 하남성 기현인 도성 인근의 조가朝歌에 금은보화를 저장하려고 녹대鹿臺를 세운 것이다. 전한 초기 가의賈誼가 쓴 『신서新書』를 보면 녹대는 7년간에 걸쳐 지었다. 건물의 길이가 3리里, 높이가 1천 척尺에 달해 구름이 보일 정도였다고 한다. '1천 척'은 3백 미터에 달한다. 이 밖에도 경실瓊室과 요대瑤臺를 지었고 사구沙丘에 원대苑臺라는 넓은 정원을 만들어 그곳에 온갖 진기한 짐승을 모아다 놓았다고 한다.

또 술로 연못을 만들고 빽빽하게 들어찬 나무들처럼 고기를 매달아놓은 뒤 많은 악공과 광대들을 불러들여 음탕한 음악을 연주하게 했다고 한다. 이른바 주지육림酒池肉林이다. 벌거벗은 남녀들이 주지육림 안에서 서로 쫓아다니며 밤이 새도록 술을 마시며 놀았다는 이야기다. 폭군에게는 늘 천하의 요녀妖女가 따라다니기 마련이다. 주인공은 달기妲己이다. 달기는 원래 유소씨有蘇氏 부족장의 딸로 은나라의 공격을 받은 유소씨가 환심을 사기 위해 후궁으로 바친 인물이다. 은왕 주는 달기를 지극히 총애한 나머지 그녀의 말이면 무엇이든 들어주었다.

백성들의 원망이 높아가고 배신하는 제후들이 늘어나자 형벌을 강화했다. 포락지형炮烙之刑이 대표적이다. 죄인으로 하여금 숯불 위에 가로놓인 기름칠한 구리기둥 위를 걷게 하는 것이다. 은왕 주와 달기는 죄수가 숯불 위에 떨어져 서서히 죽는 모습을 보며 즐거워했다. 인육을 햇볕에 말려 포를 뜬 육포肉脯와 인육을 잘게 썰어 젓갈을 담근 육해肉醢도 있었다.

명나라 때 나온 『봉신연의封神演義』에는 달기가 꼬리가 9개인 구미호로 나온다. 이 소설은 민간에 나도는 은나라와 주나라의 교체에 관한 전승설화를 배경으로 한 것으로 주인공은 강태공姜太公이다. 온갖 기이한 요술을 구사해 마침내 은왕 주와 '구미호' 달기를 제압한다는 내용으로 꾸며져 있다. 은왕 주가 수천 년 동안 폭군의 전형으로 매도되었음을 보여준다. 조선조도 크게 다르지 않았다. 폭군으로 몰려 쫓겨난 연산군과 광해군의 총희였던 장록수張綠水와 김개시金介屎 모두 구미호로 매도되었다.

사서의 기록이 늘 그렇듯이 이는 주나라의 창업을 미화하기 위해 만들어낸 얘기일 것이다. 당시 은왕 주는 직접 군사를 이끌고 동이東夷와 큰 전쟁을 수행했다. 약 1년 반에 걸친 악전 끝에 승리를 거두었지만 피해는 컸다. 병력과 재정의 소모가 지나치게 많았고, 백성들의 부담이 가중되면서 원망하는 목소리가 높아졌다.

2인자의 소리를 들어라

「은본기」에 따르면 은왕 주는 맹수와 격투할 정도로 무용武勇이 출중했다. 게다가 매우 총명하고 언변 또한 뛰어났다. 문무를 겸비한 인물이었다. 그런데도 그는 주나라 무왕에게 패했다. 사서는 신하의 간언을 듣지 않고, 자신의 재주를 과신한 점을 패인으로 들었다. 객관적으로 볼 때 이는 역사적 사실에 부합하는 듯하다.

당시 제후국인 주周나라는 호시탐탐 기회를 엿보고 있었다. 우두머리는 바로 후세에 성군으로 칭송받은 문왕文王이다. 문왕은 성이 희姬이고 이름은 창昌이다. 그는 서쪽 지역 제후들의 우두머리였기 때문에 서백西伯으로 불렸다.

서백 희창은 천성이 인자하고 백성을 사랑하기를 마치 자신의 몸을 소중히 하듯 했다. 은왕 주는 희창을 견제할 생각으로 곧 그를 비롯해 구후九侯와 악후鄂侯를 3공三公으로 삼았다. 구후가 자신의 아름다운 딸을 바쳤으나 은왕 주는 구후의 딸이 음탕한 짓을 싫어하자 노하여 그를 죽이고, 구후마저 죽여서 포를 떠 소금에 절였다. 악후가 이를 따지자 그 역시 포를 떠 죽였다.

희창이 이 소식을 듣고 탄식하자 숭후호崇侯虎가 이를 은왕 주에게 고자질해 유리羑里에 가두게 했다. 희창의 신하 굉요閎夭 등이 미녀와 진기한 보물, 준마 등을 바쳐 간신히 희창을 구해냈다. 이때 은왕 주는 인질로 도성에 와 있던 희창의 아들 백읍고伯邑考를 끓는 물에 넣어 삶아 죽인 뒤 그 고기로 장조림을 만들어 희창에게 보냈다. 희창이 이를 먹자 은왕 주가 안도의 한숨을 내쉬며 이같이 말했다.

"제 아들을 잡아먹는 성인도 있다더냐? 도대체 어떤 놈이 희창을 성인이라고 했단 말인가!"

사서는 희창이 자식의 살로 만든 고기인 것을 알면서도 후일을 기약키 위해 눈물을 머금고 이를 먹었다고 기록해놓았다. 이는 군주의 나라인 은나라를 토벌한 것을 미화하기 위해 만들어낸 이야기로 보는 게 옳다.

〈태공조위〉, 강태공이 낚시를 하다 문왕을 만나고 있는 모습

끝까지 기다려라

　주목할 것은 당시 희창이 주나라를 강국으로 만들 인재를 널리 찾은 점이다. 이때 바로 흔히 강태공으로 부르는 여상呂尙을 만나게 됐다. 여상과 관해서는 예로부터 여러 얘기가 전해진다. 『사기』「제태공세가」는 여상과 관련해 이같이 기록해놓았다.

　"여상은 동해東海의 바닷가 근처 사람이다. 그의 선조는 일찍이 요순 때 사계절을 관장한 벼슬을 하다가 하나라를 세운 우禹 임금이 물과 땅을 정리하는 것을 도와 크게 공을 세웠다. 그들은 요순과 하나라 때 여呂와 신申 땅에 봉해졌다. 성은 강씨姜氏였다. 하나라와 은나라 때 그 방계의 자손이 신과 여 땅에 봉해지기도 하고, 또 평민이 되기도 했다. 여상은 그 후예로 본래의 성은 강씨였으나 이후 봉지를 성씨로 삼은 까닭에 여상呂尙으로 부르게 됐다."

　여呂는 하남성 남양시 서쪽, 신申은 하남성 남양시 부근을 말한다. 여상은 이름이 상尙, 자字가 자아子牙인 것으로 알려져 있다. 전해지는 일화에 따르면 당초 그는 나이가 70에 이르도록 알아주는 사람을 만나지 못해 오직 글공부만 열심히 했다. 그의 아내는 글공부만 하는 무능한 여상을 힘겹게 먹여 살릴 수밖에 없었다. 하루는 그의 아내가 일을 나가면서 멍석에 깔아놓은 보리가 비에 젖지 않도록 단속할 것을 당부했다.

　그러나 여상은 방안에서 공부하느라 소나기가 쏟아지는데도 이를 몰랐다. 여상의 아내가 일을 마치고 돌아와 보니 멍석에 널어놓은 보리는 모두 흠뻑 젖거나 물에 떠내려가 버렸다. 화가 난 그의 아내가 방문을 박차고 나가버렸다. 여상이 탄식했다.

"조금만 참으면 될 것을, 이제 80이 되면 운이 트이는데 그것을 못 참고 떠나가다니 안타깝다."

혼자가 된 여상은 위수의 강가로 집을 옮겨 반계磻溪라는 곳에서 매일 낚시를 하고 앉아있었다. 이때 그는 미끼를 끼우지도 않은 채 곧은 낚시 바늘을 물에 드리웠다. 자신을 알아줄 군주가 오기를 기다린 것이다.

마침 이때 문왕이 꿈을 꾸게 되었다. 꿈속에서 천제天帝가 나타나 현인을 보내줄 것을 약속했다. 문왕이 곧 사람들을 시켜 꿈속에서 본 현인을 찾게 했다. 그러나 도무지 찾을 길이 없었다. 점복을 관장하는 태사太史를 불러 점을 치게 하자 이런 점괘가 나왔다.

"사냥할 것은 용도 이무기도 아니고, 호랑이도 큰 곰도 아니다. 패왕의 보필이다."

태사가 곧 문왕에게 위수 근처로 사냥을 나가면 반드시 현인을 만날 것이라고 일러주었다. 문왕이 사냥을 나갔다가 과연 위수의 지류인 반계에서 낚시를 하고 있던 여상을 만나게 되었다. 천하의 정세에 관해 여상과 몇 마디 대화를 나눈 주문왕은 크게 기뻐하여 이같이 말했다.

"우리 선대인 태공太公 때부터 이르기를, '장차 성인이 주나라에 올 것이니 주나라는 그로 인해 일어날 것이다'라고 했소. 선생이 진정 그 분이 아니오? 우리 태공이 선생을 기다린 지 오래 되었소."

이에 여상을 '태공망太公望'이라고 칭한 뒤 곧 수레에 함께 타고 돌아와 국사國師로 모셨다. '태공망'은 주문왕의 선대인 '태공'이 바라던 사람이라는 뜻을 지니고 있다. 그러나 한나라가 들어설 때까지도 여상이 문왕을 만나게 된 과정에 관한 일화는 이 위수에서 만나는 일화 이외에도 매우 많았다. 사마천도 『사기』를 저술하면서 이에 대한 확신을 갖지 못했다. 이에 그는 문왕과 여상이 위수 가에서 만나는 일화를 「제태공세가」에 실으면서도 여타 일화에 대한 개략적인 설명을 덧붙여놓았다.

이에 따르면 당시 태공망 여상은 박학다식하여 은왕 주를 섬겼으나 은왕 주가 포악무도하자 이내 그의 곁을 떠나버렸다. 이후 제후들에게 유세했으나 알아주는 이를 만나지 못했다. 이에 마침내 서쪽으로 가서 문왕에게 의지하게 되었다고 한다. 사마천은 이 설도 매우 유력하다고 판단해 개략적인 골자를 실어놓았다.

또 다른 일화에 따르면 당초 여상은 처사로 바닷가에 은거할 당시 마침 문왕이 유리에 구금되었다. 이때 평소 여상을 알고 있던 산의생散宜生과 굉요閎夭가 그를 불러냈다. 이때 여상은 이같이 말했다.

"내가 듣기에 서백은 현명하고 또 어른을 잘 모신다고 하니 어찌 그에게 가지 않겠는가?"

이에 세 사람은 곧 미녀와 보물을 구해 은왕 주에게 서백의 속죄금으로 바쳤다. 『제태공세가』는 이밖에도 당시 여상이 곤궁한 나머지 문왕을 만나기 위해 위수 가로 낚시질을 나간 것으로 기록해놓았다. 「제태공세가」에 따르면 문왕이 여상을 만나게 된 것은 은왕 주의 시기를 받아 유리에 갇혀있다 돌아온 뒤였다. 그렇다면 여상이 문왕을 위수 가에서 만나게 되었다는 설화는 여상이 산의생 및 굉요와 함께 계책을 내 문왕을 구해냈다는 설화와 완전히 배치된다.

내용구성은 다르나 여상이 지우知遇를 만나지 못해 고생을 하다가 마침내는 문왕을 만났다는 골자는 모두 동일하다. 후세인들의 태공망 여상에 대한 존경심이 이같이 여러 편의 일화를 만들어냈을 것이다. 여상이 제 발로 서쪽으로 문왕을 찾아갔다는 일화가 역사적 사실에 가까울 듯싶다.

당시 여상의 전처는 여상이 크게 몸을 일으켰다는 소문을 듣고 그를 찾아가 잘못을 빌며 다시 결합할 것을 간청했다. 여상이 그릇의 물을 땅에 쏟아부은 뒤 이를 주워 담으라며 이같이 힐난했다.

"이미 엎지른 물을 다시 담을 수는 없소. 우리 사이도 이와 같소."

여상의 전처는 후회와 수치심을 참지 못하고 그날 밤 목을 매어 자진하고 말았다. 여상이 전처를 버린 이 이야기는 훗날 널리 유행하여 여러 이야기를 만들어냈다. 이 이야기는 여성들의 정절을 고취하는 데 크게 이용되었다. 명대 이후 『봉신연의』의 유행으로 여상은 매우 인기 있는 인물이 되었다. 그는 지혜롭고 도술이 뛰어난 인물의 전형으로 중국 민중들에게 각인 되었다. 그러나 이 또한 주나라의 건립을 정당화하기 위해 의도적으로 미화한 것으로 보는 게 합리적이다.

두려워하지 말고 장애를 돌파하라

문왕은 여상을 얻은 뒤 매사를 그와 의논하며 정사를 펼쳤다. 『서경』
「주서周書」, 「태서泰誓」에 따르면 여상의 계책은 순차적이었다. 먼저 지금
의 산서성 평륙현 북쪽인 우虞와 섬서성 대려현 동남쪽의 예芮의 분쟁부
터 해결할 것을 권했다. 제후들을 끌어들이려는 속셈이었다. 「주서」는 약
40여 나라가 두 나라의 송사가 원만히 해결되자 희창에게 귀순해 왕으로
떠받들었다고 기록해놓았다.

이어 문왕은 적대적인 입장에 서 있는 섬서성 노현 동쪽의 숭崇과 감숙
성 영대현 서남쪽의 밀수密須 등을 공략했다. 다시 지금의 섬서성 서안 인
근을 장악하고 있던 북방 이민족 견융犬戎을 제압한 뒤 도성을 기歧에서
풍하灃河의 서쪽 언덕에 위치한 서안시 서남쪽의 풍읍灃邑으로 옮겼다. 명
칭도 풍경灃京으로 바꿨다. 이곳이 바로 훗날 당나라 때까지 천하의 중심
지가 된 장안의 발상지이다. 이로써 천하의 3분의 2가 희창에게 귀순하게
되었다. 모두 여상의 계책에 따른 것이었다. 이는 은나라를 칠 마지막 준
비가 끝났음을 뜻한다.

그러나 결전을 앞두고 문왕이 문득 세상을 떠나고 말았다. 신하들이 '문
文'이라는 시호를 올렸다. '문'은 세상의 기본 틀인 경위經緯가 되었다는
것을 뜻한다. 희창의 뒤를 이어 아들 희발姬發이 즉위했다. 그가 바로 은나
라 정벌을 마무리 짓고 새 왕조인 주나라를 세운 무왕武王이다. 후대 왕
조에 무력으로 나라를 세운 창업주가 '무武'의 시호를 받을 경우 그의 부

친이 '문'의 시호를 받은 사례는 매우 많다. 문왕과 무왕이 대표적인 사례다. 전국시대 초기에 천하를 호령한 위문후魏文侯와 위무후魏武侯도 같은 경우에 속한다. 그러나 삼국시대 위나라의 조조와 조비의 경우는 각각 위무제魏武帝와 위문제魏文帝의 시호를 받았다. '무'가 '문'보다 앞선 경우에 해당한다. 조조의 무공武功이 아들 조비보다 훨씬 컸음을 시사한다.

당시 무왕 희발은 쉽게 움직이지 않았다. 먼저 도성을 풍경과 마주보는 풍하 동쪽 언덕에 새 도성을 세웠다. 그것이 바로 호경鎬京이다. 지금의 서안이다. 풍경과 호경은 매우 가깝고 풍경에는 여전히 주왕실의 종묘가 남아 있었던 까닭에 이후 서주西周의 역대 왕들은 대개 풍경에 거주하거나 국사를 처리했다. 사가들은 두 곳을 통칭해 풍호豐鎬로 불렀다.

공교롭게도 은왕 주는 무왕 희발과 정반대로 나아갔다. 아첨꾼인 비중費中을 중용해 국정을 담당하게 한 게 그렇다. 『사기』와 『서경』 등에는 아첨을 잘하고 사리사욕만 채우는 소인배로 묘사되어있다. 은왕 주는 비중이외에도 훗날 진秦나라의 선조인 비렴蜚廉의 아들 악래惡來를 등용했다. 다른 사람을 비방하기를 좋아한 인물로 그려져있다. 제후들은 이들로 인해 은나라 왕실과 더욱 사이가 멀어진 것으로 기록되어있다. 패망한 왕조의 신하들 역시 간신奸臣으로 몰린 경우로 보는 게 옳을 듯하다.

다만 이는 한 가지 사실을 뒷받침하고 있다. 대략 은나라의 제후국에서 출발한 주나라가 이때에 이르러 은나라를 압도할 정도의 막강한 무력과 재력을 자랑하게 됐다는 점이다. 실제로 무왕 희발은 호경으로 천도한 뒤 적극적인 공벌 준비에 나섰다. 대군을 이끌고 동쪽으로 출병해 맹진孟津에서 군사훈련을 하기로 결정했다. 맹진의 열병 당시 8백여 제후국이 가세했다고 기록돼있다. 그러나 주무왕은 다시 2년의 세월을 기다렸다.『서경』등은 천하의 민심이 은나라로부터 완전히 떠나기를 기다렸다고 풀이해놓았다. 그보다는 은나라의 내분을 이용하기 위해 뜸을 들인 게 역사적 사실에 가까울 듯싶다.

주목할 것은 무왕이 막 군사를 이끌고 출발하려고 할 때 두 노인이 나타나 무왕이 탄 말의 고삐를 잡으며 정벌을 만류한 점이다. 바로『사기』「열전」의 맨 앞에 수록된 고죽국孤竹國의 왕자 백이伯夷와 숙제叔齊 형제다. 두 사람은 도덕을 생명처럼 소중히 여기는 사람들이었다. 이들은 무왕에게 이같이 간했다.

"은왕 주는 비록 폭군이나 모든 제후들의 군주입니다. 신하로서 군주를 치는 일은 옳지 못합니다. 게다가 폭력은 또 다른 폭력을 불러올 뿐입니다. 정벌을 멈추고 덕을 베풀어 천하의 인심이 자연스럽게 좇아오도록 만드십시오."

그러나 무왕은 이를 듣기는커녕 오히려 두 사람을 즉시 추방했다. 백이와 숙제는 무왕이 끝내 은나라를 멸하고 새 왕조를 세우자 수양산首陽山으로 들어가 고사리를 캐 먹다가 일생을 마쳤다고 한다. 백이와 숙제의 일화는 당시 제후국들 가운데 무왕의 은나라 공벌에 반대하는 세력이 적지 않음을 암시한다.

『사기』「주본기」의 기록에 따르면 무왕의 군사가 은나라 도성으로 가는 길목인 맹진에 이르렀을 때 세찬 눈보라와 비바람이 몰아쳤다. 이어 홀연히 사해의 해신海神과 황하의 신인 하백河伯이 사람으로 변신해 하늘의 뜻이 주나라에 있음을 말하고 도와줄 것을 약속했다. 무왕과 공벌에 동조하는 제후들이 무사히 황하를 건넌 것을 미화한 것으로 보인다.

기원전 1046년 2월 갑자일, 무왕이 이끄는 제후들의 연합군이 지금의 은나라 수도 조가 근교의 목야牧野에 이르렀을 때 문득 벼락이 치고 폭우가 쏟아졌다. 폭우는 3일 동안 계속됐다. 깃발과 북이 모두 찢어지자 군심이 흉흉해졌다.

무왕의 한 측근이 점을 친 뒤 길조가 있을 때 진군해야 한다며 행군의 즉각 중단을 주장했다. 여상이 일갈했다.

"썩은 풀과 말라빠진 거북등으로 무엇을 묻겠는가? 지금은 비상한 시기로 신하로서 군주를 치러 가는 때이다. 점괘가 불길하다고 해서 어찌 훗날 다시 거병할 날을 기다릴 수 있단 말인가!"

그러고는 무왕을 설득해 곧바로 진격했다. 마침내 최초의 대규모 전쟁인 목야전투가 벌어졌다. 여상이 선봉대를 보내 싸움을 이끌도록 했다. 여상의 군사가 앞을 향해 내달리자 무왕의 정예부대인 용사 3천 명이 곧바로 병거 3백 대를 앞세우고 뒤를 따라갔다.

당시 은나라 군사는 노비를 모아 만든 오합지졸이었다. 주나라의 군사가 쳐들어오자 이들은 맞서 싸우기는커녕 진로를 바꿔 자신들을 괴롭히던 은나라 장령將領들을 향해 공격하기 시작했다.

사서는 70만 대군을 호언하던 은나라 군사가 일거에 무너지고 말았다고 기록해놓았다. 은왕 주는 이미 대세가 기울었음을 알고 성 안으로 달아났다. 녹대에 올라 사방에서 밀려오는 주나라 군사를 보고 더 이상 도망칠 곳이 없다고 생각하고 끝까지 그의 뒤를 따르던 신하에게 이같이 당부했다.

"짐이 군신들의 말을 듣지 않고 간신들에게 현혹되어 이제 전쟁으로 피해가 막심하니 이를 구할 방법이 없다. 생각건대 만일 성이 함락되면 천자의 존엄이 뭇 소인배들에게 욕보이게 될 것이니 그 치욕은 차마 견딜 수 없을 것이다. 이에 자진하고자 한다. 이 몸이 세상에 남아 있으면 다른 이들이 이를 기념으로 삼을 것이니 불에 타 죽는 것이 오히려 깨끗할 것이다. 장작을 가져다가 성루 아래에 쌓도록 하라. 짐은 이 성루와 함께 타겠다."

그리고 분신했다. 은왕 주의 총애를 받았던 달기 역시 무왕에 의해 참수를 당했다고 한다. 당시 목야전투는 참혹했다. 피가 강물이 되어 흘렀고 그 위로 병장기가 둥둥 떠다닐 정도였다는 『서경』 「주서」의 혈류표저血流漂杵 표현이 그렇다. 주무왕의 대승은 오랫동안 치밀하게 준비해온 데 있다. 후세의 사가들은 이를 은주혁명殷周革命으로 불렀다. G1의 교체를 미화한 것이다.

『서경』

"짐이 군신들의 말을 듣지 않고 간신들에게 현혹되어 이제 전쟁으로 피해가 막심하니 이를 구할 방법이 없다."

– 은주왕

나아가고 물러서야 할 때를 파악하라

기원전 1046년에 일어난 '은주혁명'으로 인해 중국 최초의 왕조인 은나라는 건국한 지 6백 년 만에 사라졌다. 은나라는 초기형태의 봉건국가를 형성했으나 여전히 원시적인 신정神政체제의 성격을 강하게 띠고 있었다. '은주혁명'은 은나라에 뒤이어 성립한 주나라가 천명天命이라는 새로운 통치원리에 의해 건립되었음을 의도적으로 강조하기 위해 나온 것이다.

주나라는 봉건질서를 확립한 왕조이다. 봉건질서는 신석기시대 이래 두텁게 형성되기 시작한 씨족 집단의 관습 및 제도가 통치제도로까지 확대 적용된 결과다. 춘추전국시대에 각 제후국이 종묘사직의 유지에 집착했던 것도 따지고 보면 씨족의 보존과 불가분의 관계를 맺고 있었다. 삼황오제의 전설을 통해 알 수 있듯이 씨족의 상징인 성씨를 내리는 것은 곧 씨족의 영속적인 생명력을 인정하는 행위였다.『춘추좌전』「노은공 8년」조의 다음 구절이 이를 뒷받침한다.

"천자는 건덕建德할 때 제후의 출생지 명칭을 좇아 성姓을 하사하고 봉토封土에 따라 씨氏를 내린다. 제후는 신하에게 그의 자字로써 시호를 정하는데 후손들은 그 시호로써 씨족의 이름으로 삼는다. 또 대대로 벼슬하여 공이 있으면 그 벼슬로 족속의 명칭을 삼거나 봉읍封邑의 이름으로 족속의 명칭을 삼기도 한다."

여기의 '건덕'은 원래 덕 있는 사람을 제후로 삼는다는 뜻이나 조상신의 덕을 계승한 씨족집단의 장을 제후로 봉한다는 의미로 해석하는 것이 옳다. 그렇다면 천자가 다른 성씨의 씨족집단을 굳이 제후에 봉한 이유는 무엇일까?

덕을 계승한 씨족이란 곧 많은 노동력을 동원할 수 있는 일정 수준 이상의 강력한 무력을 지닌 씨족을 지칭한다. 은나라 이래 전쟁과 제사는 국가대사로 인식되었다. 이는 주나라 때도 그대로 유지되었다. 주나라 때의 '건덕'은 바로 제사를 통한 씨족의 번식과 그에 수반된 무력을 동시에 지칭한 용어로 사용되었다.

천명天命과 천덕天德의 수임자受任者를 자처한 주왕실의 왕권은 기본적으로 제사권과 군사권에 대한 통제로 이뤄졌다. 주나라 때 생명력으로서의 덕을 지탱하는 양대 지주가 바로 제사와 무력이었음을 웅변한다. 이는 하나라의 건국시조 우와 4악四嶽에 대해 성씨를 내리게 된 배경을 설명한 『국어』「주어周語」의 다음과 같은 구절을 보면 쉽게 확인할 수 있다.

"하늘이 우禹의 공적을 높이 사, 그로 하여금 천하를 얻도록 도와주고, 요는 그에게 사姒라는 성과 유하有夏라는 씨를 내렸다. 이는 그가 치수의 위대한 공적을 이용해 천하에 만물이 풍성히 생장하도록 할 수 있었기 때문이다. 하늘이 4악을 보우하여 제후로 삼고, 요堯는 그들을 사방 제후들의 우두머리로 삼고, 강姜이라는 성을 내리고 유여有呂라는 씨를 내렸다. 이는 대우의 치수를 돕는 대신으로서의 역할을 충실히 수행해 만물을 존재하게 하고 백성의 생활을 풍족히 할 수 있었기 때문이다."

주나라 사람들이 은나라 백성들처럼 주술적인 의미를 지닌 '상제上帝'를 더 이상 찾지 않은 것도 이런 맥락에서 이해할 수 있다. 주나라 때 크게 부각된 '천天' 개념은 이미 조상신의 성격을 벗어났다. 어떤 씨족의 후예라고 해서 당연히 덕을 자임할 수 없게 된 상황에서는 필연적으로 다른 방법을 통해 천덕天德을 얻어야만 했다. 여기에 바로 주나라 때 등장한 '천명' 개념이 찬연히 빛을 발하게 됐다.『국어』「진어晉語」에 나오는 다음 구절이 이를 잘 보여준다.

"천도는 특별히 친한 사람이 없고 오직 덕행이 있는 자만을 골라 복을 내린다."

이것이 바로 천도무친天道無親과 유덕시수唯德是授의 개념이다. 이 2가지 개념은 주나라의 반역을 합리화한 논리적 근거로 활용됐다. 한고조 유방은 자신의 창업을 천명론을 끌어들여 정당화했다. 전한 말기 당대 최고의 유학자인 유흠劉歆도 왕망王莽이 세운 신新나라를 천명론을 끌어들여 정당화했다. 이는 훗날 무력으로 중원을 제압한 이민족에게도 합리화 논거로 활용됐다. 북방민족의 정복왕조가 왕조교체를 이룰 때마다 천명론을 어김없이 끌어들였다. 이는 비단 왕조교체에만 적용된 것도 아니었다. 왕실 내에서 일어나는 주도 세력의 교체인 동성혁명同姓革命의 경우에도 그대로 원용되었다.

이를 통해 알 수 있듯이 주나라가 자신들의 반역행위를 천명론을 내세워 합리화한 이래 본래 덕이 없는 자조차 보위를 차지한 뒤에는 마치 천덕天德 및 천명을 받은 주인공인 것처럼 행동했다. 이는 주나라 건국 이래 천자가 되기 위해서는 반드시 유덕자有德者여야만 한다는 믿음이 널리 공유된 데 따른 것이었다. 천자라도 덕이 없을 때에는 폐위될 수 있었고, 천명을 내세워 정당화된 어떤 왕조도 덕을 잃었을 때에는 덕을 지닌 새 왕조에 천하를 넘겨줘야 하는 것으로 간주됐다. 이는 주나라 건국 과정에서 사람들이 주술적 신의 성격을 띤 은나라의 '상제' 개념을 버리고 이신론적理神論的 신의 성격을 띤 '천'을 숭상한 흐름과 무관치 않다.

춘추전국시대에 들어와 제자백가는 '천'에 대해 각기 다양한 해석을 내렸다. 도가는 '천' 위에 '도道' 개념을 설정했다. '천'을 '도'의 구체적인 표현으로 해석한 것이다. '도' 개념은 이신론적 신의 성격을 띤 '천' 개념에서 유신론有神論의 색채를 완전히 탈색시킨 게 특징이다. 완벽한 무신론無神論의 세계가 등장했음을 의미했다. 이는 곧 끊임없이 생장소멸生長消滅의 순환과정을 이행하는 우주만물의 이치를 뜻하는 것이었다. 전국시대에 들어가 법가와 병가 모두 도가의 이 논리를 그대로 도입해 자신들의 이론과 주장을 다듬어나갔다.

유가 역시 '도' 개념을 도입해 '천'을 새롭게 정의하고 나섰다. 유가에서는 도가와 달리 '도'를 '천'의 상위개념으로 상정하지 않고 같은 수준에 있는 동일한 개념으로 간주했다. '천도天道' 개념이 등장하게 된 배경이다. 그러나 결과적으로 보면 유가가 내세운 '천도' 개념 역시 도가와 마찬가지로 '천' 개념에서 유신론적 색채를 탈색시키는 데 지대한 공헌을 했다.

주나라 때만 해도 최고의 신은 '천'이었다. '천'은 본래 주나라 족속의 수호신이었다. 주나라가 건립되자 '천'이 은나라 때의 '상제'를 누르고 최고신이 되었다. 주나라도 은나라와 마찬가지로 최고신과 조상신을 하나로 묶어 체계화했다. 이는 은나라가 부도덕해 최고신을 저버린 까닭에 패망하게 되었다는 논리 위에 서 있었다. 주나라는 자신들의 반역을 합리화하기 위해 최고신과 조상신의 뜻이 일치하지 않을 수도 있는 것으로 갈라놓았다.

그 결과 은나라의 최고신인 '상제'는 유독 은나라 족속만을 보호하는 신으로 격하됐다. 반면 주나라의 '천'은 주나라 족속만을 보호하는 것이 아니라 모든 종족과 왕조를 초월해 존재하는 최고신으로 격상됐다. 나아가 은나라 최고신은 독선적이었던 반면 주나라의 최고신은 결단을 잘하기도 하고 이성적이었다. 은나라에 반기를 든 사실을 정당화하려는 노력의 일환으로 나온 것이다.

주나라 때의 최고신인 '천'은 은나라 때의 최고신인 '상제'와 달리 이미 조상신의 색채가 탈색되어 있었다. '천'에 대한 제사를 주관하는 주나라 왕 역시 '상제'를 제사지낸 은나라 왕과 달리 샤만의 성격이 탈색돼있다. 이것이 바로 은나라와 주나라가 많은 것을 공유하면서도 커다란 차이를 보이는 점이다.

고고학적으로 볼 때 하나라는 왕국의 실체가 없다. 하나라의 마지막 왕

걸桀의 패덕悖德 행위가 은왕 주의 패덕 행위와 너무나 닮아있다. 하나라의 걸이 실존 인물일지라도 그가 과연 그토록 패덕한 폭군이었는지를 뒷받침할 만한 구체적인 증거가 없다. 하나라의 걸은 주나라가 자신들의 반역행위를 미화하기 위해 만들어낸 가공의 인물일 가능성이 높다.

은왕 주가 폭군이었다는 사서의 기록 주나라의 일방적인 주장을 그대로 옮겨 놓은 것에 지나지 않는다. 주나라 때 만들어진 청동기 명문銘文은 기본적으로 주왕조의 반역행위를 미화해놓은 것이다. 이를 액면 그대로 믿을 수는 없는 일이다. 후대에 찬집된 『서경』의 내용 역시 기본적으로 주무왕의 찬역을 천명을 수행한 행위로 미화한 데서 출발한 것이다. 후대의 유가 사상가들은 이를 아무런 의심도 하지 않고 역사적 사실로 간주했으나 이는 적잖은 문제가 있다.

오히려 객관적으로 나타난 역사적 사실을 종합적으로 분석하면 정반대의 해석이 가능하다. 만일 은왕 주가 그토록 패덕한 행위를 하여 민심을 잃었다면 주왕조의 건국 초기에 왜 수많은 은나라 유민들이 주나라에 반기를 들고 나섰는지를 이해할 길이 없게 된다. 문왕과 무왕 모두 오래전부터 그간 축적한 막강한 무력을 배경으로 은나라를 뒤엎고 새 왕조를 세울 역심逆心을 품고 있었다. 은나라 때 나온 청동기 명문과 갑골문을 보면 이를 쉽게 확인할 수 있다. 은왕 주는 문왕 때에 이르러 은나라에 위협적인 세력으로 부상한 주족周族을 크게 두려워한 나머지 서백西伯의 작위를 내리면서 적극 회유하고 나선 것으로 보인다.

문왕은 반기를 들 경우 과연 얼마나 많은 세력을 끌어들일 수 있을지 확신이 서지 않은 나머지 결단을 미루고 있다가 은왕 주의 견제에 걸려 결국 당대에 뜻을 이루지 못하고 죽었을 가능성이 크다. 무왕은 더욱 힘을 키워 반군 세력에 걸림돌이 될 만한 소국들을 차례로 점령한 뒤 마침내 반란에 동조하는 세력을 대거 규합해 유혈전 끝에 승리를 얻었다고 보인다. 역대 중국 왕조의 교체기 때 나타나는 통상적인 상황에 비추어 이같이 보는 것이 역사적 진실에 훨씬 가깝다.

천명론은 주나라 통치를 합리화하고, 은나라의 유민을 포섭코자 하는 고도의 정략에서 연유한 것이다. 은나라 유민들로 구성된 군사가 주나라의 국방에 큰 공헌을 한 사실이 이를 뒷받침한다. 주공 단에 의해 반란이 평정된 후 은나라 유민들은 다시는 반기를 들지 않았다. 이는 천명론을 통한 포섭책략이 나름 주효했음을 시사한다.

춘추시대에 들어와 인사人事는 천명에 의해 결정된다는 숙명론宿命論과 함께 천명은 인사에 따른다는 정명론定命論이 공존했다. 이는 곧 사람이 천명을 만든다는 생각으로 이어지게 되었다. 춘추시대 중엽 열국의 제후 가운데 사상 최초로 왕호를 칭한 초무왕楚武王이 바로 이런 논리를 전개했다. 전국시대에 들어와 이런 생각은 보편화되었다.

전국시대 후기로 들어가서는 오직 강대한 무력을 가진 자만이 천명을 받을 수 있다는 생각으로 이어졌다. 신분세습적인 봉건정이 무너지고 능력본위의 관인통치에 기초한 제왕정이 나타나게 된 사상적 배경이 바로 여기에 있었다. 그런 점에서 주나라의 역성혁명은 분명 미완성의 혁명이었다.

원래 '천'은 은나라 때의 '상제'와 마찬가지로 우주 삼라만상을 창조한 인격적인 신이었다. 주나라가 들어선 이후 그 성격이 바뀌었다. 주왕조의 건국을 극도로 미화해 놓은 『서경』이 '천'을 주나라 문왕에게 포악한 은왕 주를 멸하고 새 왕조를 개창하는 천명을 내린 것으로 기록해놓은 게 그렇다. 그러나 이는 무력에 의한 새 왕조의 건립을 미화한 것에 불과하다. 이를 유가에서 말하는 군신君臣 간의 의리인 이른바 군신지의君臣之義 차원에서 신하가 군주를 죽이고 보위를 찬탈한 시군찬위弑君簒位에 해당한다. 한마디로 주나라는 자신들의 반역을 정당화하기 위해 천명으로 포장된 교묘한 논리를 전개했고, 여기에 태공망 여상도 한 몫 한 셈이다.

역사상 천명론의 문제점을 날카롭게 지적한 사람은 한비자를 비롯한 법가法家 사상가들이었다. 법가 사상가들은 설령 하나라의 걸이나 은나라의 주와 같은 폭군이 나타날지라도 신하된 자들은 결코 천명 등을 들먹이며 군주를 몰아내는 일을 해서는 안 된다고 역설했다. 법가 사상가들은 왜 이처럼 폭군을 옹호하고 나섰던 것일까? 이들은 그같이 할 경우 약육강식의 무법천지가 나타나 백성들이 도탄에 빠지게 된다고 주장했다. 이런 주장을 하게 된 기본적인 이유는 하나라의 걸이나 은왕 주와 같은 인물은 수백 년에 한 번 나오는 정도라고 보았기 때문이다.

마윈 회장은 2017년 9월 창립 18주년 행사에서 2036년이 되면 알리바바가 영국과 프랑스를 뛰어넘어 세계 5대 경제체가 되기를 바란다는 연설을 했다.

중국 최대 전자상거래 업체 알리바바. 매일 1억 명이 물건을 구매한다. 그러나 마윈 회장은 종종 "나는 밖에서 말을 하는 사람이라서 실무는 잘 모른다."고 말한다.

자금 문제를 해결해가며 초기 알리바바의 기반을 닦은 사람은 부회장 차이충신이었다. 당시 알리바바 경연진들은 재무·법률에 완전히 무지한 상태였다. 이때 앞으로 나선 것이 '마윈의 남자' 차이충신이다. 그는 투자 유치, 법인 설립 분야의 최고 능력자였다.

마윈이 카리스마 있는 연설가라면 차이충신은 조용한 스타일의 숨은 노력가였다. 1인자의 꿈을 뒷받침하며 꼼꼼히 빈 곳을 메우는 것, 그것은 2인자가 가질 수 있는 최고의 덕목이다.

제 2 장

제환공
·
속도경쟁하는
1인자

VS

인간경영하는
2인자
·
관중

고금을 막론하고 모든 힘은 1인자에게 집중된다. 그만큼 결정과 선택에 대한 부담도 크다. 1인자의 자리는 누구에게나 선망의 대상이지만 가장 고독한 자리이기도 하다. 그것을 함께하는 유일한 사람이 2인자이다. 1인자의 괴로움과 불안과 두려움을 늘 함께하며 한 걸음씩 나아간다. 그런데 2인자에게는 그만의 덕목이 하나 더 필요하다. 바로 물러날 때를 아는 것이다.

제2장 제환공과 관중

"항상 백성과 함께 서로 손을 잡고 일하며 그 이익을 나눠주면
백성과 서로 친할 수 있습니다."

– 관중

성급하게 한 가지로만 평가하지 마라

삼국시대의 제갈량은 포의지사布衣之士로 있을 때 자신을 춘추시대의 관중에 비유한 바 있다. 그는 원래 조조와 마찬가지로 법가사상을 숭상한 인물이다. 문화대혁명 당시 관중은 이른바 '4인방'에 의해 법가사상의 효시로 숭앙받은 바 있다.

그러나 엄격히 말해 관중은 후대에 등장한 제자백가의 기준에서 논할 수 있는 사람이 아니다. 그의 사상은 법가와 유가, 도가 등이 모두 섞여있다. 보다 엄밀히 말하면 그는 제자백가의 효시에 해당한다. 사실 그는 중국의 정치사와 사상사를 논할 때 반드시 짚고 넘어가야 할 정도로 매우 중요한 인물이다. 공자는 『논어』에서 제자들과 함께 관중을 수시로 언급하며 '인仁'을 풀이했다.

춘추전국시대 당시 공자와 순자, 한비자 등도 제갈량처럼 난세를 평정한 관중의 뛰어난 업적에 공명했다. 『논어』를 보면 공자가 관중을 두고 엇갈리게 평가한 대목이 나온다. 먼저 「팔일」에서는 관중의 비례非禮을 크게 비판한 일화가 나온다.

이에 따르면 하루는 공자가 관중을 두고 이같이 평했다.

"관중은 그릇이 작구나."

어떤 사람이 물었다.

"관중은 검소합니까?"

"관중은 여러 부인을 두었으니 어찌 검소할 수 있는가?"

어떤 사람이 다시 물었다.

"그러면 관중은 예를 알았습니까?"

공자가 대답했다.

"군주만이 안이 들여다보이지 않게 세우는 차단벽인 색문塞門을 설치할 수 있는데도 그 또한 이를 두었다. 군주만이 제후 간 친선을 도모할 때 술잔을 되돌려놓기 위한 설비인 반점反坫을 둘 수 있는데도 그 또한 이를 두었다. 그가 예를 안다면 누가 예를 알지 못한다고 하겠는가?"

공자는 관중의 직분에 어울리지 않는 사치를 통렬하게 지적한 것이다. 그러나 「헌문」에는 정반대로 관중의 업적을 높이 평가한 일화가 나온다. 하루는 제자 자로가 공자에게 말했다.

"제환공 소백小白이 공자 규糾를 죽였을 때 공자 규의 신하 소홀召忽은 그를 위해 죽었으나 관중은 그를 위해 죽지 않았습니다. 그러니 관중을 어질지 못하다고 해야 할 것입니다."

공자가 말했다.

"제환공이 제후들을 규합하며 병거兵車를 동원하지 않은 것은 모두 관중의 공이다. 그 누가 그의 인仁만 하겠는가!"

공자는 관중의 패업 자체를 높이 평가하고 나선 것이다. 그렇다면 공자는 왜 관중에 대해 이같이 엇갈린 평을 한 것일까? 같은 「헌문」에 이를 짐작하게 해주는 일화가 나온다. 하루는 자공이 공자에게 말했다.

"관중은 인자가 아닌 듯합니다. 제환공이 공자 규를 죽일 때 주군을 좇아 죽지 못하고 나아가 제환공을 섬겼으니 말입니다."

공자가 말했다.

"관중은 제환공을 도와 제후들을 단속하고, 일광천하一匡天下(일거에 천하를 바로잡음)의 업적을 이뤘다. 덕분에 백성들이 지금까지 그 혜택을 받고 있는 것이다. 그가 없었다면 우리는 지금 머리를 풀고 옷깃을 왼편으로 여미는 오랑캐가 되었을 것이다. 어찌 그를 필부필부가 작은 절개를 위해 목숨을 끊는 것에 비유할 수 있겠는가."

공자는 바로 관중이 천하를 바로잡고 외적의 침입으로부터 중원의 역사문화를 수호한 점을 높이 산 것이다. 이는 관중의 업적을 이른바 '존왕양이尊王攘夷'로 평가한 데 따른 것이다. 왕실을 보호하고 이적의 침입으로부터 중원문화를 지켰다는 뜻이다.

공자가 관중의 비례非禮를 지적하면서도 그가 이룩한 공업功業을 높이 산 것을 두고 흔히 '일포일폄一褒一貶'이라고 한다. 공자의 관중에 대한 '일포일폄'은 '폄貶'보다는 '포褒'에 무게를 둔 것이다. 공자 규를 모시던 소홀이 주군을 좇아 죽은 것을 두고 '필부의 작은 절개'에 비유한 것은 관중의 '사치'와 '비례'는 시비를 걸 것도 없다는 취지를 드러낸 것이나 다름없다. 공자가 관중을 '인자仁者'에 비유한 구절이 이를 뒷받침한다.

순자와 한비자는 관중이 치세의 상황논리와는 전혀 다른 난세의 상황이 존재한다는 사실을 수용해 패업을 이룬 것을 높이 평가했다. 이에 반해 맹자는 관중의 패업을 맹렬히 비판했다. 이는 난세에도 오직 덕치를 통해서만 천하를 평정할 수 있다는 확신에 따른 것이다. 맹자가 덕치로 상징되는 왕도王道를 역설하며 법치와 동일시되는 패도覇道를 극단적으로 비판한데 반해 순자가 패도를 적극 수용한 것은 바로 이 때문이다. 순자의 제자 한비자의 경우는 아예 왕도 자체를 인정치 않았다. 후대의 성리학자들은 맹자를 사상적 조종으로 삼았다. 이들이 관중을 비판한 것은 말할 것도 없다. 그러나 이는 공자의 입장과 배치되는 것이었다. 공자사상이 결정적으로 왜곡된 계기로 성리학의 출현을 드는 이유가 여기에 있다.

뜻대로 되지 않을 때를 대비하라

『사기』에 따르면 관중은 젊었을 때 포숙아와 함께 시장에서 생선 장사를 한 적이 있다. 장사가 끝나면 관중은 언제나 그날 수입에서 포숙아보다 2배 이상의 돈을 가지고 돌아갔다. 포숙아를 따르는 사람들이 늘 이같이 불평했다.

"같이 번 돈에서 반씩 나눠 갖지 않고 관중은 2배나 더 가지고 가고 있소. 그런데도 당신은 왜 가만히 있는 것이오?"

포숙아는 오히려 관중을 두둔했다.

"관중은 구구한 돈을 탐해 나보다 배나 더 돈을 가지고 가는 것은 아니다. 그는 집안이 가난하고 식구가 많다. 내가 그에게 더 가지고 가도록 사양한 것이다."

두 사람은 또 전쟁에 함께 나간 적이 있다. 출전할 때마다 관중은 언제나 맨 뒤로 숨었다. 싸움이 끝나 돌아올 때면 오히려 맨 앞에 서서 걸었다. 사람들이 관중을 두고 용기 없고 비겁한 자라고 비웃었다. 그럴 때마다 포숙은 관중을 이같이 두둔했다.

"관중은 용기가 없거나 비겁한 것이 아니다. 그에게는 늙은 어머니가 계시다. 자기 몸을 아껴 길이 늙은 어머니에게 효도하려는 것이다."

관중과 포숙아는 함께 일을 하면서 서로 의견이 맞지 않은 적이 많았다. 사람들이 관중을 비난하자 포숙아는 오히려 관중을 변호했다.

"사람이란 누구나 때를 잘 만날 수도 있고 불우할 때도 있는 법이다. 만일 관중이 때를 만나 일을 하면 1백 번에 한 번도 실수가 없을 것이다."

훗날 관중은 이 소식을 듣고 이같이 감탄했다.

"나를 낳아준 사람은 부모이고, 나를 알아주는 사람은 포숙아이다."

후대인들은 두 사람의 우정을 '관포지교管鮑之交'로 불렀다. 이와 반대되는 우정은 '오집지교烏集之交'라고 한다. 까마귀들의 사귐이라는 뜻이다. 잇속으로 만난 교제가 오래갈 리 없다.

관중이 태어날 때 제나라는 매우 어지러웠다. 시조는 주나라 건국의 일등공신인 여상呂尙이다. 제나라의 제후는 여상의 후예들이었다. 그러나 불행하게도 시간이 흘러 관중이 태어날 때는 나라도 어지러웠을 뿐만 아니라 이웃한 소국 노나라에 업신여김을 받을 정도로 국력이 극도로 쇠약해져 있었다. 여기에는 제나라 군주인 제양공齊襄公이 여색을 너무 밝힌 나머지 음행淫行의 풍조가 널리 만연한 게 크게 작용했다.

당시 관중과 포숙아는 각각 제양공의 이복동생인 공자 규糾와 소백小白의 스승으로 있었다. 포숙아는 장차 소백에게 화를 입힐 것을 우려해 이내 소백과 함께 거莒나라로 달아났다. 거나라는 소백의 외가 나라였다. 관중은 무도한 제양공이 살해되는 등의 급변사태가 일어나면 공자 규가 보위 계승 1순위인 점에 주목해 마지막까지 도성인 임치성에 머물렀다.

마침내 기원전 686년 겨울 12월에 제양공이 사촌인 공손 무지無知 일당에게 살해당하는 일이 빚어졌다. 관중이 예상했던 사태가 일어난 것이다.

그러나 상황이 이상하게 흘러갔다. 제나라 대부들이 군주를 시해한 공손 무지를 토벌하기는커녕 오히려 받들고 나선 것이다. 물론 이는 일시적인 현상이기는 했으나 관중이 전혀 예상치 못한 일이었다. 게다가 보위에 오른 무지가 곧바로 손을 써 공자 규를 제거하려고 들자 관중은 공자 규와 함께 황급히 노나라로 달아났다.

사태가 관중의 예상과 달리 흘러가는 바람에 이후 전혀 예상치 못한 일이 빚어지게 됐다. 후순위자인 공자 소백이 보위에 오르고, 관중은 함께 공자 규를 모시던 소홀召忽이 뒤따라 자진하는데도 이를 거부한 후 소백의 신하가 돼 이후 대업을 이루게 된 게 그것이다. 만일 이런 일이 빚어지지 않았다면 관중은 수천 년에 걸쳐 그 이름이 오르내리는 일도 없었을 것이다.

망명 이듬해인 기원전 685년 봄, 제나라 대부 옹름雍廩 등이 주왕실에서 파견된 상경上卿 고혜高傒 등과 손을 잡고 공손 무지를 제거했다. 보위에 앉을 자격을 가진 사람은 먼저 거나라로 망명한 공자 소백과 뒤늦게 노나라로 망명한 공자 규 두 사람밖에 없었다. 나이는 공자 규가 소백보다 약간 많았지만 이는 아무 도움도 되지 않았다. 중요한 것은 대부들의 지지였다. 객관적으로 볼 때 공자 규가 유리했다. 공손 무지를 제거하는 데 앞장선 대부 옹름 등이 그를 지지했기 때문이다. 노나라 장공이 제나라 대부들과 만나 공자 규를 옹립하는 데 적극 협력하기로 약속하고 나서면서 공자 규의 승계는 거의 확정적이었다. 사서에는 자세한 기록이 나오지 않고 있으나 여기에는 관중의 역할이 적지 않았을 것으로 짐작된다.

그러나 제나라 대부 옹름과 공자 규 등이 간과한 게 하나 있다. 바로 공손 무지를 제거하는 데 동참한 원로대신 고혜 등이 공자 소백과 매우 절친한 사실을 염두에 두지 못했다. 실제로 초기만 해도 이들은 고혜 등이 은밀히 사람을 거나라로 보내 소백에게 속히 귀국해 보위에 오를 것을 재촉한 사실을 전혀 눈치 채지 못했다.

임치성을 기준으로 할 때 거나라는 노나라보다 훨씬 가까웠다. 제나라 대부들 중 대부 옹름을 좇는 사람이 수적으로는 훨씬 많았으나 권위 면에서 옹름은 고혜에 비교가 되지 않았다. 만일 소백이 지리적 이점을 최대한 활용해 먼저 귀국하고, 고혜가 적극 나서 대부들을 설득할 경우 얼마든지 역전이 가능했다. 실제로 역사는 그런 쪽으로 진행됐다.

이처럼 중차대한 시기에 공자 규와 관중은 유사시에 대비한 대책에 소홀했다고 평할 수밖에 없다. 보위를 놓고 다투는 경쟁에서 패하는 경우 목숨을 부지하기 어려웠다.

속도를 장악하라

당시 공자 규와 관중은 소백이 고혜와 은밀히 교신하며 급히 귀국을 서두르고 있다는 소식을 뒤늦게 접하고는 크게 놀라 길을 재촉했으나 이미 상황이 끝난 뒤였다. 당시의 상황과 관련해 『사기』 및 『열국지』의 내용과 『춘추좌전』 등의 내용이 엇갈리고 있다.

『사기』「제태공세가」에 따르면 당시 관중이 이끄는 별동대가 급히 달려가 소백이 오는 길목을 지키고 있다가 화살을 날렸다. 소백이 풀썩 쓰러지자 관중은 소백이 죽은 것으로 알고 급히 첩보捷報를 띄웠다.「제태공세가」는 당시의 상황을 비교적 소상히 기록해놓았다.

"그러나 화살은 소백의 혁대 갈고리에 맞았다. 소백이 거짓으로 죽은 척한 것이다. 관중이 급히 노나라로 사람을 보내 이를 보고하게 하자 공자 규의 행렬이 더욱 늦어져 6일 만에 제나라 경계에 이르게 됐다. 그러나 이때는 이미 소백이 고혜의 도움으로 보위에 오른 뒤였다."

그러나 이 기록은 많은 의문을 낳고 있다. 당시 정확한 숫자는 알 수 없으나 소백 역시 적잖은 호위 군사를 이끌고 임치성을 향해 달려갔다. 그런 상황에서 소백 일행을 향해 별다른 접전도 없이 단 한 발의 화살로 소백을 맞힐 수 있었던 것일까? 누가 화살을 날린 것일까?

「제태공세가」는 당사자를 관중으로 묘사한 『열국지』와 달리 당사자가 누구인지 구체적으로 명시하지 않았다. 당사자가 누구이든 화살이 공교롭게도 소백의 혁대에 맞은 것은 너무 공교롭지 않은가? 후대에 만들어진 허구일 수 있다. 『춘추좌전』의 다음 기록이 그 증거다.

"여름, 노장공이 군사를 보내 제나라 군사를 친 뒤 공자 규를 제나라로 들여보내려고 했다. 그러나 거나라가 가까웠기 때문에 제환공이 공자 규보다 한 발 앞서 먼저 제나라로 들어갔다."

魯桓公 夫人 如齊

知殺夫雍

『제태공세가』의 한 부분

이는 소백이 고혜의 도움으로 아무런 방해도 받지 않고 급속히 귀국했고, 이어 보위에 오른 후 곧바로 군사를 보내 공자 규를 호위하는 노나라 군사의 입경을 저지했음을 시사한다. 관중이 별동대를 이끌고 가 길목을 지키고 있다가 화살을 날렸을 가능성이 거의 없는 것이다.

설령 「제태공세가」의 기록을 액면 그대로 수용할지라도 죽은 체 하며 사지를 빠져나왔을 가능성은 희박하다. 관중처럼 지략이 뛰어난 인물이 제환공이 죽은 것으로 지레 짐작해 이를 확인하지도 않은 채 철수했다는 게 상식적으로 이해가 안 된다. 정황상 소수의 경기병輕騎兵과 함께 오솔길 등을 이용해 급히 임치성을 향해 질주했을 가능성이 크다.

중요한 것은 어떤 경우이든 소백이 공자 규보다 먼저 아무 탈 없이 임치성에 도착했고, 후원자인 고혜가 적극 나서 대부들을 설득한 점이다. 당시 소백은 '속도경쟁'에서 승리를 거둔 셈이다. 「제태공세가」의 다음 기록이 이를 뒷받침한다.

"소백이 짐짓 죽은 체 하며 수레를 몰아 급히 임치성을 향해 달려가자 고혜 등이 즉각 내응해 그를 먼저 보위에 앉힌 뒤 곧바로 군사를 보내 공자 규 일행의 입경을 저지했다."

소홀과 관중의 엇갈린 행보

소백이 제환공으로 즉위하자 제나라와 노나라 사이에 전운이 감돌았다. 노장공이 소백의 즉위를 인정하지 않은 탓이다. 공자 규와 그를 모시던 관중과 소홀의 심경은 그보다 더했을 것이다. 『춘추좌전』의 기록이다.

"가을, 노나라 군사가 간시乾時에서 제나라 군사와 접전했다가 패했다. 노장공이 패해 전차를 잃고 다른 전차를 타고 돌아왔다."

이는 제나라가 이미 노나라 군사가 밀고 들어올 것을 예상해 철저히 준비했음을 시사한다. 실제로 『춘추좌전』에는 노장공이 허둥지둥 달아나던 상황이 상세히 기록되어있다. 「제태공세가」는 이때 제환공이 여세를 몰아 노장공에게 속히 공자 규를 죽이고, 관중과 소홀을 제나라로 압송하라는 내용의 국서를 보낸 것으로 기록해놓았다.

"공자 규는 나와 형제이나 죽이지 않을 수 없소. 청컨대 노나라 스스로 그를 죽여주기 바라오. 소홀과 관중은 나의 원수이니 장차 그들을 내 손으로 직접 죽여 젓을 담금으로써 마음을 통쾌하게 하고자 하오. 이를 좇지 않을 경우 장차 노나라 도성을 포위할 것이오."

관중을 제나라로 보내달라고 압박한 것은 포숙아의 계책이었다. 포숙아가 제환공에게 건의한 내용이 이를 뒷받침한다.

"관중의 정치적 재능이 상경인 고혜보다 뛰어나니 그를 재상으로 발탁해 쓰는 것이 가할 것입니다."

그러나 당시까지만 해도 제환공은 관중을 잘 몰랐다. 다음은 「제태공세가」에 나오는 포숙아의 건의 내용이다.

"군주가 장차 제나라를 다스리는 것으로 만족한다면 고혜와 저로서도 족할 것입니다. 그러나 장차 패왕霸王이 되고자 한다면 관중이 없으면 안 됩니다. 그가 보필하는 나라는 반드시 패권을 차지할 것이니 그를 놓쳐서는 안 됩니다."

『국어』「제어」에 나오는 내용은 이보다 더 구체적이다.

"신은 단지 군주의 평범한 일개 신하에 불과할 뿐입니다. 군주가 신에게 은혜를 베풀려 한다면 제가 동뇌凍餒(헐벗고 굶주림)하지 않게만 해주십시오. 이는 군주의 막대한 은혜입니다. 만일 나라를 잘 다스리고자 하면 이는 제가 능히 할 수 있는 일이 아닙니다. 그리하고자 하면 오직 관중이 있을 뿐입니다. 신은 5가지 점에서 그를 따라갈 수 없습니다. 백성이 편히 살며 즐거이 생업에 종사하게 할 수 있는 점에서 신은 그만 못합니다. 나라를 다스리면서 근본을 잃지 않는 점에서 그만 못합니다. 충성과 신의로써 백성의 신임을 얻는 점에서 그만 못합니다. 예의규범을 제정해 천하 인민의 행동법칙으로 삼는 점에서 그만 못합니다. 영문營門 앞에서 북을 치며 전쟁을 지휘하여 백성들을 용기백배하도록 만드는 점에서 그만 못합니다."

『관자』「대광」의 기록 등을 종합해볼 때 당시 포숙아가 제환공에게 관중을 재상으로 전격 발탁한 것은 거의 확실하다. 노나라로 보낸 국서에 속히 관중을 '압송'하라고 주문한 것은 말할 것도 없이 노나라의 의심을 벗어나기 위한 고육책이었다. 당시 소홀은 공자 규가 노장공이 보낸 사람에 의해 죽자 곧바로 그의 뒤를 따라 스스로 목숨을 끊었다. 그러나 관중은 포숙아에게 자신을 묶어갈 것을 청했다. 포숙아와 관중이 서로 긴밀히 교신하고 있었음을 암시한다.

제환공과 관중의 만남

『국어』「제어」에 따르면 당시 제환공은 친히 교외까지 나가 관중을 영접해 함께 수레를 타고 임치성으로 들어왔다. 자리에 앉은 뒤 제환공이 곧바로 치국방략을 물었다. 관중이 대답했다.

"예禮와 의義, 염廉, 치恥는 국가의 4가지 근본입니다. 나라의 기강을 세우고자 하면 반드시 이 4가지 근본부터 펴야 합니다."

이는 『관자』의 첫 편인 「목민」에 나오는 내용이기도 하다. '예의염치'는 관중사상의 핵심을 이룬다. 「목민」의 대목이다.

"예·의·염·치의 4유四維를 널리 베풀면 영이 잘 시행된다. 나라를 보존하는 법도는 바로 4유를 밝히는 데 있다. 천시天時를 좇아 농경에 임함에 힘쓰지 않으면 나라의 재물이 늘지 않고, 지리地利를 개발하는 데 힘쓰지 않으면 창고가 차지 않는다. 4유가 베풀어지지 않으면 나라는 이내 멸망하고 만다."

국가존망의 근거를 '4유'에서 찾고 있음을 알 수 있다. 관중사상 중 유가사상과 맥을 같이 하는 게 바로 '4유'이다. 당시 제환공은 관중으로부터 '4유'에 관한 얘기를 듣고는 곧바로 부국강병의 방략을 물었다.

"어떻게 해야 능히 백성을 동원할 수 있소?"

"먼저 백성을 사랑해야 합니다. 연후에 백성이 처할 길을 열어주어야 합니다."

"백성을 사랑하려면 어찌해야 하오?"

"항상 백성과 함께 서로 손을 잡고 일하며 그 이익을 나눠주면 백성과 서로 친할 수 있습니다. 일단 선포한 법령은 경솔히 고치지 않고 공평히 집행해야 합니다. 그러면 백성들은 절로 정직해집니다."

이는 관중사상 중 법가사상과 맥을 같이 하는 대목이다. 부국강병은 법가사상의 요체이다. 제환공이 이어 재정에 관해 물었다.

"재정은 어찌해야 효과적으로 조달할 수 있겠소?"

"산에 있는 광물을 녹여 돈을 만들고, 바다를 이용해 소금을 구우면 그 이익이 천하에 유통됩니다. 천하의 모든 물품을 거두어두고, 때 맞춰 무역하게 하면 장사하는 사람들이 모여들고 자연히 재화도 모일 것입니다. 그들로부터 적당한 세금을 징수해 군용을 돕는다면 어찌 재용을 걱정할 것이 있겠습니까."

이는 관중사상의 재정경제사상을 요약한 것이다. 제환공이 군사에 관해 물었다.

"군사는 어찌 조직하는 것이 좋겠소?"

"원래 군사란 정예한 것을 중시할 뿐 숫자가 많은 것은 중시하지 않습니다. 군사는 힘보다 마음이 강해야 합니다. 만일 군사를 기르고 무기를 준비하면 천하의 모든 제후들도 군사를 기르고 무기를 준비할 것입니다.

그같이 해서는 승리를 거둘 수 없습니다. 군사를 강하게 하려면 먼저 실속을 튼튼히 해야 합니다.”

부국이 이뤄져야 강병이 가능하다는 논리를 전개한 것이다. 제환공과 관중은 3일 밤낮을 논의했다. 크게 탄복한 제환공은 관중을 상국으로 삼은 뒤 그의 천거를 받아들여 습붕과 영월, 성보, 동곽아, 빈수무 등의 인재를 대거 중용됐다.

관중은 이들과 함께 먼저 제나라의 내정을 가다듬은 뒤 화폐를 만들고 제염과 광물제련 등의 이용후생利用厚生의 조치를 취했다. 빈궁한 자들을 구제하고 능력 있는 현사를 두루 발탁하자 제나라 백성들이 모두 기뻐했다. 이후 군사제도를 대대적으로 개편해 부국강병을 실현했다.

인간경영으로 마음을 얻어라

관중이 추진한 부국강병은 기본적으로 ‘인간경영’에서 출발한 것이다. 관중은 역사상 최초로 ‘부국강병’을 기치로 내걸고 이를 실현시킨 최초의 사상가이다. 주목할 점은 춘추시대 첫 패업을 이루기 위해 부민을 생략한 채 곧바로 부국강병으로 나아가고자 한 제환공의 성급한 행보를 제지하면서 ‘부민’을 관철시킨 점이다. 『관자』「치국」에 이를 뒷받침하는 대목이 나온다.

“무릇 치국의 길은 반드시 우선 백성을 잘살게 하는 데서 시작한다. 백성들이 부유하면 다스리는 것이 쉽고, 백성들이 가난하면 다스리는 것이 어렵다.”

관자사상을 관통하는 최고의 이념을 하나 꼽으라면 우선 백성을 부유하게 만든다는 뜻의 '필선부민必先富民'으로 표현된 '부민'에 있다. 그의 경제사상을 '부민주의'로 요약하는 이유다. '부민'은 부국강병의 대전제이다. 이는 부민이 이뤄져야 부국이 가능하고, 부국이 가능해야 강병이 실현된다는 지극히 간단한 이치에 기초한다. 이를 논리적으로 뒷받침하는 매우 유명한 대목이 『관자』「목민」에 나온다.

"창고 안이 충실해야 예절을 알고, 의식이 족해야 영욕을 안다."

여기의 예절은 '예의염치'의 도덕적 가치, 영욕은 존비귀천尊卑貴賤의 국법질서와 존엄을 말한다. 그는 국가가 존립하기 위해서는 백성들 개개인이 예의염치를 좇고 국법질서와 국가존엄을 이해하는 지례지법知禮知法이 전제돼야 한다고 설파한 것이다.

주목할 점은 '지례지법'의 관건으로 창고를 채우고 백성들을 배불리 먹이는 실창족식實倉足食을 든 점이다. '실창족식'은 '부민'을 뜻하고, '지례지법'은 나라의 '부강'을 의미한다. 그의 '부민' 철학은 일련의 '중본억말重本抑末' 정책으로 구체화했다. '중본억말'의 '본本'은 농축수산업을 의미한다. 요즘의 경제정책으로 표현하면 제1차 산업인 농업을 포함해 제2차 산업인 일반 제조업을 강력 후원한 것에 비유할 수 있다.

'말末'과 관련해 그가 시행한 일련의 정책을 보면 더욱 뚜렷하게 나타난다. '말'을 두고 적잖은 사람들이 상업으로 이해하고 있으나 이는 잘못이다. 그가 적극 반대한 것은 사치소비재의 생산 및 유통을 비롯해 고리대

이식을 주업으로 하는 금융서비스산업이다. 이들 산업은 백성들의 생산 의욕을 저상시켜 나라의 부강을 가로막는 걸림돌로 본 것이다. 실제로 제 1, 2차 산업이 제대로 육성되지 않은 가운데 금융서비스업을 기반으로 한 제3차 산업만 기형적으로 비대해질 경우 경제는 파탄이 날 수밖에 없다. 관중은 결코 상업을 중본억말의 '말'로 본 적이 없다. 그는 오히려 이를 중 시했다고 봐야 한다. 그가 제3차 산업에서 중시한 것은 이른바 수재輸財였 다. 이는 물류物流와 인류人流를 포함한 것이다. 일반 재화를 비롯해 인력 및 정보의 신속하고도 원활한 유통을 의미한다.

그가 말한 '중본'과 '억말'은 불가분의 관계를 맺고 있다. 제조업 분야의 생산력 증대와 이를 지원하기 위한 재정 분야의 건전화정책이 이를 뒷받 침한다. 염철鹽鐵에 세금을 부과해 재정을 충당한 게 그 실례다. 그가 염철 세를 통해 국부를 쌓은 뒤 패업을 이루어야 한다고 주장한 것은 바로 이 때문이었다.

원래 소금과 철은 철제농구로 농경을 해야 하는 농민들의 입장에서 볼 때 일상생활에서 빼놓을 수 없는 것이다. 이 두 가지에 세금을 부과한다 면 기왕의 모든 잡세를 없애도 능히 국가재정을 충당할 수 있다고 주장 했다. 그의 이런 주장을 이른바 '염철론鹽鐵論'이라고 한다.

그의 '염철론'은 6백 년 뒤 전한제국 초기에 『염철론』이라는 책으로 정 립되었다. 이는 한소제 때 열린 '염철회의'에서 유가와 법가가 전개한 공 방전을 대화체 식으로 정리한 것이다. 당시 염철회의는 유가와 법가 사이에 부국강병에 관한 사상투쟁의 성격을 띠고 있었다. 논의를 주도한 상홍 양桑弘羊은 법가사상에 통달한 상인출신 관료였다.

이 회의에서 이른바 '내법외유內法外儒'라고 하는 독특한 통치이론이 만들어졌다. 천하를 다스릴 때 겉으로는 유가의 덕치를 내세우고, 안으로는 법가의 법치를 시행한다는 것이다. 이는 경제 국가 건설을 통해 예의염치를 아는 문화국가로의 이행을 추구한 관중의 통치사상과 맥을 같이 한다.

농업 및 염철 등의 제1, 2차 산업생산력 증대는 필연적으로 물류 및 인류의 원활한 흐름을 자극할 수밖에 없다. 이에 그는 제나라로 들어오거나 제나라에서 빠져 나가는 모든 물류 및 인류에 대한 관세를 완전히 철폐했다. 열국을 넘나들며 장사를 하는 상인들이 제나라의 도성인 임치성에 몰려든 것은 말할 것도 없다. 임치성은 전국시대 말기까지 가장 번화한 도시로 존재했다. 학자들은 임치성에 대략 10만 명 이상의 인구가 상주한 것으로 본다. 물류와 인류의 원활한 유통은 동시에 농민은 물론 상공업자들의 자본과 기술이 제나라로 물밀듯이 유입됐다.

그는 금융자산이 버블을 일으킬 것을 우려해 금, 은 등의 유동성 재화가 곡물 및 염철 등의 제1, 2차 산업 생산물보다 비싸지 않도록 시장에 적극 개입해 가격변동 등을 조절했다. 생산과 유통의 안정성을 확보하기 위한 조치였다. 21세기에 들어와 미국이 주도한 시장만능주의의 천박한 '신자유주의'가 굉음을 내고 붕괴한 것과 대비되는 대목이다.

관대함으로 안정시켜라

관중보다 1백여 년 뒤에 태어난 공자는 관중을 평하면서 '수신제가'와 '치국평천하' 차원으로 나눠 엇갈린 평가를 내놓았다. 이는 제자백가 사이에 전개된 이른바 '치도논쟁'의 빌미로 작용했다. 훗날 맹자가 그의 패업을 일언지하에 폄하하고 나선 것도 이와 관련이 있다.『맹자』「양혜왕상」을 보면 제환공의 공적을 묻는 제선왕의 질문에 이같이 일축한 내용이 나온다.

"공자의 제자들은 제환공과 진문공 같은 패자의 공적에 관해 말하는 사람이 없기 때문에 후세에 전술된 것도 없습니다."

패업 자체를 인정할 수 없다는 신념에서 나온 것으로 해석할 수밖에 없다. 실제로 그는 왕도와 패도를 엄격히 분리한 뒤 왕도의 정당성을 역설했다.『맹자』「공손추 상」에 이런 대목이 나온다.

"힘으로 '인'을 가장하는 자를 패자라 한다. 패자는 반드시 큰 영토를 가지고 있어야 한다. 덕으로 '인'을 행하는 자를 왕자라 한다. 왕자는 큰 나라를 보유하지 않아도 좋다."

맹자는 왕도가 정당성과 실현가능성 면에서 패도와 비교가 안 될 정도로 우월하다는 것을 이런 식으로 표현한 셈이다. 그가 볼 때 춘추5패 중 가장 혁혁한 공을 세운 제환공과 관중의 '패업'은 성왕이 이룬 '왕업'을 훼손시킨 것에 불과했다. 이를 뒷받침하는 일화가 「공손추 상」에 나온다.

공손추公孫丑가 스승인 맹자에게 물었다.

"선생님은 제나라의 요직에 오르면 관중과 안영의 공적을 다시 일으킬 수 있겠습니까?"

맹자가 힐난했다.

"그대는 오직 관중과 안영만 알고 있으니 실로 제나라 사람이다. 예전에 어떤 사람이 증자의 아들 증서曾西에게 '그대와 자로子路 가운데 누가 더 현명한가'라고 묻자 증서가 황송해하며 대답하기를, '그 분은 우리 선친도 경외한 분이었소'라고 했다. 그가 또 '그렇다면 그대와 관중은 누가 더 현명한가'라고 묻자 증서가 발끈하며 불쾌한 표정으로 대답하기를, '그대는 어찌 나를 관중에 비교하는가. 관중은 군주를 섬기면서 저토록 군주의 신임을 독차지하고 국정을 전담하며 저토록 오래도록 재상의 자리에 있었지만 공적은 저토록 보잘 것이 없었다. 그대는 어찌하여 나를 관중에 비교하는 것인가'라고 했다. 이처럼 관중은 증서조차 비교되기를 원치 않은 인물인데 그대는 나보고 관중처럼 되라고 하는 것인가?"

공손추가 반박했다.

"관중은 제환공을 패자로 만들었고, 안영은 제경공의 이름을 세상에 떨치게 만들었습니다. 그런데도 관중과 안영이 오히려 부족하다고 하는 것입니까?"

맹자가 말했다.

"제나라와 같이 큰 나라를 가지고 왕자를 만드는 것도 손바닥을 뒤집는 것처럼 쉬운 일인데 하물며 패자를 만든 것이야 말할 게 있겠는가?"

공손추가 재차 반박했다.

"그리하니 제자인 제가 더욱 갈피를 잡기 어렵습니다. 주문왕의 덕으로도 1백 년밖에 살지 못해 그 덕은 천하에 두루 미치지 못했습니다. 주무왕과 주공이 그 뜻을 이어받아 힘써 실천한 후에야 비로소 주나라를 세워 널리 덕을 펼 수 있었습니다. 지금 왕자가 되는 것이 그토록 쉬운 것처럼 말하면 주문왕도 본받기에 부족하다는 것입니까?"

맹자가 말했다.

"주문왕을 어찌 제나라의 군주와 같이 논할 수 있겠는가? 지금이 왕도를 행할 때이다. 하·은·주가 가장 번성한 때에도 사방 1천 리가 넘는 나라가 없었다. 그러나 제나라는 그만큼 넓은 땅을 갖고 있다. 제나라는 현재 도성에서 사방의 경계에 이르기까지 어디서든 닭 우는 소리와 개 짖는 소리를 들을 수 있을 정도로 많은 백성들이 살고 있다. 그러니 땅을 더 넓힐 필요도 없고, 백성을 더 모을 필요도 없다. 이제 인정仁政을 베풀고 왕도를 행하기만 하면 그 누구도 제나라 군주가 왕자가 되는 것을 막을 수 없다. 그러나 훌륭한 왕자가 나타나지 않은 지가 요즘처럼 오래된 적이 없고, 백성들이 학정虐政에 시달려 초췌憔悴해진 것이 요즘처럼 심한 적이 없었다. 굶주린 자는 무엇이나 먹고, 목마른 자는 무엇이나 마시는 법이다. 공자가 이르기를, '덕의 유행流行은 파발마를 두어 명령을 전하는 것보다 빠르다'고 했다. 지금과 같은 때에 대국인 제나라가 '인정'을 펼치면 백성들은 크게 기뻐할 것이다. 일은 옛날 사람의 절반만 해도 그 공은 틀림없이 그 갑절이나 될 것이다. 지금이 바로 그러한 때이다."

주문왕과 주무왕은 무력을 동원해 은나라를 뒤엎었다. 객관적으로 보면 반역이다. 고금동서를 통틀어 맹자가 말하는 식의 왕도로 새 나라를 건설한 적은 단 한 번도 없다. 그의 주장은 지나치게 원칙에 얽매인 것이다. 공자도 용인하고 나선 패업의 의미를 제대로 간취하지 못했다는 지적을 면하기 어렵다.

　맹자보다 1세대 뒤에 태어난 순자는 주어진 현실을 토대로 하여 패도를 긍정적으로 수용했다. 이는 '치국평천하' 차원에서 관자의 패업을 높이 평가한 공자의 기본입장을 복원하는 작업이기도 했다. 『순자』 「왕제」의 해당 대목이다.

　"관중은 밭과 들을 개간하고 창고를 충실하게 했다. 점차로 상을 줌으로써 인민을 선도하고 형벌을 엄격히 함으로써 인민들을 바로잡았다."

　관중이 실시한 부국강병의 통치술을 높이 평가한 것이다. 순자의 관자에 대한 평가는 공자의 평가보다 훨씬 긍정적이다. 그는 어제보다 오늘을 중시하는 현실주의자였다. 잘 알지도 못하는 옛 성왕의 왕도를 추구하기보다는 후대의 군주들로부터 치도의 전형을 찾아내는 편이 더 낫다는 게 그의 생각이었다. 그의 이런 생각은 곧 맹자에 대한 공격으로 이어졌다. 「비십이자」의 해당 대목이다.

　"옛 군주를 본받으면서도 그 정통을 알지 못하고 있다. 이는 곧 맹자의 죄이다."

　이는 입만 열면 '성왕' 운운하는 맹자의 이상주의를 통렬히 비판한 것이다. 훗날 순자는 이 때문에 성리학자들에 의해 이단으로 몰리기도 했으나 맹자가 입으로만 성왕의 인의를 들먹일 뿐 그 기본 취지를 제대로 이해하지 못하고 있는 점을 정확히 파악하고 있었다.

순자가 생각한 왕도의 요체는 예치禮治에 있었다. 이는 공자가 역설한 군자정치 이념과 맥을 같이 한다. 순자는 왕도가 바람직하나 현실적으로 불가능할 때에는 패도 또한 무방하다는 입장을 취한 셈이다. 맹자가 일체의 패도를 '왕도'를 가장한 '강도'로 규정한 것과 극명한 대조를 이루고 있다. 공자사상이 맹자가 아니라 순자로 이어졌다는 주장을 뒷받침한다.

순자의 이런 입장은 그의 제자인 한비자에게 그대로 이어졌다. 난세에는 도덕적인 왕도를 아예 포기하고 오직 무력과 법치에 기초한 패도를 관철시켜야만 '치국평천하'의 대업을 이룰 수 있다는 게 그의 주장이었다. 맹자와 정반대되는 것이다. 결과적으로 그는 스승이 역설한 예치를 법치로 대치시킴으로써 도덕과 정치를 철저히 분리해낸 셈이다.

이익은 고르게 분배하라

관중의 '부민' 정책은 기본적으로 '부국'을 염두에 둔 것이다. '부국' 정책과 관련해 주목할 만한 것은 재정절약을 뜻하는 '절용節用'이다. 이는 불요불급한 사업에 대한 방만한 투자를 억제하고 남아도는 관원 등을 퇴출시켜 건전한 재정을 제도화시킨 결과다. 재정의 건전화는 사치억제 정책과 함께 실시됐다. 부국부민을 이루기 위해서는 우선 지배층의 자기절

제가 선결돼야 한다는 판단에 따른 것이다. 이를 뒷받침하는 『관자』「팔관」의 해당 대목이다.

"나라를 다스릴 때 사치하면 국고를 낭비하게 되어 인민들이 가난하게 된다. 인민들이 가난해지면 간사한 꾀를 내 나라를 어지럽히게 된다."

관중은 이를 막기 위해서는 재화의 고른 분배가 이뤄져야 한다고 역설했다. 그의 이러한 주장은 땅과 노동력의 균배를 의미하는 '균지분력均地分力'과 전 인민에게 재화를 고르게 나눠주는 '여민분화與民分貨'를 의미한다. 빈부의 격차가 적어야만 통치가 제대로 이루어진다는 판단에 따른 것이다. 이는 공자의 주장과 맥을 같이한다. 『논어』「계씨」의 해당 대목이다.

"적은 것이 걱정이 아니라 고르지 못한 것이 걱정이다."

관중이 「목민」에서 제시한 부국강병의 도식은 『논어』「안연」에 나오는 '족식'과 '민신民信'의 상호관계와 똑같다. 그럼에도 성리학자들이 이를 잘못 해석한 이래 21세기 현재까지 잘못된 주장이 횡행하고 있다. 이는 공자사상의 일대 왜곡에 속한다. 「안연」에 따르면 하루는 자공이 정치에 대해 묻자 공자가 이같이 대답했다.

"족식足食과 족병足兵, 민신民信이 이뤄져야 한다."

경제, 국방, 대정부 신뢰가 있어야 한다는 뜻이다. 자공이 다시 물었다.

"만일 부득이하여 반드시 하나를 버리기로 한다면 3가지 중에서 무엇을 먼저 버려야 합니까?"

"거병去兵해야 할 것이다."

병력감축을 말한다.

"만일 부득이하여 반드시 하나를 버리기로 한다면 나머지 2가지 중에서 무엇을 먼저 버려야 합니까?"

"거식去食해야 할 것이다. 자고로 먹지 못하면 죽을 수밖에 없으나 사람은 누구나 죽기 마련이다. 그러나 '민신'이 없으면 나라가 설 수조차 없게 된다."

'거식'은 경제축소를 의미한다. 일견 관중의 주장과 배치되는 것처럼 보인다. 실제로 성리학자들은 그같이 해석했다.

이 대목에서 공자가 '민신'을 가장 중요한 국가존립의 요건으로 거론한 것은 국가존립을 위한 최소한의 조건인 '족식'과 '족병'을 포기해도 좋다고 말한 게 아니다. 공자가 '거병'과 '거식'을 언급한 것은 자공이 외적의 침공으로 인해 성이 함락되는 등의 극단적인 위기상황을 전제로 질문한 데 따른 것이었다. 성리학자들은 이를 간과한 채 평상시조차 '민신'이 가장 중요하다는 식의 엉뚱한 풀이를 한 것이다.

공자가 마지막 구절에서 '민신'을 강조한 것은 나라가 패망의 위기에 직면했을 때 군주가 솔선수범하는 자세를 보여야만 백성들이 그를 믿고 위기상황을 마침내 벗어날 수 있다는 사실을 역설한 것이다. 지배자와 피지배자 모두 생사를 같이 하는 국가공동체의 주체라는 점을 부각시키고자 한 것이다.

너무나 간단하면서도 당연한 얘기이다. 성리학자들의 잘못된 해석을 최초로 규명한 인물은 명대 말기에 활약한 이탁오李卓吾이다. 그는 명저 『분서』의 「잡술·병식론兵食論」에서 이같이 갈파했다.

"무릇 윗사람이 되어 백성들이 배불리 먹고 안전하게 살 수 있도록 지켜주기만 하면 백성들도 그를 믿고 따르며, 부득이한 상황에 이르러서도 차라리 죽을지언정 윗사람 곁을 떠나지 않을 것이다. 이는 평소 윗사람이 그들의 안전과 식량을 충분히 제공해주었기 때문이다. 공자가 「안연」에서 '거병'과 '거식'을 거론한 것은 실제로 군사와 식량을 버리게 하려는 의도가 아니다. 이는 어쩔 수 없는 위기상황을 전제로 한 것이다. 어쩔 수 없는 위기상황에서 비롯된 것이라면 백성들도 '거병'과 '거식'의 부득이한 상황을 감내하면서도 윗사람을 불신하는 지경까지는 이르지 않게 된다. 그래서 마지막에 '민신'을 언급한 것이다. 그럼에도 어리석은 성리학자들은 이와 정반대로 '믿음이 무기나 식량보다 더 중요하다'고 지껄이고 있다. 이는 성인이 하신 말씀의 참뜻을 제대로 파악하지 못한 소치다."

이탁오는 『관자』 「목민」과 『논어』 「안연」의 언급이 상호 일치하고 있다는 사실을 밝혀낸 최초의 인물이다. 성리학자들이 '믿음이 무기나 식량보다 더 중요하다'는 식으로 엉뚱하게 해석한 '거식 → 거병 → 민신'의 도식은 나라가 패망할 위기에 처하는 등의 특수상황을 전제로 한 반대해석임을 밝혀낸 것은 탁견이다.

외적이 쳐들어왔을 때와 같은 비상상황에서는 군민君民이 하나가 되어 싸워야 한다. 식량이 달리고 병력이 거의 소진된 상황에서 군주가 콩 한

알이라고 백성들과 나눠먹겠다는 자세로 솔선수범해야 백성들이 군주와 생사를 같이한다는 각오로 적을 물리칠 수 있다. 공자는 바로 이 경우를 말한 것이다.

공자와 관중이 부국강병의 방략에 일치하고 있다는 것은 『관자』와 『논어』의 관련대목을 비교하면 쉽게 알 수 있다. 춘추시대는 이미 초기부터 힘 있는 제후가 천자를 대신해 천하를 호령하는 모습을 보였다. 이를 역사상 최초로 이론적으로 정립해 제왕학을 만들어낸 사람이 바로 관중이다. 그가 정립한 제왕학은 기본적으로 물은 배를 띄우기도 하지만 배를 전복시키기도 한다는 뜻의 '수가재주水可載舟, 수가복주水可覆舟'의 이치 위에 구축된 것이다. 『관자』 「오보」에 이를 뒷받침하는 대목이 나온다.

"치국의 방법으로 백성에게 이익을 주는 것보다 나은 것이 없다."

관중사상을 '이민利民'으로 요약하는 이유다. 백성에게 이익을 주는 '이민' 정책을 펼쳐야 백성이 부유해지는 부민을 달성하게 되고, 부민이 완성돼야 나라도 부유해지는 부국이 가능해지고, 부국이 되어야 강병도 실현할 수 있다는 게 논지다.

그는 이런 기조 위에서 군민일체君民一體의 필요성을 역설했다. 『관자』 「군신 상」에 '군주가 백성과 더불어 일체를 이루는 것이 곧 나라로써 나라를 지키고 백성으로써 백성을 지키는 길이다'라고 강조한 게 그렇다. '이민'을 전제하지 않은 한 '부민'은 달성할 길이 없다.

『관자』

"무릇 치국의 길은 반드시 우선 백성을 잘살게 하는 데서 시작한다. 백성들이
부유하면 다스리는 것이 쉽고, 백성들이 가난하면 다스리는 것이 어렵다."
- 『관자』「치국」

2017년 4월 29일 블룸버그통신은 선다 피차이 구글 최고경영자가 받은 성과급이 2,280억 원에 이른다고 밝혔다. 3년간 수입은 6,200억 원을 넘는다고 한다.

구글 창업자 래리 페이지가 믿고 맡기는 선다 피차이는 이제 구글의 2인자로 우뚝 서있다. 선다 피차이는 뛰어난 재능을 가졌고 최고의 조직이 있으며 승부사 기질에 적을 만들지 않는 전략으로 지금에 이르고 있다.

래리 페이지는 "선다는 기술적으로 뛰어나면서도 사용하기 쉬운 제품을 만드는 데 뛰어난 재능이 있다. 그리고 큰 승부를 좋아한다."라고 추켜올린다.

선다 피차이는 "정확한 목표와 야망을 품고, 집단적인 성취를 이뤄내는 것이 가장 중요하다."라고 말했다. 개인보다 늘 팀이 우선이라는 말이다. 선다 피차이의 2인자로서 성공 요인은 바로 여기에 있다.

구천
·
칼을 가는
1인자

VS

때를 아는
2인자
·
범리

언제나 수많은 사람들이 1인자 자리를 노린다. 불안은 1인자의 친구다. 항상 옳은 결정을 해야 하고 탁월해야 한다는 강박에 시달린다. 이 함정을 벗어나기 위해서 1인자는 날마다 새로운 것에 대한 간절한 열정으로 자극받아야 한다. 주변의 뛰어난 인재들을 모으고 소통하면서 늘 내일을 바라보아야 한다.

제3장 구천과 범리

"군왕은 군왕의 법령을 집행토록 하십시오.
저는 제 뜻대로 일을 해나갈 것입니다."

- 범리

간절함과 열정이 성과를 이룬다

『사기』「월왕구천세가」는 전설적인 왕조인 하나라 왕 소강少康의 서자인 무여無餘가 지금의 절강성 소흥현 동남쪽에 있는 회계會稽 일대에 도읍한 데서 월나라의 역사가 시작됐다고 기록해놓았다. 그러나 객관적으로 볼 때 월나라는 원래 남만南蠻의 소국에 지나지 않았다. 힘을 키워 중원을 호령하게 되자 중원 세력의 일부로 편입된 것이다. 초나라가 '남만' 취급을 받다가 춘추시대 중엽 초장왕의 등장을 계기로 문득 중원의 일원으로 편입된 것과 별반 다를 게 없다.

월나라는 장강 하류지역을 차지하고 있는 오나라와 이웃하며 치열한 경쟁을 벌인 덕분에 오나라와 함께 문득 역사무대의 전면에 나서는 행운을 만났다. 이는 전래의 강국인 제齊, 초楚, 진晉, 진秦 등이 잇단 전쟁과 내란으로 크게 쇠약해진 것과 깊은 관련이 있다. 오월은 이들 4대 강국이 피폐해진 틈을 적극 활용해 부국강병을 추구한 덕분에 천하를 호령하게 된 것이다.

주목할 것은 두 나라 간의 한 치의 양보도 없는 무한 경쟁이 바로 이런 결과를 낳은 점이다. 사서의 기록을 종합해볼 때 오월 두 나라는 당초 중원을 제패할 의도가 전혀 없었다. 실제로 그런 실력을 갖추지도 못했다. 그럼에도 생존을 위한 무한경쟁의 상황에 처해있었던 두 나라는 죽기 살기 식으로 온갖 수단을 동원해 무력을 강화할 수밖에 없었다. 그게 바로 동쪽 구석에 위치해 있던 오월 두 나라를 문득 천하제일의 강국으로 만드는 결정적인 계기로 작용한 것이다.

세상에 영원한 1등은 없다. 노력하기에 따라서는 꼴찌가 1등이 될 수 있다. 스스로를 끊임없이 채찍질하며 혼신의 노력을 기울이는 게 비결이다. 동쪽 변방의 오월은 죽기살기 식의 경쟁 속에서 부국강병을 달성해 마침내 천하를 차례로 호령했다. 부국강병을 멈추는 순간 이내 상대국에 먹힐 수밖에 없다는 절박감이 이런 일을 가능하게 한 것이다. 춘추시대 말기를 '오월시대'로 부르게 된 배경이다.

오월이 차례로 천하를 호령하게 된 데에는 수백 년에 걸쳐 중원과 남방을 호령했던 전래의 4대 강국이 기왕의 성과에 안주하며 내분을 일삼았

월나라와 오나라의 전쟁터였던 회계산

"불가합니다. 신이 듣건대 '군사는 흉기이고, 전쟁은 덕을 해치고, 승부를 다투는 것은 최악의 일이다'라고 했습니다. 흉기를 휘둘러 덕을 해치는 것은 하늘도 금하는 것입니다. 선제공격을 가하는 것은 불리합니다."
- 범리

던 게 크게 작용했다. 오월은 서로 피나는 경쟁을 하는 사이 자신들도 모르는 사이 상대적 우위를 차지해 천하의 정상에 우뚝 선 셈이다. 약 1백 년간에 걸쳐 진행된 '오월시대'는 꼴찌가 1등 국가가 되고, 돌아가며 1등을 차지했던 4강국이 오월에게 수모를 당한 시기로 볼 수 있다.

오월시대를 가능하게 했던 핵심적인 참모로 오나라의 오자서와 월나라의 범리를 들 수 있다. 오왕 합려에게 오자서의 존재가 그랬듯이 월나라의 구천 역시 범리라는 참모가 없었다면 천하를 호령하는 일이 불가능했다. 오자서와 범리의 행보는 여러모로 대비된다. 두 사람 모두 타국 출신의 기려지신羈旅之臣이고, 동시에 당대 최고의 지낭智囊이었고, 수단방법을 가리지 않고 보필해 모시던 주군의 패업을 완수했다는 점 등에서는 일치한다. 그러나 주군을 보필하는 방법 및 패업 이후의 선택 등에서는 극명한 차이를 보이고 있다.

1인자의 자리를 넘보지 마라

오자서는 마치 스승이 제자를 다루듯이 시종 주군인 오왕 합려를 앞에서 이끄는 모습을 보였다. 자신의 생각을 거침없이 건의하고 이를 관철시켰다. 문제는 오왕 합려의 뒤를 이은 부차에게도 동일한 방식을 구사한 데 있다. 합려는 오자서가 없었다면 보위에 오르는 것이 불가능했던 까닭에 그 은혜를 잊지 않았다. 그가 죽을 때까지 오자서를 마치 스승을 대하듯이 예우한 이유다. 그러나 부차는 달랐다. 그는 오자서를 일종의 고문으로 밀어낸 뒤 백비와 같은 인물로 새 진용을 짜서 자신의 시대를 만들고자 했다. 오자서는 이를 용납할 수 없었다. 내심 오나라는 자신이 만들었다는 생각을 갖고 있었기 때문이다. 여기서 갈등이 빚어졌다. 그가 비참한 최후를 맞이한 이유다.

범리는 오자서와 달랐다. 그는 어디까지나 참모의 역할에 충실했다. 주군인 월왕 구천의 조급증을 달래기 위해 때론 강력한 수위의 간언을 하기도 했지만 도를 넘은 적은 한 번도 없다. 나아가고 물러날 때를 정확히 알고 있었기 때문이다. 패업을 이룬 후 월왕 구천 곁을 아무 미련 없이 훌쩍 떠난 것도 이런 맥락에서 이해할 수 있다. 대부 문종文種은 범리와 달리 스스로 월왕 구천에게 커다란 은혜를 베풀었다는 생각을 갖고 있었다. 그 결과는 토사구팽兎死狗烹이었다. 오자서의 전철을 밟은 셈이다.

범리를 춘추시대 최고의 뛰어난 참모로 손꼽을 수 있는 이유가 여기에 있다. 사마천이 「월왕구천세가」를 사실상 '범리열전'이나 다름없는 식으로 꾸민 것도 결코 우연으로 볼 수 없다. 실제로 범리를 빼고는 월왕 구천이 패업을 완수하게 된 배경을 설명할 길이 없다.

범리와 구천의 만남

『춘추좌전』에는 범리의 이름이 나오지 않고 대부 문종의 이름만 보인다. 『춘추좌전』의 기록에 초점을 맞출 경우 범리를 실존인물로 보는 게 쉽지 않은 상황이다. 실제로 「월왕구천세가」에 나오는 범리에 관한 기록 역시 전설적인 일화로 가득 차 있다.

　　그렇다면 범리는 가공의 인물일까? 굳이 그리 볼 필요는 없다. 『국어』「월어」는 「월왕구천세가」 못지않게 범리에 관한 일화를 많이 실어 놓았다. 『국어』에 범리에 관한 얘기가 자세히 수록되어있다는 것은 범리가 실존인물이었음을 방증한다. 『국어』는 문종보다 오히려 범리의 행보를 더욱 자세히 수록해 놓았다.

「월왕구천세가」

　　『춘추좌전』에 범리의 이름이 나오지 않는 것은 『춘추좌전』이 구천을 중심으로 당시의 상황을 기록한 탓에 상대적으로 범리를 소홀하게 취급했기 때문인 듯하다. 『춘추좌전』에 공자의 젊은 시절 얘기가 전혀 다뤄지지 않은 것과 같다. 『춘추좌전』이 편제되는 전국시대 당시만 해도 대부 문종이 범리보다 훨씬 중요하게 취급되었을 가능성도 있다. 이는 범리에 관한 얘기가 시간이 지나면서 크게 부풀려졌음을 시사한다. 실제로 이로부터 4백년 뒤에 편찬된 「월왕구천세가」는 범리에 관한 얘기로 시종일관하고 있다. 문종의 얘기는 거의 없다.

　　사마천은 「월왕구천세가」에 범리에 관한 모든 일화를 그러모아 놓았다. 대부분의 내용이 『국어』와 겹치고 있다. 『사기정의』에 인용된 『회계전록會稽典錄』에 따르면 범리는 원래 지금의 하남성 석천현인 초나라 완삼호宛三戶 출신이다. 자가 소백少伯인 그는 한미寒微한 집에서 태어났으나 열심히 학문을 닦았다. 그가 짐짓 미친 척하자 마침 완현宛縣의 대부로 있던 문종이 휘하 관원을 범리에게 보냈다. 관원이 보고했다.

"범리는 원래 미친 사람입니다. 태어날 때부터 그랬다고 합니다."

문종이 웃으며 말했다.

"나는 그가 뛰어난 인물이라고 들었다. 짐짓 미치광이 짓을 하고 있는 게 틀림없다. 흉중에 뛰어난 책략을 지니고 있음에도 이를 드러내지 않기 위해 그리하는 것이다. 이는 일반 사람들이 알 수 있는 바가 아니다."

그러고는 곧바로 수레를 타고 직접 찾아갔다. 범리는 문종이 오는걸 알고 몸을 피했다. 그는 문종이 다시 찾아오리라는 것을 알고 형수에게 이같이 말했다.

"오늘 다시 손님이 찾아올 것입니다. 의관을 잠시 빌려주십시오."

얼마 후 과연 문종이 다시 찾아왔다. 두 사람은 곧 반갑게 손을 마주잡고 천하대세를 비롯해 부국강병의 이치 등에 관해 기탄없이 의견을 교환했다. 주변 사람들이 모두 귀를 세우고 이를 경청했다.

이상이 『회계전록』의 기록이다. 사서의 기록만으로는 범리와 문종이 과연 어떤 인연으로 월왕 구천과 만나게 되었는지 알 길이 없자 이를 궁금해한 사람들이 이런 얘기를 만들어낸 것으로 보인다. 당시 범리는 문종에게 이같이 권했다.

"지금 패업을 이루고자 하면 동남쪽의 오나라나 월나라로 가는 게 좋을 것이오."

문종이 흔쾌히 동의하며 초나라의 벼슬을 내던졌다. 두 사람은 도중에 행선지를 월나라로 정했다. 오나라에는 이미 병법에 뛰어난 손무와 재상 오자서를 비롯해 많은 인재가 있다는 이유였다. 능력을 마음껏 펼치기 위해서는 이미 강성한 나라가 된 오나라보다는 상대적으로 국력이 미약한 월나라가 적합했다. 이 또한 '관포지교'와 '삼고초려' 등에서 힌트를 얻은 후대인이 상상력을 동원해 만들어낸 것으로 보인다.

2인자의 지혜를 들어라

기원전 496년, 초나라의 도성인 영성을 함락시켜 천하를 진동시켰던 오왕 합려는 월왕 윤상이 세상을 떠나고 그의 아들 구천이 즉위했다는 소식을 듣고 크게 기뻐했다. 국상을 맞아 어수선한 틈을 타 월나라를 무너뜨릴 수 있는 절호의 기회라고 판단한 것이다. 이해 여름, 합려가 대군을 이끌고 월나라로 쳐들어갔다. 구천이 곧바로 반격에 나서자 두 나라 군사가 취리檇李에서 대치하게 됐다.『춘추좌전』은 이 대목에서 처음으로 구천의 이름을 기록해놓았다.

이 전투에서 오나라 군사가 대패했다. 구천을 얕잡아봤기 때문이었다. 합려 역시 격전 중에 입은 부상으로 인해 이내 세상을 떠나고 말았다. 이를 계기로 오월 두 나라의 원한은 더욱 깊어졌다. 경쟁 또한 치열해졌다. 부차는 3년 동안 절치부심하며 무력을 강화함으로써 마침내 설욕에 성공했다.『춘추좌전』은 기원전 494년의 상황을 이같이 기록해놓았다.

"오왕 부차가 월나라 군사를 부초산夫椒山에서 깨뜨렸다. 이는 취리의 싸움에 대한 보복이었다. 오나라 군사가 승세를 몰아 바로 월나라로 쳐들어가자 월왕 구천이 정예병 5천 명을 이끌고 회계산會稽山으로 들어가 저항했다. 구천은 궁지에 몰리자 마침내 대부 문종을 부차의 총신인 오나라 태재 백비에게 보내 강화를 체결하도록 했다.”

이 대목은 대부 문종에 대한『춘추좌전』의 유일한 기록이기도 하다.「월왕구천세가」는 당시의 상황을 정밀하게 묘사해놓았다. 이에 따르면 오왕 부차가 설욕을 위해 전쟁준비에 박차를 가하고 있을 때 첩보를 접한 구천이 선제공격을 가하고자 했다. 범리가 간했다.

“불가합니다. 신이 듣건대 ‘군사는 흉기이고, 전쟁은 덕을 해치고, 승부를 다투는 것은 최악의 일이다’라고 했습니다. 흉기를 휘둘러 덕을 해치는 것은 하늘도 금하는 것입니다. 선제공격을 가하는 것은 불리합니다.”

“내 뜻은 이미 정해졌소.”

결국 구천은 부초산 전투에서 대패한 뒤 패잔병 5천여 명을 이끌고 회계로 황급히 도주했으나 오나라 군사에게 포위되고 말았다.『국어』「월어」에 따르면 당시 구천은 범리의 간언을 듣지 않은 것을 크게 후회하며 이같이 사과했다.

“나는 그대의 의견을 받아들이지 않아 오늘 이 지경에 이르고 말았소. 이제 어찌 대처해야 하오?”

범리가 계책을 냈다.

“군왕은 어찌하여 전에 제가 한 말을 잊은 것입니까? 나라를 흥성하게 하려면 천도天道를 따르고, 위기를 극복하기 위해서는 인도人道를 따르고, 정사를 절도 있게 펼치기 위해서는 지도地道를 따라야 합니다."

"인도를 따르고자 하면 어찌해야 하오?"

"겸허한 언사와 공경스런 예절로써 화친을 구하고, 금옥완기金玉玩器와 가무 및 여악 등을 오왕에게 바치고, '천왕天王'으로 그를 높이십시오. 만일 이같이 하여도 오왕이 솔깃해하지 않으면 몸을 팔아 그의 노복이 되는 수밖에 없습니다."

오왕 부차가 구천의 제의를 받아들이자 부차의 노복 신세가 된 구천이 월나라를 떠나기 전에 범리에게 이같이 말했다.

"그대는 여기에 남아 나를 대신해 나라를 지켜주시오."

범리가 제안했다.

"월나라 경계 안에서 백성을 다스리는 일은 제가 대부 문종만 못합니다. 다만 경계 밖에서 적군을 맞아 싸울 때 기회를 놓치지 않고 결단하여 출격하는 일은 대부 문종이 저만 못합니다."

구천이 이를 좇았다. 대부 문종에게 월나라를 지키게 하고, 자신은 범리와 함께 오나라로 가 신복臣僕이 되었다.

먹이를 잡으려면 몸을 낮춰라

「월왕구천세가」와 「월어」는 이후 문종에 대해서는 구체적인 언급을 생략한 채 오나라로 들어간 구천과 범리가 사지를 빠져나오기 위해 행한 일

런의 계책을 집중적으로 조명해놓았다. 그러나 인구에 회자하는 이른바 '문질상분問疾嘗糞' 일화에 대해서는 아무런 언급도 해놓지 않았다. 이 일화는 오직 『오월춘추』에만 나온다. 후대인인 만들어낸 가공의 일화임을 뒷받침한다.

그럼에도 일반인에게는 '문질상분' 일화는 뒤에 나오는 '와신상담臥薪嘗膽' 일화와 더불어 21세기 현재까지 가장 널리 알려진 '오월시대'의 대표적인 일화다.

이에 따르면 시간이 지나자 오나라 내에서는 구천의 처리 문제와 관련해 태재 백비를 중심으로 한 '석방파'와 오자서를 중심으로 한 '처단파'가 격렬히 대립하기 시작했다. 부차는 결단하지 못하고 망설였다. 사태가 긴박하게 돌아가는 이 와중에 부차가 문득 병이 나 자리에 누웠다. 서너 달이 되도록 병이 호전되지 않았다. 범리가 구천에게 한 가지 계책을 제시했다.

"지금 오왕은 우리를 용서해주기로 마음을 먹었다가 오자서의 말을 듣고는 또 마음이 변했습니다. 그런 심약한 사람의 동정을 얻으려면 비상수단을 써야 합니다. 대왕은 문병을 가 배견하게 되면 그 똥과 오줌을 받아 직접 맛보면서 그의 안색을 살펴보고 곧 축하인사를 올리십시오. 이어 병세가 점차 호전될 것이라고 말하고 병석에서 일어날 날짜를 말하십시오. 예언이 적중하기만 하면 무엇을 염려할 필요가 있겠습니까?"

다음날 구천이 태재 백비에게 청했다.

"오왕의 병환을 문후問候하고자 합니다."

태재 백비가 곧 이를 부차에게 알렸다. 부차의 허락이 떨어졌다. 마침 부차가 대소변을 보자 태재 백비가 이를 들고 밖으로 나오다가 방문 밖에서 구천과 만나게 되었다. 구천이 말했다.

"제가 대왕의 변을 보고 대왕 병세의 길흉을 판단해보겠습니다."

그리고는 손으로 소변과 대변을 각각 떠서는 한 번씩 맛본 뒤 곧 안으로 들어가 이같이 말했다.

"죄인 구천이 대왕에게 축하의 말씀을 올립니다. 대왕의 병은 곧 호전돼 이내 완치될 것입니다."

"그것을 어찌 알 수 있소?"

"제가 일찍이 변을 통해 병세를 알아맞히는 사람으로부터 그 방법을 배운 적이 있습니다. 대소변은 먹는 곡물의 맛을 좇아야 하니 시령時令의 원기元氣를 거스르는 사람은 곧 죽게 됩니다. 대소변이 시령의 원기를 좇게 되면 곧 살아나게 됩니다. 지금 신이 개인적으로 대왕의 대소변을 맛보았습니다. 대변의 맛은 쓰고 맵고 십니다. 이 맛은 봄과 여름 사이의 원기에 응하는 것입니다. 이로써 저는 대왕의 병세가 이내 완치될 것임을 알 수 있었습니다."

부차가 크게 기뻐했다.

"참으로 인인仁人이오."

구천이 예측한 날이 가까워 오자 부차의 병이 거의 낫게 되었다. 부차가 곧 큰 잔치를 벌이고는 이같이 명했다.

"오늘 월왕을 이 자리에 참석하게 했으니 군신들은 귀빈의 예로써 그를 대하도록 하라."

화가 난 오자서는 참석치 않았다. 구천과 범리가 함께 일어나 쾌유를 축하하며 만세토록 장수할 것을 기원했다. 다음날 오자서가 궁으로 들어가 간하자 부차가 이같이 힐난했다.

"내가 병으로 3달 동안 누워 있을 때 끝내 상국相國으로부터 한 마디도 듣지 못했소. 이는 상국이 자애롭지 못함을 보여준 것이오. 또한 내가 좋아하는 음식을 진헌치 않고, 마음속으로 나의 건강을 염려하지 않았으니 이는 상국이 인자하지 못함을 보여준 것이오. 월왕은 한때 잘못을 저질렀으나 스스로 노복이 되어 부인을 시녀로 만들고도 마음속으로 원한을 품지 않고, 내가 병에 걸리자 직접 나의 분변을 받아 입으로 맛보았소. 만일 내가 상국의 말을 듣고 그를 죽였다면 이는 과인이 현명치 못한 것이 되고 오직 상국 한 사람의 마음만 통쾌하게 만들었을 것이오."

오자서가 반박했다.

"어찌하여 대왕은 반대로 얘기하는 것입니까. 무릇 호랑이가 몸을 낮추는 것은 장차 먹이를 가격하기 위한 것입니다. 그가 대왕의 소변을 마신 것은 대왕의 심장을 먹은 것이고, 대왕의 대변을 먹은 것은 대왕의 간을 먹은 것입니다. 대왕은 장차 그에게 포로로 잡히고 말 것입니다. 사직이 폐허가 되고, 종묘가 가시밭이 되면 후회한들 무슨 소용이 있겠습니까?"

부차가 화를 냈다.

"상국은 이 일을 다시는 거론하지 마시오. 나는 이런 얘기를 두 번 다시

들을 인내심이 없소."

부차가 마침내 구천을 석방한 뒤 귀국하도록 했다. 송별할 때 부차가 구천에게 말했다.

"그대를 사면하여 귀국하도록 했으니 앞으로 더욱 충성하도록 하시오."

구천이 머리를 조아리며 말했다.

"대왕이 신을 불쌍히 여겨 귀국의 은덕을 베풀었습니다. 죽을 때까지 목숨을 다 바쳐 충성할 것입니다."

이에 마침내 귀국길에 오르게 됐다. 여기서 병세를 알아본다는 핑계로 변을 맛보는 '문질상분' 성어가 나왔다. 수단방법을 가리지 않고 아첨하는 것을 뜻한다. 구천이 행한 '문질상분' 행보는 목적을 이루기 위해 온갖 굴욕을 참아내는 극기克己에 해당한다. 실제로 구천은 귀국하자마자 겉으로는 정성을 다해 부차를 섬기는 모습을 보이면서 안으로는 설욕의 그날을 위해 절치부심하며 부국강병에 박차를 가했다. 칼날의 빛을 감추고 힘을 키우는 '도광양회韜光養晦'의 취지와 같다.

자신의 주제를 파악하라

중국의 4대 미인을 들라면 통상 춘추시대 말기의 서시西施, 한나라의 왕소군王昭君, 삼국시대의 초선貂蟬, 당나라의 양귀비楊貴妃를 꼽는다. 이들 미인들은 각 시대마다 나라의 흥망과 같이한 까닭에 시대를 거쳐 내려오면서 많은 살이 붙었다. 서시의 아름다움은 흔히 물고기가 헤엄치는 것을 잊었다는 뜻의 '침어沈魚'로 표현한다. 이는 서시가 투명한 강물이 그녀의 아름다운 모습을 비추자 연못 속의 물고기가 유영하는 것을 잊고 강바닥으로 가라앉았다는 전설에서 나온 것이다.

서시는 월왕 구천이 책사인 범리范蠡가 '미인계'를 좇아 오왕 부차에게 바쳤다는 전설적인 미인이다. 『오월춘추』 등은 부차가 서시의 미모에 사로잡혀 정치를 소홀히 하다가 월나라에 패망한 것으로 묘사해놓았다. 『장자』 「천운」에 서시와 관련해 매우 유명한 일화가 나온다. 서시빈목西施矉目 또는 동시효빈東施效矉이 그것이다.

월나라 미인 서시는 가슴앓이 병이 있어 늘 미간을 찌푸리고 다녔다. 그러자 동쪽 마을의 추녀인 동시가 그 모습에 감탄해 자기도 가슴에 손을 대고 미간을 찡그리며 마을을 돌아다녔다. 이 모습을 본 마을의 부자는 굳게 대문을 잠근 채 밖으로 나오지 않았고, 가난한 사람은 처자를 이끌고 마을에서 도망쳤다. 이를 두고 장자는 이같이 힐난했다.

"이 추녀는 서시의 찡그린 모습이 아름다운 것만 알았지 그 까닭을 몰랐다."

여기서 자신의 주제도 모르고 무조건 남을 좇아 흉내 내는 것을 빗댄 '서시빈목'과 '동시효빈'의 성어가 나왔다. 『장자』의 이 고사는 노나라의 태사太師가 공자의 수제자인 안연에게 공자의 한계를 언급하는 대목 속에 나온다. '동시효빈' 고사는 서시에 관한 전설이 매우 일찍이 만들어졌고 그 영향이 매우 컸음을 시사한다.

약점을 파고들어라

『오월춘추』에 따르면 미인계의 계책을 낸 사람은 범리가 아니라 문종으로 되어 있다. 문종은 왜 이런 계책을 낸 것일까? 부차가 여색을 밝혔기 때문이다. 당시 문종은 오왕 부차를 안일에 빠지게 만드는 비책을 묻는 구천의 질문에 이같이 대답했다.

"오왕 부차는 여색을 탐하는 데다가 태자 백비가 교언巧言과 아첨을 좋아하고 있습니다. 이때 미희를 바치면 틀림없이 받아들일 것입니다. 원컨대 대왕은 2명의 미인을 선발해 그들에게 바치도록 하십시오."

"좋은 생각이오."

그리고는 관상을 잘 보는 사람을 보내 국내에서 찾아보게 했다. 곧 절강성 제기현의 저라산苧羅山에서 땔감을 내다 팔아 생활하는 나무꾼의 딸 서시西施와 정단鄭旦이라는 두 여인을 찾아냈다. 월왕 구천은 범리에게 분부하여 각기 1백 금을 갖다 주고 두 미희를 데려오게 했다. 서시와 정단은 비단 옷을 입고 비단 휘장을 친 수레를 타고 도성으로 들어갔다. 두 여인은 노래와 춤, 화장하는 법, 걸음 걷는 법 등을 습득했다. 이같이 3년 동안 연마하여 모든 것을 능숙하게 다룰 수 있게 되자 범리가 그녀들을 이끌고 오나라로 갔다.

"천신賤臣 월왕 구천이 저 범리를 시켜 두 여인을 대왕에게 바치게 했습니다. 만일 대왕이 두 여인을 추하다고 여기지만 않는다면 부디 거두어 시첩으로 쓰기 바랍니다."

서시와 정단을 본 부차가 그만 넋을 잃고 말았다.

"월나라가 두 여인을 바치니 이는 구천이 오나라에 충성스럽다는 증거이다."

곁에 있던 오자서가 간했다.

"대왕은 받아들여서는 안 됩니다. 제가 듣건대 '현사는 나라의 보물이나, 미녀는 나라의 재난이다'라고 했습니다. 하나라의 걸桀은 말희妺喜로 인해 망했고, 은왕 주紂는 달기妲己로 인해 망했고, 주유왕周幽王은 포사褒姒로 인해 망했습니다."

부차는 이를 좇지 않았다. 서시에 관한 전설은 오직 『오월춘추』에만 나오고 있어 이를 액면 그대로 믿기 힘들다. 그럼에도 서시와 관련한 전설은 현재도 꾸준히 만들어지고 있다. 서시의 고향인 항주杭州가 자랑하는 조개탕 요리 '시스서西施舌'가 그 증거다. 재료는 옅은 황갈색에 꼭대기는 약간 자줏빛이 나고 껍질을 벌리면 흰 살이 나오는 부채 모양의 조개이다. 껍질을 벌렸을 때 나온 흰 살이 마치 하얀 혀 같다고 하여 이런 이름이 붙여졌다.

중국인들은 서시를 단순한 전설상의 인물이 아닌 역사적 실존 인물로 간주하고 있다. 논거는 『사기』 「월왕구천세가」를 주석한 『사기색은』에 인용된 『국어』 「월어」의 다음 대목이다.

"월나라가 미녀 2명을 성장盛粧하게 한 뒤 대부 문종을 시켜 오나라 태재 백비에게 바치게 했다."

여기의 미녀 2인이 바로 서시와 정단이라는 것이다.『춘추좌전』을 '춘추내전',『국어』를 '춘추외전'으로 부른 데서 알 수 있듯이『국어』는 사서로서의 가치가 매우 크다. 월나라가 절세의 미녀 2명을 선발해 오왕 부차에게 '선물'로 바치는 미인계를 구사했을 가능성을 배제할 수 없다. 그러나 현존『국어』「월어」에는 이와 약간 다른 내용이 실려있다. 그 내용은 이렇다.

"월나라 사람이 성장한 미녀 8명을 오나라 태재 백비에게 바치면서 말하기를, '만일 능히 월나라의 죄를 사면 받게 해주면 이보다 더 아름다운 여인들을 바치도록 하겠습니다.'라고 했다."

'서시' 및 '정단'같은 미인이 8명의 미녀 속에 포함돼 있었던 것인지 아니면 8명의 미녀를 보낸 뒤 다시 이들보다 더욱 뛰어난 미모를 지닌 2명의 절세가인을 바친 것인지 여부는 알 길이 없다. 다만 이들 기록 모두『국어』가 편제되는 전국시대 중기에 이미 '서시' 전설의 원형이 널리 유포되었음을 시사한다.

서시가 가공의 인물인지 여부는 21세기 현재까지도 논란거리이기는 하나 보다 중요한 것은 중국인들이 서시의 전설을 굳게 믿고 있는 점이다. 실제로 서시의 고향으로 알려진 항주는 지금까지도 중국 최고의 색향色鄕으로 손꼽히고 있다. 이유는 단 하나, 바로 서시의 고향이라는 이유 때문이다. 최근엔 국제도시인 북경과 상해 등지로 각 지역의 미인이 몰려들면서 전통적인 미녀도시 순위도 바뀌고 있다. 그러나 서시의 전설이 존재하는 한 항주의 '색향' 명성은 결코 퇴색할 리 없다.

'와신상담'하며 자기계발하라

「월왕구천세가」에 따르면 기원전 490년, 범리는 월왕 구천과 함께 월나라로 돌아왔다. 구천은 귀국한 후 오나라에 겪은 수모를 한시도 잊지 않았다. 자리 옆에 쓸개를 매달아 놓은 뒤 앉으나 누우나 이를 쳐다보고 음식을 먹을 때도 이를 핥았다. 늘 '너는 회계산의 치욕을 잊었는가'라고 자문자답하며 스스로를 채찍질했다. 이 일화가 바로 '와신상담'의 전거가 됐다. 그러나 「월왕구천세가」에는 '상담'의 얘기는 있어도 땔감인 섶나무 위에 누웠다는 '와신'의 얘기는 없다. 앉으나 누우나 쓸개를 쳐다본다는 뜻의 '좌와앙담坐臥仰膽'과 마시거나 먹은 후 쓸개를 핥는다는 뜻의 '음식상담飮食嘗膽'으로 나와 있다.

예로부터 '와신상담'의 근거와 관련해 많은 논란이 있었다. 가장 먼저 '와신상담'을 언급한 사람은 북송대의 소동파이다. 그는 서신 「의손권답조조서擬孫權答曹操書」에서 손권이 '와신상담'했다고 언급했다. 명대 말기 풍몽룡은 『열국지』에서 여러 차례에 걸쳐 구천이 '와신상담'을 했다고 기록해 놓았다. 이는 후대인들이 『사기』의 '상담'에 '와신'을 덧붙였음을 보여준다. 바닥에 누워 쓸개를 핥는다는 뜻의 '와신상담臥身嘗膽'이 섶 위에 누워 쓸개를 핥는 '와신상담臥薪嘗膽'으로 바뀌었을 가능성이 높다.

21세기에 들어와 이와 동일한 의미로 사용되는 성어가 바로 '도광양회韜光養晦'이다. 칼날의 빛을 감추고 실력을 기르면서 천하를 제패할 때를 기다린다는 뜻이다. 중국은 시진핑 체제가 출범한 2013년 이후 어떤 일에 적극적으로 개입해 자신의 뜻을 관철시킨다는 취지의 '유소작위有所作爲'를 전면에 내세우고 있다.

「월왕구천세가」는 '와신상담'이 누구의 머리에서 나온 것인지를 기록해놓지 않았다. 『국어』「월어」는 비록 '와신상담' 일화를 실어놓지는 않았으나 당시 구천이 시행한 일련의 정책이 모두 범리의 머리에서 나온 것임을 보여주고 있다. '와신상담'도 범리의 계책에서 나왔을 가능성을 시사한다. 「월어」에 따르면 구천은 귀국하자마자 범리의 계책을 좇아 부국강병에 박차를 가했다.

당시 범리는 자신을 낮추고 상대를 높여 방심을 유도하는 데 매우 능했다. 그는 오나라를 완전 제압하기 위해 부국강병에 더욱 박차를 가했다. 『오월춘추』에 따르면 논밭을 개간하는 백성들에게 세금과 부역을 감면해주고 길쌈을 장려하는 등 먼저 부민富民을 이루는 데 만전을 기했다. 그는 인구를 늘리는 데에도 세심한 주의를 기울였다. 17세에 이른 여자는 반드시 시집을 보내고 남자는 20세가 되면 혼인을 시켰다. 이를 어기는 부모는 엄한 벌을 내렸다. 부부가 아들을 낳으면 술 2동이와 개 1마리를 상으로 내렸고, 딸을 낳으면 술 1동이와 돼지 1마리를 주었다. 둘째와 셋째를 계속해서 낳으면 더 많은 포상을 했다. 월나라의 인구는 급격히 늘어났다.
외교에도 신경을 썼다. 제나라와 동맹을 맺고, 초나라와 가까이 지내며, 진晉나라를 상국으로 모시고, 오나라에는 시종 충성스런 모습을 보여 방심하도록 만들었다. 장기적인 안목의 심모원려가 돋보인다. 오나라와 정면승부를 겨루는 것이 국가존망과 직결되어있다는 사실을 통찰했다고 볼 수 있다. 「월어」에 따르면 당시 범리는 구천이 부국강병의 방략을 묻자 이같이 대답했다.

"먼저 지도地道를 따라야 합니다. 그래야 만물이 때를 잃지 않게 됩니다. 대지는 만물을 육성하고, 이로써 인간의 삶을 가능하게 합니다. 남자는 경작하고 여자는 직물을 짜는 것을 장려하여 창고를 가득 채워야 합니다. 그러면 백성이 부유해질 것입니다. 이어 인도人道를 행해 천하의 인재를 고루 기용하고, 천도天道를 좇아 때가 오기를 기다려야 합니다. 오나라에도 장차 틈이 생길 것입니다. 만일 오나라의 인사에 빈틈이 없고, 천시 또한 아직 순환할 조짐을 보이지 않으면 우리는 백성들을 다독이며 천시와 인사가 맞아떨어지는 때가 오기를 기다려야만 합니다."

때를 아는 것이 전력의 반이다

구천이 오나라에서 귀국한 지 4년이 되던 해인 기원전 486년, 구천이 다시 범리에게 물었으나 범리는 아직 때가 되지 않았다며 만류했다. 1년이 지난 후 다시 물었다.

"지금 오왕은 음락에 빠져 그의 백성을 잊고 있고, 참언을 믿고 직언을 하는 대신들을 멀리하고 있소. 주변에는 온통 아첨하는 간신들로 가득 차 있고, 군신 상하가 구차하게 안일을 탐하고 있소. 이쯤 되면 가히 오나라를 도모할 수 있지 않겠소?"

"오나라에 재난이 일어난 게 사실이나 아직 하늘의 감응이 드러나지 않고 있습니다."

다시 1년이 지났다. 구천이 물었다.

"지금 오나라 대신 오자서가 여러 번 간했는데도 오왕은 오히려 화를 내며 그를 죽여버렸소. 가히 오나라를 정벌할 때가 온 것이 아니겠소?"

"비록 조짐이 일부 드러나기는 했으나 아직 명백한 징조가 드러난 것은 아닙니다. 조급하게 서두르면 오히려 해를 입을 수 있습니다. 잠시 인내심을 갖고 때가 오기를 기다리십시오."

또 다시 1년이 지났다.

"나는 매번 그대와 함께 오나라 공벌에 관해 논의했소. 그대는 그때마다 아직 때가 오지 않았다고 했소. 지금 오나라는 크게 흉년이 들어 곡식의 종자조차 남아나지 않았소. 이제야말로 오나라를 칠 시기가 도래한 게 아니겠소?"

범리가 말했다.

"하늘의 감응이 나타난 게 사실입니다. 그러나 재난이 아직 극에 달하지 않았습니다. 대왕은 조금 더 인내심을 갖고 기다리십시오."

구천이 화를 냈다.

"지난번에 그대는 천시가 아직 오지 않았다고 말했소. 지금 하늘의 감응이 이뤄졌다고 하면서 또 다시 재난이 극에 달하지 않았다고 말하는 것은 무슨 뜻이오?"

범리가 대답했다.

"하늘과 사람과 땅의 징조가 모두 드러난 뒤에야 비로소 성공을 기대할 수 있습니다. 지금 오나라는 거듭 흉년을 만나 민심이 크게 흔들리고 있습니다만, 문제는 오나라의 군신 상하가 이런 사실을 익히 알고 있는 데 있습니다. 지금 싸우면 저들은 죽기를 각오하고 대적할 것입니다. 의도적으로 우리의 허점을 보여 저들을 방심하게 만들어야 합니다. 민력이 고갈되어 오나라 백성들의 원성이 하늘을 찌를 때 비로소 징벌을 가할 수 있을 것입니다."

이해 가을에 이르자 월왕이 다시 범리에게 물었다.

"속담에 이르기를, '허기졌을 때 진수성찬을 기다리는 것은 물 말은 밥 한 그릇을 먹는 것에 미치지 못한다'고 했소. 올해도 이미 다 지나가고 있소. 그대는 지금 무슨 생각을 하고 있는 것이오?"

범리가 마침내 출병할 때가 됐다고 답했다.

"설령 군왕이 말하지 않았을지라도 출병을 청할 생각이었습니다. 제가 듣건대 '시기를 잘 포착하는 사람은 마치 도망자를 추적하는 것처럼 신속히 행동한다.'고 했습니다. 급히 뒤를 쫓아도 쫓아가지 못할까 걱정인데 어찌 조금이라도 지체할 수 있겠습니까?"

구천이 크게 기뻐하며 곧바로 총동원령을 내렸다. 당시 객관적으로 볼 때 무력 면에서 오나라가 한 수 위였다. 만일 정면으로 부딪쳤을 경우 월나라는 참패를 면치 못했을 것이다. 이는 『춘추좌전』의 기록을 보면 쉽게 알 수 있다.

기원전 482년 여름 6월 12일, 구천은 부차가 황지 회맹을 성사시키기 위해 오나라의 정예군을 이끌고 출정한 틈을 노려 마침내 군사를 두 길로 나눠 진군했다. 월나라 대부 주무여疇無餘와 구양謳陽이 남로군南路軍을 이끌고 먼저 오나라 도성의 교외에 이르렀다. 당시 오나라 도성은 태자 우友와 왕자 지地, 왕손 미용彌庸과 수어요壽於姚 등이 지키고 있었다. 이들은 오나라 도성 부근을 흐르는 홍수泓水의 강변에서 월나라 군사의 움직임을 세밀히 관찰했다. 이때 왕손 미용이 월나라 군사가 포진하고 있는 고멸 땅의 깃발을 보고는 이같이 말했다.

"저것은 나의 부친의 깃발이다. 원수를 보고도 죽이지 않는 것은 잘못이다."

일찍이 미용의 부친은 월나라의 포로가 되었는데 이때 깃발도 함께 월나라 군사의 손에 들어갔다. 태자 우가 만류했다.

"만일 우리가 월나라 군사와 싸워 승리하지 못하면 도성이 적의 손에 떨어지게 되니 그대는 잠시 구원병이 올 때까지 기다리도록 하오."

그러나 왕손 미용은 이를 듣지 않고 곧바로 휘하 군사 5천 명을 이끌고 출전했다. 이에 왕자 지도 그를 돕기 위해 출전했다. 이해 6월 21일, 왕손 미용이 월나라 군사와 일전을 겨뤄 대승을 거두었다. 왕손 미용이 월나라 대부 주무여를 사로잡고 왕자 지는 구양을 사로잡았다. 당시 오나라 도성에는 늙고 병약한 군사들만이 남아 있었다. 그럼에도 첫 전투에서 월나라의 선봉을 무찌르는 승리를 거둔 것이다. 오나라의 무력이 얼마나 막강했는지를 반증한다.

그러나 월왕 구천이 대군을 이끌고 오자 상황이 바뀌었다. 왕자 지가 급히 뒤로 물러나 도성을 지켰다. 다음날인 6월 22일, 양군이 다시 교전하게 되었다. 이는 첫날 전투에서 대승을 거둔 오나라 군사가 월나라 군사를 얕잡아 본 데 따른 것이었다. 결과는 참패였다. 태자 우를 비롯해 왕손 미용과 수어요 등이 모두 포로로 잡혔다가 이내 목이 달아났다. 6월 23일, 월나라 군사가 오나라 도성으로 입성했다.『오월춘추』는 이때 월나라 군사들이 지금의 강소성 소주시 서남쪽 고소산에 세워진 거대한 규모의 고소대姑蘇臺를 불태웠다고 기록해놓았다.

오나라 사자가 급히 오왕 부차에게 달려가 이 사실을 전했다. 회맹을 코앞에 둔 부차는 중원의 제후들이 이 소식을 들을까 크게 두려워한 나머지 친히 칼을 빼어 패보를 전한 오나라 사자 7명의 목을 장하帳下에서 베어버렸다.

이해 가을 7월 7일, 황지黃池의 회맹이 거행됐다. 부차가 진나라에 앞서 삽혈歃血함으로써 형식상 천하의 패자가 되었다. 부차는 비록 회맹을 강행해 중원의 패자가 되었지만 오나라의 중요한 지역들을 이미 월나라에게 빼앗겼다는 급보에 놀라 황급히 회군했다. 오왕 부차의 주력군은 식량과 무기, 전쟁 물자가 턱없이 부족하여 제대로 전투를 치를 수 없었다. 구천도 단숨에 오나라를 무너뜨릴 수 없다는 판단했다. 이해 겨울, 오나라가 월나라와 강화했다. 구천이 곧바로 군사를 이끌고 철군했다.

이때까지도 무력은 오나라가 앞서 있었다. 그런데도 오나라는 3년 뒤 멸망하고 말았다. 명실상부한 천하의 패자로 군림하기 위해 힘을 엉뚱한 데 소진했기 때문이었다. 만일 이때라도 정신을 차려 월나라의 재침을 철저히 대비했다면 승패를 점치기가 쉽지 않았다. 그러나 부차는 허를 찔린 뒤에도 월나라를 계속 얕보는 짓을 계속했다. 패배를 자초했다고 평할 수밖에 없다.

수단 방법을 가리지 않는 시대

당시 부차는 재역전의 기회를 노렸으나 구천은 그럴 기회를 전혀 허용하지 않았다. 기원전 478년, 월나라 군사가 상해 북쪽 오송강인 입택笠澤에서 부차의 주력군을 궤멸시켰다. 3년 뒤인 기원전 475년, 월나라 대군이 오나라의 대부분을 점령하고 마지막으로 부차가 농성하는 오성吳城을 포위했다. 범리의 계책을 좇은 결과다.

독 안의 쥐 신세가 된 부차는 고소산으로 물러나 배수진을 친 뒤 왕손 낙雒을 보내 강화를 청했다. 지난날 자신이 회계산에서 월왕 구천에게 보인 관용을 이번에는 자신에게도 베풀어 달라는 요구였다. 구천이 이를 받아들이려고 하자 범리가 반대했다.

"오나라의 강화를 받아들이면 언젠가 또 다시 대왕의 자손들이 치욕의 세월을 보낼 것입니다. 대왕은 회계산의 교훈을 잊어서는 안 됩니다."

그러고는 오나라 사자 왕손 낙에게 이같이 말했다.

"월왕은 이미 집사執事인 나에게 모든 것을 맡겼다. 오나라 사자는 급히 돌아가도록 하라. 만일 서둘러 떠나지 않으면 그 죄를 물을 것이다."

왕손 낙이 돌아가 부차에게 이를 보고했다. 이때 범리가 직접 북을 치며 왕손 낙의 뒤를 쫓아 진병했다. 이로써 오나라는 멸망하고 말았다.「월왕구천세가」은 이런 내용을 덧붙여놓았다.

"구천은 부차를 가련하게 생각해 곧 사자를 부차에게 보내 전하기를, '나는 그대를 용동甬東에 안치할 생각이오. 시봉할 사람으로 군의 부부에게 각각 3백여 가家를 내리도록 하겠소. 이로써 군이 일생을 편히 마치도록 돕고자 하는데 어찌 생각하시오?'라고 했다."

'용동'은 지금의 절강성 정해현 동쪽에 있는 작은 해도海島를 말한다.「월왕구천세가」는 부차가 이같이 사양했다고 기록해놓았다.

"나는 이미 늙어 군왕의 신하가 될 수 없소."

그리고는 마침내 칼 위에 엎드려 죽었다. 『춘추좌전』은 부차가 목을 매어 죽은 것으로 되어있다. 문제는 『춘추좌전』의 다음 기록이다.

"부차가 목을 매어 자진하자 월나라 군사가 그의 시신을 이끌고 귀국했다."

이는 부차를 정중히 장례 지냈다는 「월왕구천세가」의 기록과 커다란 차이가 있다. 『춘추좌전』의 기록이 역사적 사실에 가깝다고 봐야 한다. 당시 구천은 왜 군이 부차의 시신을 월나라로 끌고 간 것일까? 혹여 오자서가 초평왕의 시신에 채찍질을 가한 것처럼 부차의 시신을 훼손하고자 했던 것은 아닐까? 그랬을 가능성이 크다.

부차와 구천은 교대로 천하를 호령하면서 시종 매우 대조적인 모습을 보여주었다. 춘추전국시대를 통틀어 두 사람과 같이 극명한 대조를 이룬 경우는 찾기 힘들다. 초한전 당시의 한고조 유방과 초패왕 항우, 삼국시대의 원소와 조조, 현대사의 모택동과 장개석 등만이 겨우 이에 대비될 만하다.

부차는 '왕도에 가까운 패도'를 추구하다가 끝내 패망하고 말았다. 구천을 살려준 게 그 증거다. 이는 관중에 의해 정립된 바 있는 '왕도에 가까운 패도'의 시대가 끝났음을 반증한다. 부차는 수단방법을 가리지 않고 패권을 차지하는 시대가 왔다는 사실을 간과한 나머지 끝내 패망했다고 볼 수 있다. 그만큼 시대가 각박해졌음을 반증한다.

나아갈 때와 물러날 때를 구분하라

범리는 오나라 패망 직후 미련 없이 구천의 곁을 떠남으로써 '토사구팽'의 마수를 벗어났다. 「월어」에 따르면 범리의 사의 표명은 오나라 패망 직후에 이뤄졌다. 그는 월나라 군사가 오나라 도성에서 철수하자 곧바로 사의를 표했다.

"군왕은 이후 스스로 노력하기 바랍니다. 신은 두 번 다시 월나라로 들어오지 않을 것입니다."

구천이 크게 놀라 물었다.

"그게 무슨 말이오?"

범리가 대답했다.

"신이 듣건대 '신하 된 자는 군왕에게 우환이 있으면 자신의 모든 힘을 다하고, 군왕이 치욕을 받으면 응당 몸을 바쳐 순국한다'고 했습니다. 당초 군왕이 회계산에서 치욕을 받을 때 신이 몸을 던져 순국치 못한 것은 군왕을 도와 오나라를 멸망시켜 보복하고자 했기 때문입니다. 지금 그 일이 이미 이뤄졌으니 저는 회계의 치욕으로 인해 응당 받아야 했던 처벌을 이제야 받고자 할 뿐입니다."

구천이 말했다.

"만일 그 누구일지라도 그대의 과실을 덮지 않고 그대의 위대한 공적을 선양치 않으면 내가 그를 가만 두지 않을 것이오. 그대는 내 말을 믿고 나와 함께 월나라로 돌아갑시다. 나는 월나라를 반으로 갈라 그대와 함께 다스리도록 하겠소. 만일 내 말을 듣지 않고 멋대로 떠나고자 하면 그대를 죽여 버릴 것이오. 그대의 처자식 또한 죽음을 면치 못할 것이오."

범리가 단호히 말했다.

"군왕은 군왕의 법령을 집행하십시오. 저는 제 뜻대로 일을 해나갈 것입니다."

그리고는 작은 배에 올라 오호 사이에서 노닐다가 이내 종적을 감췄다. 이 소식을 들은 구천이 곧 장인들에게 명해 범리의 상을 주조하게 한 뒤 대부들에게 명하여 범리의 상에 예를 올리게 했다. 이어 회계를 둘러싼 3

백 리의 땅을 베어 범리의 봉지로 삼고는 이같이 선언했다.

"나의 후손 중 그 누구일지라도 범리의 봉지를 침범하는 자는 이국의 타향에서 죽음을 맞게 하라. 하늘과 땅의 신령이 모두 나의 이 맹서를 증명해줄 것이다."

「월왕구천세가」는 범리가 월나라를 떠나기 직전 대부 문종에게 서신을 보내 '토사구팽'의 위험성을 경고한 일화를 실어놓았다.

"옛날 말에 날렵한 새를 모두 잡으면 좋은 활은 쓸모가 없게 되고, 교활한 토끼를 모두 잡으면 사냥개를 삶아 먹는다고 했소. 월왕은 긴 목에 까마귀 입인 장경오훼長頸烏喙의 상을 하고 있어 환난을 같이 할 수는 있어도 즐거움을 함께 할 수 없는 인물이오."

문종이 이 서신을 보고는 이내 병을 칭하며 입조하지 않았다. 그러자 사람들이 그를 무함했다. 마침내 구천이 문종에게 검을 보냈다. 결국 문종은 이내 자진하고 말았다. 원래 대공을 세우면 즉시 물러나는 게 현명하다. 『도덕경』제9장의 해당 구절이다.

"공이 이뤄지면 뒤로 물러나는 공수신퇴功遂身退가 천도에 부합한다."

「월왕구천세가」에는 구천의 곁을 떠난 범리가 천하제일의 갑부가 되었다는 일화가 실려 있다. 이는 『국어』「월어」는 물론 『오월춘추』와 『월절서』에도 나오지 않는 내용이다. 사마천이 「월왕구천세가」를 편제하면서 항간에 나돌던 일화를 그대로 수록한 것으로 보인다.

「월왕구천세가」의 일화에 따르면 당시 범리는 구천 곁을 떠난 뒤 뱃길을 이용해 제나라로 들어갔다. 이때 이름을 '치이자피鴟夷子皮'로 바꿨다. '치이'는 오왕 부차가 오자서를 죽인 뒤 그의 시신을 담은 가죽 부대를 뜻한다. 범리는 자신도 오자서와 같은 운명으로 생각해 이같이 자칭했다고 한다.

그는 해변가에서 농사를 지었다. 온 힘을 다해 증산에 노력하자 얼마 후 곧 재산이 수십만 금金에 달하게 되었다. 제나라 사람들이 이 얘기를 듣고 상국으로 천거했다. 한동안 상국으로 있던 범리가 문득 이같이 탄식했다.

"집에서는 1천 금의 재산을 이루고, 벼슬은 상국에까지 이르렀으니 보통 사람으로는 정점까지 간 것이다. 존귀한 이름을 오랫동안 지니고 있는 것은 불길하다."

그리고는 곧 상국의 인장을 돌려준 뒤 재산을 친구와 마을 사람들에게 나눠주고는 귀중한 보물만 챙겨 가족들과 함께 지금의 산동성 정도현인 도陶 땅으로 갔다. 그곳은 천하 각지의 물산이 모이는 곳이었다.

범리는 스스로 '도주공陶朱公'을 칭하면서 아들과 함께 농사를 지으며 장사도 겸했다. 물건을 사서 쌓아두었다가 시기를 보아 되파는 수법으로 1할의 이윤을 남겼다. 오래지 않아 막대한 재산을 모으자 세상 사람들이 크게 칭송했다. 사마천은 『사기』 「화식열전」에서 도주공으로 변신한 범리의 삶을 이같이 요약했다.

"범리는 19년간 3차례에 걸쳐 천금의 재산을 모았다. 두 번은 가난한 친구들과 고향에 있는 형제들에게 나눠주었다. 군자는 부유하면 덕을 즐겨 행한다는 게 바로 이를 말한 것이다. 나중에 그가 노쇠해지자 자손들에게 일을 맡겼다. 자손들이 잘 관리하며 이자를 불리자 재산이 수만 금에 이르게 되었다. 부자를 말할 때 모두 도주공을 언급하는 이유가 여기에 있다."

사마천은 범리에 관한 수많은 일화 중 그럴듯한 것을 추려「월왕구천세가」에 실어놓았다. 당시 그가 이를 역사적 사실로 간주했는지 여부는 자세히 알 길이 없다. 해당 일화가 수천 년 동안 인구에 회자하면서 많은 사람들이 이를 역사적 사실로 간주했다. 아직도 사람들이『삼국연의』의 내용을 역사적 사실인 양 간주하고 있는 것과 닮았다. 화려한 변신을 거듭한 범리에 관한 일반인들의 존경심은 삼국시대의 제갈량에 버금한다.

『오월춘추』에 따르면 '토사구팽'의 희생양이 된 문종은 자진하기 직전 이같이 탄식했다.

"아, 옛말에 '큰 은혜는 보답 받을 수 없고, 큰 공은 포상 받을 수 없다'고 했다. 이는 대략 나의 이런 처지를 말한 것이다. 범리의 계책을 듣지 않아 결국 월왕에게 죽임을 당하게 되었다."

대은불보大恩不報와 대공불환大功不還 성어가 나온 이유다. 왜 이런 성어가 나온 것일까? 원래 사람의 목숨을 구해주고 나라를 위기에서 구하는 등의 큰 은혜와 공적은 크게 포상을 받을 만한 일이다. 그러나 포상의 규모가 너무 커 자칫 역효과를 낳을 소지가 크다. 군주를 위시해 주변사람의 경계심과 질투를 자극하기 때문이다. 오자서와 문종 모두 반란을 꾀하고 있다는 무함을 받고 죽음에 이르게 됐다.

반란은 아무나 일으킬 수 있는 게 아니다. 왕조나 정권을 뒤엎을 정도의 힘을 지녀야만 가능하다. 권신權臣이 이에 해당한다. 당사자는 전혀 위세를 떨칠 생각이 없음에도 불구하고 주변 사람들은 '권신'이 지닌 막강한 권력에 위압을 당하게 된다. 군주도 예외가 될 수 없다. 주변의 간신들이 이를 눈치 채지 못할 리 없다. 이들은 곧 사소한 것까지 입김을 불어가며 꼬투리를 잡아낸 뒤 크게 부풀려 군주에게 보고한다. 해당 '권신'에게 커다란 경계심을 품고 있던 군주는 이내 귀가 솔깃해질 수밖에 없다. 새 왕조가 등장할 때마다 거의 예외 없이 건국공신들이 '토사구팽'을 당하는 이유가 여기에 있다.

대공을 세운 자가 살아남기 위한 비책은 바로 『도덕경』이 역설한 '공수신퇴', 즉 공성신퇴功成身退에 있다. 더구나 난세의 시기에 구천처럼 '장경오훼'의 상을 가진 주군을 모신 경우는 더 말할 게 없다. 범리의 '공성신퇴' 행보가 더욱 돋보이는 이유다.

권력이 커지면 3가지를 조심하라

첫째, 각종 이권을 둘러싼 청원이 늘어나면서 자칫 스캔들에 빠질 위험이 높아진다. 인간에게 권력 못지않게 강력한 유혹으로 작용하는 게 두가지 더 있다. 바로 금력 및 미색이다. 금력과 미색은 동전의 양면과 같다. 뇌물 스캔들이 불거지면 거의 예외 없이 배후에 여자문제가 개입돼있다. 조선조 때 청백리를 높이 평가한 것은 고위관원이 금력과 미색의 유혹에서 벗어나기가 얼마나 어려운 것인지를 반증한다. 21세기 현재에 이르기까지 수십 년 간 남다른 노력으로 마침내 고위직에 오른 사람들이 뇌물과 여자문제로 인해 졸지에 불명예 퇴진하는 이유다. 세 가지를 모두 취하고자 한 게 화근이다.

둘째, 주변에 아부하는 사람이 늘어나면서 자고자대의 자만에 빠질 위험이 높아진다. 인간은 지위고하를 막론하고 자신을 내세우고자 하는 욕망이 강하다. 이는 공동체 속에서 자신의 존재이유를 확인하고자 하는 본능에 속한다. 주변에서 칭송해주면 우쭐해지고, 비난을 가하면 화를 내는 이유다. 높은 자리에 오를수록 내부의 칭송만 확대해 들리고 외부의 비난은 차단되기 마련이다. 이게 사람을 착각하게 만든다. 최고통치권자와 글로벌기업의 CEO가 바로 이런 위험에 노출된 대표적인 경우에 속한다. 당태종이 직언을 잘하는 위징을 곁에 두고 스스로를 경계하는 거울로 삼은 것은 바로 이 때문이다.

셋째, 최고지도자를 비롯해 주변 동료들의 경계심과 질시를 부추겨 고립무원에 빠질 위험이 높아진다. 어느 집단이든 내부 토착 세력과 외부 영입 세력이 공존하기 마련이다. 토착 세력은 충성, 영입세력은 능력이 상대적으로 뛰어나다. 새 정권이 들어서거나 새 왕조가 창건될 경우 예외 없이 두 세력 간의 암투가 벌어진다. 범리와 문종은 외부 영입 세력인 '기려지신'에 해당한다. 구천이 오나라를 멸할 때까지 이들은 구천의 총애를 배경으로 기량을 마음껏 펼칠 수 있었다. 능력이 뛰어났기 때문이다.

그러나 그 다음이 문제다. 두 사람 모두 오나라 토벌의 공을 인정받아 신하로서는 최고의 자리에 오르게 됐다. 당대의 '지낭'에 해당하는 두 사람이 힘을 합칠 경우 무슨 일이 벌어질지 모를 일이었다. 구천은 바로 이 점을 염려했다. 토착 세력이 이런 절호의 기회를 방치할 리 없었다. 이들이 곧바로 미적거리며 자리를 지킨 문종을 '모반' 혐의로 몰아간 이유다.

사람들에게 자리를 지키다가 '토사구팽'을 당하는 것과 미련 없이 벼슬을 버리고 자유롭게 사는 것 중 어느 길을 택할 것인지를 물으면 거의 예외 없이 후자를 택할 것이다. 문제는 자신만은 '토사구팽'을 당할 일이 없다고 착각하는 데 있다. 공이 크면 클수록 이런 착각을 하기 십상이다. 이는 자멸의 길이다. 새 정부가 들어설 때마다 정권 창출의 일등공신들이 이런 저런 사건에 연루돼 감옥으로 가거나 불명예 퇴진하는 일이 끊이지 않고 있는 현실이 이를 뒷받침한다.

문재인 정부의 이낙연 국무총리는 국회 대정부질문에서 야당의원들의 집중포화에 막힘없이 답변을 해 '사이다 총리'라고 불렸다. 노련하고 시원하며 능숙한 답변은 총리라는 자리에 대해 다시 한 번 생각하게 만들었다.

대한민국 정치에서 국무총리는 2인자다. 그러나 대독 총리, 방탄 총리, 축사 총리로만 알려진 탓에 그 역할을 짚어보기가 쉽지 않았다. 그래도 2인자로서의 모습을 보여준 총리가 몇 명 있는데 그 중 한 명이 고건 전 총리다. 그는 책임 있는 모습을 보였다. 행정의 달인답게 안정적리더십으로 노무현 전 대통령의 탄핵 정국에서도 여러 국가 현안들을 원만하게 해결해 나갔다. 2003년 화물연대 파업 때는 내각을 틀어쥐고 진두지휘해 긴급 심야협상을 이끌어냈고 타결시켰다. 대통령에게 직언하기도 서슴지 않았다.

책임지는 2인자의 존재감은 1인자에게 더없이 든든한 힘이 되어줄 것이다.

진효공
·
혁신적인
1인자

VS

그를 사로잡은
2인자
·
상앙

2인자 리더십은 능력이 2등급이거나 2위라는 말이 아니다. 조직의 중심을 잡고 배려하며 1인자를 살리고 모두를 인정하는 리더십이다. 당연히 2인자가 없다면 1인자도 없다.

제4장 진효공과 상앙

"지혜로운 사람은 법을 만들지만 어리석은 자는 이를 고수합니다.
현명한 사람은 예를 바꾸지만 불초한 자는 예에 얽매입니다."

– 상앙

인재가 최우선이다

춘추시대까지만 해도 진秦나라는 중원의 서쪽에 있는 일개 제후국에 불과했다. 중원의 제후들은 진나라를 서융西戎의 일원으로 낮춰 보았다. 동쪽으로 진출해 중원의 패권을 장악하려고 해도 앞을 가로막고 있는 진晉나라로 그 뜻을 실현할 길이 없었다. 부국강병을 통해 이런 한계를 돌파한 인물이 바로 진목공穆公이다. 제환공과 진문공의 시기에 활약한 그는 진문공의 장인이기도 하다.

일부 사가들이 진목공을 '춘추5패'의 일원으로 꼽는 것은 그가 세운 공이 간단치 않았음을 반증한다. 여기에는 '기려지신' 백리해百里奚의 보필이 결정적인 배경으로 작용했다. 원래 백리해는 중원의 약소국인 우虞나라에서 대부로 있었다. 이후 우나라가 멸망하자 노비 신분이 되어 진晉나라에 끌려갔다가 이내 초나라로 도망쳤다. 그러나 초나라에서도 별반 나을 게 없었다. 망국민에 불과한 그는 다시 초나라 사람에게 붙잡혀 바닷가에서 말을 키우는 노비로 살아야만 했다.

그럼에도 그의 명성은 여전히 살아 있었다. 우나라의 대부로 있을 때 진나라의 가도멸괵假道滅虢 계책을 일깨워준 데다가 우나라 패망 이후에도 주군을 끝까지 보필하는 충신의 행보를 보인 덕이다. 그에 관한 소문이 마침내 진목공의 귀에까지 들이게 되자 진목공은 곧바로 수소문에 나섰다. 결국 그는 우여곡절 끝에 백리해를 진나라로 영접해와 국정자문역인 군사君師로 삼았다. 당시 백리해는 칠십을 넘은 노인이었으나 진목공은 그와 말을 나눈 뒤 과감히 중용한 것이다.

인재를 갈구하는 진목공의 이런 노력은 이후 전국시대 중기에 이르러 상앙의 보필을 받은 진효공의 개혁으로 이어졌다. 전국시대 말기 진나라가 천하를 호령하는 기틀이 마련된 근본배경이다. 실제로 진나라는 진효공 이후 진시황이 천하를 통일할 때까지 천하제일의 강국으로 군림했다. 진나라가 천하통일의 주역이 된 게 결코 우연이 아니었다. 그 연원이 바로 춘추시대 중기인 진목공 때까지 소급된다.

현실을 바탕으로 목표를 세워라

진효공이 진목공의 유업을 이어 대대적인 개혁을 실시하게 된 데에는 '기려지신'인 상앙의 보필이 결정적인 배경으로 작용했다. 그는 진목공 때의 백리해에 비유할 만했다. 사마천은 「상군열전」에서 그의 파란만장한 삶을 매우 소상히 기록해놓았다. 그는 기원전 390년에 중원의 약소국 위衛나라에서 태어났다. 부친은 위나라의 공자 출신이었으나 그는 첩의 아들이었다. 상앙은 차별대우를 받으며 성장하는 과정에서 적잖은 울분을 느꼈을 것으로 보인다.

「상군열전」에 따르면 그는 어렸을 때부터 남달리 총명했다. 난세의 시기에 써먹을 수 있는 학술은 유가가 아닌 법가라는 사실을 통찰한 그는 법가의 일종인 형명학形名學을 좋아했다. '형명학'은 명분과 실상이 부합하는지 여부를 따지는 일종의 명실론名實論으로 궁극적으로는 법의 적용에 공평을 기하려는 취지에서 나온 것이다. 법의 엄격한 적용이 전제되고 있는 까닭에 통상 이를 '형명학刑名學'으로도 표현한다. 전국시대 말기에 한비자라는 걸출한 인물이 나와 법가사상을 집대성할 때까지 '형명학'은 곧 법가사상을 대신하는 용어로 사용됐다.

상앙이 어렸을 때부터 '형명학'에 커다란 관심을 보이며 이를 열심히 공부했다는 것은 그의 포부가 어디에 있는지를 잘 보여주고 있다. 그는 관중처럼 열국 중 한 나라를 선택해 천하제일의 부강한 나라로 만든 뒤 이를 기반으로 천하에 명성을 떨치고자 한 것이다. 그가 청년기에 고향을 떠나 벼슬길을 찾아 나선 것도 이런 맥락에서 이해할 필요가 있다.

그가 가장 먼저 찾은 나라는 전국시대 초기 위세를 크게 떨친 위魏나라였다. 그는 먼저 위무후의 딸을 얻어 부마가 된 공숙좌公叔座를 찾아갔다. 그는 위나라의 상국으로 있었다. 대뜸 공숙좌를 찾아간 것은 속히 출세해 자신의 뜻을 펼치고자 하는 열망이 매우 강렬했음을 반증한다. 공숙좌는 지능도 뛰어난 데다 학식 또한 풍부한 상앙과 몇 마디 말을 나누고는 그가 비상한 재주를 갖고 있다는 사실을 곧바로 눈치 챘다. 곧바로 중서자中庶子에 임명해 참모로 활용했다. '중서자'는 공족을 관장하는 관직이다.

공숙좌는 상앙의 보좌 덕분에 큰 공을 여러 번 세웠다. 공숙좌도 간단한 인물이 아니었다. 그는 난세의 처세술을 터득한 인물이었다. 『전국책』「위책」에 따르면 기원전 362년 공숙좌가 대군을 이끌고 가 한나라와 조나라 연합군을 지금의 산서성 익성현 인근을 흐르는 회수澮水 북쪽에서 대파한 바 있다. 소식을 듣고 크게 기뻐한 위혜왕이 친히 교외까지 나와 공숙좌를 맞이하면서 1백만 전田을 상으로 내렸다. 공숙좌가 거듭 절하며 사양했다.

"병사들로 하여금 불굴의 자세로 싸움에 임하게 할 수 있었던 것은 단지 오기吳起의 가르침을 좇은 결과일 뿐입니다. 사전에 지형을 잘 살피고, 은밀히 득실이해를 따져 치밀하게 대비하고, 병사들로 하여금 미혹되지 않게 만든 것은 용사 파녕巴寧과 흔양釁襄의 공입니다. 신이 무슨 공을 세웠겠습니까!"

위혜왕이 곧 『오자병법』의 저자인 오기의 후손을 찾아내 20만 전을 상으로 내리고, 용사 파녕과 혼양에게 각각 10만 전을 내린 뒤 이같이 칭송했다.

"공숙좌야말로 진정한 장자長者이다. 오기의 후손을 잊지 않고, 용사의 공적을 가리지 않았으니 어찌 그에게 상을 더하지 않을 수 있겠는가!"

그리고는 또 그에게 40만 전을 더해주어 모두 1백 40만 전을 상으로 내렸다. 이를 두고 훗날 유향劉向은 『전국책』을 저술하며 이런 평을 달아 놓았다.

"『도덕경』에 이르기를, '성인은 스스로를 위해 쌓아두지 않고 전심전력으로 다른 사람을 위해 일한다. 그가 얻는 것이 많으면 많을수록 사람들에게 베푸는 것이 많아지니 결국 스스로 더욱 부유하게 되는 것이다'라고 했다. 공숙좌야말로 바로 그런 사람이라고 할 수 있다."

그러나 그는 상앙을 위혜왕에게 천거하지 않았다. 얼마 후 다시 진나라 군사와 지금의 섬서성 한성현인 소량小梁에서 격돌했다. 위나라 군사는 직전에 이미 조나라 및 한나라 연합군과 격전을 치른 탓에 진나라 군사의 상대가 되지 못했다. 진나라 군사가 위나라 군사를 대파한 뒤 마침내 공숙좌를 포로로 잡게 되었다.

이때 마침 진헌공이 죽고 그의 아들이 뒤를 이어 진효공秦孝公으로 즉위했다. 진효공의 나이는 21세였다. 진나라가 군사는 국상이 나자 이내 위나라와 강화하여 공숙좌를 석방한 뒤 곧바로 회군했다. 진효공은 불세출의 명군이었다. 석방된 공숙좌가 이내 병이 나 자리에 눕게 되자 위혜왕이 문병차 찾아왔다.

"그대가 병석에서 오랫동안 치료를 받으셔야 한다면 대신 국정을 대신 맡아볼 사람으로 누가 좋겠소?"

공숙좌가 상앙을 천거했다.

"제 휘하에 중서자 공손앙이라는 인재가 있습니다. 나이는 비록 어리지만 천하의 기재입니다. 원컨대 대왕은 그를 발탁해 쓰십시오."

위혜왕이 아무 말도 하지 않았다. 뜬금없이 실적이 없는 백면서생을 중용하라고 하니 기가 막힌 것이다. 천하의 웃음거리가 될 것을 염려한 위혜왕이 입을 굳게 다물고 있자 공숙좌가 좌우 측근들을 물린 뒤 다시 진언했다.

"대왕이 그를 등용하지 않을 양이면 반드시 그를 제거해 다른 나라로 빠져나가지 못하게 해야 합니다."

위혜왕이 마지 못해 대답했다.

"알았소."

위혜왕이 환궁하자 공숙좌가 상앙을 불렀다.

"지금 대왕이 후임 재상으로 누가 좋은지를 물었다. 나는 그대를 천거했으나 대왕의 안색을 보니 응낙하지 않을 듯하다. 나는 상국의 몸으로 군주의 이익을 우선해야 하고, 신하에 대한 배려는 다음으로 해야 하는 까닭에 만일 그대를 등용하지 않을 양이면 미리 제거해야 한다고 진언했다. 대왕이 이를 수락했으니 그대는 서둘러 이곳을 떠나도록 하라. 이대로 있다간 체포되고 말 것이다."

상앙이 대답했다.

"대왕이 저를 후임으로 기용하라는 상국의 진언을 받아들이지 않았는데 어찌 저를 죽이라는 진언을 받아들일 리 있겠습니까?"

그러고는 태연히 위나라에 머물렀다. 과연 당시 위혜왕은 환궁한 뒤 좌우에게 이같이 말했다.

"상국은 병이 깊어지더니 이상해졌소. 슬픈 일이오. 과인에게 공손앙을 기용하라고 권하니 말이오. 이 어찌 노망이 든 게 아니겠소!"

이때 상앙과 가까운 위나라 공자 앙卬도 누차 위혜왕에게 상앙을 천거했다. 그러나 위혜왕은 끝내 상앙을 등용하지 않았다. 얼마 후 공숙좌가 죽었다. 훗날 위혜왕은 상앙을 놓친 것을 두고두고 후회했으나 이미 엎지른 물이었다.

이를 두고 훗날 사마광은 『자치통감』에서 이같이 평했다.

"진나라는 진효공이 상앙을 맞아들인 이후 날로 강해지고 위나라는 상앙을 놓친 후 날로 영토가 줄어들었다. 이는 공숙좌가 어리석었기 때문이 아니라 위혜왕이 어리석었기 때문이다. 어리석은 자의 가장 큰 우환은 실로 어리석지 않은 자를 어리석은 자로 여기는 데 있다."

뛰어난 참모의 등용이 나라의 성쇠를 결정하는 배경으로 작용한다는 사실을 극명하게 보여준다. 그러나 과연 위혜왕에게 모든 책임을 떠넘겨도 좋은 것일까? 당시 상앙을 능력을 그 누구보다 잘 알고 있었던 사람은 공숙좌였다. 그러나 그는 상앙을 위혜왕에게 천거하는 일을 게을리 했다.

그같이 뛰어난 인물이 있었다는 사실을 위혜왕에게 적극 알려 그를 중용하게 하지 못한 것은 일차적으로 공숙좌의 잘못이다.

완전히 공감할 때까지 소통하라

공숙좌가 죽자 상앙은 곧 진나라로 출국할 준비를 서둘렀다. 이때 상앙은 진효공이 천하의 인재를 모은다는 소식을 들은 것이다. 기원전 361년, 상앙도 진나라로 갔다. 당시 진효공이 전국에 포고한 구현령求賢令의 골자는 대략 다음과 같다.

"옛날 선군 진목공은 기산岐山과 옹수雍水 사이에서 덕을 닦고 무력을 길러, 동쪽으로 진晉나라의 내란을 평정하고 황하를 경계로 삼았다. 또한 서쪽으로 융적을 제압하고 땅을 1천 리나 더 넓혔다. 천자가 우리에게 방백方伯의 칭호를 내리자 제후들이 모두 경하했다. 후대를 위해 기업基業을 개창한 것이 참으로 빛나고 아름다웠다. 그러나 불행히도 몇 대 동안 정국이 불안정하고 국내에 우환이 있어 밖의 일을 처리할 여가가 없었다. 위, 한, 조 등 3진三晉이 그 틈을 노려 선군의 땅인 하서河西를 빼앗았다. 이보다 더 큰 치욕은 없을 것이다. 진헌공秦獻公이 즉위한 후 변경을 진무하고 도성을 약양櫟陽으로 옮겼다. 과인은 실지를 회복하고 정령의 본의를 밝게 드러내고자 하나 늘 마음속에 부끄럽고 비통한 생각뿐이다. 빈객과 군신들 중에 기계奇計를 내어 진나라를 부강하게 할 수 있는 사람이 있으면 과인에게 오라. 과인이 관작을 내리고 땅도 나눠줄 것이다."

진헌공 때 진나라의 수도가 됐던 약양은 진효공 때 새 수도가 된 함양과 더불어 관중關中의 핵심지역 가운데 하나이다. 훗날 초한전 때 함양이 항우의 분탕으로 폐허가 되면서 관중 제1의 도시가 됐다. 유방이 한중에서 관중으로 진출한 후 곧바로 이곳을 임시수도로 삼은 이유다. 여기의 약櫟은 상수리나무를 뜻하는 글자로 원래 의미로 사용될 때는 '력'으로 읽는다. 그러나 지명으로 사용될 때는 '약'이 맞다. 지금의 하남성에 같은 글자를 쓰는 역성櫟城이 있다 이때는 같은 글자인데도 '역'으로 읽는다. '역성'은 춘추시대 정나라의 대표적인 도시로 '약양'만큼이나 유서가 깊다.

섬서성에 있는 약양만 특이하게도 '약'으로 읽는다. 같은 글자로 된 지명인데도 달리 읽는 매우 드문 경우에 속한다. 『사기』의 고주古注에서 '약양'을 '역양'이 아닌 '약양'으로 읽어야 한다고 주장한 이후 관행으로 굳어진 결과다. 진나라가 잃은 '하서' 일대는 과거 장개석에게 밀린 모택동이 대장정 끝에 마지막 근거지로 삼은 연안延安 일대를 말한다.

당시 실지를 회복하고 진나라를 천하의 강국으로 만들고자 한 진효공의 의지는 확고했다. 구현령이 포고되자 천하의 인재들이 구름처럼 몰려들었다. 진나라에 당도한 상앙은 먼저 진효공의 총애를 받고 있는 대부 경감景監을 찾아갔다. 경감은 상앙과 여러 얘기를 나눴다. 과연 상앙은 뛰어난 인물이었다. 경감이 곧 진효공에게 상앙을 천거했다. 진효공이 즉시 상앙을 불러 치국방략을 물었다.

求賢令

自古受命及中興之君曷嘗不得

賢人君子與之共治天下者乎及

其得賢也曾不出閭巷豈幸相遇

哉上之人求之耳今天下尚未定

此特求賢之急時也孟公綽為趙

魏老則優不可以為滕薛大夫若

必廉士而後可用則齊桓其何以

霸世今天下得無有被褐懷玉而

釣于渭濱者乎又得無盜嫂受金

而未遇無知者乎二三子其佐我

明揚仄陋唯才是舉吾得而用之

求言令

夫治世御衆建立輔弼戒在面從

詩稱聽用我謀庶無大悔斯實君

臣懇懇之求也吾充重任每懼失

中頹年以來不聞正謀吾則胡以

不勤之咎自今以后諸掾屬治

中刻賢當以月旦各言其失吾將

覽焉

敕有司取士毋廢偏短令

夫有行之士未必能進取

士未必能有行也陳平豈篤行蘇

秦豈守信邪而陳平定漢業蘇

秦濟弱燕由此言之士有偏短

庸可廢乎有司明思此義則

士無遺滯

구현령

"과인은 실지를 회복하고 정령의 본의를 밝게 드러내고자 하나 늘 마음속에 부끄럽고 비통한 생각뿐이다. 빈객과 군신들 중에 기계奇計를 내어 진나라를 부강하게 할 수 있는 사람이 있으면 과인에게 오라. 과인이 관작을 내리고 땅도 나눠줄 것이다."

- 진효공

「상군열전」에 따르면 당시 상앙은 첫 만남에서 엉뚱하게도 도가에서 말하는 최상의 치도인 '제도帝道'에 관해서만 말했다. 상앙의 말이 다 끝나기도 전에 진효공은 졸기 시작했다. 이튿날 경감이 공궁으로 들어가자 진효공이 힐난했다.

"그대가 천거한 사람은 쓸데없는 말만 하는 사람이오. 어찌하여 과인에게 그러한 사람을 천거한 것이오."

경감이 집으로 돌아와 상앙에게 물었다.

"내가 군주에게 선생을 천거했는데 어찌하여 쓸데없는 얘기만 한 것이오?"

상앙이 대답했다.

"나는 '제도'를 설명했으나 군주는 그 뜻을 못 알아들었습니다. 청컨대 다시 한 번 군주를 배견하게 해주십시오."

'제도'는 '무위통치'를 뜻한다. '제도'의 요체는 태평천하를 다스릴 때 구사하는 '지족知足'과 '겸하謙下'이다. 이를 깨닫는다는 것은 쉬운 일이 아니다. 약육강식이 난무하는 상황에서 '제도'의 이치를 통찰할 수 있는 군주는 사실 전무했다. 진효공을 탓할 일도 아니다.

5일 뒤 경감의 주선으로 상앙이 다시 진효공을 배견하게 되었다. 상앙이 이번에는 상나라 탕왕과 주나라 무왕이 덕으로써 민심을 수습해 나라를 세운 일을 자세히 얘기했다. 진효공이 시종 시무룩한 표정을 지었다. 상앙이 물러나오자 경감이 물었다.

"오늘은 무슨 말씀을 드렸소?"

상앙이 대답했다.

"이번에는 왕도王道를 설명했습니다. 그러나 군주는 그 뜻을 못 알아들었습니다. 군주는 왕도가 마음에 들지 않는 듯합니다."

'왕도'는 맹자가 강조했듯이 덕으로써 천하를 경영하는 것을 말한다. 이 또한 '제도'와 마찬가지로 비현실적인 방안이었다. 왕도를 강조하는 것은 춘추시대 송양공이 범한 이른바 '송양지인宋襄之仁'의 우를 범할 소지가 컸다. 진효공이 왕도에 시큰둥한 반응을 보인 이유다. 경감이 힐난하자 상앙이 또 청했다.

"이제는 군주가 무엇을 좋아하는지 알았으니 다시 한 번만 더 배견하게 해 주십시오. 이번에는 패도覇道를 논해 틀림없이 군주의 뜻에 맞출 것입니다."

상앙이 다시 진효공을 만나 패도를 자세히 논했다.

"옛날에 관중은 제나라 상국이 되어 군령으로 정치를 했습니다. 당시 백성들은 크게 반발했으나 제나라가 크게 다스려지고 제후들이 순종하자 비로소 관중이 자신들을 위한 대계大計를 세웠다는 것을 깨닫게 되었습니다. 무릇 패도의 길은 이처럼 처음에는 민심과 역행할 수밖에 없습니다. 이는 주어진 상황이 제도와 왕도를 허용하지 않기 때문에 불가피한 것이기도 합니다. 제도와 왕도는 성세聖世에는 쓸 수 있으나 난세亂世에는 치도의 지극한 이치를 터득하기 전엔 함부로 쓸 수 없는 것이기도 합니다."

진효공이 고개를 끄덕이며 열심히 들었다. 그러나 곧바로 상앙을 채용할 뜻을 밝히지는 않았다. 상앙이 나가자 진효공이 경감에게 말했다.

"그대의 빈객은 매우 뛰어난 인물이오. 가히 더불어 얘기할 만하오."

경감이 상앙에게 이 말을 전하자 상앙이 말했다.

"제가 이번에는 패도를 논하자 이를 수용할 뜻을 밝혔습니다. 다음에는 분명히 먼저 저를 부를 것입니다."

과연 얼마 후 진효공이 상앙을 다시 불렀다. 진효공이 공손한 태도로 청했다.

"그대에게 진실로 관중과 같은 재주가 있다면 과인은 그대에게 국사를 모두 맡길 것이오. 그러나 패업을 성취하는 길이 무엇인지 정확히 알 길이 없으니 한 번 자세히 말해주시오."

상앙이 대답했다.

"나라 재정이 튼튼해야 비로소 군사를 쓸 수 있습니다. 또 군사를 쓸지라도 군사가 강해야만 적을 무찌를 수 있습니다. 나라 재정을 튼튼히 하려면 증산에 온 힘을 기울여야 합니다. 군사를 강하게 하려면 후한 상을 내걸고 장병들을 독려해야 합니다. 백성들에게 나라가 추구하는 바를 정확히 일러주고 상벌을 분명히 해야 합니다. 그래야만 정령이 차질 없이 시행되어 재정을 튼튼히 하고 강군을 육성할 수 있는 것입니다. 그러고도 부강하지 않은 나라를 신은 일찍이 보지 못했습니다."

"참으로 그대의 말이 훌륭하오. 과인은 감히 그대의 말을 좇도록 하겠소."

상앙이 말했다.

"무릇 부강하고자 하면 반드시 먼저 그 일에 적합한 사람을 얻어야 합니다. 비록 적임자를 얻었을지라도 오로지 그에게 모든 일을 맡겨야 합니다. 비록 모든 일을 맡겼을지라도 좌우의 참언에 귀를 기울여서는 안 되고 전적으로 그를 신뢰해야만 합니다."

"그리하도록 하겠소"

상앙이 진나라 국정을 쇄신하는 방안에 관해 자세히 얘기해주었다. 「상군열전」은 두 사람의 문답은 3일 동안 계속되었으나 진효공이 조금도 피로한 기색을 보이지 않았다고 기록해놓았다. 이는 춘추시대의 제환공이 관중을 만나 천하경영의 방략을 들을 때의 모습과 닮았다.

상앙이 마침내 궁에서 나오자 경감이 물었다.

"그대는 무슨 재주가 있어 군주의 마음을 사로잡은 것이오? 군주가 그토록 기뻐하는 모습은 일찍이 본 적이 없소."

상앙이 대답했다.

"제가 군주를 만나 제도와 왕도, 패도를 차례로 언급했습니다. 그러자 군주가 말하기를, '그것은 너무 시간이 오래 걸리는 데다 과인이 좋아 할 수도 없소.'라고 했습니다. 그래서 제가 부강한 나라가 될 수 있는 강도彊道를 얘기하자 군주가 마침내 크게 기뻐한 것입니다."

상앙의 당시 행보는 진효공의 의중을 정확히 파악한 뒤 그에 맞는 '맞춤형 부국강병 컨설팅'을 하고자 했기 때문으로 보인다. 당시 진효공은 상앙을 곧바로 참모로 삼았다. 진효공과 상앙의 만남은 제환공과 관중의 만남에 비유할 만하다.

현명한 리더는 얽매이지 않는다

당시 천하형세를 살펴보면 우선 황하와 화산華山 이동에는 강력한 6국이 있었고, 회수淮水와 사수泗水 사이에는 10여 개의 소국이 존재했다. 6국 가운데 초나라 및 위나라가 진나라와 접경하고 있었다. 『자치통감』은 진효공의 출현 당시 상황을 이같이 분석해놓았다.

"중원의 제후국들 모두 진나라를 이적으로 간주해 배척했다. 진나라는 중원에 있는 제후국들의 회맹에는 참여하지 못했다. 이에 진효공이 발분發憤하여 진나라를 부강하게 만들고자 했다."

이는 진효공이 상앙의 변법變法을 받아들여 일대 개혁을 단행한 배경을 설명한 것이다. 기원전 359년, 상앙은 자신이 평소 생각한 변법의 구상을 담은 개혁안을 정식으로 제출했다. 개혁안의 작성에 약 2년의 시간이 걸린 셈이다. 그러나 반발이 만만치 않았다. 상앙이 진효공에게 말했다.

"무릇 백성은 함께 시작을 논의할 수는 없고, 다만 함께 성공을 즐길 수 있을 뿐입니다. 지덕至德을 논하는 사람은 속인과 어울리지 않고, 대공大功을 이루고자 하는 사람은 많은 무리들과 계책을 논하지 않습니다. 그래서 성인은 실로 나라를 강하게 만들고자 할 때 굳이 과거의 기준을 답습하지 않았던 것입니다."

대부 감룡甘龍이 반대했다.

"그렇지 않습니다. 성인은 백성의 관행을 바꾸지 않고도 가르치고, 지자知者는 법을 바꾸지 않고도 가르칩니다. 백성을 가르치는 데 특별히 힘을 들이지도 않았는데 성공할 수 있는 것은 관리들이 이미 법에 익숙해져 있고, 백성들 또한 이를 편히 생각하기 때문입니다."

상앙이 반박했다.

"대부 감룡의 말은 구태의연한 말에 지나지 않습니다. 속인은 옛 풍속을 편하게 생각하고, 학자는 옛 소문에 구애받습니다. 이들을 관원으로 삼아 법을 지키는 것은 가합니다. 그러나 이들과는 법 이외의 다른 일을 더불어 논할 수 없습니다. 3왕은 사용한 예가 달랐지만 왕업을 이뤘고, 5패는 사용한 법이 달랐지만 패업을 이뤘습니다. 지혜로운 사람은 법을 만들지만 어리석은 자는 이를 고수합니다. 현명한 사람은 예를 바꾸지만 불초한 자는 예에 얽매입니다."

그러나 두예杜摯가 감룡을 옹호하고 나섰다.

"이익은 백 가지를 넘지 않으니 법을 바꾸지 않고, 공은 열 가지를 넘지 않으니 무기를 바꾸지 않습니다. 옛 법을 좇아야 허물이 없게 되고, 옛 예제를 좇아야 삿됨이 없게 됩니다."

상앙이 반박했다.

"세상을 다스리는 길은 하나의 길만 있는 게 아닙니다. 나라의 실정에 좇아야 하니 옛 법을 고수해서는 안 됩니다. 그래서 상나라 탕왕과 주나라 무왕은 옛 법을 좇지 않았기에 새 왕조를 세웠고, 하나라 왕 걸桀과 은나라 왕 주紂는 옛 예제를 바꾸지 않았기에 망한 것입니다."

진효공이 상앙을 칭송했다.

"참으로 훌륭한 말이오."

그리고는 마침내 상앙을 좌서장左庶長으로 삼았다. 이는 상경上卿에 해당하는 진나라의 고관직이었다. 진효공은 상앙에게 힘을 실어주기로 드디어 작심하고 나선 것이다. 이때 진효공이 군신들에게 이같이 분부했다.

"앞으로 나라의 모든 정사는 좌서장의 명대로 시행할 것이다. 명을 어기는 자가 있으면 추호도 용서치 않을 것이다."

상앙은 곧바로 기존의 낡은 제도와 질서를 뜯어고치기 시작했다. 그의 변법은 백성들의 자발적인 참여를 이끌어내는 데 초점이 맞춰져 있었다. 일반 백성들에게 새로운 기회를 대거 제공하기 위해서는 세족들의 낡은 특권을 타파해야 했다. 세족들의 반발은 진효공이 앞에 나서 막았다.

상앙의 변법 중 가장 주목할 만한 것은 군공軍功에 대한 포상원칙이다. 군공을 20급으로 나누고 등급에 따라 작위와 관직, 주택, 처첩, 복장 등에 차등을 뒀다. 노비의 신분일지라도 공을 세우면 평민이 되는 것은 물론 높은 작위에 올라갈 수도 있었다. 이는 관록官祿의 세습제를 폐지한 것이나 다름없었다.

당시의 기준에서 볼 때 이는 가히 혁명적인 조치였다. 공자는 신분세습의 봉건질서를 군자의 양산을 통해 점진적으로 해체하려고 한 데 반해 상앙은 변법조치를 통해 단번에 이를 해체시킨 셈이다. 훗날 진시황이 천하통일 직후 봉건질서를 소탕하고 곧바로 제왕의 명으로 천하를 획일적으로 다스리는 제왕정을 세울 수 있었던 것도 바로 이때의 경험이 있었기에 가능했다. 놀라운 일이었다.

또 하나 주목할 점은 상앙이 정치와 외교를 부국강병만큼이나 중시한 것이다. 그의 저서로 알려진 『상군서商君書』는 모두 3편으로 구성되어있다. 전쟁에서 승리하기 위해서는 막강한 군사력과 외교력이 필요하고, 이를 지원하기 위해서는 경제력이 뒷받침되어야 하고, 경제력은 국가기강을 바로 잡는 정치력이 전제되어야 가능하다는 논리를 담고 있다. 21세기의 치국방략으로 택해도 전혀 손색이 없는 탁견이다.

당시 상앙은 진나라를 일대 혁신하지 않고는 장차 중원진출은커녕 주변 인국의 침공을 면치 못할 것으로 판단했다. 그의 이러한 판단은 옳은 것이었다. 진나라는 초나라 못지않게 구질서인 봉건질서에 크게 얽매여 있었다. 상앙이 변법을 시행하지 않았다면 진나라는 초나라처럼 세족들의 발호로 이내 쇠락의 길을 걷고 말았을 것이다.

제도와 규칙은 강력하고 공평하게 이행하라

상앙의 변법은 크게 두 차례에 걸쳐 실시됐다. 진효공이 사망하는 시기까지 총 21년 동안 지속됐다. 그 효과는 막대했다. 진나라가 천하제일의 강국이 되고, 백성들이 안심하고 생업에 종사하며 최고의 전투력을 갖추게 된 비결이 모두 여기에 있다. 이것이 훗날 진시황의 천하통일에 초석이 된 것은 말할 것도 없다.

그가 시행한 변법에서 주목할 것은 변법 시행에 앞서 먼저 백성들의 믿음을 얻고자 한 점이다. 사실 변법의 내용이 아무리 좋을지라도 백성들이 따르지 않으면 아무 소용이 없다. 「상군열전」과 『자치통감』 모두 이를 수록해 놓았다. 그만큼 중시됐음을 반증한다.

이에 따르면 당시 상앙은 도성의 남문에 3장丈 길이의 나무를 세웠다. 그리고는 그 곁에 이러한 포고문을 붙여놓았다.

"누구든지 이 나무를 북문으로 옮겨 세우는 자가 있으면 10금의 상을 내릴 것이다."

포고문을 본 많은 백성들이 고개를 갸웃거리며 의심했다.

"무슨 속뜻이 있는지 도무지 알 길이 없네. 아무튼 속지 않는 게 좋을 것일세."

아무도 그 나무를 북문으로 옮기는 자가 없었다. 며칠 후 상앙이 다시 분부했다.

"50금의 상을 주겠다고 다시 써서 내다 붙여라."

백성들은 더욱 의심했다. 이때 한 사람이 나서 말했다.

"우리 진나라는 자고로 많은 상을 주는 법이 없었다. 그런데 이러한 포고문이 나붙었으니 필시 무슨 뜻이 있을 것이다. 비록 50금을 안 줄지라도 전혀 아무 상도 내리지 않을 리 않다. 설령 상을 안 줄지라도 포고문대로 한 사람에게 형벌을 내릴 리야 있겠는가?"

그리고는 나무를 뽑아 어깨에 메고 가 북문에 세웠다. 구경하는 백성들이 가득 모여들었다. 관원이 곧 그 백성들 데리고 가 상앙에게 이 사실을 보고했다. 상앙이 그 백성을 칭송했다.

"참으로 훌륭한 백성이다. 나는 앞으로도 백성들에게 신용을 지킬 것이다."

그리고는 곧바로 50금을 상으로 주었다. 소문이 곧바로 성 안에 쫙 퍼져 최고의 화제가 되었다. 백성들이 삼삼오오 모여 서로 말했다.

"좌서장은 명령만 내리면 꼭 실행하는 사람이다."

여기서 나온 성어가 바로 사목지신徙木之信이다. 약속을 반드시 실천에 옮긴다는 취지로 쓰인다. 신상필벌信賞必罰과 같은 뜻이다. 역사상 '사목지신'을 가장 높이 평가한 인물은 모택동이다. 수많은 저서와 논문을 펴낸 그가 최초로 펴낸 논문이 바로 1912년 호남사범학교 재학 시절에 쓴 「상앙사목입신론商鞅徙木立信論」이다. 상앙의 변법에 감명을 받은 결과다.

'사목지신'을 보여준 이튿날 상앙이 마침내 새 법령을 선포했다. 백성들은 길거리에 나붙은 새 법령을 보고 모두 긴장했다. 상앙이 선포한 제1차 변법의 시행령은 크게 4가지였다. 첫째, 천도遷都에 관한 건이다. 진나라에서 가장 뛰어난 곳은 함양咸陽이니 도읍을 약양에서 함양 땅으로 옮긴다는 내용이었다. 둘째, 관작官爵에 관한 건이다. 전장에서 적의 머리를 하나 얻을 때마다 한 계급씩 승진한다. 반면 후퇴하는 자는 즉시 참형에 처한다. 존비와 관작의 등급은 전공에 따라 정해지고 각기 차등 있게 전택

田宅과 신첩臣妾, 의복衣服을 사용한다. 전공을 세운 자는 벼슬에 따라 수레와 의복을 사치하게 차려도 금하지 않는다. 반면 전공이 없는 자는 아무리 부자일지라도 법에 의해 삼베옷을 입고 소를 타고 다녀야 한다. 아무리 종실일지라도 전공이 없을 시에는 모든 종친부에서 그 이름을 삭제하여 관작을 박탈한 뒤 생산업에 종사하게 한다. 개인적인 감정으로 싸우는 자는 이유 여하를 막론하고 모두 참형에 처한다. 셋째, 십오什伍에 관한 건이다. 5개 가호를 '오伍', 10개 가호를 '십什'으로 조직해 상호 연대책임을 진다. 범법자를 고발하지 않을 시에는 10가를 모두 같은 죄로 다스려 허리를 자른다. 간적奸賊을 고발하는 자는 적의 수급을 벤 것과 같은 상을 받는다. 이를 어긴 자는 전쟁에서 적에게 항복한 자와 같은 벌을 받는다. 모든 역관驛館과 민가는 통행증이 없는 자를 재우면 법에 따라 처벌한다. 가족 내에 죄를 지은 자가 있으면 집안 식구 모두를 관가의 노비로 삼는다. 넷째, 준법遵法에 관한 건이다. 이 법령이 공포되는 날로부터 남녀노소와 상하귀천 할 것 없이 모두 이 법령을 준수해야만 한다. 만일 이를 어기는 자가 있으면 법에 따라 엄벌에 처한다는 내용이었다.

새 법령이 반포된 지 1년이 되자 진나라 도성의 백성들 중 새 법령이 불편하다고 말하는 자가 매우 많았다. 태자 사駟도 새 법령에 대해 불평을 털어놓았다. 그러던 중 문득 태자가 법을 위반하는 일이 생겼다. 이 얘기를 전해들은 상앙은 단호히 대처했다.

"태자가 법을 지키지 않는다면 어찌 법을 시행할 수 있겠는가? 태자를 그대로 놓아두면 법을 어기는 것이 된다."

곧 진효공을 찾아가 이를 보고하며 처리방안을 제시했다. 진효공이 이를 승낙하자 이내 이같이 하령했다.

"태자의 죄는 그 스승들이 태자를 잘못 지도했기 때문이다. 태자의 스승 공자 건虔을 코를 베는 의형劓刑에 처하고, 태자의 교관 공손 가賈를 얼굴에 먹을 뜨는 묵형墨刑에 처하도록 하라."

이후로는 아무도 법령을 비판하는 자가 없게 되었다. 시간이 지나자 진나라 백성들 중에는 새 법령이 이내 편하다고 말하는 자가 나오게 되었다. 상앙이 하령했다.

"이 또한 법령을 어지럽히는 자들이다."

그리고는 새 법령에 대해 비판하는 자들은 물론 칭송하는 자들까지 모두 부중으로 잡아들이게 했다. 상앙이 이들을 크게 꾸짖었다.

"새 법령을 두고 불평한 자들은 법령을 어긴 것이고, 칭송한 자들은 법령에 아부한 것이다. 모두 훌륭한 백성이라 할 수 없다. 이들을 모두 명부에 기록하고 변경의 수졸戍卒로 보내도록 하라."

이로써 법령에 대해 언급하는 사람이 사라지게 되었다. 이후 진나라에서는 백성들이 길가에 떨어진 물건을 줍는 않는 것은 물론 분에 넘치는 물건을 함부로 주고받지 않게 되었다. 도둑도 완전히 사라지고 말았다. 창고마다 곡식이 가득 차게 되었다. 백성들은 전쟁에는 용감하나 사투私鬪에는 겁을 먹게 되었다.

상앙의 변법이 성공할 수 있었던 이유는 크게 두 가지이다. 하나는 백성들의 신뢰 확보이고, 다른 하나는 강력한 추진력이었다. 그러나 불행하게도 이 과정에서 상앙은 당시 태자 사와 척을 지고 말았다. 당시 태자 사는 상앙에 대한 원한을 마음 속 깊이 담아두고 있었다. 이게 훗날 상앙에게 부메랑이 되어 돌아왔다. 변법을 확실히 시행하기 위해 태자까지 희생양으로 삼은 것은 나름 일리가 있으나 상앙 개인의 입장에서 볼 때는 보다 신중한 모습을 취할 필요가 있었다. 그러나 그는 이를 소홀히 했다. 변법에 대한 지나친 믿음이 화를 부른 셈이다.

핵심 요지를 차지하라

기원전 354년, 위나라가 조나라로 쳐들어가 도성인 한단을 포위하고 초나라가 군사를 보내 조나라를 구하는 등 열국이 치열하게 다퉜다. 이듬해인 기원전 353년, 조나라가 제나라에 도움을 청하자 제나라 장수 전기田忌가 당대 최고의 병법가인 손빈孫臏의 도움으로 이해 10월에 하남성 장원현의 계릉桂陵에서 위나라 대군을 격파하는 혁혁한 전공을 세웠다. 이를 계기로 문득 제나라가 천하를 호령하기 시작했다. 이들 싸움 모두 진나라의 코앞에서 전개됐다. 진효공은 변법에 박차를 가하고 있었던 까닭에 팔짱을 끼고 사태의 추이를 지켜보고만 있었다. 싸움에 개입할 시기를 저울질한 것이다.

기원전 352년, 진효공은 마침내 상앙을 대량조大良造에 임명했다. '대량조'는 제16등급의 작위로 일종의 군정대신에 해당한다. 이는 본격적인 동쪽 진출의 신호탄에 해당했다. 중원으로 진출하기 위해서는 지정학적으로 관문처럼 버티고 있는 위나라부터 제압해야 했다. 상앙이 진효공에게 건의했다.

"위나라는 진나라에게 복심腹心의 질환과 같습니다. 위나라가 진나라를 병탄하지 않으면 진나라가 곧 위나라를 병탄해야만 합니다. 안읍安邑에 도읍한 위나라는 진나라와 황하를 경계로 삼고 있으면서 효산崤山의 동쪽인 산동山東의 이로움을 독차지하고 있습니다. 위나라는 이로우면 서쪽으로 나아가 진나라를 치고, 불리하면 동쪽으로 나아가 진출기반을 닦습니다. 지금 위나라는 제나라에게 크게 패한 데다 제후들도 위나라를 적대시하고 있으니 차제에 위나라를 치면 위나라는 틀림없이 동쪽으로 천도할 것입니다. 이후 동쪽으로 나아가 제후국들과 맹약하면 가히 제왕의 대업을 이룰 수 있을 것입니다."

"참으로 좋은 생각이오."

상앙이 군사 5만 명을 이끌고 위나라로 쳐들어가자 위혜왕이 크게 놀라 군신들과 대책을 논의했다. 공자 앙卬이 말했다.

"상앙이 우리 위나라에 있었을 때 신은 그와 매우 친했습니다. 이에 신이 군사를 이끌고 가 먼저 화친을 청해 보겠습니다. 그가 거절하면 그때 우리는 성을 굳게 지키고 한·조 두 나라에 구원을 청하도록 하십시오."

군신들이 동의했다. 이에 공자 앙이 대장이 되어 군사 5만 명을 이끌고 서하 땅으로 달려갔다. 공자 앙은 오성吳城에 주둔했다. 원래 오성은 전에 오기吳起가 서하 땅을 지킬 때 진나라의 침공을 막기 위해 쌓은 성이다.

양측 군사가 대치하고 있을 때 상앙이 공자 앙에게 서신을 보냈다. 골자는 이렇다.

"나는 그대와 서로 좋은 사이였소. 그런데 이제는 서로 두 나라의 장수가 되어있소. 나는 차마 그대를 공격하지 못하겠소. 그대와 얼굴을 맞대고 맹약을 맺은 뒤 즐거이 음주하고 철군하여 두 나라 백성을 평안하게 하는 것이 가할 듯하오."

공자 앙이 흔쾌히 수락했다. 며칠 후 상앙과 공자 앙이 일부 갑옷을 벗고 일부 수행원만 대동한 채 술과 음식을 장만하여 가까운 옥천산玉泉山에서 회동했다. 두 사람은 두 개의 단지에 한쪽은 술, 다른 한쪽은 정수淨水를 담아놓고 지난날의 우정을 얘기하며 함께 즐거이 술을 마셨다. 공자 앙이 먼저 상앙에게 먼저 술을 권했다. 상앙이 곧 휘하 군사에게 말했다.

"이제는 우리가 가지고 온 술과 음식을 내오너라."

이때 상앙을 따라온 사람은 진나라에서도 유명한 용사들이었다. 그 중 한사람의 이름은 오확烏獲이다. 그는 1천 균鈞의 무게를 들어 올리는 장사다. 또 한 사람의 이름은 임비任鄙다. 그는 일찍이 맨주먹으로 호랑이를 때려잡은 용사다. 상앙이 신호를 보내자 오확이 곧바로 공자 앙을 결박했다. 임비는 위나라 수행원들을 모두 포획했다. 상앙이 분부했다.

"위나라 수행원들은 결박을 풀어주라. 공자 앙은 함거檻車에 가둔 뒤 승전 소식을 속히 보고하라."

위나라 수행원들이 술을 얻어먹고 놀란 가슴을 진정시키자 상앙이 이들에게 말했다.

"너희들은 속히 돌아가 진나라와 화평을 맺고 온 듯이 가장하고 성문을 열도록 하라. 그러면 내가 너희들에게 중상을 내릴 것이다."

오확이 공자 앙으로 가장해 수레를 타고, 임비는 수레를 호송하는 진나라 사자가 되어 오성 안으로 들어갔다. 위나라 군사들은 아무 의심도 하지 않고 성문을 열어주었다. 오확이 수레에서 뛰어내려 위나라 군사들을 쳐 죽이자 이 틈을 타 진나라 대군이 나는 듯이 쳐들어 가 순식간에 오성을 점령해버렸다.

진나라 군사가 여세를 몰아 위나라 도성인 안읍까지 쳐들어가자 위혜왕이 곧 대부 용가龍賈를 상앙에게 보내 강화를 청했다. 상앙이 이같이 회답했다.

"내가 이번에 위나라를 아주 없애버리지 않는다면 이는 하늘의 뜻을 저버리는 것이 되오."

대부 용가가 말했다.

"새도 옛 살던 숲을 그리워하고, 신하는 옛 주인을 잊지 않는다고 합니다. 이는 너무 무정한 말이 아닙니까?"

"서하 땅을 모두 내준다면 내가 이내 철군하겠소."

이로써 마침내 잃어버린 서하 땅을 되찾게 되었다. 위혜왕은 서하 땅을 빼앗긴 상황에서 더 이상 안읍에 머물 수 없었다. 위혜왕이 도성을 지금의 하남성 개봉인 대량大梁으로 옮기면서 탄식했다.

"내가 전에 공숙좌의 말을 듣지 않은 것이 한스럽기 그지없다."

이후 위나라는 국호를 '위魏'에서 '양梁'으로 바꿨다. 얼마 후 제나라와 조나라가 위나라가 극도로 약화된 틈을 노려 함께 위나라를 쳤다. 위나라가 사력을 다해 간신히 막아냈으나 국력이 극도로 피폐해졌다. 이후 위나라는 전혀 힘을 쓰지 못하게 되었다. 도성을 대량으로 옮긴 이듬해인 기원전 351년, 위나라는 기왕에 점령했던 조나라의 도성 한단을 반환하고 조나라와 강화했다. 이를 계기로 위나라는 내리 쇠락의 길을 걷게 됐다. 위혜왕이 상앙을 잃은 결과가 이처럼 컸다.

이와 정반대로 서하 땅을 회복한 상앙은 승승장구했다. 진효공은 상앙의 공을 높이 사 위나라를 쳐 빼앗은 섬서성 상현인 상어商於 땅의 15개 성읍을 봉지로 내리고 상군商君의 칭호까지 하사했다. 세인들은 이때부터 그를 '상앙商鞅'으로 부르기 시작했다. 그 이전까지만 해도 위나라 출신이라는 뜻에서 '위앙衛鞅'으로 불렀다. 상앙이 가장 득의한 시기였다.

조직을 효율적으로 개편하라

당시 상앙을 놓친 것을 크게 후회한 위혜왕은 이를 만회하기 위해 뒤늦게 천하의 인재들을 거두기 위해 노력했다. 천하의 인재들이 그의 휘하로 속속 몰려들기 시작했다. 『맹자』 첫머리에 나오는 「양혜왕」은 바로 맹자가 이들 인재들의 무리에 합류해 위혜왕을 만난 실화를 배경으로 한 것이다. 사가들은 양나라로 천도한 이후의 위혜왕을 '양혜왕'으로 불렀다.

이 사이 진나라에서는 상앙이 건의를 좇아 착공한 함양咸陽의 궁궐 조영造營 작업이 거의 마무리되어 가고 있었다. 당시에 조영된 함양의 궁궐은 진시황이 천하를 통일할 때 머물던 역사적인 건조물이다. 이는 초한전 때 항우에 의해 소실되고 말았다.

기원전 350년, 마침내 함양 궁궐이 완공됐다. 진효공은 이내 길일을 택해 곧 역양에서 함양으로 천도했다. 사서는 함양 천도로 인해 이주한 대성大姓만도 수천 가家에 이르렀다고 기록해놓았다. 상앙은 천도 작업이 끝나자마자 제2차 변법 시행령을 내렸다. 골자는 크게 3가지였다.

첫째, 현縣의 설치에 관한 건이다. 경내의 모든 촌락은 그 현에 소속시킨다. 현마다 영승令丞 한 사람을 둔다. 영승은 새 법령의 시행을 철저히 감독한다. 새 법령을 어기는 자가 있으면 사안의 경중에 따라 가차 없이 처벌한다. 둘째, 개간開墾에 관한 건이다. 수레와 말이 다니는 도로를 제외하고 나머지 모든 교외와 광야를 개간한다. 이 일은 근방의 주민들이 책임진다. 셋째, 증산에 관한 건이다. 백성들은 오로지 증산에 힘써야 한다. 모든 노력을 기울여 본업인 농사에 종사해 곡식과 비단을 많이 쌓아놓은 자에게는 요역을 면제해준다. 그러나 말업末業인 상공업으로 치부하거나 무위도식하며 빈곤에 처한 자는 그 재산을 모두 몰수한 뒤 관가의 노비로 삼는다. 아들이 둘 이상 있을 때에는 반드시 별거해야 한다. 장정들은 각기 국가 소정의 세를 내야 한다. 별거를 원하지 않는 자는 혼자서 여러 사람 분의 세를 내야 한다.

상앙이 이런 가혹한 조치를 취한 것은 가족 단위로 이뤄지는 생산규모의 세분화를 통해 생산성을 제고하기 위한 것이다. 그는 또 이때 여러 개의 작은 향鄕을 모아 하나의 현縣을 만들었다. 이같이 하여 만들어진 현은 모두 31개였다. 각 현에는 크기에 따라 큰 현에는 현령縣令, 작은 현에는 현승縣丞을 두었다.

함양으로 천도한 지 2년 뒤인 기원전 348년, 농지의 면적에 따라 세금을 부과하는 부세법賦稅法을 제정해 곧바로 시행에 들어갔다. 이는 황무지를 남김없이 개간하기 위한 조치였다. 이 제도는 모든 전답을 국유로 정했다. 농지는 사방 6자가 1보步, 사방 2백 50보가 1무畝로 정해졌다. 이 규정을 어기거나 속임수를 쓰는 자가 있으면 토지를 몰수당했다. 또 정령반포와 군사이동의 신속성을 확보하기 위해 사방으로 길을 뚫고 징세의 공정을 기하기 위해 도량형의 표준을 정했다. 부피를 재는 두斗 · 통桶, 무게를 재는 권權 · 형衡, 길이를 재는 장丈 · 척尺 등이 하나로 통일되었다. 훗날 진시황이 천하를 통일한 뒤 도량형을 통일한 것은 상앙의 도량형 조치를 완성한 것이나 다름없다.

진시황의 명령으로 통일된 원형 화폐

1인자의 고독한 결단

진효공이 서쪽의 패자로 군림하면서 동쪽

제위왕과 중원의 패권을 놓고 치열한 신경전을 전개할 당시 남방의 전통적인 강국 초나라는 크게 위축된 모습을 보이고 있었다. 이는 초선왕이 중원진출보다는 소극적인 방어로 일관한 사실과 관련이 있었다. 그러나 초선왕이 죽고 그의 아들 웅상熊商이 초위왕楚威王으로 즉위하면서 상황이 달라졌다. 초위왕은 부왕과 달리 제나라와 정면으로 자웅을 겨뤄 중원에 대한 패권을 되찾고자 했다. 초나라가 흥륭의 기운을 보일 때 공교롭게도 진효공이 세상을 떠났다. 기원전 338년의 일이다. 상앙이 진나라로 들어온 지 24년째 되는 해이다.

진나라는 진효공의 죽음으로 바야흐로 상앙의 변법을 계속할 것인지를 결정해야 하는 중대한 기로에 서게 되었다. 일찍이 초나라는 초도왕의 죽음을 계기로 오기의 변법을 물거품으로 만든 바 있다. 초나라가 광대한 영토와 수많은 인구를 보유했음에도 불구하고 천하통일의 주역이 될 수 있는 절호의 계기를 상실한 이유다.

상앙의 변법은 모든 면에서 오기의 변법과 닮았다. '기려지신' 출신인 상앙과 오기 모두 기득권 세력인 세족을 권력에서 과감히 몰아내 커다란 원망을 자초한 점에서 아무 차이가 없었다. 다만 상앙은 순수한 법가인데 반해 오기는 법가사상에 기초한 병가였다는 점만이 달랐을 뿐이다. 불행하게도 상앙은 오기의 전철을 밟고 말았다. 태자 사의 원한을 산 게 결정적이었다.

그러나 진나라는 초나라와 다른 모습을 보였다. 태자 사는 진혜문왕秦惠文王으로 즉위한 뒤 변법의 주역인 상앙을 곧바로 제거하기는 했으나 상앙이 생전에 공들여 이뤄놓은 변법만큼은 그대로 유지한 것이다. 이게 훗날 진시황이 천하를 통일하는 디딤돌이 되었다. 여기에는 당시 진나라가 초나라와 달리 세족의 층이 상대적으로 엷었던 점이 크게 작용했다. 진나라로서는 운이 좋았던 셈이다.

당시 진효공의 죽음을 가장 애통하게 생각한 사람은 말할 것도 없이 상앙이었다. 상앙 역시 변법의 선구자인 오기가 초도왕의 죽음을 계기로 비참한 최후를 맞이한 일을 몰랐을 리 없다. 실제로 그는 오기의 전철을 밟지 않기 위해 모든 노력을 경주했다. 그러나 그 역시 '기려지신'의 한계를 이내 절감할 수밖에 없었다. 그를 비난하는 자들이 너무 많았던 것이다.

당시 상앙은 자신의 노력이 수포로 돌아가자 이내 야음을 이용해 함곡관 벗어난 뒤 곧바로 위나라를 향해 달아났다. 위나라의 관문을 지키는 관원이 급히 조정에 보고하자 위혜왕이 일갈했다.

"이 자는 지난날 공자 앙을 유인해 서하 땅을 빼앗아 갔다. 내가 어찌 한시라도 그 자를 잊을 리 있겠는가? 즉시 그를 밖으로 내쫓도록 하라. 우리 손에 피를 묻힐 이유가 없다."

상앙은 부득불 봉지인 상어 땅에서 반기를 들었다. 무리를 이끌고 북상해 섬서성 화현인 정현鄭縣을 쳤다. 그러나 그는 전문적인 병법가가 아니었다. 결국 그는 변변히 싸워보지도 못하고 함양으로 압송되었다. 진혜문왕이 그의 죄목을 열거한 뒤 곧바로 하령했다.

"거리로 끌어내 거열형에 처하라."

그의 일족 역시 한 사람도 남김없이 모두 주살됐다. 당시 그의 나이 50세였다. 상앙 역시 오자서와 마찬가지로 뛰어난 지략을 지니고 있었음에도 불구하고 '공성신퇴'의 이치를 깨닫지 못했다. 상앙의 비참한 최후는 후세인들로 하여금 그의 변법에 대해 많은 회의를 품게 만들었다. 「상앙열전」의 사평이 그 실례이다. 사마천은 오기와 달리 그를 전혀 동정하지 않았다. 천성적으로 간박한 성정을 지녔다고 보았기 때문이다.

그러나 사마천의 이런 평은 아무래도 지나쳤다. 상앙의 비참한 최후와는 별개로 그의 변법은 만세의 귀감으로 남을 만하다. 진효공의 적극적인 지원이 있었기에 가능했다. 역사상 진효공을 가장 높이 평가한 사람은 초대 사회과학원장을 지낸 곽말약郭沫若이다. 그는 진효공을 중국의 전 역사를 통틀어 가장 대공무사大公無私한 군주로 꼽았다. 또 관중에 대한 제환공의 신임은 물론 삼국시대 제갈량에 대한 유비의 신임과 왕안석王安石에 대한 북송대 신종神宗의 신임도 이에 비교할 수 없다고 단언한 바 있다.

상앙은 난세가 극에 달했을 때 반드시 필요한 결단의 유형으로 군주의 고독한 결단을 들었다. 그게 바로 군단君斷이다. 그의 주장에 따르면 '군단'은 빠르면 빠를수록 좋다. 그러지 못할 경우 권신들이 발호하며 군주가 허수아비로 전락하는 군약신강君弱臣强의 상황이 빚어진다는 게 그의 진단이다. '군약신강'을 사상 최초로 언급한 사례에 속한다. 『상군서』「신법」의 대목이다.

"권신을 중심으로 한 붕당 세력의 교묘한 언설이 횡행하면 사람들 모두 이를 따라 배울 것이다. 국력이 줄어들고 서로를 비난하는 이야기가 난무하는 이유다. 군주가 이를 제대로 살피지 못하면 전쟁이 일어났을 때 반드시 장병을 모두 잃을 것이고, 성을 지키고자 해도 오히려 성을 팔아먹는 자가 나타날 것이다."

역사적 사례를 보면 나라가 패망할 때 그가 진단한 것처럼 예외 없이 '군약신강' 양상이 생겼다. 조선조 말기의 세도정치가 좋은 실례다. 이를 통해 알 수 있듯이 상앙은 난세 타개를 위한 최상의 방략을 실천적으로 보여주었다. 단지 변법의 시행과정에서 후계자인 태자 사를 설득하지 못한 게 커다란 아쉬움으로 남는다.

✦⌁◦⊙◦⌁◦⊙◦⌁✦

페이스북 CEO 마크 저커버그는 2017년 8월말 둘째를 출산하고 육아휴직을 가진다고 발표했다.

세계 최고의 소셜 네트워크의 비어있는 1인자 자리를 누가 메꿀 것인가에 대해 세간의 관심이 쏠렸다. 바로 페이스북 운영 책임자 셰릴 샌드버그였다.

그녀는 2012년 〈포브스〉가 발표한 '가장 영향력 있는 여성' 12위에 랭크되기도 했다. 남편과의 사별이라는 엄청난 시련을 겪은 그녀는 절망을 이겨낸 것은 '회복 탄력성'이라고 UC버클리 졸업식 축사를 통해 말했다.

스스로 위기에서 벗어날 줄 아는 힘을 가진 그녀가 세계를 연결하는 페이스북의 성장을 굳건히 지켜나갈 것이라는 데 이견은 없다.

〈비즈니스인사이더〉는 저커버그의 열정과 현명함을 실제 비즈니스로 전환하는 데 샌드버그가 결정적인 역할을 했다고 평가했다.

진시황
·
워커홀릭
1인자

VS

제어하는
2인자
·
이사

현대사회의 세분화된 전 영역을 1인자 혼자서 꿰뚫어 보기란 쉽지 않다. 전문적인 지식을 가진 2인자의 능력을 빌려와야 하는 이유다. 1인자는 지시하고 감독하는 데 능하지만, 2인자는 소통하고 설득하는 데 능하다. 현대사회는 1인자의 독식보다 역량 있는 다수의 2인자들을 확보하는 것이 중요하다.

제5장 진시황과 이사

"짐은 첫 번째 황제인 시황제始皇帝가 되니 후세는 순차로 2세와
3세가 되어 만세에 이르기까지 이를 무궁히 전하게 하라."

– 진시황

세상을 보는 안목을 가져라

춘추전국시대를 관통하는 최고의 통치이념은 존왕양이尊王攘夷였다. 존
왕양이의 궁극적인 목표는 국태민안國泰民安으로 요약되는 대업의 완성
이다. 대업은 그 성취하고자 하는 목표의 규모 및 성취 수단의 차이에 따
라 크게 제업帝業과 왕업王業, 패업霸業으로 나눌 수 있다. 춘추시대 전반기
는 '왕업에 가까운 봉건적 패업'이 각광을 받았다. 그러나 후반기에는 '왕
업과 동떨어진 봉건적 패업'만이 제후들의 관심을 끌었다. 전국시대 전반
기에는 '봉건질서를 거부하는 현실적 패업'이 주목을 받았다. 후반기에는

'천하통일을 염두에 둔 중앙집권적 제업'이 새로운 목표로 부상했다. 이를 최종적으로 실현한 인물이 바로 진시황이다.

그럼에도 진시황이 이룩한 업적은 진나라의 조속한 패망으로 인해 크게 왜곡되었다. 이런 왜곡은 춘추시대와 전국시대를 엄히 분리해 강포強暴와 궤계詭計가 난무하는 암흑기로 간주하고자 한 시대적 흐름 때문이다. 진나라에 뒤이어 나타난 한나라가 의도적으로 진제국의 존재를 지워버리고자 한 시도가 바로 그 실례이다. 송대에 들어와 성리학의 정통론이 극성함에 따라 진제국의 존재가 과도기적인 공백 기간으로 치부되면서 이런 흐름은 하나의 대세로 굳어졌다.

조선조의 경우는 중국보다 더욱 부정적인 입장에서 전국시대를 바라보았다. 전혀 틀린 것은 아니다. 약 2백 년 동안 2백여 차례의 전쟁이 끊임없이 전개된 사실이 이를 뒷받침한다. 그러나 이는 치세를 기준으로 한 것이다. 전국시대는 통치사상 및 통치제도가 일변하는 격동의 시기였다. 격동하는 21세기 스마트혁명 시대와 닮았다. 양자 모두 기존의 질서와 가치, 관행 등이 일거에 뒤바뀌는 일대 변환기에 해당한다. 전국시대는 신분세습을 토대로 한 지방분권적 봉건질서가 붕괴되고, 능력 본위의 관료체제에 기초한 중앙집권적 제국질서가 형성되는 매우 역동적이면서도 창조적인 시기였다. 그 대미를 장식한 인물이 바로 진시황이다.

진시황의 조부는 진소양왕의 아들 안국군安國君 영림嬴林이다. 그는 뒤

늦게 태자의 자리에 오른 까닭에 적자를 두지 못했다. 초경양왕의 딸로 태자비가 된 화양부인華陽夫人이 남편 안국군의 총애에도 불구하고 아들을 낳지 못한 탓이다. 안국군은 총희들과의 사이에서 모두 20여 명의 아들을 두었다. 이들 가운데 하희夏姬 소생의 이인異人이 있었다. 그는 안국군의 둘째 아들이었다.

이인은 기원전 279년에 맺어진 진소양왕과 진혜문왕의 민지澠池 화약으로 인해 조나라에 볼모로 간 이후 20년 넘게 인질로 잡혀있었다. 생모 하희가 안국군의 총애를 크게 받지 못한 탓에 인질로 가게 된 것이다. 진나라는 이인이 조나라에서 죽임을 당할지라도 눈 하나 깜짝할 태도가 아니었다. 실제로 진소양왕은 왕손 이인을 아예 데리고 올 생각조차 하지 않았다. 안국군조차 왕손 이인에게 전혀 관심이 없었다. 진나라가 여러 차례에 걸쳐 조나라를 치게 되자 조나라 사람들의 이인에 대한 태도는 오히려 날이 갈수록 험악해졌다. 진나라 장수 왕전이 조나라를 쳤을 때 조효성왕은 대로한 나머지 이같이 말하기까지 했다.

"과인은 진나라에 대한 분노를 참을 수 없다. 볼모로 와 있는 진나라 왕손 이인을 죽여버려라!"

평원군이 만류했다.

"왕손 이인은 진나라에서 버림받은 사람이나 다름없습니다. 그런 사람을 죽여봐야 무슨 도움이 되겠습니까? 공연히 진나라에 침공 구실을 만들어줄 뿐입니다. 차라리 그대로 두었다가 요긴할 때 이용하느니만 못합니다."

화를 참지 못한 조효성왕이 좌우에 분부했다.

"앞으로 왕손 이인이 함부로 바깥출입을 못하도록 엄중히 지켜라. 지금까지 왕손 이인에게 대주던 비용도 대폭 삭감하라."

이로 인해 이인은 모든 것이 풍족치 못했다. 수레와 의복은 말할 것도 없고 거처 또한 곤궁하기 그지없었다. 진나라에서 천대를 받다가 조나라에 인질로 와서까지 갖은 고생을 하게 된 것이다. 그는 수레가 없어 어디를 가려해도 늘 걸어 다녀야만 했다.

공교롭게도 이때 여불위呂不韋라는 한나라 출신 상인이 한단성에 살고 있었다. 그는 지금의 하남성 우현인 양적陽翟 출신으로 전국시대의 어지러운 틈을 타 천금의 재산을 모은 거상이다. 천하의 거상 여불위와 왕손 이인의 만남은 5백여 년에 걸친 춘추전국시대의 난세를 종식시키는 결정적인 계기가 되었다.

여불위는 부친과 함께 열국을 돌아다니며 물건을 싸게 사서 비싸게 파는 수완을 발휘해 거만금을 벌어들인 탓에 난세의 전시 상황을 절묘하게 이용할 줄 아는 비상한 재주가 있었다. 이들은 전국에 깔린 지점망을 통해 전시 물자를 마음껏 농단할 수 있었다. 여씨 부자는 한단성 안에 살고 있었다. 이들 부자가 운영하는 다국적 기업의 본부가 바로 조나라 도성 한단에 있었기 때문이다. 하루는 여불위가 거리로 나갔다가 돌아오는 도중에 우연히 왕손 이인을 보게 되었다. 이인의 상은 귀인의 상이었다. 얼굴은 백옥 같고, 입술은 붉은 빛이 완연했다. 비록 남루한 옷을 걸치기는 했으나 귀인이 기상이 완연했다. 여불위가 내심 탄복했다.

"지금껏 이런 귀인상을 한 사람을 본 적이 없다. 참으로 묘한 일이다."

지나가는 행인에게 물었다.

"혹시 저 사람이 누구인지 알고 있소?"

"저 분은 진나라 태자 안국군의 아들인 왕손 이인이오. 지금 우리 조나라에 볼모로 잡혀와 있소. 진나라 군사가 자꾸 우리 조나라 경계를 침범하자 한때 우리 대왕은 그를 죽이려고까지 했소. 겨우 목숨을 구하기는 했으나 워낙 지원이 넉넉하지 못해 곤궁한 삶을 살고 있소."

여불위가 중얼거렸다.

"이는 기화奇貨이다. 쌓아 두었다가 팔면 커다란 이익을 얻을 만하다!"

인구에 회자하는 '기화가거奇貨可居' 성어가 여기서 나왔다. 여불위는 값이 쌀 때 물건을 사두었다가 값이 극한으로 치솟을 때 되파는 데 이골이난 인물이다. 여불위는 황급히 집으로 돌아가 '농단'의 스승격인 부친에게 물었다.

"농사를 지으면 몇 배나 이익을 볼 수 있습니까?"

"10배의 이익을 얻을 것이다."

"구슬이나 옥 같은 보물을 파는 장사를 하면 몇 배나 이익을 봅니까?"

"아마도 100배의 이익을 얻을 것이다."

"만일 한 사람을 도와 일국의 군왕이 되게 하면 그 이익이 얼마나 됩니까?"

부친이 껄껄 웃었다.

"참으로 그리하면 그 이익을 헤아릴 수 없을 것이다."

여불위가 말했다.

"지금 뼈 빠지게 농사를 지어도 추위에 떨지 않고 배곯지 않는 것조차 어려운 상황입니다. 그러나 지금 나라를 세우고 군왕을 옹립하면 그 혜택이 대대로 남을 것입니다. 지금 진왕의 서손인 이인이 조나라의 인질이 되어 요성聊城에 머물고 있습니다. 그곳으로 가 그를 모시고 싶습니다."

여불위가 곧 요성으로 이인을 찾아가 말했다.

"제가 왕손의 집 문 앞을 성대하게 만들어 드리겠습니다."

이인이 웃으며 말했다.

"그대의 집 문 앞이나 성대하게 만드시오."

"이는 왕손이 잘 모르고 하는 말입니다. 저의 집 문 앞은 왕손의 집 문 앞이 성대해진 뒤에야 비로소 성대해질 수 있습니다."

이인은 여불위가 말하는 바를 곧바로 알아채고 그와 자리를 함께하면서 속의 말을 했다. 여불위가 말했다.

"진왕은 늙었습니다. 태자는 화양부인을 사랑하지만 부인에게는 아들이 없습니다. 왕손의 형제들은 20여 명이나 됩니다. 그중 왕손의 이복형인 자혜子傒가 가장 유력합니다. 그는 진나라의 왕업을 이어받게 되어 있는데다가 승상인 사창士倉의 도움을 받고 있습니다. 자혜가 가장 유력한 것은 그의 생모가 궁중에 있기 때문입니다. 그러나 왕손의 모친은 궁중에 있지도 않고 장차 국교가 어찌될지 예측할 수도 없는 외국에 인질로 맡겨져 있습니다. 하루아침에 맹약이 깨지면 그대는 썩은 흙이 되고 말 것입니다. 그러나 내 계획을 받아들여 귀국하면 장차 진나라를 차지할 수 있습니다. 내가 진나라로 반드시 그대를 모셔가도록 조치해놓겠습니다."

"그렇다면 어찌해야 좋겠소?"

여불위가 대답했다.

"적자로 후사를 세울 수 있는 사람은 화양부인 뿐입니다. 저는 비록 가난하지만 1천 금으로 그대를 위해 서쪽 진나라로 가고자 합니다. 제가 왕손을 후계자로 만들어놓겠습니다."

왕손 이인이 크게 기뻐했다.

"실로 그대가 말한 대로만 된다면 진나라를 나눠 그대와 함께 다스릴 것이오."

며칠 후 여불위가 왕손 이인을 만나 5백 금을 건네주었다.

"이 돈으로 좌우에 있는 사람들과 빈객들을 사귀도록 하십시오."

속마음을 읽고 상대를 지배하라

왕손 이인이 5백 금을 뿌리며 많은 사람들과 교제했다. 여불위는 다시 5백 금으로 기이한 보물과 아름다운 노리개를 산 뒤 이를 들고 서쪽 진나라로 갔다. 원래 안국군의 정실부인인 화양부인에게는 친정 언니가 있었다. 친정 언니도 초나라에서 진나라로 시집와 살고 있었다. 여불위는 함양에 도착하자마자 화양부인 언니 집의 사람들을 매수했다. 그 집 사람들이 화양부인 언니에게 보물 상자를 바치면서 이같이 고했다.

"이는 조나라에 볼모로 가 있는 왕손 이인이 바치는 것입니다. 왕손 이인이 비밀히 여불위라는 사람을 보내왔습니다. 여불위는 화양부인에게 전할 물건을 따로 가지고 왔다고 합니다.”

상자를 열어보니 황금과 구슬이 가득 담겨 있었다. 화양부인의 언니가 크게 기뻐하며 좌우에 분부했다.

“여불위가 화양부인에게 전할 물건도 가지고 왔다고 하니 내가 이러고 있을 수 없다. 속히 그 사람을 불러 오너라.”

여불위가 안내를 받고 들어오자 화양부인의 언니가 말했다.

“그간 왕손 이인은 조나라에서 몸 성히 잘 있소?”

“왕손 이인은 자나 깨나 늘 화양부인을 그리워한 나머지 울며 탄식하기를, ‘나는 어려서부터 어머니를 잃었기 때문에 화양부인을 친어머니로 생각하고 있다. 속히 고국으로 돌아가 효성을 다해야 할 터인데 몸이 조나라에 묶여 있으니 이 불효한 죄를 어찌할까’라고 합니다. 근자에 진나라 군사가 가끔 조나라를 치자 조왕이 죽이려고까지 했으나 다행히 조나라 군신들과 백성들이 반대해 목숨을 유지하게 되었습니다. 그러니 고국에 돌아오고 싶은 생각이야 오죽하겠습니까?”

“조나라 군신들과 백성들은 어째서 왕손 이인을 그렇게까지 보호해주는 것이오?”

“조나라 사람이면 누구나 다 왕손 이인의 어진 효성을 잘 알기 때문입니다. 왕손 이인은 부친인 태자 안국군의 친어머니처럼 생각하는 화양부인의 생일은 말할 것도 없고 정월 초하루와 매월 삭망일朔望日에 목욕재계하고 향을 사르며 부모님의 만수무강을 축원합니다. 또 왕손 이인은 학문을 좋아하고, 어진 선비를 존경하고, 모든 나라 빈객들과 널리 교제하기 때문에 천하에 그를 따르는 선비가 가득합니다. 왕손 이인의 지극한 효성과 선비를 사랑하는 마음에 감동한 조나라 군신들과 백성들이 조왕에게 탄원해 목숨을 살린 것입니다."

화양부인의 언니가 곧 궁으로 들어가 화양부인에게 이 일을 고하고 여불위가 갖고 온 함을 전했다. 화양부인 감탄했다.

"왕손 이인이 이토록 나를 생각하는가. 참으로 고마운 효성이다."

화양부인의 언니가 집으로 돌아와 여불위에게 다녀온 경과를 말하자 여불위가 물었다.

"화양부인은 슬하에 자녀를 몇이나 두었습니까?"

"화양부인은 태자의 총애를 입고 있건만 어쩐 일인지 아직 왕자를 생산하지 못하고 있소."

"무릇 미색으로 사람을 섬기는 자는 미색이 쇠하면 받던 총애도 줄어드는 것을 피할 수 없습니다. 지금 화양부인이 비록 총애를 받고 있으나 아들이 없으니 미색이 성할 때 미리 여러 아들 중 현명하고 효성스러운 자를 골라 적자를 만들어 두느니만 못합니다. 미색이 쇠해 총애도 줄어들게 되면 그때 적자에 관해 한마디를 하려 한들 그것이 가능하겠습니까? 지금 왕손 이인은 자신이 적자가 될 수 없다는 사실을 잘 알고 있습니다. 화양부인이 실로 이때 그를 발탁하면 이인은 없던 나라가 생기고, 화양부인은 없던 아들이 생기는 셈입니다. 그리 되면 화양부인은 종신토록 그 복이 면면히 이어질 것입니다."

"그대의 말을 듣고 보니 참으로 그렇소."

이튿날 화양부인 언니가 다시 동궁으로 가 동생인 화양부인에게 여불위의 말을 그대로 전했다. 화양부인이 크게 탄식했다.

"그 사람의 말이 옳소. 그렇지 않아도 나 또한 나의 앞날에 대해 늘 근심하던 중이었소."

하루는 화양부인이 태자 안국군과 함께 술을 마시다가 문득 흐느꼈다.

"부인은 갑자기 웬일이오?"

화양부인이 겨우 울음을 그치고 대답했다.

"이 몸은 천행으로 태자를 모시게 되었으나 불행히도 소생이 없습니다. 다른 후궁들 몸에서 난 아들이 많으나 그중 가장 뛰어난 인물은 바로 조나라에 볼모로 가 있는 이인입니다. 이인은 뛰어나게 현명해 오가는 사람들이 모두 그를 칭찬하고 있습니다. 원컨대 이인을 적자로 삼도록 허락해주십시오. 장차 이 몸을 그에게 의탁하면 한결 든든할 것입니다."

"그거야 어려울 것이 없소. 부인이 원하는 대로 이인을 적자로 삼도록 하겠소."

"이인이 지금 조나라에 볼모로 가 있으니 어떻게 데려와야 합니까?"

"내가 적당한 기회를 보아 부왕에게 왕손 이인을 데려오도록 청하겠소."

이후 안국군은 적당한 때를 보아 이인을 데려올 것을 청하자 진소양왕이 단호히 거절했다.

"그게 무슨 말인가? 그대로 내버려두어라."

화양부인 언니가 이를 여불위에게 전하자 여불위는 곧바로 뇌물을 써 진소양왕 왕후의 친정동생인 양천군陽泉君과 접촉했다. 양천군은 진소양왕으로부터 커다란 신임을 얻고 있었다. 여불위가 양천군을 만나자 대뜸 물었다.

"대군의 죄는 죽음을 면하기 어려울 것입니다."

"나에게 무슨 죄가 있단 말이오?"

여불위가 정색했다.

"그대 문하의 사람들 중 존귀한 자리에 오르지 않은 자가 한 사람도 없으나 태자의 문하에는 그런 자가 단 한 명도 없습니다. 게다가 그대의 창고에는 보물이 가득 차 있고, 마구간에는 천리마가 넘쳐나고, 뒤뜰에는 미희들이 득실거리고 있습니다. 지금 진왕이 고령이어서 하루아침에 승하하면 태자가 권력을 쥐게 될 것입니다. 그리 되면 그대는 누란(쌓아놓은 알)의 위기에 처하여 목숨이 아침에 피었다 저녁에 지는 꽃만도 못하게 될 것입니다. 참으로 그대의 앞날은 누란과 같이 위태롭기 짝이 없습니다."

"그럼 이 일을 어찌해야 좋겠소?"

여불위가 대답했다.

"이제 진왕은 너무 고령이고 왕후는 아들이 없어 자혜가 대업을 잇게 되어 있습니다. 그리 되면 승상인 사창이 보좌하게 될 것입니다. 진왕이 승하하고 자혜가 승계해 사창이 집정하게 되면 왕후 일족의 문전은 온통 쑥대밭이 되고 말 것입니다. 지금 왕손 이인은 어진 인물이나 몸이 조나라에 버려져있고 궁중에는 모친도 없습니다. 이에 목을 길게 빼어 서쪽을 바라보며 귀국할 날만 고대하고 있습니다. 왕손 이인은 어질고 효성스럽기로 소문이 나 있습니다. 이런 때에 그대가 친누나인 왕후에게 간곡히 청하고, 왕후가 진왕에게 간곡히 청하면 왕손 이인을 데려올 수 있을 것입니다. 왕손 이인이 태자 안국군의 적자가 되면 이는 모두 그대의 공이 됩니다. 태자 안국군과 왕손 이인은 왕후와 그대의 은덕을 잊지 않을 것입니다.”

“삼가 선생의 가르침을 따르도록 하겠소.”

왕후가 진소양왕에게 연일 왕손 이인을 데려올 것을 조르자 진소양왕이 마침내 이를 허락했다.

“머지않아 조나라가 과인에게 화호를 청해올 것이오. 그때 왕손 이인을 데려오도록 하겠소.”

그러나 진소양왕은 조금도 서두르는 기색이 없었다. 태자 안국군이 이내 여불위를 처소로 불렀다.

“나는 왕손 이인을 데려와 적자로 삼을 생각인데 부왕이 아직 허락지 않으니 이 일을 어찌 하면 좋겠소?”

“왕손 이인을 적자로 세울 생각이라면 소인이 넉넉지는 못하나 집안을 기울여서라도 조나라 신하들을 매수해 무사히 구해오도록 하겠습니다.”

태자 안국군과 화양부인이 크게 기뻐했다.

“우리도 황금 3백 일鎰을 내놓을 터이니 선생은 이를 갖고 가 부디 일을 성사시키는 데 보태 쓰도록 하시오.”

진소양왕의 왕후도 이 얘기를 전해 듣고 황금 1백 일을 여불위에게 보냈다. 이때 화양부인은 여불위에게 황금 1백 일과 왕손 이인이 입을 의복한 상자를 따로 주었다. 여불위가 출발하려고 하자 안국군이 당부했다.

"선생은 오늘부터 왕손 이인의 태부太傅가 되도록 하시오. 왕손 이인을 진나라로 돌아오게 만들면 이는 모두 선생의 공이오."

하루아침에 왕손 이인의 태부가 된 여불위는 그날로 함양을 떠나 한단으로 향했다. 그는 한단에 도착하자마자 왕손 이인에게 그간의 일을 세세히 고한 뒤 받아온 황금 5백 일과 의복을 전했다. 이인이 크게 기뻐했다.

"의복은 받아두겠으나 이 황금은 선생이 갖고 있다가 형편에 따라 적절히 쓰도록 하시오. 나는 그저 진나라로 돌아갈 수만 있다면 그 은혜를 잊지 않겠소."

여불위가 조나라 대신들을 상대로 황금 5백 일을 쓰면서 백방으로 이인의 귀국을 위해 노력했다. 이 일로 인해 이인의 이름이 어느덧 제후들 사이에 널리 알려지게 되었다. 당시 여불위에게는 총애하는 한 여인이 있었다. 그녀는 나이도 젊고 매우 아름다웠다. 사람들은 여불위가 그녀를 한단에서 들였다고 해 조희趙姬라고 불렀다. 조희는 가무에 능했다. 하루는 여불위가 크게 잔치를 벌이고는 이인을 초대했다. 주흥이 한창 무르익었을 때 여불위가 조희를 불러 이인에게 인사를 올리게 했다. 이인은 조희의 뛰어난 미색에 넋을 잃었다. 조희가 왕손 이인에게 술잔을 올린 뒤 음악에 맞춰 춤을 추었다. 이인이 연신 찬탄해 마지않았다. 그날 저녁 조희는 침대 수레에 실려 이인에게 갔다. 진시황이 탄생하게 된 배경이다.

강점으로 도전하라

기원전 259년 정월, 조희가 진시황을 출산했다. 정월에 태어난 까닭에 이름을 '정政'으로 지었다. 당시 바르다는 뜻의 '정正'과 바르게 다스린다는 뜻의 '정政'은 같은 뜻으로 쓰였다. 5백여 년에 달하는 춘추전국시대의 난세를 종식시킨 난세의 영웅 진시황이 태어난 배경은 이처럼 극적이었다. 당시 여불위는 조희를 이인에게 넘긴 뒤 그의 귀국을 위해 백방으로 노력했으나 별다른 효험이 없었다. 이는 인질로 잡아놓은 이인의 몸값이 그만큼 올랐다는 것을 반증한다. 그렇다면 이인은 어떻게 해서 한단성을 빠져 나와 함양으로 돌아올 수 있었던 것일까?

진시황이 생후 2년이 되던 해인 기원전 257년, 진나라 군사가 조나라 수도 한단을 포위하자 한단성 내의 조나라 백성들이 화가 난 나머지 이인을 죽이려고 했다. 이인이 급히 여불위와 상의해 황금으로 감시관을 매수한 뒤 진나라 군사가 있는 곳으로 달아났다. 조희는 태어난 지 얼마 안 된 진시황을 안고 몸을 숨긴 뒤 진나라 군대가 철수할 때까지 은밀히 거처를 옮겨 다니며 목숨을 부지해야만 했다. 당시 여불위는 화양부인이 초나라 출신인 사실을 감안해 진나라로 돌아오면서 이인에게 초나라 복장을 입고 화양부인을 만나볼 것을 권했다. 화양부인이 크게 기뻐했다.

"나는 초나라 사람이다. 너를 내 아들로 삼겠다."

그리고는 이인의 이름을 '초나라 종자種子'라는 뜻의 '자초子楚'로 바꿨다. 진소양왕의 뒤를 이어 진효문왕秦孝文王으로 즉위한 안국군은 생모인 당팔자唐八子를 당태후唐太后로 높이고, 정실인 화양부인의 적자로 입양된 자초, 즉 이인을 태자로 삼았다. 기원전 250년, 조나라 사람들이 조희와 진시황 모자를 즉시 진나라로 봉송했다. 후환이 두려웠기 때문이다.

진효문왕은 부왕인 진소양왕과 달리 매우 학문이 깊었다. 진효문왕처럼 부왕이 56년간에 걸쳐 재위할 경우 책을 읽는 일을 제외하고는 특별히 할 일이 없다. 조금만 이상한 움직임을 보여도 가차 없이 태자의 자리에서 쫓겨나는 것은 물론 죽임을 당할 가능성이 컸다. 진효문왕은 진시황의 부친인 자초를 태자로 삼았으나 내심 그의 학문이 얼마나 되는지 궁금했다. 하루는 자초를 부른 뒤 책을 내주면서 읽어보라고 했다. 자초가 얼굴을 붉히며 말했다.

"저는 어려서부터 외국에 버려져 일찍이 선생을 모시고 글을 배운 일이 없습니다. 아직 책을 읽는 것이 서투릅니다."

진효문왕이 그에게 책 읽는 일을 그만두게 한 뒤 궁중에 머물게 했다. 진효문왕도 당초 자초가 얼마나 학문을 깊이 닦았는지를 기준으로 해 후계자로 삼은 것도 아닌 만큼 이를 굳이 추궁할 필요를 느끼지 못했을 것이다. 그러나 자초는 내심 부끄러웠다. 부왕이 한가한 때를 틈타 이같이 진언했다.

"대왕도 일찍이 조나라에 인질로 간 적이 있습니다. 그때 조나라의 호걸들로 폐하와 사귀어 이름을 알고 지낸 자가 적지 않을 것입니다. 대왕이 귀국해 보위에 오른 뒤 그들은 줄곧 서쪽을 바라보며 폐하만을 생각하고 있습니다. 그런데 대왕은 사자 한 사람이라도 보내 그들을 위로한 적이 한 번도 없습니다. 신은 그들이 그 사이 원망하는 마음을 가졌을까 두렵습니다. 국경의 관문을 저녁에 일찍 닫고 아침에 늦게 열기 바랍니다."

진효문왕이 이를 옳게 여기면서 그의 재능을 기이하게 생각했다. 비록 학문이 짧기는 하나 진언의 내용 자체가 기특하기 그지없었다. 결과적으로 자초는 후계자 자격시험을 무사히 통과한 셈이다.

기원전 250년, 진효문왕의 뒤를 이어 태자 자초가 뒤를 이어 진장양왕으로 즉위했다. 진장양왕은 적모인 화양부인을 화양태후, 생모인 하희를 하태후夏太后로 높였다. 태자비 조희는 자연히 왕후가 되었다. 기원전 248년, 대장군 몽오蒙驁가 파죽지세로 한나라 군사를 대파하고 지금의 하남성 형양滎陽 일대를 취한 뒤 삼천군三川郡을 설치했다. 몽오는 훗날 진시황이 천하를 통일한 뒤 서역을 개척할 때 대공을 세운 몽념蒙恬의 조부였다. 기원전 247년, 장군 왕흘이 상당 일대를 취하고 태원군太原郡을 설치했다. 위안희왕은 위나라 군사가 연패하자 조나라에 머물고 있는 자신의 동생 신릉군에게 사자를 보내 급히 도와줄 것을 청했다. 신릉군이 문객들을 이끌고 급히 위나라로 돌아오자 교외까지 마중나간 위안희왕이 신릉군을 붙잡고 울면서 말했다.

"어진 동생은 과인의 지난날의 잘못을 너무 탓하지 말라."

상장군이 된 신릉군이 마침내 위, 한, 조, 연, 초의 5국 연합군을 이끌고 출정에 나섰다. 몽오는 비록 용장이기는 했으나 5국 연합군을 일시에 맞아 싸우기는 버거웠다. 신릉군은 틈을 주지 않고 퇴각하는 몽오의 뒤를 급히 추격해 마침내 진나라 군사를 함곡관 안으로 밀어넣었다. 연합군이 함곡관 앞에 영채를 세운 뒤 무력시위를 벌이자 진나라 군사는 관문을 굳게 닫아걸고 꼼짝도 하지 않았다. 진나라의 천하통일은 아직 시간이 더 필요했다.

세상을 돌리지 못한 자객, 형가

기원전 247년, 진장양왕이 세상을 떠났다. 재위 3년 만이다. 태자 정이 보위에 올랐다. 진장양왕의 왕후 조희는 조태후, 진왕 정의 동생은 장안군 長安君이 되었다. 진왕 정의 나이는 겨우 13세에 불과했다. 문신후 여불위가 모든 국가대사를 결정했다. 진왕 정은 여불위를 높여 '중부仲父'로 불렀다. 부왕인 진장양왕이 평소 여불위와 형제처럼 가까이 지낸 점을 감안한 호칭이었다.

진왕 정 15년(기원전 232), 진나라에 인질로 잡혀 와 있던 연나라 태자 단丹이 본국으로 탈출하는 일이 빚어졌다. 당초 태자 단은 일찍이 조나라에 인질로 가 있을 때 마침 그곳에 인질로 와있던 이인과 사이좋게 지냈다. 이후 이인이 귀국해 진장양왕으로 즉위할 즈음 태자 단도 연나라로 귀국했다. 그러나 그는 진나라 승상을 지낸 강성군 채택의 계교로 인해 또 다시 진나라에 인질로 가는 비운의 주인공이 되었다. 이때 이전부터 알고 지내던 진장양왕은 그에게 예로써 대하지 않았다. 그러다가 이때에 이르러 진나라가 일련의 사건으로 어수선한 틈을 타 몰래 본국으로 도망친 것이다.

당시 태자 단의 눈에 든 사람은 협객 형가荊軻였다. 그는 곧 형가를 상경上卿으로 삼고 최상의 예를 베풀었다. 국빈이 머무는 빈관에 모신 뒤 매일 찾아가 문안을 올리고, 틈틈이 진기한 물건을 올리고, 미녀를 포함해 그가 원하는 것은 무엇이든 빠짐없이 구해다 바쳤다. 기원전 228년에 이르러 진나라 장수 왕전이 조왕 천遷을 포로로 잡고 조나라 영토를 대부분 장악하는 일이 빚어졌다. 비록 공자 가嘉가 대代 땅으로 도주해 조왕을 칭했으나 조나라는 사실상 패망한 것이나 다름없었다. 한나라는 이에 앞서 이미 2년 전에 멸망했다. 진나라의 다음 목표는 연나라였다. 실제로 진나라 장수 왕전은 방향을 틀어 북쪽으로 진공했다. 태자 단이 급히 형가를 찾아갔다.

"진나라 군사가 조석지간에 역수를 건너면 비록 선생을 오래 모시고자 해도 이것이 어찌 가능할 수 있겠습니까?"

"그렇지 않아도 저 또한 말씀 드리려고 했습니다. 지금 진나라로 갈지라도 진나라가 믿을 만한 물건을 갖고 가지 않으면 결코 진왕에게 접근할 수 없습니다. 진왕은 전에 우리나라로 망명해온 번오기樊於期 장군의 목에 금 1천근과 1만 호의 성읍을 내걸고 있습니다. 만일 번장군의 목과 연나라에서 가장 비옥한 남쪽 독항督亢 일대의 지도를 들고 가 바치면 진왕도 필시 크게 기뻐하며 기꺼이 인견하고자 할 것입니다. 그리 되면 신 또한 태자에게 보답할 수 있을 것입니다."

"변장군은 궁지에 몰려 나에게 몸을 맡긴 사람입니다. 나는 내 일을 성취하기 위해 장자長者인 변장군의 마음을 상하게 하는 일 만큼은 차마 할 수 없습니다."

형가가 사적으로 번오기를 찾아갔다.

"진나라에 있는 장군의 부모와 일족은 이미 모두 살육되었소. 게다가 지금 장군의 목에는 금 1천 근과 1만 호의 성읍이 현상으로 내걸려있다고 하오. 장차 이를 어찌할 셈이오?"

번오기가 눈물을 흘리며 말했다.

"나는 매번 그 일을 생각할 때마다 원한이 골수에 사무칠 정도로 괴롭소. 그러나 아무리 궁리해도 좋은 방안이 떠오르지 않소."

"지금 내게 한 가지 계책이 있소. 가히 연나라의 우환도 해결하고, 장군의 원수도 갚을 수 있는데 장군은 어찌할 생각이오?"

"내가 어찌 하면 좋겠소?"

형가가 대답했다.

"원컨대 장군의 목을 진왕에게 바치고자 하오. 그리하면 진왕은 필시 크게 기뻐하며 나를 기꺼이 인견하고자 할 것이오. 그때 나는 왼손으로 그의 소매를 붙잡고, 오른손으로 그의 가슴을 깊이 찌를 것이오. 그리 되면 장군도 원수를 갚을 수 있고, 연나라도 능멸당하는 치욕을 면할 수 있소. 이에 동의해주겠소?"

번오기가 비분강개한 표정으로 말했다.

"이는 내가 원한에 사무친 나머지 밤낮으로 이를 갈며 가슴을 두드린 일이오. 오늘 비로소 가르침을 듣게 되었소."

그러고는 스스로 목을 쳐 죽었다. 태자 단이 번오기의 목을 함에 넣은 뒤 봉했다. 당시 연나라에는 용사 진무양秦武揚이 있었다. 매우 거친 인물이어서 사람들이 감히 눈길조차 마주치려 하지 않았다. 태자 단이 그를 부사副使로 삼았다. 그러나 당시 형가가 함께 가고자 한 사람은 따로 있었다. 형가는 그가 멀리 떨어져 살고 있었기 때문에 출발을 늦추며 기다렸다. 며칠을 기다려도 형가가 떠날 기미를 보이지 않자 태자 단은 혹여 형가가 변심한 것이나 아닌지 의심했다. 형가를 찾아가 재촉했다.

"일정이 촉박한데도 어찌해서 떠날 생각을 하지 않는 것입니까? 나는 진무양을 먼저 출발시켰으면 합니다."

형가가 화를 냈다.

"지금 진나라로 갔다가 거사를 이루지 못하게 되면 이는 철부지 진무양 때문일 것입니다. 지금 비수 한 자루만 들고 교활하기 짝이 없는 진나라로 들어가야 합니다. 제가 출발을 늦추고 있는 것은 동지 한 사람을 기다렸다 같이 가려고 하기 때문입니다. 그러나 지금 태자가 시일을 늦추는 것으로 의심하고 있으니 이제 작별인사를 고할 수밖에 없게 되었습니다."

그러고는 이내 출발했다. 형가는 함양성에 도착하자마자 곧바로 진왕 정의 총신인 몽가蒙嘉를 만났다. 1천 금이나 나가는 귀한 예물을 바치자 몽가가 이내 진왕 정에게 이같이 청했다.

"연왕은 진심으로 대왕의 위세를 두려워하며 경모한 나머지 감히 대왕에게 저항할 엄두를 내지 못하고 있습니다. 장차 나라를 들어 신속臣屬할 생각으로 지금 연나라 사자가 번오기의 목과 독항의 지도를 갖고 왔습니다. 대왕이 직접 사자에게 명을 내려주십시오."

진왕이 이를 받아들여 곧 함양궁에서 큰 의식을 베푼 뒤 형가 일행을 인견했다. 정사 형가가 번오기의 머리가 든 함을 받쳐 들고, 부사 진무양이 독항의 지도가 든 문갑을 받쳐 들고 천천히 앞으로 나아갔다. 섬돌 밑에 이르자 진무양이 갑자기 안색이 변하면서 몸을 부들부들 떨었다. 진나라의 군신들이 이상하게 생각하자 형가가 사죄했다.

"북방의 만이蠻夷 출신이 일찍이 천자를 뵌 적이 없어 두려운 나머지 저토록 떨고 있는 것입니다. 원컨대 대왕은 부디 너그러이 용서해 그가 대왕 앞에서 사명使命을 완수할 수 있도록 해주십시오."

진왕 정이 명했다.

"일어나서 진무양이 들고 있는 지도를 갖고 오라!"

형가가 독항의 지도가 든 문갑을 들고 가 진왕 정에게 바치자 진왕 정이 지도를 펼치기 시작했다. 지도를 거의 다 펼 무렵 지도에 싸 두었던 비수의 한 끝이 얼핏 드러났다. 형가가 돌연 왼손으로 진왕 정의 소매를 꽉 붙잡은 뒤 오른손으로 비수를 들어 찔렀다. 그러나 비수가 닿기 전에 진왕 정이 소스라치듯 놀라 몸을 급히 일으키는 바람에 소매 끝만 잘려나갔다. 황급히 몸을 빼낸 진왕 정은 검을 빼려고 했으나 검이 너무 길어 빠지지 않자 할 수 없이 칼집째 집어 들어 저항했다. 형가가 비수를 마구 휘두르자 진왕 정은 궁전의 기둥 주위를 빙빙 돌며 정신없이 피해 다녔다.

당시 진나라 법은 군신들이 전상殿上에 시립할 때 조그마한 무기조차 몸에 지니는 것을 엄금하고 있었다. 시위하는 낭중郎中들은 무기를 지니고 전하殿下에 줄지어 서 있었지만 명령이 없는 한 전상에 오를 수가 없었다. 바야흐로 지극히 위급한 상황인데도 불구하고 진나라의 군신들이 어찌 대처해야 좋을지 몰라 허둥댔다. 군신들은 황급한 나머지 형가를 칠 마땅한 물건이 없자 저마다 맨손을 들고 형가에게 달려들었다. 그때 시의侍醫 하무저夏無且가 들고 있던 약낭藥囊을 형가를 향해 내던졌다. 좌우가 입을 모아 외쳤다.

"대왕은 어서 검을 등에 매십시오!"

그제야 진왕 정은 겨우 검을 등에 매고 검을 빼낼 수 있었다. 장검을 든 진왕 정과 단검을 든 형가의 전세가 역전됐다. 진왕 정이 오히려 형가를 향해 달려들어 장검을 휘둘렀다. 왼쪽 넓적다리에 깊은 상처를 입고 더 이상 움직일 수 없게 된 형가가 진왕 정을 향해 비수를 내던졌으나 비수는 진왕 정을 비껴나 기둥에 꽂히고 말았다. 형가가 기둥에 의지해 크게 웃으며 이같이 외쳤다.

"거사가 성사되지 못한 것은 진왕 정을 위협해 빼앗은 땅을 돌려주겠다는 확약을 받은 뒤 이를 연나라 태자에게 보고하려고 했기 때문이다."

척살이 원래의 목적이 아니었다는 얘기였다. 일대의 자객다운 얘기다. 사실 척살 자체가 목적이었다면 진왕 정이 목숨을 부지하기는 어려웠을

진시황과 형가의 싸움을 묘사한 그림

"원컨대 장군의 목을 진왕에게 바치고자 하오. 그리하면 진왕은 필시 크게 기뻐하며 나를 기꺼이 인견하고자 할 것이오. 그때 나는 왼손으로 그의 소매를 붙잡고, 오른손으로 그의 가슴을 깊이 찌를 것이오.
- 형가

것이다. 그러나 단말마斷末魔의 외침은 후대인의 가필일 가능성이 크다. 연나라 태자 단의 의도는 애초부터 '협박'이 아닌 '척살'이었기 때문이다.

최고 전문가의 의견을 경청하라

진나라 장수 왕분이 위나라의 대량성을 함몰시킬 당시, 20만 대군을 이끌고 초나라 토벌에 나선 진나라 장수 이신과 몽념은 초반에 승기를 잡고 승승장구했으나 이내 초나라 군사의 계략에 말려 패퇴하고 말았다. 7명의 도위都尉가 전사하고 이신은 패잔병을 이끌고 황급히 철군했다. 대로한 진왕 정이 이신을 크게 꾸짖은 뒤 곧바로 빈양 땅으로 가 왕전에게 사과했다.

"과인이 장군의 계책을 듣지 않아 이신이 과연 우리 군사를 욕보이게 만들고 말았소. 장군이 비록 병이 들었다고는 하나 어찌 과인을 버리기야 하겠소?"

"저는 병이 들어 더 이상 군사를 지휘할 수가 없습니다."

"장군의 마음을 알고 있으니 부디 사양하지 마시오."

왕전이 제안했다.

"부득이해 꼭 저를 쓰고자 하면 60만 명이 아니고는 불가합니다. 옛날과 지금은 싸우는 방법이 다릅니다. 옛날에는 반드시 싸울 날짜를 통지하고 서로 진을 친 뒤 싸웠습니다. 싸울 때도 반드시 진 앞에서만 싸웠고 달아나고 뒤쫓는 데도 규칙이 있었습니다. 그러나 지금은 다만 힘으로 제압하는 시대가 되었습니다. 농부들마저 무기를 잡고 어린 아이들까지 병적에 오르는 총력전의 상황입니다. 숫자가 적으면 어찌할 도리가 없습니다. 더구나 초나라는 동남 일대를 모두 차지하고 있는 대국입니다. 한 번 명을 내리기만 하면 즉시 1백만 명의 군사를 동원할 수 있습니다. 상황이 이러한데 어찌 60만 명도 안 되는 군사로 초나라를 칠 수 있겠습니까?"

"과인의 불찰이었소. 장군이 전장에서 늙지 않았다면 어찌 그토록 사세를 정확히 읽을 수 있었겠소? 장군의 계책을 따르도록 하겠소."

진왕 정이 왕전과 함께 수레에 올라 귀경했다. 그날로 왕전을 대장, 몽무蒙武를 부장으로 삼고 군사 60만 명을 배속시켰다. 이듬해인 기원전 224년, 왕전이 60만 대군을 이끌고 초나라 정벌에 나섰다. 출정 당일 진왕 정이 지금의 섬서성 서안시 북쪽인 파상霸上까지 따라 나와 격려했다. 왕전이 술을 가득 부어 진왕 정에게 바치며 말했다.

"떠나는 이 자리에서 대왕에게 청할 말이 있습니다."

"장군이 과인에게 무슨 할 말이 있소?"

왕전이 소매 속에서 목록을 꺼내었다. 함양 일대의 땅 중에서도 가장 좋은 밭과 저택이 적혀 있었다.

"여기에 적혀 있는 밭과 저택을 신에게 내려주기 바랍니다."

"장군은 출정하는 마당에 어찌 이토록 가난해질까 걱정하는 것이오?"

"신은 이미 늙었습니다. 공을 세워도 열후에 봉해지지는 못할 것입니다. 그러나 이 좋은 밭과 저택들만은 자손에게 물려줄 수 있습니다. 공을 세운 뒤 대왕의 은덕을 자손 대대로 전하려는 것입니다."

진왕 정이 크게 웃었다.

"잘 알겠소. 장군의 청대로 하겠소."

왕전이 무관武關에 이르는 동안 사자를 5번이나 보냈다. 이에 측근이 힐난했다.

"장군은 재물을 구하는 것이 지나칩니다."

"그렇지 않소. 지금 진왕은 나라 안의 병사를 모두 나에게 맡겨놓고 있소. 만일 내가 자손을 위해 전택을 많이 청하는 모습을 보이지 않으면 진왕의 의심을 살 수 있소."

당시 초나라 정벌은 사실 천하통일을 거의 완수하는 것이나 다름없었다. 이런 대공을 세우면 시기하는 사람도 많아질 뿐 아니라 군왕 또한 대공을 세운 공신에 경계심을 가질 수밖에 없다. 왕전은 이를 알고 전택 등을 요구하며 장차 편히 살겠다는 식의 비루한 모습을 짐짓 연출한 것이다. 사실상의 천하통일에 해당하는 초나라 정벌과 같은 대공을 세울 경우 '공성신퇴'의 행보를 취하지 않으면 매우 위험하다. 이를 깨닫지 못해 몸을 망친 사례가 너무 많다.

왕전은 무안군 백기에 비유할 수 있을 만큼 무략이 뛰어난 당대의 명장이다. 진왕 정이 백기 사후에도 이런 명장을 거느릴 수 있었던 것은 커다란 행운이었다. 당시 초나라는 매우 어지러웠다. 기원전 228년, 춘신군 소생인 초유왕楚幽王이 병사할 당시 아들이 없었다. 초나라 군신들이 왕실의 종친인 공자 웅학熊郝을 초애왕楚哀王으로 옹립했다. 그러나 초애왕은 즉위한 지 불과 2달 만에 서형인 부추負芻에 의해 죽임을 당했다. 왕전이 초나라 토벌군을 일으켰을 때는 부추가 스스로 보위에 오른 지 4년째 되던 기원전 224년이다.

초왕 부추는 왕전이 대군을 이끌고 쳐들어온다는 소식을 듣고 크게 놀라 곧바로 장수 항연項燕을 대장으로 삼은 뒤 군사 20여만 명을 이끌고 가 진나라 군사를 막게 했다. 숫자상으로 이미 대적이 불가능했다. 항연은 훗날 한고조 유방과 천하를 놓고 다툰 항우의 조부이다. 원래 항씨는 대대로 장수를 배출한 덕분에 지금의 하남성 침구현인 항項 땅을 식읍으로 받고 이를 성씨로 삼게 되었다. 초나라 장수 항연은 진나라 군사가 엄청나게 많은 것을 보고 급히 초왕 부추에게 사자를 보냈다.

"진나라 군사가 60만 명이나 됩니다. 즉시 군사를 증원해주십시오."

부추가 곧 장수 경기景騏에게 명해 군사 20만 명을 이끌고 가 항연을 돕게 했다. 왕전은 영루를 높이 쌓고 굳게 지킬 뿐 결코 교전하려 하지 않았다. 초나라 군사들이 여러 차례 도전했으나 끝내 응하지 않았다. 진나라 군사들은 매일 음식을 잘 먹고 충분히 휴식을 취했다. 왕전은 병사들과 함께 지내면서 같은 음식을 먹었다. 하루는 왕전이 휘하 군관을 내보내 병사들의 동태를 파악하게 했다.

"병사들이 무슨 놀이를 하고 있는가?"

"투석投石놀이를 하는데 규정된 거리보다 훨씬 멀리 날아갑니다."

투석놀이는 기계를 이용해 무려 12근에 달하는 돌덩이를 쏘아 올리는 군사훈련을 겸한 놀이를 말한다. 왕전이 이 말을 듣고 크게 기뻐했다.

"이제야 비로소 쓸 수 있다!"

기회를 주도하라

　당시 연일 싸움을 걸던 초나라 군사들은 크게 지친 나머지 동쪽으로 철군하기 시작했다. 왕전이 마침내 전군에 하령해 이들의 뒤를 급히 추격하게 했다. 항연은 지금의 안휘성 숙현인 기蘄 땅의 남쪽에 이르러 진나라 군사를 맞이해 반격에 나섰으나 또 다시 대패하고 말았다. 이 싸움에서 항연이 전사하자 대장을 잃은 초나라 군사는 기왓장이 흩어지듯 사방으로 흩어져 도망하고 말았다. 여세를 몰아 초나라의 여러 성읍을 차례로 공략한 왕전은 몽무의 군사와 합세한 뒤 마침내 초나라 도성 수춘성을 포위했다. 성을 포위한 지 얼마 안 돼 왕전과 몽무가 전군에 총공격령을 내리자 진나라 군사가 맹공을 퍼부었다.

　진나라 군사가 개미떼처럼 성벽 위로 기어올라가 공격을 가하자 초나라 장수 경기가 성루에서 스스로 목을 치고 자진했다. 물밀듯이 성 안으로 들어간 진나라 군사가 초왕 부추를 생포했다. 승전보를 접한 진왕 정이 크게 기뻐하며 곧바로 함양성을 떠나 수춘성을 향했다. 그는 수춘성 인근의 번구樊口에 이르러 초왕 부추를 끌어오게 했다.

　"너는 초왕을 죽이고 멋대로 보위에 올랐다. 네 죄를 알겠는가? 목숨만은 살려줄 터이니 이제부터 백성이 되어 여생을 보내도록 하라."

　이로써 춘추전국시대의 열국 가운데 가장 먼저 왕을 칭하면서 한때 천하를 호령했던 초나라는 마침내 멸망하고 말았다. 가장 방대한 영토와 가장 많은 백성을 보유했던 초나라는 시종 자신의 강대함만을 믿고 천하를 깔보다가 패망하고 만 것이다. 60만 대군을 동원해 기필코 이뤄낸 초나라 정벌은 진왕 정의 천하통일 작업이 사실상 완수되었음을 의미했다. 마지막 남은 제나라는 결코 적수가 될 수 없었다.

능력위주로 인재를 등용하라

진나라는 초나라를 멸망시킴으로써 사실상 천하통일을 이룬 것이나 다름없었다. 그러나 마침표를 찍을 필요가 있었다. 비록 승리하기는 했으나 진나라도 60만 대군을 동원한 까닭에 국력이 크게 소진된 상황이었다. 휴식이 필요했다. 초나라 정벌 이후 제나라 정벌까지 2년이 소요되었다.

당시 진나라 장수 왕분은 연나라를 멸망시키고 귀국하는 길에 서쪽으로 방향을 돌려 조나라 망명정권의 근거지인 대代 땅을 쳤다. 조왕 가嘉는 싸우지도 못하고 크게 패한 뒤 이내 흉노 땅으로 도주하다 포로로 잡혔다. 왕분이 함거에 실어 함양으로 압송하려고 하자 조왕 가가 허리띠를 풀어 스스로 목을 조르고 숨을 거두었다. 이로써 조나라 역시 역사 무대에서 완전히 자취를 감추고 말았다.

당시 오월의 고토에는 월왕 구천의 후손들이 서로 군장君長으로 칭하며 여러 곳에 흩어져 살고 있었다. 사서는 이들을 통칭해 '백월百越'이라 불렀다. 왕전이 군사를 이끌고 가자 백월의 수장들이 머리를 조아리며 진나라 백성이 될 것을 약속했다. 왕전은 월나라 땅의 지도와 호구 등을 조사한 뒤 곧바로 사람을 함양으로 보내 남방이 완전히 평정되었음을 보고했다. 진왕 정은 이곳에 회계군會稽郡을 설치했다.

왕전과 그의 아들 왕분은 천하통일에 결정적인 공헌을 한 당대 최고의 명장들이었다. 2대에 걸친 이들 왕씨 가문은 몽오, 몽무, 몽염으로 이어진 몽씨 가문과 쌍벽을 이뤘다. 그러나 이들 두 가문은 훗날 진제국의 멸망과 더불어 공히 패망하고 말았다. 진왕 정은 오월 지역에 대한 평정을 계기로 제나라에 대한 남북 협격의 사전정지 작업이 끝나자 곧바로 전국에 명을 내려 대대적인 주연酒宴을 즐기도록 했다. 천하의 신민들 모두 이를 축하하며 환호했다. 이는 제나라 정벌의 전야제나 다름없었다.

실제로 천하통일 축제의 마지막 진상 품목으로 지목된 제나라는 극히 혼란스런 모습을 보이고 있었다. 제왕 건建이 암군 행보를 보인 탓이다. 그는 나라 첩자들로부터 많은 뇌물을 받고 일신의 안녕만을 꾀한 상국 후 승后勝의 말만 들었다. 산동의 5국이 진나라의 침공으로 곤경에 처해 있을 때 수수방관하는 자세를 유지한 것도 이 때문이다. 그는 오히려 상국 후 승의 말만 믿고 한나라와 위나라를 돕지 않다가 이웃 나라가 하나씩 망할 때마다 사자를 진나라로 보내 축하했다.

진나라는 제나라 사자가 올 때마다 많은 황금을 주어 돌려보냈다. 제나라 사자는 복명할 때마다 극진한 대접을 받은 사실을 칭송했다. 그럴 때마다 제왕 건은 더욱 감격해 했다. 그러나 그 역시 한 해를 걸러 나머지 5국이 차례로 무너지자 불안해하기 시작했다. 기원전 222년, 비로소 서쪽 경계에 군사를 배치해 진나라의 침공을 대비하기 시작했다. 그러나 이미 늦었다.

당시 제나라는 이미 진나라 첩자들의 소굴로 변해있었다. 이들은 제나라의 유력 인사들을 대거 빈객으로 삼아 진나라로 들여보냈다. 진나라는 이들에게 황금을 후하게 내려주었다. 빈객들은 귀국하는 즉시 곧바로 제왕 건을 찾아가 진왕 정을 조현하도록 사주했다. 기원전 222년 말, 왕분이 요동 평정이 끝났음을 통보했다. 진왕 정이 곧 답서를 보냈다.

"장군은 군사를 이끌고 한 번 떠나 머나면 2천 리 길을 달려가 연나라와 대 땅을 평정했으니 그 공은 부친 왕전의 공에 못지않소. 이제 단 하나 남은 제나라는 바로 장군이 돌아오는 길에 있소. 잠시 노선만 변경하면 즉시 칠 수 있을 것이오. 장군이 돌아오는 길에 제나라를 평정하면 진나라에서 장군 부자의 공보다 더 큰 공은 없을 것이오."

마음 놓고 제나라를 정벌할 수 있으니 속히 남하해 치라는 주문이었다. 왕분은 남하 시기를 저울질했다. 이듬해인 진시황 26년(기원전 221) 초, 함양을 향해 서진하던 왕분의 군사들이 문득 방향을 틀어 제수濟水를 바라보며 곧장 남하하기 시작했다. 제수는 제나라 도성 임치 부근을 감돌아 발해만 쪽으로 빠져나가는 황하의 지류로 임치의 생명줄이나 다름없었다. 이미 5국을 평정한 진나라 군사의 사기는 하늘을 찌를 듯했다. 왕분이 제나라 경계로 들어서자 제나라 군사는 별다른 저항도 하지 못한 채 사방으로 흩어졌다. 제나라 군사들은 40여 년에 걸친 평화에 익숙해져 군사훈련 한 번 제대로 한 적이 없었다. 진나라 군사는 마치 무인지경을 가는 듯했다. 이때 진왕 정이 대부 진치陳馳를 제왕 건에게 보냈다. 제왕 건은 진치로부터 5백 리 땅에 봉하겠다는 진왕 정의 말을 전해 듣고 이내 항복했다. 얼마 후 사자가 와 제왕 건에게 진왕 정의 분부를 전했다.

"제왕 건은 잠시나마 우리 진나라 군사에게 항거하려고 했다. 마땅히 제나라의 종묘사직을 허물고 제나라 군신을 모두 주살할 일이다. 그러나 그간 제왕 건이 40여 년 동안 과인에게 순종한 뜻을 가상히 여겨 살려주기로 한다. 제왕 건은 지금 곧 처자를 데리고 공共(지금의 하남 휘현) 땅으로 가 여생을 마치도록 하라."

제왕 건이 공 땅으로 옮기고 보니 거처할 곳이라고는 태항산 밑의 작은 오두막뿐이었다. 사방을 둘러봐야 소나무와 잣나무만 빽빽이 우거진 깊은 산속이었다. 산 속에는 아무도 살고 있지 않았다. 제왕 건은 기가 막혀 밤낮으로 울었다. 제왕 건의 최후와 관련해『사기』는 아무런 기록도 남기지 않았다.『자치통감』과『전국책』은 제왕 건이 아사했다고 기록해놓았다. 제나라 정벌로 진시황이 추진한 천하통일 작업은 마침내 화룡점정畵龍點睛의 마침표를 찍게 됐다.

열정을 가지고 끝까지 가라

21세기 스마트혁명시대의 관점에서 주목할 것은 진시황의 천하통일 위업이 천하를 단위로 생각하고 일을 추진했기에 가능했던 점이다. 사상 최초로 황제皇帝를 칭한 것도 이런 관점에서 이해할 필요가 있다. 명命을 제

制, 영승을 조詔로 부르게 한 뒤 1인칭으로 사용되던 짐朕을 오직 황제만 쓸 수 있도록 조치한 것도 그렇다. 이는 그의 다음과 같은 하명에 잘 나타나 있다.

"죽은 뒤 생전의 행적을 가지고 평해 정하는 것이 시호이다. 그러나 이는 결국 아들이 아비를 논하고 신하가 군왕을 놓고 논하는 것이다. 금후 이런 시법諡法을 없앤다. 짐은 첫 번째 황제인 시황제始皇帝가 되니 후세는 순차로 2세와 3세가 되어 만세에 이르기까지 이를 무궁히 전하게 하라."

그러고는 곧 천하의 옥장玉匠에게 명해 국새國璽를 만들었다. 이어 천하를 모두 36개 군郡으로 나누는 군현제를 실시했다. 난세가 종식되었다는 것을 천하에 널리 알리기 위해 열국에서 사용하던 무기를 모두 함양에 모은 뒤 이를 녹여 종과 북을 매다는 틀과 금인金人 12개를 만들었다. 이어 법도를 비롯해 부피와 무게, 길이 등의 도량형 단위도 통일시켰다. 천하의 호걸 12만 호를 함양으로 옮겨 살게 했다. 사상 최초의 제국이 등장한 것이다. 당시 진나라 승상 왕관王綰은 진시황에게 다시 봉건제를 실시할 것을 진언했다.

"연·제·초의 땅은 모두 먼 곳에 있어 왕을 두지 않으면 이를 진수鎭守할 수 없습니다. 청컨대 여러 자제들 가운데 적임자를 골라 이들 지역의 왕으로 세우기 바랍니다."

이에 진시황이 백관들을 모아 놓고 이를 의논하게 하자 사법총책인 정위廷尉로 있던 이사李斯가 이같이 건의했다.

"주문왕과 주무왕이 제후로 봉한 사람들 중에는 자제와 동성同姓이 매우 많았습니다. 그러나 이후 이들은 소원하게 되어 서로 공격하기를 마치 원수같이 했습니다. 주나라의 천자도 이를 금할 길이 없었습니다. 이제 해내海內는 폐하의 신령神靈한 통일로 인해 모두 군현郡縣으로 만들고, 여러 자제와 공신은 공적인 부세賦稅로 후하게 포상하기 바랍니다. 그리되면 아주 쉽게 통제되어 천하 사람이 모두 다른 뜻을 품지 않을 것입니다. 이것이 안녕을 지키는 술책입니다. 제후를 두는 것은 불가합니다.”

진시황이 이를 좇아 봉건제를 혁파하고 사상 최초의 중앙집권적 관료체제인 제왕정을 구현했다. 그의 천하통일이 지니고 있는 역사적 의미가 바로 여기에 있다. 신분세습을 특징으로 한 봉건체제가 종식되고, 능력을 위주로 한 관료가 황제의 명을 받들어 일사불란하게 다스리는 제국체제가 본격 개시된 게 그렇다. 이는 21세기 현재까지 수천 년에 걸쳐 변함없이 지속되고 있다. 시진핑 체제의 ‘신 중화제국’도 예외가 아니다. 시진핑은 황제의 곤룡포 대신 인민복을 입은 것만이 다를 뿐이다. 이사의 건의를 높이 평가하는 이유다.

사서의 기록을 보면 진시황은 기본적으로 치세를 이루기 위해 불철주야 노력하는 매우 부지런한 통치자였다. 그는 저울을 사용해 정확히 무게를 달듯이 똑같은 양의 정해진 과제를 매일 처리했다. 확정된 사안도 철저히 검토하기 전에는 결코 잠자리에 들지 않았다. 또 10년 동안에 무려 다섯 번이나 나라의 구석구석을 시찰하는 ‘천하순행’을 결행하는 등 통일천하에 대한 지극한 열정을 보여주었다. 황제가 직접 천하의 대소사를 모두 재단하는 이른바 만기친재萬機親裁의 선구자에 해당한다.

분서갱유에 대한 오해

진시황 평가에 대한 극적인 반전은 1960년대 중반부터 근 10년간에 걸쳐 전개된 중국의 문화대혁명 운동 기간 중에 일어났다. 문화대혁명은 중국이 수천 년 동안 중국의 정신세계를 지배해온 유가사상을 뿌리째 뽑아버린 엄청난 사태였다. 물론 문화대혁명은 모택동 이후를 겨냥한 권력투쟁이 그 본질이었다.

당시 강청을 필두로 요문원, 왕홍문, 장춘교 등 소장 극좌파 인사들로 구성된 사인방四人幫은 모택동의 지지를 배경으로 '진보주의자=진시황, 조조', '보수반동분자=공자' 도식을 만들어냈다. 주은래와 등소평을 정점으로 한 반대파 인사를 일거에 제거하려 한 것이다.

마르크스의 유물사관을 동원해 인류의 역사는 춘추전국시대에 전개된 유가와 법가간의 사상논쟁이 반복됐다는 이른바 '유법투쟁사儒法鬪爭史' 이론이 그 결과물이다. 이로 인해 2천 년 넘게 최고의 성인으로 일컬어진 공자는 일거에 보수반동의 괴수로 낙인찍히고, 진시황과 조조는 미래지향적인 진보주의자로 칭송받게 되었다.

모택동 사후 곧바로 사인방이 체포되어 거세됨으로써 이들의 이런 주장이 그대로 수용되지는 않았으나 진시황과 조조에 대한 새로운 평가는 21세기 현재까지 거의 그대로 수용되고 있다. 학자들의 꾸준한 연구가 뒷받침됐기에 가능한 일이었다.

분서갱유를 묘사한 그림

"서복은 거만금을 받고도 종내 불사약을 얻지 못했고, 노생은 짐이 하사한 것이 심히 많은데도 지금 오히려 짐을 비방하는 지경에 이르렀다. 이로써 짐의 부덕이 더욱 깊어졌다. 짐은 이제 함양에 있는 제생諸生들 중 요사스런 말로 백성들을 미혹하게 하는 자가 있는지 어사들을 보내 조사하려고 한다."

– 진시황

모조리 불태운 것은 항우였다

당초 성리학자들을 비롯해 진시황을 폭군으로 매도한 자들은 이른바 분서갱유焚書坑儒를 결정적인 근거로 제시하곤 한다. 기원전 213년에 빚어진 분서사건은 당시 진나라 역사책 이외의 역사서와 유가경전을 몰수해 불태울 것을 건의한 이사의 주청에 따른 것이었다. 이사는 불온서적을 소지한 사람이 분서령焚書令이 내려진 후 30일 내에 책을 불태우지 않을 경우 몸에 문신을 한 뒤 성을 쌓는 노역형에 처할 것을 건의했다. 이사가 볼 때 제국체제에 불만을 털어놓는 유가의 행보는 극히 위험했다. 이를 뒷받침하는『사기』「진시황본기」의 기록이다.

"어리석은 유생들이 천하통일의 의미도 모른 채 법을 배워 관리로 나설 것은 생각지도 않고 사사로운 주장으로 비방을 일삼으며 백성들을 미혹하게 하고 있으니 장차 커다란 무리를 이룰 조짐이 있습니다."

이사는 제국체제를 비난하는 유생들을 방치할 경우 황제의 권위가 실추되는 것은 물론 제국체제가 뿌리째 흔들릴 것으로 판단했다. 이로 인해 훗날 이사와 진시황 모두 문화를 말살한 반문화주의자로 매도되었으나 이는 지나쳤다. 두 사람 모두 제자백가서와 통일 이전의 각 국의 사서를 결코 '모조리' 불태우라고 명령한 적이 없다.

유가 서적을 포함해 분서의 대상이 된 모든 책은 당시 수도였던 함양의 황실 서고와 함양에 거주하고 있던 70명의 박사들 개인 서고에 고스란히 보관되어 있었다. 이들 박사들이 분서의 대상이 된 서적을 보유할 수 있었다는 사실은 당시 학자들의 연구 작업만큼은 자유롭게 보장되었음을 의미한다. 정작 이런 책들이 실전失傳된 원인은 진시황 사후 항우가 함양에 처들어와 분탕질을 하면서 옥석을 가리지 않고 모두 불태워 버린 데 있다.

유생 탄압이 목적이 아니었다

분서사건 이듬해에 벌어진 갱유사건도 역사적 사실이 왜곡되기는 마찬가지였다. 유생들을 산 채로 매장했다는 갱유사건은 분서사건과는 전혀 다른 차원에서 이뤄진 것이다. 결코 유생들만 생매장한 것도 아니다. 공교롭게도 유생들이 다수 연루된 까닭에 마치 유생들을 탄압하기 위해 이런 일을 저지른 것처럼 오해를 불러일으켰을 뿐이다.

문제의 발단은 진시황이 도가의 신선사상에 현혹되어 영원히 늙지도 죽지도 않는 불로장생의 진인眞人이 될 수 있다고 믿은 데 있었다. 현실주의적인 법가사상을 신봉한 진시황이 이같이 황당무계한 미신에 현혹됐다는 것이 쉽게 이해가 가지 않는다. 그러나 당시 민간에서는 미신적인 오행설과 신선술이 유행했다. 진시황도 이런 속류에 휩쓸린 것이다.

대표적인 인물이 제나라 출신의 서복徐福과 연나라 출신 노생盧生이다. 서복은 신선이 사는 동쪽 봉래산에서 불사약을 구해 오겠다고 거짓말로 천문학적인 자금을 얻어낸 뒤 곧바로 달아났다. 그의 행방을 놓고 후대인은 한반도 제주도 또는 일본에 정착한 것으로 보았으나 근거가 희박하다. 노생 역시 진시황을 속여 엄청난 재화를 사취했다. 사기행각이 드러날 것을 우려한 그는 '진시황은 불사약을 얻을 자격이 없다'고 비난한 뒤 달아 났다. 이 사실을 안 진시황은 대로했다. 「진시황본기」에 나오는 진시황의 언급을 보면 이들이 진시황을 얼마나 우롱했는지 쉽게 짐작할 수 있다.

"서복은 거만금을 받고도 종내 불사약을 얻지 못했고, 노생은 짐이 하 사한 것이 심히 많은데도 지금 오히려 짐을 비방하는 지경에 이르렀다. 이로써 짐의 부덕이 더욱 깊어졌다. 짐은 이제 함양에 있는 제생諸生들 중 요사스런 말로 백성들을 미혹하게 하는 자가 있는지 어사들을 보내 조사 하려고 한다."

기록에 따르면 진시황의 이런 하명이 있은 후 이들 스스로 서로 밀고한 나머지 총 4백 60명이 검거돼 모두 산 채로 땅에 묻히는 형벌을 받았다. 이것이 바로 갱유사건의 전말이다. 갱유사건은 유생들 책임이 컸다. 제국 체제에 대해 가장 불만스런 얘기를 털어놓고 다녔기 때문이다.

당시 진시황의 명령은 '유생'을 잡아넣으라는 게 아니라 백성들을 미혹 하게 하는 '제생'들을 잡아들이라는 것이었다. '제생'은 명청시대 때 오직 유생만을 뜻하는 것으로 의미가 축소되었으나 진한시대만 하더라도 유생 뿐만 아니라 제자백가의 사상을 공부하는 모든 학생을 의미했다. 유생들 이 진시황의 제국체제를 큰 소리로 비판하고 다니지만 않았어도 일부 방 사方士들만 처벌받았을 것이다.

2017년 8월 18일 김대중 전 대통령 서거 8주년 추모행사가 국립현충원에서 열렸다. 문재인 대통령, 정세균 국회의장을 비롯해 수많은 정관계 인사들이 참여했다. 그중에서도 눈에 띄는 사람이 있었다.

바로 권노갑 전 의원이다. 그는 김대중 전 대통령의 2인자로서 동교동계의 맏형이다. DJ의 분신이라고 불리는 게 익숙한 그는 김대중 전 대통령의 목포상고 4년 선배이기도 하다. 그는 자신의 묘비에 '김대중 대통령의 영원한 비서실장 권노갑' 이라고 새겨지길 원한다고 말했다.

DJ와 함께 생사를 넘나드는 험난한 세월을 보낸 그는 지금도 변함없이 국립현충원을 참배하며 DJ와 인생을 이야기한다.
그는 전형적인 충복형 2인자의 삶을 살아왔다.

제 6 장

유방
·
포용과 이해의
1인자

VS

적극적 실천가
2인자
·
장량

1인자의 자리는 하나다. 2인자는 1인자가 될 수 없는 한계를 지니고 있다. 결코 자신의 뜻을 펼칠 수는 없다.

2인자는 자신을 알고 1인자를 알아야 한다. 따르기도 하지만 때로 이끌기도 해야 한다. 조직에 가장 필요한 것을 1인자보다 더 잘 알고 있어야 한다. 그래야 빈틈이 없는 리더십이 완성된다.

제6장 유방과 장량

"이 두 곳을 두 사람에게 내준 뒤 그들로 하여금 항우와 싸우도록
하면 항우는 이내 쉽게 무너지고 말 것입니다."

– 장량

나아가려는가 돌아가려는가

장량의 행보를 보면 그는 비록 도중에 유방 밑에서 참모로 활약하기는
했으나 원래는 1인자의 길을 가고자 했던 인물이다. 자신의 한계를 알고
유방에게 몸을 굽히고 들어가 참모로 활약했을 뿐이다. 범리가 구천의 패
업이 완성되면 미련 없이 떠날 생각으로 도운 것과 맥을 같이한다. 장량
과 범리는 심정적으로 2인자의 자리를 기꺼워한 사람들이 아니다. '1인자
의 스승'이 되어 돕는 것을 즐긴 자들이다. 그만큼 당당했다. 실제로 유방
과 구천 모두 장량과 범리를 신하로 두었으나 신하처럼 대하지 않았다.

장량이 대공을 세운 후 공성신퇴의 모습을 보인 이유가 여기에 있다. 누대에 걸친 재상가 가문 출신답다. 기본 취지만 놓고 보면 사마의도 마찬가지다. 당대의 명문가 출신인 그 역시 탁류 출신 조조에게 허리를 굽히는 것을 크게 꺼렸다. 거듭된 명에도 출사出仕를 사절한 이유다. 조조는 그의 속마음을 꿰뚫어 보았다. 그가 화를 내자 사마의는 자칫 목숨을 잃을까 우려해 마지못해 출사했다. 장량은 비록 사마의와 다른 길을 걷기는 했으나 기본취지와 포부 등은 별반 차이가 없다. 그가 철저히 2인자의 길을 걸은 소하나 진평 및 제갈량은 말할 것도 없고, 2인자의 위치에 있으면서 1인자의 행보를 하다가 토사구팽을 당한 한신 등과도 전혀 다른 길을 걸은 배경이다.

「유후세가」에 따르면 장량의 원래 성은 주왕실과 마찬가지로 희씨姬氏로 진시황 암살 미수 후 성을 장씨로 바꿨다. 그의 조부 희개지姬開地는 한소후와 한선혜왕, 한양애왕 때 재상을 지냈다. 부친 희평姬平도 한희왕과 한도혜왕 때 재상을 지냈다. 한도혜왕 23년(기원전 250)에 부친 희평이 죽고, 이후 20년 뒤에 진나라가 한나라를 병탄했다.

당시 장량은 나이가 어려 한나라에 벼슬을 하지는 않았으나 그의 집에는 노복이 3백 명이나 있었다. 그는 당시 장량은 나이가 어려 벼슬을 하지는 못했으나 대대로 재상을 배출한 덕분에 그의 집에는 하인이 300명이나 있었다. 그는 동생이 죽었는데도 장례를 치르기는커녕 오히려 가산을 모두 털어 진시황 척살에 나설 자객을 찾아 나섰다. 조상이 5대에 걸쳐 한

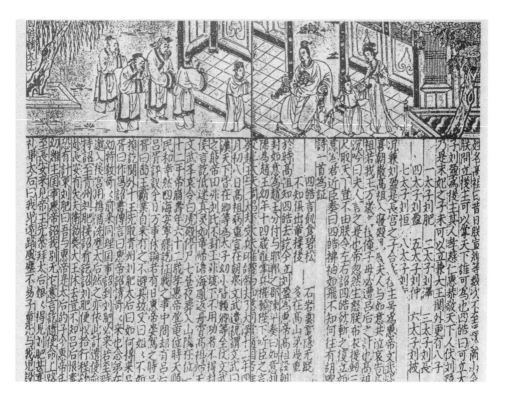

「유후세가」

"유방은 큰 포용력과 이해력을 갖고 장량의 말을 경청했다. 장량은 자신의 말을 이해하는 유방의 모습을 보고 '남의 말을 듣는다는 게 이런 것인가!'라고 경탄했다."

－『유후세가』

나라 재상을 지냈기에 평민으로 몰락한 자신의 처지에 대한 울분이 다른 사람보다 훨씬 컸을 것이다.

진시황 29년(기원전 218), 천하 순시에 나선 진시황이 지금의 하남성 양무현陽武縣의 동남쪽에 있는 박랑사博浪沙에 이르렀을 때 장량에게 고용된 창해군滄海君이라는 역사力士가 120근에 달하는 철추鐵椎를 날렸다. 철추가 어가 대신 부거副車에 맞았다. 천자의 행차 때는 36대의 부속 수레가 따랐다. 진시황이 크게 놀라 역사를 잡고자 했으나 실패했다. 천하에 명을 내려 10일 동안 대대적인 수색을 펼쳤으나 허사였다. 장량은 이름을 바꾼 뒤 지금의 강소성 수녕현 서북쪽의 하비下邳로 가 몸을 숨겼다.

장량이 진시황 척살에 나선 것은 졸지에 평민의 처지로 영락零落한 산동 6국 귀족들의 울분을 대신한 것으로 해석할 수밖에 없다. 이는 관중과 관동을 하나로 묶는 천하대세의 도도한 흐름을 거스른 극히 퇴행적인 짓이었다. 그의 조국 한나라는 전국7웅 가운데 가장 먼저 진나라에 병탄됐다. 그의 진시황 척살 음모도 이와 무관할 수 없다. 그는 내심 진시황의 급서에 따른 혼란을 틈타 패망한 고국을 부활시키려고 했음에 틀림없다. 몰락한 한나라의 귀족 입장에서는 이게 '정의'일 수도 있을 것이다. 그러나 천하 차원에서 보면 이는 역사의 시계를 거꾸로 돌리려는 '반동'에 지나지 않았다.

당시 천하대세는 강력한 '중앙집권체제'였지 결코 전국시대 말기처럼 열국이 난립하는 '봉건체제'로의 복귀가 아니었다. 그의 진시황 척살 음모사건을 결코 좋게 평가할 수 없는 이유다. 그가 한나라 건국공신이 됐기에 망정이지 만일 진제국이 계속 존속했으면 '만고의 역적'으로 낙인찍히는 빌미로 작용했을 것이다. 그의 행보는 전국시대 말기 연나라 태자 단丹이 자객 형가를 사주해 진시황 척살 음모를 꾀한 것과 닮았다. 연나라는 이내 패망한 까닭에 후대인이 연나라 태자 단을 크게 기리는 일은 빚어지지 않았다.

그러나 장량의 경우는 이와 정반대다. 사대부들이 장량의 '쾌거'를 칭송하며 '폭군'을 제거하지 못한 것에 커다란 아쉬움을 표한 게 그렇다. 시간이 지나면서 장량에 관한 일화가 더욱 부풀려진 배경이다. 그를 제갈량과 더불어 역대 최고의 '지낭'으로 간주하는 흐름이 만들어진 것도 이와 무관치 않을 것이다. '역사가 영웅을 만든다'는 말이 실감나는 대목이다. 그러나 이는 과도하게 부풀려진 장량에 대한 엄밀한 재평가의 필요성을 의미하는 것이기도 하다.

왕자王者의 스승이 되는 길

진시황 척살에 실패한 장량은 진나라 관원들이 사방으로 자신을 체포하려 나서자 황급히 지금의 강소성 수녕현 서북쪽인 하비下邳로 숨어 들어갔다. 하비는 사수泗水의 하류에 있는 작은 마을이다. 사수는 태산의 중간 지점에서 발원해 서쪽으로 공자의 고향인 곡부를 거친 후 남쪽으로 방향을 틀어 유방의 고향인 패현沛縣에 이른다. 여기서 다시 약 20킬로미터

가량 흘러가면 장량이 유방을 만난 유현留縣이 나온다. 훗날 장량은 논공 행상에서 이곳을 봉지로 받게 됐다.

「유후세가」에 따르면 하루는 하비에 몸을 숨긴 장량이 한가한 틈을 내 하비 외곽을 흐르는 내 위에 걸쳐 있는 한 다리 위를 천천히 산책했다. 「유후세가」 원문은 흙다리를 뜻하는 이상圯上으로 되어있다. 『사기색은』 에 따르면 당시 동쪽 초나라 사람들은 교량을 이圯라고 했다. 이때 한 노 인이 거친 삼베옷을 걸치고 장량이 있는 곳으로 다가온 뒤 곧바로 신발을 다리 밑으로 떨어뜨렸다. 그러고는 장량을 돌아보며 이같이 말했다.

"애야, 내려가서 내 신발을 가져오도록 해라!"

장량이 내심 화가 났으나 그가 노인인 까닭에 억지로 참고 다리 아래로 내려가 신발을 주워왔다. 노인이 말했다.

"신발을 신겨라!"

장량은 기왕에 신을 주워왔으므로 꾹 참고 꿇어앉아 신발을 신겨주었 다. 노인은 이내 웃으며 가버렸다. 장량이 크게 놀라 눈으로 노인이 가는 곳을 쳐다보았다. 이때 노인이 문득 1리쯤 가다가 다시 돌아와 말했다.

"애야, 내가 보니 너는 가히 가르칠 만한 듯하다. 5일 뒤 새벽에 나와 여 기서 다시 만나자."

장량이 괴이하게 여겨 꿇어앉은 채 대답했다.

"그리하겠습니다."

5일 뒤 새벽에 그곳으로 가니 노인이 먼저 와있었다. 노인이 화를 냈다.

"노인과 약속하고 늦게 오다니 이 어찌 된 일인가?"

노인이 되돌아가면서 말했다.

"5일 뒤 더 일찍 만나도록 하자."

닷새 뒤 닭이 우는 이른 새벽에 장량이 다시 그곳으로 갔다. 노인이 또 먼저 와 있었다. 그가 다시 화를 냈다.

"또 늦게 오다니 이 어찌 된 일인가?"

다시 그곳을 떠나면서 말했다.

"5일 뒤 좀 더 일찍 나오도록 해라."

다시 닷새 뒤 장량이 한밤중이 되기도 전에 그곳으로 갔다. 얼마 후 노인이 와서는 기뻐하며 말했다.

"응당 이같이 해야지."

그러고는 책 한 권을 내주며 말했다.

"이 책을 읽으면 왕자王者의 스승이 될 수 있다. 아마 10년 뒤 그 뜻을 이룰 수 있을 것이다. 13년 뒤에는 제수濟水 북쪽에서 나를 만날 수 있을 것이다. 곡성산穀城山 아래에 있는 황석黃石이 바로 나일 것이다."

곡성산은 지금의 산동성 동아현 동북쪽에 있는 황산黃山을 말한다. 노인은 이같이 말한 뒤 더 이상 다른 말을 하지 않은 채 곧바로 자리를 떠났다. 이후 다시는 그를 볼 수가 없었다. 장량이 다음날 아침에 책을 보니 책의 이름이 『태공병법太公兵法』이었다. 장량이 이를 기이하게 여겨 늘 익히며 소리 내어 읽었다. 「유후세가」에 따르면 훗날 장량이 한고조 유방을 따라 제수의 북쪽 땅을 지날 때 보니 과연 곡성산 아래에 황석이 있었다. 장량이 이를 가지고 와 보물처럼 받들며 제사까지 지냈다. 그가 죽을 때 황석을 함께 묻었다. 이후 사람들은 성묘하는 날이나 여름의 명절인 복일伏日 또는 겨울의 명절인 납일臘日이면 으레 장량뿐만 아니라 황석에게도 제사를 올렸다고 한다.

후대인들은 「유후세가」의 이 기록을 근거로 황석공이 전해준 『태공병법』이 바로 『삼략』이고, 저자 역시 『육도』와 마찬가지로 태공망 여상일 것으로 생각했다. '육도삼략'의 명칭이 나오게 된 배경이다. 『삼략』 역시 여타 병서와 마찬가지로 저자의 실존 여부가 매우 불투명하다. 『삼략』의 원래 명칭이 『황석공삼략黃石公三略』인 데서 알 수 있듯이 오랫동안 전설적인 도인인 황석공의 저서로 알려져왔다. 그러나 황석공의 사적은 거의 알려진 게 없다. 『사기』 「유후세가」에 나오는 일화가 유일한 기록이다.

이 일화는 황석공을 실존인물로 보기는 어려운 까닭에 후대의 무명인이 장량의 고사에 주목해 만들어낸 것으로 보는 게 합리적이다. 일각에서는 『삼략』에 역대 병서에 나오는 병법의 진수가 응축되어있다는 평을 내리기도 한다. 예로부터 『육도』와 더불어 병서의 고전으로 널리 읽힌 것도 이와 무관하지 않을 것이다.

주장보다 경청이 우선이다

장량이 은신처인 하비에서 다시 기지개를 켜게 된 것은 진승과 오광이 반진의 깃발을 든 이후다. 그는 초왕 경구에게 몸을 의탁하기 위해 무리를 이끌고 오다가 본거지인 풍읍을 탈환하기 위해 오는 유방의 군사와 우연히 만나게 됐다. 「유후세가」는 당시의 상황을 이같이 묘사해놓았다.

"진섭이 기병했을 때 장량 역시 수백 명의 소년들을 모아놓고 있었다. 초왕 경구景駒가 유현에 머물러 있을 때 장량이 무리를 이끌고 가 몸을 의탁하고자 했다. 무리를 이끌고 경구를 찾아가던 도중 유방의 무리와 마주치자 이내 그의 무리로 들어갔다. 당시 유방은 수천 명의 휘하를 이끌고 하비의 서쪽을 공략하러 가던 중이었다."

당초 장량은 진승이 봉기했을 때 곧바로 은신하고 있던 하비에서 재빨리 1백 명의 소년을 그러모은 뒤 반기를 들었다. 그가 휘하의 무리를 이끌고 경구를 찾아간 것은 경구가 자신의 지략을 받아줄 만한 인물인지 여부를 타진하고자 한 것으로 보인다. 많은 사람들이 두 사람의 해후를 역사적인 만남으로 미화하고 있으나 이는 지나치다.

유방이 장량을 처음으로 만나 얘기를 나눈 후 말을 담당하는 책임자인 구장廐將으로 삼은 사실이 이를 뒷받침한다. '구장' 표현은 『사기』「유후세가」를 비롯해 장량의 사적을 기록한 『한서』「장진왕주전」과 『자치통감』에 모두 나온다. 유방이 첫 만남에서 장량을 당대의 지낭으로 믿었다면 '구장'의 직책을 맡겼다는 게 아무래도 이상하다.

그럼에도 「유후세가」는 두 사람의 만남을 극적으로 묘사해놓았다. 장량이 전에 다른 사람에게 태공망 여상의 병법을 말했을 때는 아무도 이를 이해하지 못했으나 유방만은 곧바로 이해했을 뿐만 아니라 장량을 높이 평가했다는 식이다. 여기에는 장량이 이같이 탄복한 것으로 묘사돼 있다.

"패공이야말로 거의 하늘이 내려준 인물이다!"

'건달' 유방이 장량이 설파한 『육도』와 『삼략』 등의 병법을 언제 공부한 것일까? 후대 사가가 윤색했을 가능성이 크다. 두 사람이 해후할 당시 유방은 30세, 장량은 부친이 사망한 기원전 250년에 태어났다고 가정할 경우 43세가 된다. 장량 쪽이 10여 세 더 많은 셈이다. 유방이 연장자인 장량의 말을 경청하는 듯한 모습을 보일 수 있다. 그러나 마치 군신의 관계에 있는 양 장량이 '하늘이 내려준 인물' 운운했을 가능성은 거의 없다고 보는 게 합리적이다. 그럼에도 시바 료타로司馬遼太郎는 「유후세가」의 기록을 토대로 『항우와 유방』에서 이같이 묘사해놓았다.

"유방은 큰 포용력과 이해력을 갖고 장량의 말을 경청했다. 장량은 자신의 말을 이해하는 유방의 모습을 보고 '남의 말을 듣는다는 게 이런 것인가!'라고 경탄했다."

'미화'가 또 다른 '미화'를 낳는 꼴이다. 사다하게 야스히코佐竹靖彦는 『유방』에서 한 발 더 나아가 유방이 건달 출신답게 솔직하게 자신의 어려운 처지를 설명한 뒤 천하 문제를 포함한 여러 사안에 대해 장량의 자문을 구했을 것으로 보았다.

전혀 틀렸다고 볼 수는 없으나 천하를 움켜쥐는 방안까지 거론했다고 본 것은 지나쳤다. 대략 풍읍의 탈환 방안을 중심으로 이것저것 물어보았을 것이다. 유방이 대화를 나눈 뒤 풍읍 탈환을 뒤로 미루고 먼저 그간 자신이 근거지로 삼았던 망현과 탕현 일대를 겨냥한 점에 비춰 장량은 매우 현실적인 차원의 방안을 제시한 것으로 보인다.

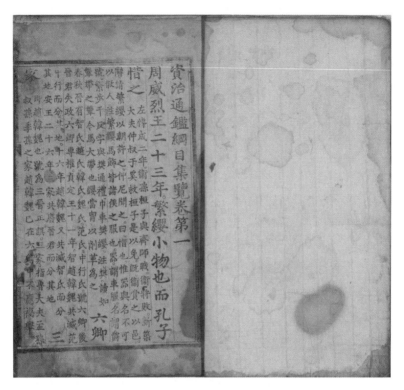

「자치통감」

끝날 때까지 방심은 절대 금물이다

「고조본기」는 유방이 팽성전투에서 참패해 가까스로 사지를 빠져 나와 황급히 도주할 때 제후들이 모두 유방을 배반하고 다시 초나라에 붙었다고 기록해놓았다. 천하대세는 팽성전투를 계기로 다시 항우에게 유리하게 기울기 시작했다. 그러나 또 다시 이를 뒤집는 듯한 사태가 빚어졌다. 바로 항우가 어렵사리 세워놓은 제나라 왕 전가田假가 항우에게 패한 전영田榮의 동생 전횡田橫의 공격을 받고 초나라로 도주한 게 빌미가 됐다.

당시 화가 난 항우가 전가의 목을 베어버렸지만 이는 전가의 목을 베는 것으로 끝날 일이 아니었다. 제나라가 계속 북쪽에서 위협을 가할 경우 항우는 서쪽의 유방과 동쪽의 전횡에게 양면협공을 당할 가능성이 컸다. 게다가 북쪽의 팽월과 남쪽의 영포까지 유방에게 가세하는 일이 생기면 그야말로 옴짝달싹도 못하는 곤경에 처하게 된다. 실제로 일이 그런 식으로 진행됐다.

어떤 싸움이든 종료가 선언될 때까지 방심은 금물이다. 역전에 역전이 거듭될 수 있기 때문이다. 국지전의 승리에 도취해 긴장의 끈을 놓는 순간 빈틈을 보이게 되고, 그 틈을 노려 상대가 공격해 들어올 경우 졸지에 상황이 역전될 수 있다. 항우가 바로 이 덫에 걸렸다. 유방이 반사이익을 누린 것은 말할 것도 없다. 그러나 유방이 아무런 노력도 기울이지 않았다는 얘기는 결코 아니다. 오히려 정반대로 보는 게 옳다.

당시 유방은 팽성전투의 참패를 만회하기 위해 절치부심했다. 병법에 나오는 온갖 궤계를 모두 동원했다. 여기에는 팽성전투 참패 후 초심으로 돌아가는 모습을 보인 게 결정적인 도움이 됐다. 사방으로 달아났던 장병들이 하나둘 모여들기 시작했다. 그러나 이는 일정한 한계가 있었다. 제후들 대부분이 천하대세가 항우 쪽으로 기울었다고 판단해 분분히 다시 항우 쪽에 붙었기 때문이다. 이들을 탓할 수만도 없었다. 건달 출신 유방이 제후들의 이런 염량세태炎凉世態 행보를 이해하지 못할 리 없다.

「유후세가」에 따르면 당시 유방은 크게 위축되어있었다. 이때 장량이 국면을 일거에 바꿀 수 있는 방안을 제시했다. 환호작약한 유방이 군신들을 모아 놓고 이같이 호언했다.

"나는 이제 함곡관 이동의 땅을 현상으로 내놓아 공을 세운 사람이 갖도록 포기할 생각이오. 누가 가히 나와 함께 이런 공을 이룰 수 있겠소?"

당초 유방은 단 한 치의 땅도 떼어줄 생각도 없었다. 그러나 현실은 그와 정반대로 나타났다. 팽성전투 참패가 그 증거다. 이를 계기로 유방은 연합세력을 결성해야만 '막강한' 항우를 제압할 수 있다는 현실을 직시하게 됐다. 유방이 '누가 가히 나와 함께 이런 공업을 이룰 수 있겠소?'라고 물은 대목은 바로 이런 맥락에서 이해할 수 있다. 이는 유방의 머리에서 나온 것이었다. 이를 뒷받침하는 장량의 건의가 「유후세가」에 실려있다.

"구강왕 경포는 초나라 출신의 맹장으로 지금 항우와 사이가 벌어졌다고 합니다. 또한 팽월은 제나라와 더불어 양나라 땅에서 항우에게 반기를 들고 있습니다. 이 두 사람이라면 가히 지금처럼 위급한 상황에서 즉시 써먹을 수 있습니다. 대왕의 휘하 장수 가운데 오직 한신만이 대사를 맡을 수 있습니다. 한신이라면 능히 한 쪽을 담당할 수 있을 것입니다. 관동 땅을 내놓을 생각이면 이들 3인에게 내주도록 하십시오. 그러면 가히 초나라를 깨뜨릴 수 있습니다!"

당시의 천하정세를 정확히 읽은 뛰어난 계책이다. 이를 통상 '4면협공' 계책이라고 한다. 북쪽의 팽월과 동쪽의 한신, 서쪽의 유방, 남쪽의 경포가 동시에 사면으로 협공을 가해 항우를 제압하는 계책을 말한다. 후대인들이 장량을 두고 '천하제일의 지낭'이라고 평하는 이유다. 그러나 '통 큰' 결단은 유방이 내렸다는 점을 간과해서는 안 된다. 대다수 사람들은 건달 출신 유방은 이런 묘안과 거리가 먼 것으로 지레 짐작한다. 그러나 이는 선입견이다. 유방은 비록 건달 출신이긴 했으나 항우와 달리 남의 의견을 잘 받아들일 줄 알았다. 게다가 머리도 비상했다. 위기의 순간마다 뛰어난 후흑술厚黑術을 발휘했다. '4면협공' 계책을 온통 장량의 작품으로 간주하는 기존 견해는 일정 부분 수정이 필요하다.

유방의 이런 '통 큰' 결단은 팽성전투의 참패에 따른 것으로 후흑술의 일환이기도 했다. 관중의 땅만 차지하겠다는 '깜짝' 선언을 통해 연합군을 결성한 뒤 항우를 제거하면 한신을 비롯한 연합 세력을 차례로 도모하겠다는 속셈을 담고 있다. 당시 유방은 항우를 만만히 봐서는 안 되고, 자칫 한 수를 잘못 두었다가는 오히려 항우의 포로로 잡혀 목이 달아날 수도 있다는 사실을 절감했을 것이다. 당시의 상황 자체가 유방에게 비상한 결단을 요구하고 있었다. 그런 점에서 함곡관 이동의 땅을 내놓는 '통 큰' 결단은 고육책苦肉策의 성격이 짙다. 결과적으로 팽성전투의 참패가 유방에게는 전화위복의 계기로 작용한 셈이다.

오류는 속히 수정하라

그렇다고 장량이 이름뿐인 책사라는 뜻은 결코 아니다. 그 또한 당대 최고의 책사였음에 틀림없다. 유방이 역이기酈食其의 말을 듣고 큰 실책을 범하는 사태를 저지하기도 했다. 유방이 '통 큰' 결단을 내릴 당시 상황이 매우 좋지 못했다. 항우의 거센 반격으로 인해 군량 수송로가 자주 끊겨 한나라 군사들이 자주 식사를 거르고는 했다. '통 큰' 결단의 후흑술이 효력을 발휘하기도 전에 자멸할지도 모를 일이었다. 이를 크게 걱정한 유방이 유세가로 활약하는 책사 역이기와 함께 이 문제를 심각하게 논의했다. 역이기가 건의했다.

"옛날 은나라 탕왕湯王이 하나라 왕 걸桀을 친 뒤 그 후손을 기杞에 봉하고, 주무왕이 은왕 주紂를 친 뒤 그 후손을 송宋에 봉했습니다. 지금 진나라가 덕을 잃고 의를 버린 채 제후들을 침공해 그들의 사직을 훼멸하고 송곳을 간신히 꽂을 정도의 극히 작은 땅조차 없게 만들었습니다. 폐하가 실로 6국의 후예들을 다시 세울 수 있다면 모든 군신君臣과 백성들은 반드시 폐하의 은덕에 감격해하며 풍문을 듣고 의를 사모하고 신첩臣妾이 되기를 원치 않는 자가 없을 것입니다. 덕의가 시행되어 폐하가 남면하여 패자를 칭하면 초나라는 반드시 옷깃을 여미며 한나라에 조현할 것입니다."

유방이 말했다.

"훌륭한 말씀이오. 빨리 인새印璽를 새겨 갖고 가도록 하시오."

역이기가 아직 출발하지 않았을 때 장량이 밖에서 들어와 알현했다. 유방은 마침 식사 중이었다.

"자방子房, 어서 오시오. 손님 중에 나를 위해 초나라를 뒤흔들 계책을 마련한 사람이 있소."

그러고는 역이기의 계책을 장량에게 전하면서 의중을 물었다.

"이 계책이 어떻소?"

장량이 목소리를 높였다.

"누가 폐하를 위해 그런 계책을 세웠습니까? 그리하면 폐하의 대업은 끝나버릴 것입니다!"

유방이 당황해하며 물었다.

"왜 그렇다는 것이오?"

장량이 정색을 하고 대답했다.

"청컨대 대왕을 위해 상 위의 젓가락을 빌려 그 계책의 잘못을 그려 보이겠습니다. 옛날 탕왕과 무왕이 걸과 주의 후예를 제후로 봉한 것은 그들의 죽고 사는 운명을 능히 제어할 수 있다고 생각했기 때문입니다. 지금 대왕이 항우의 목숨을 제어할 수 있습니까? 이것이 불가한 첫 번째 이유입니다.

주무왕은 은나라로 쳐들어간 뒤 현인 상용商容의 마을을 표창하고, 간언을 하다 옥에 갇힌 기자箕子를 석방하고, 간언을 하다 죽임을 당한 비간比干의 묘에 봉분을 만들어주었습니다. 지금 대왕이 그리 할 수 있습니까? 이것이 불가한 두 번째 이유입니다. 주무왕은 은나라 곡식창고의 곡식을 내고, 은나라 도읍의 거대한 누대인 녹대鹿臺의 돈을 풀어 빈궁한 사람들에게 내려주었습니다. 지금 대왕이 그리 할 수 있습니까? 이것이 불가한 세 번째 이유입니다. 주무왕은 은나라 정벌을 마친 뒤 병거兵車를 승거乘車로 고치고, 방패와 창을 뒤집어 쌓아두어 다시는 용병치 않을 뜻을 천하에 보여주었습니다. 지금 대왕이 그리 할 수 있습니까? 이것이 불가한 네 번째 이유입니다. 주무왕은 전마戰馬를 화산華山 남쪽에서 쉬게 하여 할 일이 없음을 보여주었습니다. 지금 대왕이 그리 할 수 있습니까? 이것이 불가한 다섯 번째 이유입니다.

주무왕은 도림桃林의 그늘에 소를 방목해 다시는 군량미를 운송해 쌓아둘 뜻이 없음을 보여주었습니다. 지금 대왕이 그리 할 수 있습니까? 이것이 불가한 여섯 번째 이유입니다. 지금 천하의 선비들이 그들의 친척을 떠나고, 조상의 묘소를 버리고, 옛 친구를 버리고, 대왕을 좇아 사방으로 참전하는 것은 단지 밤낮으로 약간의 땅이라도 얻기를 바라기 때문입니다. 지금 6국의 후예를 다시 세우면 천하의 선비들이 각기 그들의 군주에게 돌아가고, 그들의 친척을 따르고, 옛 친구와 조상의 분묘로 돌아갈 것입니다. 그리 되면 대왕은 누구와 더불어 천하를 취하려는 것입니까? 이것이 불가한 일곱 번째 이유입니다. 게다가 지금 초나라보다 강대한 세력이 없는 상황에서 보위에 오른 6국의 군주는 이내 다시 약해져 초나라를 좇을 터인데 대왕이 어찌 그들에게 칭신稱臣을 요구할 수 있겠습니까? 이 것이 불가한 여덟 번째 이유입니다. 실로 빈객의 계책을 채택하면 대왕의 천하대사는 모두 끝나버리고 말 것입니다.”

유방이 이 말을 듣고는 먹던 음식을 내뱉은 뒤 역이기를 향해 마구 욕을 해댔다.

“이 유생 놈, 하마터면 내가 생각하는 대사를 거의 망칠 뻔했다!”

그러고는 곧바로 명을 내려 인새를 녹여버리게 했다. 여기서 나온 성어가 바로 화저조봉畵著阻封이다. 젓가락으로 그림을 그려 유방을 설득함으로써 분봉分封 사태를 막았다는 뜻이다. 흔히 쉬운 비유를 들어 잘못된 방향으로 나아가는 것을 막는다는 뜻으로 사용되고 있다.

‘화저조봉’ 일화는 춘추시대 말기의 범리처럼 ‘군사君師’를 자부한 장량의 진면목을 잘 보여주고 있다. 주목할 것은 이때를 계기로 장량의 기본 목표가 완전히 뒤바뀐 점이다. 당초 그는 진시황 척살을 꾀할 때 비록 패망한 조국의 부활을 내걸었지만 사실은 몰락한 재상가 가문 출신으로서 울분을 토로하고자 한 것에 지나지 않는다. 천하대사를 사적인 원한에 초점을 맞춘 점에서 ‘저급’했다. 그러나 유방에게 몸을 숙이고 들어가 2인자로 활약하면서 그는 완전히 면모를 일신했다. 오직 주군인 유방의 득천하를 위해 헌신한 게 그렇다. ‘화저조봉’은 바로 이를 상징한다.

그가 2인자로 활약하면서 추구한 것은 ‘화저조봉’의 일화가 보여주듯이 천하 만민을 위한 새로운 제국의 건설이다. 관중이 초반에 자신이 모시는 공자 규糾를 옹립하기 위해 훗날 제환공으로 즉위하는 공자 소백小白을 죽이려고 화살을 날렸다가 이후 일대 변신을 꾀한 것과 닮았다. 관중은 포숙아의 천거로 제환공의 부름을 받게 되자 주군인 공자 규와 함께 죽는 것을 마다하고 이내 제환공 밑으로 들어온 뒤 천하 만민을 위한 패업霸業을 완성하는 데 진력했다. 이로 인해 후대인들로부터 '변절자'라는 비난을 받았으나 공자는 오히려 그의 '변절'을 높이 칭송했다. 대의大義를 위해 소의小義를 버렸다는 게 논거다. 사서의 기록을 종합해볼 때 장량이 유방을 도와 새 제국의 건설에 매진한 것 역시 같은 맥락에서 나온 것으로 풀이하는 게 타당하다.

미끼를 내걸고 핵심을 취하라

기원전 203년 8월, 유방과 항우가 홍구鴻溝를 기점으로 천하를 양분하는 이른바 '홍구강화' 회담을 체결했다. 이는 유방이 구사한 후흑술의 정수에 해당한다. 강화 회담의 타결로 일단 황하에서 회하 상류로 이어진 인공운하 홍구를 기준으로 서쪽은 한나라, 동쪽은 초나라에 귀속되었다. 그러나 항우는 회담이 타결된 지 불과 4달 뒤에 스스로 목을 치는 비극의 주인공이 되었다. 건달 출신 유방에게 철저히 농락당한 것이다.

원래 홍구는 식량 등의 물자수송에 매우 긴요한 대표적인 운하였다. 지금의 하남성 정주시 서북방에서 끌어들인 황하의 물줄기가 동쪽으로 개봉시까지 흐르다가 회양현을 거쳐 하남성 구현丘縣에 이르러 영수穎水와 합류해 회수로 빠진다. 운하의 굴착은 전국시대 중엽 위혜왕 10년(기원전

360)에 시작됐다. 개통 후 진한시대는 물론 그 이후의 위진남북조시대까지 황하와 회수를 연결하는 중요한 수로로 사용됐다.

주목할 것은 항우 진영에 인질로 잡혀 있던 유방의 부친 태공과 부인 여후가 유방의 영채로 송환된 시점이 강화회담을 타결한 지 한 달 뒤라는 점이다. 항우는 '순진하게도' 유방의 약속을 믿고 태공과 여후를 돌려보냈다가 후미를 공격당한 꼴이다. 『사기』와 『한서』는 당시 유방도 본거지인 서쪽 관중의 근거지인 약양櫟陽으로 돌아가려고 하자 문득 장량과 진평이 만류한 것으로 기술해놓았다. 이게 사실일까? 『사기』는 「고조본기」 등에서 '장량과 진평의 계책을 좇았다'는 식으로 간략히 기술하는 것으로 그쳤다. 그러나 『한서』 「고제기」는 당시 상황을 생생히 묘사해놓았다.

"한나라가 천하의 절반을 차지하자 제후들이 모두 귀부했습니다. 지금 초나라 군사는 피로에 지쳐 있고 식량도 떨어진 상황입니다. 바야흐로 하늘이 초나라를 멸망시키려는 것입니다. 지금 저들을 지친 틈을 타 공격해 취하지 않으면 이른바 '호랑이를 길러 근심거리를 남긴다'는 격이 될 것입니다."

이 대목을 읽으면 유방은 신의를 극히 중시하는 사람이고, 장량과 진평은 속임수의 달인이라는 착각을 할 수밖에 없다. 『한서』는 무엇을 근거로 장량과 진평의 건의를 이처럼 상세히 알게 된 것일까? 내용이 모순된다. 크게 2가지이다.

첫째, 유방은 천하대세가 자신에게 유리하게 돌아가고 있는데 왜 천하통일을 도모할 생각을 하지 않고 관중으로 돌아가려고 한 것일까? 객관적으로 볼 때 누구보다 욕심도 많고 시기심도 많았던 유방이 바야흐로 떡이 입 안으로 들어오려는 상황에서 떡을 나눠주려 했을 리 없다. 홍구강화 회담이 태공과 여후를 돌려받기 위한 속임수의 일환으로 이뤄진 사실이 이를 뒷받침한다. '유방이 군사를 이끌고 서쪽으로 돌아가려고 했다'는 구절은 당시의 정황과 동떨어져 있다.

둘째, 당시 유방은 병법의 기본 이치가 적을 철저히 속이는 궤사詭詐에 있다는 사실을 모르고 있었던 것일까? 있을 수 없는 일이다. 『한비자』와 『사기』에 따르면 전국시대 이래 세상 사람들 모두 집에 『손자병법』과 『오자병법』을 비치해놓고 있었다. 난세에 적을 제압하기 위한 궤사의 구사는 상식에 속한다. 유방만 도덕군자인 양 이를 모르거나 무시했을 리 없다. 유방이 장량과 진평의 간언을 듣고서야 비로소 공격에 나섰다고 보는 것 자체가 있을 수 없는 일이다.

사서의 기록을 종합해보면 홍구강화 회담은 유방이 계책을 내고 주도적으로 추진한 게 거의 확실하다. 실제로 유방은 홍구강화 회담에 앞서전에 궁지에 몰려 있을 때 형양滎陽을 반분하는 계책을 낸 바 있다. 홍구강화 회담을 추진하는 과정에서 전혀 거론되지 않았던 장량과 진평이 마지막 장면에 이르러 문득 튀어나오는 것 자체가 억지스럽다. 유방을 미화하려는 의도가 너무 선명히 드러나고 있다. 장량과 진평의 건의를 받고 비로소 이들의 계책을 사용했다는 구절은 당시의 정황과 전혀 어울리지 않는다. 『사기』「고제기」에 수록된 이 일화는 후대인이 꾸며낸 이야기거나 윤색 또는 가필로 보는 게 타당하다.

실제로 이같이 보지 않을 경우 유방이 강화 회담 타결의 '먹물'이 마르기도 전에 항우의 등을 노린 배경을 이해할 길이 없다. '역사는 승자의 기록이다'라는 금언을 새삼 상기시켜주는 대목이다. 유방이 구사한 '야비한' 기만술은 그가 얼마나 욕심과 시기심이 많은지를 잘 보여주고 있다. 항우의 등에 칼을 꽂으려고 황급히 뒤를 쫓아갔다가 대패한 사실이 이를 뒷받침한다. 말할 것도 없이 항우를 얕잡아 보고 단숨에 천하를 거머쥐고자 너무 서두른 탓이다. '야비한' 기만술을 구사한 유방을 호도하기 위해 장량과 진평을 끼워넣었다고 보는 게 합리적이다.

당시 항우의 반격에 깜짝 놀라 황급히 뒤로 물러난 유방은 참호를 깊게 파고 영루를 굳게 지키면서 한신과 팽월이 오기만을 기다렸다. 두 사람이 올 리 만무했다. 그러나 유방은 두 사람이 자신의 명을 받들어 곧 올 것으로 '착각'했다. 초조하게 기다리다 지친 유방이 마침내 장량에게 물었다.

"제후들이 내 말을 따르지 않으니 도대체 이게 어쩐된 일이오?"

너무 늦은 감이 있다. 그는 형양에서 항우와 대치할 때 충직하기 그지없는 소하에 대해서도 의심을 품은 바 있다. 자신이 항우에게 패하면 소하가 관중을 '슬쩍'할 것으로 의심한 것이다. 그는 소하가 일족을 참전시킨 뒤에야 안심했다. 유방은 월왕 구천과 너무나 닮았다. 고난은 같이해도 부귀는 함께 누릴 수 없는 인물이었다. 구천과 유방이 공신들을 가차 없이 도륙한 게 결코 우연이 아니다.

객관적으로 볼 때 당시 한신은 앉은 자리에서 어부지리를 취할 수 있는 가장 막강한 세력으로 부상해있었다. 실제로 무력 면에서 유방과 항우를 압도했다. 군사적 재능 면에서 유방은 한신과 비교할 수조차 없었다. 한신과 어깨를 나란히 할 수 있는 사람은 겨우 항우 한 사람 정도밖에 없었다. 그런데도 유방은 이런 사실을 무시했거나 간과했다. 사태를 지나치게 낙관한 나머지 달라진 현실에 눈을 감은 것이다.

장량이 간언을 삼간 채 유방이 자문을 구할 때까지 기다린 것도 이런 맥락에서 이해할 수 있다. 섣불리 간할 경우 득보다 실이 컸다. 자칫 토사구팽의 '목록'에 오를지도 모를 일이었다. 장량은 여러모로 범리를 빼어 닮았다. 유방이 뒤늦게 자문을 구하자 비로소 자신이 생각해온 해법을 제시한 게 그렇다. 「고조본기」의 기록이다.

"전에 초나라 군사를 격파했는데도 한신과 팽월 모두 땅을 나눠받지 못했습니다. 그들이 오지 않는 것은 실로 당연한 일입니다. 지금이라도 대왕이 그들과 더불어 천하를 나눠 함께 소유할 의향이 있으면 가히 그들을 즉시 이곳에 이르게 할 수 있습니다. 한신은 비록 제나라 왕의 자리에 오르기는 했으나 이는 대왕의 본의에 따른 게 아닙니다. 팽월 역시 위나라 일대를 모두 평정한 당사자인데도 대왕은 위표를 왕으로 삼으면서 그를 상국으로 삼았을 뿐입니다. 지금 위표가 죽고 없는 까닭에 팽월은 내심 보위에 오르기를 간절히 바라고 있는데도 대왕은 이를 속히 확정해주지 않고 있습니다. 지금이라도 수양睢陽 이북에서 곡성穀城에 이르는 땅을 팽월에게 주어 위나라 왕으로 삼고, 진성陳城 이동에서 바다에 이르는 땅을 한신에게 떼어주십시오. 한신은 고향이 초나라 지역에 있는 까닭에 초나라의 옛 땅을 다시 찾고 싶어 할 것입니다. 이 두 곳을 두 사람에게 내준 뒤 그들로 하여금 항우와 싸우도록 하면 항우는 이내 쉽게 무너지고 말 것입니다."

장량이 팽월에게 떼어줄 곳으로 언급한 '수양 이북에서 곡성에 이르는 땅'은 이미 팽월이 장악하고 있는 지역이다. 떼어주고 말 것도 없는 곳이다. 현실을 승인하면 끝난다. 그런데도 욕심이 많은 유방은 이를 인정하려들지 않았던 것이다. 문제는 한신이다. 한신에게 떼어줄 것을 권한 '진성이동에서 바다에 이르는 땅'은 초나라 땅의 대부분을 포함한다. 이는 차원이 다르다. 장량은 유방에게 제나라 땅에 이어 초나라 땅까지 '덤'으로 얹어줄 것을 권한 것일까? 있을 수 없는 일이다.

팽월과 한신은 이미 위나라와 제나라를 실질적으로 지배하고 있는 군웅의 일원이었다. 항우와 일대 결전을 앞두고 있는 상황에서 유방이 이들에게 일방적으로 명을 내릴 수 있는 입장이 아니었다. 당시의 정황에 비춰 유방은 거짓 포상을 미끼로 내걸고 상대를 농락한 게 거의 확실하다. 홍구강화 회담 때 써먹은 기만적인 수법과 닮았다.

유방은 항우에 이어 한신에게도 기만적인 궤사를 구사한 것으로 보는 게 옳다. 홍구강화 회담 때 써먹은 궤사의 책임을 장량과 진평에게 덮어

씌운 것처럼, 기만적인 미끼를 내걸고 한신을 꼬드긴 책임을 장량에게 떠넘긴 셈이다. 이종오가 『후흑학』에서 유방을 월왕 구천에 버금하는 후흑술의 대가로 평한 것은 정곡을 찌른 것이다.

그러나 엄밀히 얘기하면 유방은 오히려 구천보다 더한 감이 있다. 구천은 기본적으로 건달 출신이 아니다. 나름 체면을 중시했다. 구천은 범리 등의 간언을 들은 뒤 비로소 오왕 부차의 대소변을 맛보는 식의 극단적인 궤사를 구사했다. 이에 반해 유방은 장량과 진평의 건의를 듣기 이전에 이미 천하를 거머쥘 수만 있다면 구천이 행한 것보다 더한 것도 기꺼이 할 수 있는 마음의 준비가 돼있었다. 사서에는 유방이 늘 장량과 진평 등의 간계를 들은 후 마지못해 이를 좇은 것처럼 기록돼있으나 이는 거꾸로 해석할 필요가 있다. 유방은 후흑술의 구사에서 구천보다 윗길이었다.

체면에 미련을 갖지마라

유방은 조금이라도 위협이 될 만한 자가 있으면 온갖 구실을 붙여 저승길로 보냈다. 항우는 이런 일을 아무렇지도 않은 듯 해치울 수 있는 인물이 못된다. 항우가 천하의 패권을 차지한 후 여러 제후왕을 분봉한 조치와 유방이 천하를 거머쥔 뒤 행한 일련의 토사구팽 행각을 비교하면 이를 쉽게 알 수 있다. 이종오가 지적했듯이 잡초처럼 생장한 건달 출신은 원래 체면을 따지지 않는다. 그러나 얼굴이 두꺼운 이런 면후面厚가 난세에는 위력을 발휘한다.

유방은 '면후' 위에 마음이 시꺼먼 심흑心黑까지 곁들였다. 어지러운 난세에 천하를 거머쥘 수 있는 모든 조건을 구비한 셈이다. 당대 최고의 전략가인 항우와 한신은 이런 '면후'와 '심흑'의 술책이 없었다. 후흑술 관점에서 보면 두 사람 모두 난세에 남의 부림을 받는 장수나 책사는 될 수 있을지언정 천하를 거머쥐는 창업주로서는 자격미달이다. 그런 점에서 난세에는 여러모로 건달이 유리하다. 시정에서 잔뼈가 굵으면서 이익을 향해 줄달음치는 민성民性을 뼈저리게 절감할 수 있기 때문이다.

장량이 대공을 이룬 뒤 현실정치에서 손을 뗀 것도 이런 맥락에서 이해할 수 있다. 여러모로 범리와 유사한 행보를 보였다고 평하는 이유다. 당시 장량은 범리처럼 유방과 구천의 유사점을 통찰하고 있었다. 고난은 함께 해도 부귀영화는 함께 누릴 수 없는 인물이라는 사실을 숙지한 게 그렇다. 다만 천하대사가 끝난 뒤 범리가 구천 곁을 표표히 떠난 데 반해, 장량은 신선술에 빠지는 식의 위장행동으로 속세와 인연을 끊은 점만이 다를 뿐이다.

중국의 역대 인물 가운데 21세기 현재에 이르기까지 범리와 장량이 제갈량과 더불어 최고의 '지낭'으로 꼽히는 이유도 이와 관련이 있을 것이다. 이는 두 사람이 공을 세운 뒤 아무 미련 없이 뒤로 물러난 데 있다. 이른바 공성신퇴功成身退를 실천한 것이다. 군주로서도 이들을 경계할 이유가 없게 된다. 두 사람이 '토사구팽'을 피해 천수를 누리게 된 근본배경이 여기에 있다.

천하를 틀어쥔 뒤 유방은 장량의 공에 보답하기 위해 제 지방의 3만 호를 주려고 했다. 한나라 초기 신하들의 영지는 조참에게 내려준 1만6백호가 가장 컸다. 거의 2배에 달한다. 파격에 가까운 우대로 볼 수 있다. 장량이 이를 덜컥 받으면 어떻게 될까? '공성신퇴'의 취지가 무색해진다. 유방의 견제 눈초리도 피할 수 없게 된다. 「유후세가」는 장량이 정중히 사양한 내용을 이같이 기록해 놓았다.

"당초 신은 하비에서 반란을 일으켰다가 도중에 폐하와 유현留縣에서 만나게 되었습니다. 이는 하늘이 신을 폐하에게 내려주신 것입니다. 폐하는 신의 계책을 써서 다행히 그때마다 적중했습니다. 신은 유현이면 족합니다. 3만 호는 당치도 않습니다."

장량은 유현 일대의 1만 호를 영지로 받은 뒤 유후留侯로 불리게 됐다. 범리처럼 군주 곁을 완전히 떠나는 방안 대신 조참보다 덜 받는 것으로 나름 '공성신퇴'의 취지를 살린 셈이다. 범리보다는 상대적으로 세속적인 길을 택한 셈이다. 그러나 큰 틀에서 보면 세속에 묻혀 있으면서 탈속脫俗을 추구하는 쪽이 훨씬 더 현명한 방법이다. 「유후세가」에 따르면 훗날 그는 자신의 삶을 이같이 요약했다.

"우리 집안은 대대로 전국시대 한나라의 재상이었다. 한나라가 멸망하자 만금의 재산을 던져 망국 한나라를 위해 막강한 진나라에 복수해 천하를 진동시켰다. 이제 세 치의 혀를 가지고 '황제의 스승'이 되어 1만 호를 봉지로 받고 지위는 제후에 오르게 됐다. 이는 인신人臣으로서 최고의 자리에 올랐다고 해야 할 것이다. 더 이상의 욕심은 없다. 이제 세상과 하직 인사를 하고 적송자赤松子의 자취를 따르고자 한다."

장량이 전설적인 도인인 '적송자'의 길을 걷겠다고 선언한 것은 삶을 등산에 비유한 결과다. 제왕의 자리를 빼고는 인신으로서는 최고의 자리 에 오른 만큼 이제 하산하겠다는 취지를 밝힌 것이다. 제왕의 그릇이 아 닌 사람이 정승 자리까지 오르고도 더 욕심을 내는 것은 패망의 길이다. 장량은 자신의 그릇이 천기를 틀어쥐는 능력은 없어도 이를 얻는 방법을 아는 책사에 부합한다는 사실을 통찰하고 있었다.

그는 단순한 '일인지하, 만인지상'의 정승이 아니었다. 스스로를 '황제 의 스승'에 비유한 게 그렇다. 장량이 늘 입을 다문 채 유방 스스로 자신 에게 자문을 구할 때까지 기다린 것도 이런 맥락에서 이해할 수 있다. 공 연히 나섰다가 의심을 받을까 우려한 것이다. 그가 대공을 이룬 후 '적송 자' 운운하며 속세와 거리를 둔 이유다.

고금을 막론하고 천하가 평정됐는데도 매사를 자기중심적으로 생각하 는 주군을 계속 모시는 것은 매우 위험한 일이다. 장량은 초한지제의 막 바지에 이르러 유씨의 천하를 만들어 놓은 뒤 아무 미련 없이 떠날 생각 을 한 게 확실하다.

최고는 누구인가?

진시황이 급서한 후 천하의 패권을 놓고 항우와 유방이 다툰 시기를 흔히 초한지제楚漢之際라고 한다. 이 시기에 유방의 책사로 활약한 장량張良은 삼국시대의 제갈량과 더불어 중국 역사상 가장 뛰어난 군사軍師 내지 군사君師로 칭송받고 있다. 장량은 유방을 도와 전한의 건립에 커다란 공을 세우고, 제갈량은 유비를 도와 삼국정립의 한 축을 형성했다는 게 이유다. 오랫동안 호사가들은 두 사람이 여러 모로 닮은 점에 주목해 누가 과연 천하제일의 '꾀주머니'인가에 대해 많은 관심을 기울였다. 이른바 '천하제일의 지낭智囊 논쟁'이다.

제갈량인가 장량인가

『삼국연의』를 읽은 독자들은 제갈량을 천하제일의 지낭으로 꼽기 십상이다. 그러나 「고조본기」를 토대로 한 『초한지』를 읽을 경우 얘기가 달라진다. 적잖은 사람들이 장량을 제갈량보다 윗길의 지낭으로 꼽는 이유다. '초한지제'의 인물 가운데 『사기』와 『한서』 등을 통해 사실 이상으로 크게 미화된 대표적인 인물을 고르라면 단연 유방과 장량을 들 수 있다. 항우와 한신의 사적이 깎이거나 묻힌 것과 대비된다.

『삼국연의』와 『초한지』를 모두 읽은 독자에게 제갈량과 장량 가운데 누가 '천하제일의 지낭'인지를 물으면 대답이 반반으로 엇갈릴 수밖에 없다. 두 사람의 성장배경은 서로 닮은 점이 많다. 장량은 당대의 명문가 출신이다. 비록 조국 한나라는 진나라에 의해 패망했지만 그의 집안은 300명의 노비를 부릴 정도로 부유했다. 진시황 척살 음모를 꾸밀 수 있었던 것도 이런 배경과 관련이 있다. 그의 진시황 척살 기도는 크게 3가지 의미를 지니고 있다.

의분을 감추지 않는 적극적인 장량

첫째, 가문에 대한 자부심이다. 나라가 망한 상황에서 대대로 재상을 배출한 집안이 일족의 평안만 꾀하는 것은 도리가 아니라고 생각했을 가능성이 크다. 둘째, 남다른 담략과 과단성이다. 동생의 장례도 생략한 채 가산을 모두 기울여서 자객을 구한 뒤 사상 최초의 제국을 세운 진시황과 맞선 게 그렇다. 셋째, 천하대세를 거스른 반동적인 행보이다. 도량형과 문자 등을 달리한 6국의 부활은 백성들의 입장에서 볼 때 재차 암흑기로 들어가는 것을 의미한다. 천하통일에 대한 귀족과 서민들의 이해관계는 정면으로 대립하고 있었다. 장량을 극도로 미화한 『사기』「유후세가」의 기록을 액면 그대로 좇아서는 안 되는 이유다.

제갈량 역시 장량보다 약간 못하기는 하나 명문가 출신이다. 체모가 수려한 것도 비슷하다. 다만 집안이 넉넉하지 못해 농사를 지으며 때를 기다린 게 약간 다르기는 하다. 그러나 이 또한 장량이 하비에 숨어살며 열심히 병서 등을 읽은 점에 초점을 맞추면 별반 차이가 없는 셈이다. 그럼에도 두 사람은 크게 2가지 점에서 적잖은 차이가 있다.

때를 기다리는 전형적인 2인자 제갈량

첫째, 장량은 적극적인 반면 제갈량은 소극적이었다. 장량은 당시의 기준에서 볼 때 만고의 역적으로 몰릴 수도 있는 진시황 척살을 '감히' 시도했다. 자신의 울분을 그대로 터뜨린 셈이다. 이에 반해 제갈량은 자신을 알아주는 사람을 만날 때까지 몸을 숨긴 채 학업에 매진했다. 전형적인 참모의 모습이다. 장량을 역대 최고의 참모로 평가하는 기존의 견해에 대한 수정을 요하는 대목이다.

둘째, 장량은 실천적인 데 반해 제갈량은 이론적이었다. 장량은 유방과 합류하기 전만 하더라도 독립적으로 무리를 이끌며 반진反秦 투쟁에 나섰다. 장수 스타일에 가깝다. 그는 나름 지략도 뛰어났지만 자신의 생각을 곧 실천으로 옮겼다는 점에서 제갈량과 적잖은 차이가 있다. 제갈량은 장량과 달리 본인이 직접 나서는 것을 꺼렸다. 그보다는 주군의 자문에 응하는 것을 좋아했다. 스스로를 관중과 악의에 비유한 게 그렇다. 자신의 독창적인 이론에 자부심을 느끼는 서생의 전형적인 모습이다.

제갈량은 융중에서 유비와 처음 만난 자리에서 '천하삼분지계'를 역설하며 자신의 재능을 과시했다. 이른바 '융중대'이다. '융중대'는 총론에서 보면 나름 그럴듯하나 각론에 들어가면 구체성을 결여한 매우 추상적인 얘기로 꾸며져 있다. 『삼국연의』에 묘사된 것처럼 '천하제일의 지낭'으로 간주하는 것은 적잖은 문제가 있음을 시사한다. 주목할 것은 '초한지제' 당시 승패를 가른 뛰어난 계책을 낸 당사자로 장량과 진평이 함께 거론되

고 있는 점이다. 한신이 제나라 왕에 봉해 달라고 청했을 때 유방이 벌컥
화를 내자 두 사람이 동시에 이를 제지한 게 그렇다. 홍구鴻溝에서 강화한
직후 유방에게 철군하는 항우군을 곧바로 추격할 것을 건의한 것도 두 사
람의 합작품으로 되어 있다. 통상 여러 명의 참모들이 있을 경우 차례로
건의하는 점에 비춰 매우 이례적이다.

사서는 왜 두 사람이 공히 계책을 낸 것으로 기록해놓은 것일까? 승패
를 가르는 중요한 순간에 진평이 먼저 계책을 낸 것으로 기록해놓을 경우
진평을 크게 부각시키는 것이나 다름없다. 진평은 유방의 무리 내에서 큰
인기가 없었다. 유방에 귀의하기 전까지 주군을 바꿔가며 섬기는 등 어지
러운 행보를 보인 탓이다. '굴러온 돌'에 해당하는 진평이 크게 부각되는
것을 꺼린 나머지 함께 계책을 낸 것으로 기록해놓은 것은 아닐까?

나라를 되찾은 진평의 공

제갈량은 장량에 비교하기보다는 오히려 비슷한 행보를 보인 진평과
비교하는 게 타당하다. 진평은 초장에 자신을 알아주는 주군을 곧바로 만
나지 못해 '방황한' 전력이 있기는 하나 이는 작은 사안에 지나지 않는다.
제갈량도 『삼국지』 배송지 주에 인용된 『위략』에 따르면 스스로 유비를
찾아간 것으로 돼있다.

중요한 것은 내용이다. 얼마나 제대로 '보필'했는지 여부가 평가의 기
준이 돼야 한다. 진평은 한나라의 사직을 구한 말 그대로 사직지신社稷之

臣이다. 한나라는 유방 사후 유씨의 나라가 아닌 여씨의 나라로 바뀐 것이나 다름없었다. 여후가 작심했다면 훗날 측천무후가 그랬던 것처럼 새 나라를 건설할 수도 있었다. 이런 위기 상황에서 유씨의 사직을 되찾아온 장본인이 바로 진평이다. 제갈량이 유비 사후 후주인 유선을 지극정성으로 섬기며 촉한의 사직을 지킨 것과 닮았다.

장량은 진평과 달리 유방이 살아있을 때 이미 그 곁을 떠났다. 표면상 '신선술'을 내세웠지만 이는 구실에 불과하다. 관련 기록을 종합해보면 유방의 신하로 계속 있는 것을 거부한 것으로 보는 게 합리적이다. 「고조본기」는 유방을 '통 큰 군자'로 미화해놓았지만 행간을 보면 유방은 여러모로 월왕 구천과 닮았다. 범리는 구천 곁을 떠날 때 함께 일한 대부 문종에게 충고하기를, "구천은 고난은 같이 해도 영화는 같이 누릴 수 없는 관상을 지니고 있다."라고 지적했다. 이는 유방에게도 그대로 적용되는 이야기다.

진평과 제갈량은 2인자 리더십의 전형에 해당한다. 공을 세운 후 곧바로 주군 곁을 떠난 장량과 범리는 1인자도, 2인자도 아닌 '1인자의 스승'에 가깝다. 신하이되 신하로 대하지 않는 이른바 신이불신臣而不臣의 신하를 말한다. 왕사王師와 제사帝師, 국사國師 등의 군사君師가 바로 대표적인 사례에 속한다.

미국에서 가장 성공한 대통령은 '프랭클린 루스벨트'다. 그에게는 '루이 하우'라는 참모가 있었다. 젊은 시절부터 함께한 하우는 루스벨트를 대통령으로 만드는 데 인생을 걸었다. 그런데 루스벨트가 소아마비 증세로 걷지 못하게 되었다. 모든 것이 무너져내렸다. 정치 인생은 끝났다고 판단되었다.

그러나 하우는 루스벨트 곁을 떠나지 않았다. 대통령을 만들려는 꿈도 포기하지 않았다. 하나도 변하지 않았다. 무려 7년을 그렇게 곁에서 지켰다. 그리고 뉴욕 주지사에 루스벨트를 당선시켰고 4년 뒤에는 대통령으로 만들었다.

그런 하우였지만 별명은 '미스터 노맨'이었다. 루스벨트 앞에서 항상 '노'라고 말할 준비를 하고 있었다. 현실을 언제나 냉철하게 판단하고 있었기 때문이다.

가능성을 잃어 모두 떠났을 때, 그때도 홀로 자리를 지켰던 루이 하우, 그리고 언제나 안 된다고 말할 수 있었던 루이 하우는 2인자의 덕목을 모두 가진 최고의 참모였다.

제 7 장

유비
·
마음을 훔치는
1인자

VS

공평하고 명확한
2인자
·
제갈량

공자는 "세 사람이 길을 가면 반드시 스승이 있다.三人行, 必有我師焉"고 했다.

1인자가 스승이 될 수도, 2인자가 스승이 될 수도 있다.

4차산업혁명시대는 융합의 시대다. 제한되고 나뉘어진 역할보다는 복합적 능력과 소통능력이 더 중요하다.

제7장 유비와 제갈량

"무엇을 얻었다고 족히 기뻐할 것이며
무엇을 잃었다고 족히 근심할 것인가!"

– 유비

인재를 적재적소에 등용하라

『삼국연의』는 유비를 가장 이상적인 '명군'으로 만들기 위해 심혈을 기울였다. 입만 열면 '한실부흥'을 되뇌면서 불인한 모습을 보면 눈물을 자주 흘리는 것으로 묘사된 게 그 증거다.

적잖은 사람들이 '유비는 눈물로 촉한의 강산을 얻었다'는 말을 역사적 사실처럼 믿고 있다. 여포가 유비를 기습해 서주를 탈취할 때 유비는 몸 붙일 곳조차 없게 되었는데도 그저 이같이 탄식만 하는 모습으로 그려져 있다.

"무엇을 얻었다고 족히 기뻐할 것이며 무엇을 잃었다고 족히 근심할 것인가!"

그러나 『삼국연의』를 세밀히 들여다보면 유비의 진면목을 엿볼 수 있는 대목이 곳곳에 나온다. 유비는 자신의 부인이 적군에게 끌려갔다는 말을 듣고도 그저 묵묵히 입을 다문 채 결코 눈물을 보이지 않았다. 조조에게 패하여 관우와 장비도 흩어지고 처자의 생사조차 알 길이 없는 상황에서도 눈물 한 방울 흘리지 않았다. 이것이 유비의 진면목에 가깝다.

진수의 『삼국지』를 보면 유비는 눈물을 거의 흘리지 않았다. 이종오가 『후흑학』에서 지적했듯이 '후흑술'의 대가인 유비가 눈물을 흘리는 것 자체가 잘 어울리지 않는 것이기도 하다. 조조와 손권 등이 유비를 지칭해 '천하의 효웅梟雄'이라고 한 게 그 증거다.

유비의 재능을 평가해 보면 무예는 확실히 관우와 장비, 조운 등에게 미치지 못했고 지모 또한 제갈량과 방통 등을 따르지 못했다. 그러나 그에게는 인재를 알아보고 발탁하여 적절히 이용할 줄 아는 능력이 있었다. 그리고 이러한 충성스러운 참모와 맹장들이 있었기 때문에 조조와 손권 같은 천하의 호걸들과 자웅을 겨룰 수 있었다. 유비는 결코 눈물로 강산을 얻은 자가 아니었다.

유비가 인재를 알아보고 적재적소에 등용하는 능력은 제갈량도 따르지 못했다. 위연이 황충을 구한 뒤 귀순해 왔을 때 제갈량은 그를 참수하려고 했다. 그러나 유비는 이를 허락지 않고 위연을 한중태수로 삼았다. 그 결과 위연은 촉한을 위해 수많은 전공을 세웠다. 또 마속이 제갈량의 중시를 받았지만 유비는 그를 가리키며 '말이 행동에 비해 지나치게 과장되니 높이 등용하지 말라'고 당부하기도 했다. 사람을 알아보는 안목인 지인지감知人之鑑이 제갈량보다 뛰어났음을 알 수 있다.

『세설신어』「식감識鑑」에 따르면 일찍이 조조가 형주에 있을 때 유비의 동료였던 배잠裴潛에게 유비의 인물평을 물은 바 있다. 배잠은 이같이 대답했다.

"만일 중원에 있으면 다른 나라를 어지럽힐 만하지만 치세를 이룰 정도는 못됩니다. 만일 변경에 거점을 두고 험난한 요충지를 지키면 한쪽의 주인이 되는 정도는 가능할 것입니다."

'한쪽의 주인'은 바로 촉蜀과 같이 구석진 한 지역을 장악할 정도의 수준은 된다는 뜻이다. 당시 사람들의 유비에 대한 평가는 대략 이와 비슷했을 것이다. 그러나 유비는 오랫동안 이상적인 명군으로 받들어졌다. 『삼국연의』 덕분이다.

『삼국연의』 속의 유비는 뚜렷한 재능이 없는데도 다음과 같은 두 가지 이유로 조조와 같은 영웅들과 어깨를 나란히 한 것으로 묘사돼있다. 첫째, 백성을 사랑하며 매우 관인한 처사로 인심을 얻었다. 둘째, 고귀한 혈통으로 황숙皇叔의 신분이었다. 원래 '황숙' 운운은 유비의 족보가 날조된 것인 까닭에 크게 고려할 것도 없다. 그러나 관인하며 백성을 사랑해 인심을 얻었다는 대목만큼은 사서의 기록과 거의 일치한다. 도대체 유비는 어떤 이유로 이런 상황을 연출하게 된 것일까? 유비의 성장배경을 간략히 살펴보면 그 원인을 찾아낼 수 있다.

유비의 모친은 가난 속에서도 유비가 15세가 되던 해 전 구강태수였던 노식魯植에게 보내 그의 문하에서 글을 배우도록 배려했다. 노식은 당대의 대유大儒였다. 환관들의 횡포에 반대한 청류淸流 관원으로도 명성이 높았다. 황건적의 난을 진압하는 데에도 적잖은 공훈을 세운 바 있다. 유비는 처음부터 당대의 대유 밑에서 학문을 닦는 행운을 잡은 셈이다.

그럼에도 유비는 열심히 공부하는 모습을 보이지 않았다. 이는 조조가 전쟁터에까지 책을 들고 가 읽은 것과 대비된다. 유비에게는 노식이라는 명사 밑에서 공부했다는 것이 하나의 자산으로 남아있었을 뿐이다. 그럼

王大將軍年少時鷹音田舍石語音
亢楚武帝喚時賢共言俊愛之事
人人皆多有所知唯王都無所關意
色殊惡自言知打鼓吹帝即令取鼓
與芥坐振袖而起揚槌奮音節
諧搖神氣豪上停若無人豪坐歎
其雄爽

王濬仲世許高尚之目甞荒悐芥
色體爲之弊芥諫之濬仲曰晉
乃不覺尒如此者甚易耳乃開內
後閭駈諸婢妾數十人出路任其所
之時人歎爲
王大將軍自目高朗踈率學通左氏
驎老伏慶志在千里烈士蘇年壯

「세설신어」

에도 그는 이때 나름 사람을 읽고 세상을 보는 눈을 배운 것으로 보인다. 타고난 재질로 해석할 수 있다. 진수의 인물평이 이를 뒷받침한다.

"유비는 도량이 넓고 의지가 강하며 마음이 너그러웠다. 인물을 알아보고 선비를 예우할 줄도 알았다. 그는 한고조 유방의 풍모를 갖고 있었으니 실로 영웅의 그릇이었다. 그가 제갈량에게 어린 유선을 맡기면서 전혀 의심하지 않은 것은 참으로 군신君臣 간의 지극한 공심公心에 따른 것이다. 고금을 통해 보기 드문 일이다. 유비는 임기응변의 재간과 책략에서 조조에 미치지 못했기 때문에 국토 또한 협소했다. 그러나 그는 좌절해도 흔들리지 않았다. 끝까지 조조의 신하가 되지 않은 이유다. 아마도 조조의 도량으로는 틀림없이 자신을 받아들이지 못할 것을 미리 짐작해 그와 이익을 다투지 않음으로써 그 해를 피하려고 했던 것으로 보인다."

이론의 여지가 전혀 없는 것은 아니나 유비의 매력이 어디에 있는지를 적확히 지적하고 있다. 유비는 자신의 속셈을 감추는 교활함과 함께 사람의 마음을 사로잡는 인간적인 매력이 있었다. 모든 사람을 거의 친구처럼 사귀면서 적극 활용한 걸 보면 알 수 있다. 전국시대 제나라의 맹상군孟嘗君이 계명구도鷄鳴狗盜의 하찮은 재주를 지닌 자까지 식객으로 둔 것을 본뜬 셈이다.

유비는 학문을 열심히 연마하지 않은 대신 나름 시변時變을 읽을 줄 아는 안목을 지니고 있었다. 난세에는 주류에 편입되지 못한 유협遊俠의 무리가 횡행하기 마련이다. 이들 협객은 자신을 알아주는 사람을 위해 목숨을 버려서라도 지우지은知遇之恩을 갚고자 한다. 관우 및 장비 역시 의협심이 강하면서도 주류에 편입되지 못하고 소외된 자들이었다. 이들 비주류 협객들 내에서는 유비처럼 자산도 없고 지략도 부족한 듯이 보이는 사람이 오히려 더욱 인간적인 모습으로 비춰질 가능성이 크다.

조조는 비록 탁류 출신이었지만 당대 최고의 지략을 자랑했다. 손권 역시 부형이 마련해놓은 기반 위에서 출발했기 때문에 이들 협객들이 낄 여지가 없었다. 방통이 손권에게 거부당한 게 그 증거다. 유비는 이들 소외된 협객들 및 지식인들에게 하나의 탈출구로 작용했음 직하다. 유비 밑으로 들어간 자들이 거의 무조건적인 충성과 헌신을 한 것도 이런 맥락에서 이해할 수 있다.

유비는 어찌 보면 유방이 죽은 지 4백 년 만에 나타난 '제2의 유방'에 가까웠다. 실제로 유비의 행태는 모든 면에서 유방을 닮아있었다. 그가 한 시대를 풍미한 것도 결코 우연에 의한 것이 아님을 알 수 있다.

좌절할 때일수록 의지를 굳혀라

유비는 진수가 언급한 바와 같이 '임기응변의 계략'에서는 조조에 미치지 못했으나 어떤 곤경에도 좌절하지 않는 굳건한 의지가 있었다. 적벽대전이 일어난 이듬해인 건안 14년(209)에 형주에서 처음으로 발판을 마련할 때까지 실로 25년이란 긴 세월을 무던히 참아낸 사실이 이를 뒷받침한다. 그가 숱한 좌절을 겪으면서도 늘 입만 열면 구두선처럼 떠벌인 게 바로 '인의'와 '한실부흥'이었다. 객관적으로 볼 때 그는 한나라 황실의 후예도 아니었고, 입으로는 '한실부흥'을 내세웠으나 행적만큼은 결코 일관되게 대의에 입각한 것도 아니었다. 사마광의 비판이 그 증거다.

"촉한의 소열제昭烈帝를 한나라 황실의 관계에서 보면 그는 비록 중산정왕의 후예임을 자처했으나 족친 관계가 너무 소원하여 몇 대 후손인지, 그 신분이 어떠했는지 등에 관해 전혀 알 길이 없다. 이는 마치 남북조시대 당시 남조의 송고조宋高祖 유유劉裕가 한나라 때의 초원왕楚元王 후예임을 자처하고 오대십국 당시 남당南唐의 열조烈祖 이승李昪이 당나라 때의 오왕 이각李恪의 후예임을 자처한 것과 같다. 그를 두고 감히 전한을 이은 후한의 광무제光武帝와 동진의 원제元帝 등에 비유하여 한나라의 정통을 이었다고 말할 수는 없는 일이다."

명나라 말기의 왕부지王夫之 역시 유비를 후한의 광무제와 동렬로 보려는 풍조에 반대했다. 『독통감론讀通鑑論』의 해당 대목이다.

"형주를 손에 넣기까지 유비는 정견도 없이 여러 장수 사이를 전전했을 뿐이다. 애초부터 한실의 원수인 동탁을 무찌를 자세도 갖추지 못했다. 영토의 확장에 얽매여 한실의 부흥 따위는 염두에 두지도 않았던 것이다. 그는 조조가 위왕을 칭하자 자신도 멋대로 한중왕이라고 칭하고, 조비가 헌제를 폐하고 제호를 칭하자마자 자신도 늦었다는 듯이 곧바로 제위에 올랐다. 그는 즉위할 당시 대의에 반하는 것이라고 간언한 신하에게 크게 화를 내며 오히려 좌천시켜 버렸다."

유비는 젊었을 때 난세의 혼란을 틈타 군사를 일으켰으나 나이 50세가 되도록 근 20년 동안 이렇다 할 세력을 형성하지 못했다. 유비는 형주의 유표에게 몸을 의탁했을 때 비록 유표로부터 빈객의 대우를 받았으나 엄밀히 따지면 용병에 불과했다.

그는 대부분의 '대기만성형'이 그렇듯이 젊었을 때 숱한 좌절을 겪었다. 천신만고 끝에 가까스로 얻은 기회조차 그가 막 잡으려고 하면 슬그머니 손아귀에서 빠져나갔다. 그러나 오히려 이런 좌절을 겪을 때마다 스스로 의지를 더욱 굳혔다. 그를 높이 평가하는 이유다.

그의 좌절 행보는 관우 및 장비와 함께 황건적 토벌에 나서 가까스로 미관말직인 작은 현의 현위縣尉 자리를 얻을 때부터 시작됐다. 그는 스스로 분을 참지 못해 상관에게 지독한 매를 가한 뒤 관직을 물러났다. 이는 자신의 처량한 신세에 대한 화풀이이기도 했다. 『삼국연의』는 유비를 시종일관 관인한 군주로 묘사하기 위해 매를 가하는 악역을 장비에게 떠넘겼으나 사실 유비는 다혈질의 인물이었다. 오히려 장비가 선비 유형에 가깝다. 이런 기질이 있었기에 적수공권赤手空拳으로 마침내 조조 및 손권과 더불어 삼국정립三國鼎立의 한 축을 담당했을 것이다.

유비는 상대가 뛰어난 인물이라고 인정되면 기꺼이 자신을 낮추는 미덕을 지니고 있었다. 이는 유비가 지닌 가장 큰 매력이기도 했다. 물론 조조도 유사한 미덕을 지니고 있었다. 그러나 조조가 누차 선포한 「구현령求賢令」의 내용과 유비가 인재들에게 내보인 관인寬仁한 행보는 질적으로 다른 것이었다. 조조는 공의公義에 입각한 구현求賢을 추구했다. 이에 대해 유비는 사정私情에 입각한 인현引賢에 매진했다. 조조의 휘하에 모인 인재들은 모두 조조가 내세운 '공의'에 감복한 인물들이었다. 훗날 순욱과 순유 등이 조조와 뜻을 달리해 죽음에 이르게 된 것 역시 '공의'에 대한 해석 차이에 기인한 것이었다.

그러나 유비의 휘하에 모인 인물들은 모두 유비 개인에 대한 충성이 '대의'로 포장된 경우다. 객관적으로 볼 때 유비가 내세운 '한실의 부흥'

이라는 것은 당시의 분위기에서 볼 때 이미 설득력을 잃은 구호에 지나지 않았다. 그럼에도 불구하고 이들이 끈질기게 이를 붙들고 늘어진 것은 그 것만이 유일하게 내세울 수 있는 '대의명분'이었기 때문이다. 이는 역설 적으로 말해 '한실부흥'이라는 대의명분이 당시의 시대적 대세론과 동떨 어진 것임을 보여준다.

많은 사람들이 유비의 '삼고초려三顧草廬'를 유비가 인재를 구한 대표적 인 실례로 들고 있다. 그러나 유비의 '삼고초려'는 예로부터 진실성 여부 가 크게 의문시됐다. 설령 이를 역사적 사실로 보더라도 그 본질은 사사 로운 인정에 의한 '인현'에 지나지 않았다. 당시 제갈량의 27세에 백면서 생에 지나지 않았다. 제갈량으로서는 조조의 '공의'에 입각한 '구현'에 응 할 수도 있었으나 그렇게 해서는 크게 빛을 발하기가 어려웠다. 조조 자 신이 워낙 뛰어난 존재이기도 하지만 이미 그의 휘하에는 기라성 같은 인 재들이 즐비했다. 이들과 다퉈가며 조조의 신임을 받기란 매우 어려운 일 이었다. 유비와 제갈량의 만남은 바로 비슷한 처지에 놓여있던 두 사람이 의기투합한 결과로 보는 게 합리적이다.

주목할 것은 유비가 자신을 따르는 사람에게 절대적인 신임을 주지 않 은 점이다. 제갈량도 예외가 아니었다. 유비가 죽기 직전 제갈량에게 유사 시에 유선을 대신해 나라를 직접 다스릴 것을 당부한 것도 이런 맥락에서 이해할 필요가 있다. 유비의 탁고유명託孤遺命은 고도로 계산된 발언으로 보는 게 옳다. 만고풍상을 겪은 유비는 임종 직전 자신의 유일한 혈육인 유선이 과연 자신이 어렵사리 만든 보위를 계속 이어나갈 수 있을지 걱정했다. 촉한은 이릉대전의 참패로 국위가 많이 손상되고 민력이 피폐해진 상황이었다. 나아가 자신을 새 군주로 모시게 된 세력과 그 이전부터 자신을 따랐던 세력 사이에 보이지 않는 알력이 존재했다. 유비가 제갈량을 임종석상에 부를 때 새로 귀부한 세력의 대표로 이엄李嚴을 부른 이유가 여기에 있다.

여기에는 대략 두 가지 속셈이 담겨있음직하다. 첫째, 이엄 등 새로 귀부한 세력을 제갈량을 통해 견제하려고 했다. 촉한의 신민들은 유언과 유장을 2대에 걸쳐 모셨던 자들이다. 이들이 유비의 덕성에 감복해 충절을 다하리라는 보장이 없다. 제갈량에게 힘을 실어줌으로써 이들을 견제하려고 한 것이다. 둘째, 제갈량 자신을 견제하기 위한 미끼로 볼 수 있다. 유사시 제갈량이 취할 수도 있는 불미스런 행동을 미리 차단하기 위해 '유사시 유선을 대신해 나라를 맡아 달라'고 언급했음직하다. 일종의 복선에 해당한다.

후흑술의 전형에 해당한다. 그가 생전에 보여준 후흑술은 매우 다양하다. 대표적인 예로 형주를 포기하면서 인의를 내세운 경우를 들 수 있다. 당시 제갈량은 혼란을 틈타 형주를 빼앗아버릴 것을 권했다. 유비는 이같이 말했다.

"유경승이 은혜를 베풀고 예를 극진히 하여 나를 대하는데 내가 어찌 그의 위기를 틈타 그의 땅을 빼앗을 수 있겠소?"

『삼국연의』는 이를 유비의 진심에서 우러나온 것으로 묘사해놓았다. 그러나 이는 냉정한 계산 하에 나온 것으로 보는 게 옳다. 객관적으로 볼 때 설령 형주를 빼앗을지라도 조조의 대군으로부터 형주를 지켜 나가기란 매우 어려운 일이다. 이왕 손에 넣을 수 없을 바에는 '군자'의 모습이라도 보일 요량으로 이같이 말했을 가능성이 크다. 위군자僞君子의 전형에 해당한다.

능력이 부족하면 충고로 보충하라

원래 유비의 인재를 알아보는 안목은 그다지 높지 않았다. 비록 진수는 유비가 사람을 알아보고 선비를 예우하는 '지인대사知人待士'에 능했다고 기록해놓았으나 이는 과장된 측면이 있다. 방통과의 첫 대면을 보면 쉽게 알 수 있다. 유비는 방통의 그릇을 제대로 보지 못하고 현령이 되어 뇌양현을 다스리도록 했다. 현령을 맡은 방통은 아무런 치적을 올리지 못해 파면당하고 말았다. 유비는 방통을 기껏 작은 고을이나 다스리는 '백리지재百里之才' 정도로밖에 파악하지 못한 것이다.

조조는 인재를 보면 그가 어느 고장에 누구인지를 파악해 모든 연줄을 동원해 그를 수하로 거두어들였다. 그러나 유비는 사람 보는 눈도 밝지 못한 탓에 이런 모습을 전혀 보여주지 못했다. 그럼에도 『삼국연의』는 유비가 인재 구하기를 마치 가뭄에 비를 기다리듯 했다고 묘사해놓았다. 맹랑한 허구이다.

물론 유비도 노숙과 제갈량의 충언을 듣고 난 후 방통을 다시 불러 중용하기는 했다. 이런 면모마저 없었다면 아무리 인간적인 매력이 넘쳐났을지라도 천하를 넘보지는 못했을 것이다. 유비는 비록 지감知鑑은 뛰어나지 못했으나 한고조 유방처럼 남의 충고를 들으면 곧바로 이를 받아들일 줄 하는 미덕을 갖추고 있었다.

그러나 유비는 명민하지 못했다. 익주를 점거할 때 방통의 계책을 곧바로 받아들이지 않은 탓에 무진 고생을 한 것은 물론 방통마저 잃은 게 그렇다. 방통은 유비가 건안 16년(211)에 유장의 청을 받고 익주로 들어갈 때 이 기회를 이용해 익주를 빼앗을 것을 권했다. 그러나 유비는 이를 단호히 거부했다. '천하의 효웅'인 유비는 왜 방통의 건의를 받아들이지 않은 것일까? 배송지 주에 인용된 『구주춘추』에 그 배경을 짐작하게 해주는 대목이 나온다.

"지금 나와 물과 불처럼 상극인 자는 바로 조조요. 그는 엄격하지만 나는 너그럽고, 그는 법을 이용하지만 나는 덕를 이용하고, 그는 궤사詭詐를 쓰지만 나는 충신忠信을 쓰고 있소. 지금 작은 것을 취해 천하에 신의를 잃는 것은 내가 할 수 없는 일이오!"

그럴듯한 말이기는 하나 이후의 행보를 보면 헛말에 불과했음을 쉽게 알 수 있다. 한중의 장로 세력을 몰아낸다는 명목으로 유장으로부터 병사까지 지원받아 한중으로 가는 도중 가맹관에 군대를 주둔시킨 뒤 1년 동안 아무런 행동도 취하지 않았다. 그리고는 유장 세력 내부에서 이탈자가 나오자 이를 기화로 억지 구실을 만들어 익주를 탈취했다. 완전히 표리부동한 짓이었다.

유비는 오랜 기간 좌절을 겪으면서 스스로 후흑술의 묘리를 터득했다. 유비가 천하를 제패했으면 유방을 방불하는 '제2의 토사구팽'이 일어났을 것으로 짐작하는 이유다. 천하를 거머쥐는 순간 더 이상 후흑술을 쓸 이유가 없다고 판단해 그간 가슴 깊이 묻어 두었던 여러 사원私怨을 풀기 위해 거침없이 행동했을 가능성이 크다. 그가 구사한 후흑술은 후한 때 극성한 예교禮教의 어두운 그림자가 만들어낸 위선의 전형이다. 당시는 이런 위선이 횡행한 까닭에 유덕자를 가장하는 것이 그리 큰 문제가 되지 않았다.

난세에는 가진 자산도 없고 뛰어난 지략이 없음에도 불구하고 사람을 끌어들여 창업에 성공하는 인물이 나오기 마련이다. 대표적인 실례가 바로 한고조 유방이었다. 유방 역시 모든 면에서 항우보다 못했음에도 불구하고 그의 밑에는 한신과 장량, 소하라는 뛰어난 신하가 있었다.

송태조 조광윤도 인물 자체는 크게 볼 것이 없었으나 죽음을 같이하려는 10명의 공신이 그의 뒤를 받쳐주었다. 명태조 주원장도 이선장李善長과 송렴宋濂 등의 학자를 끌어들여 예악제도를 정비하고, 정략과 지모가 풍부한 유기劉基를 휘하에 두고 창업의 기틀을 닦았다. 유비도 유사한 길을 걸은 셈이다.

다만 유비는 조조처럼 지략이 뛰어난 인물을 만난 게 불행이라면 불행이었다. 만일 유비도 항우와 유사한 행태를 보인 원소하고만 싸움을 벌였다면 틀림없이 승리를 거두고 천하를 거머쥐었을 것이다. 그러나 그는 불행하게도 조조와 같은 인물을 만났다. 성패가 시대에 따라 다르게 나타나는 이유다.

『삼국연의』는 유비를 간웅의 표상으로 묘사된 조조와 극명하게 대비되는 군자의 상징으로 그려놓았다. 그러나 『삼국지』를 보면 결코 관인한 군자의 풍모로 일관한 게 아님을 금방 알 수 있다. 그는 다혈질의 전형에 해당한다. 이릉대전처럼 뒷감당을 제대로 하지도 못하면서 일을 크게 벌이다가 낭패를 본 것 등이 그렇다. 그는 조조가 중원을 제압해 탄탄한 세력을 구축하고 강남의 손권이 부형의 기업을 이어받아 중원을 넘볼 때 근거지도 없이 떠도는 방랑자 신세에 불과했다. 그럼에도 마침내 이들과 어깨를 나란히 할 수 있었던 것은 나름 후흑술에 뛰어났기 때문이라고 볼 수 있다.

이종오는 조조를 마음이 시커먼 '심흑心黑', 유비를 얼굴이 두꺼운 '면후面厚'의 달인으로 평가했으나 이는 부분적으로만 타당하다. 유비는 가진 자산도 없었고 뛰어난 지략도 없었기 때문에 신고辛苦의 세월을 보내야 했다. '면후'에 능한 것만으로는 부족했다. 그는 '심흑'에서도 조조를 뛰어넘었다.

조조는 탁류 출신이기는 했으나 굳이 후흑술을 수시로 구사할 필요가 없었다. 무엇보다 그 자신이 뛰어났기 때문이다. 그가 후흑술을 구사한 것은 오직 전쟁터뿐이었다. 그러나 유비의 경우는 다르다. 후흑술을 구사하지 않고는 휘하에 인재들을 모을 길이 없었다. 군자를 흉내 낸 '위군자'의 행보가 그것이다. 이를 탓해서는 안 된다. 이종오가 지적했듯이 난세에는 후흑술을 구사하는 자만이 능히 천하를 거머쥘 수 있기 때문이다.

입체적으로 조망하라

제갈량은 광화4년(181) 산동의 낭야군 양도에서 태어났다. 황건적의 난이 일어나기 4년 전이다. 전한 말에 사례교위를 지낸 제갈풍諸葛豊의 후손이니 명문 출신이라 할 만하다. 제갈풍은 성격이 강직해 외척인 허장許章이라는 권신을 탄핵했기 때문에 황제의 노여움을 사 서민의 신분으로 내려갔다. 제갈풍의 후손이 바로 낭야군에 집단 거주했던 제갈씨들이다.

위소韋昭가 지은 『오서吳書』에 따르면 제갈량의 선조는 산동의 낭야 제현에 거주하면서 단지 '갈씨'라고 불리고 있었는데 후에 양도로 이주하면서 그곳의 '갈씨'와 구별하기 위해 '제갈씨'로 불리게 되었다고 한다. 이후 '제갈씨'는 청사에 이름을 남길만한 인물을 배출하지 못했다.

'제갈씨'가 역사에 등장하는 것은 제갈량이 등장한 이후이다. 제갈량의 소년시절은 그다지 행복했다고 할 수는 없다. 어릴 때 잇따라 부모를 여의고 뒤를 돌봐주던 숙부 제갈현諸葛玄마저 세상을 뜨자 할 수 없이 융중이라는 곳에 초막을 짓고 낮에는 농사짓고 밤에는 책을 읽는 생활을 시작했다. 제갈량의 부친 제갈규諸葛珪에 대해서는 그가 후한 말기에 태산군승이 되었다는 것 외에는 별반 알려진 게 없다. 제갈규는 본처 장씨章氏로부 3남1녀를 두었다. 장남인 제갈근諸葛瑾은 제갈량보다 7세 위였고 나중에 오나라에서 벼슬하여 대장군주목까지 올라갔다. 차남이 바로 제갈량이다. 막내인 제갈균諸葛均은 촉에서 장수교위를 지냈다. 딸은 양양의 명사 방산민龐山民에게 시집갔다.

『오서』는 제갈근이 낙양에 유학하고 있을 때 생모 장씨가 죽었다고 기록해놓았다. 당시 지식인 자제의 유학연령이 대개 15세였던 점을 고려하면 장씨는 장남 제갈근이 15세 전후일 때 죽었을 것이다. 그렇다면 제갈량은 8세 정도에 부친은 물론 생모와도 사별한 셈이 된다.

제갈량의 청소년 시절 행적은 숙부 제갈현을 따라 고향인 낭야에서 형주의 양양으로 이사해 살았다는 것 이외에는 아무 것도 알려져 있지 않다. 숙부 사후 농부로서 비좁은 땅을 부쳐 근근히 입에 풀칠을 했던 것으로 짐작된다. 특이한 점으로는 당시 제갈량은 학문을 닦는 데 남다른 노력을 기울였고 영천의 석광원과 서원직, 여남출신 맹공위 등과 어울렸던 점 등을 들 수 있다. 이런 행보가 훗날 역사상 가장 위대한 재상으로 추앙받는 바탕이 되었을 것이다.

제갈량은 융중에 있을 때 스스로를 관중 및 악의에 비유하곤 했다. 관중은 춘추시대 중엽 제환공을 보좌해 첫 패업을 이룬 명재상이고, 악의는 전국시대 말기 연소왕燕昭王을 도와 소국 연나라를 강국으로 만든 명장이다. 제갈량은 패도의 실천자였던 관중과 악의로부터 난세를 타개하는 비책을 배우려고 했던 것으로 보인다.

그러나 제갈량이 어떤 근거로 스스로를 관중 및 악의에 비유했는지는 자세히 알 길이 없다. 일부 사람들 중에는 제갈량의 자평을 놓고 자귀자대自貴自大로 해석한 나머지 제갈량을 심지어는 '광인'으로 비웃은 자도 있었다고 한다. 그러나 제갈량은 사실 당대의 기재로 보아도 큰 잘못이 없다. 그만큼 그는 뛰어난 식견을 자랑했다.

여러 가지 정황에 비추어 그는 후한말기의 혼란을 끝낼 수 있는 뛰어난 인물 밑에서 모신으로 활약하고자 했던 것으로 보인다. 결코 『삼국연의』에 묘사된 것과 같이 한가롭게 '삼고초려'를 기다리고 있었던 것은 아니라는 얘기다. 지금까지 제갈량은 유비의 '삼고초려'로 인해 세상에 나온 것으로 알려져 있으나 배송지 주에 인용된 『위략』과 『구주춘추』에는 제갈량이 스스로 유비를 찾아간 것으로 나오고 있다.

그렇다면 '천하삼분지계'를 언급한 제갈량의 '융중대隆中對'는 어떻게 해석하는 것이 옳을까? '융중대'의 진실성을 논하기에 앞서 『삼국지』에 실려 있는 '융중대'의 내용부터 간략히 살펴볼 필요가 있다.

"동탁이 낙양에 진격해 들어온 후 군웅이 각처에서 일어나 그 세력 범위가 주와 군에 걸쳐 있는 자만 셀 수 없이 많습니다. 조조를 원소에 비교하면 명망도 낮고 병력도 적지만 결국 원소를 타파한 것은 그의 지모 때문이었습니다. 지금처럼 조조가 백만 대군을 거느린 채 천자를 끼고 제후를 호령하면 그와 다툴 만한 사람은 없습니다. 또한 손권은 강동에 웅거한 지 이미 3대가 지났고 지세 또한 험한 데다 백성이 믿고 따르며 현능한 인재가 등용되고 있으니 그와 동맹을 맺을 수는 있어도 그를 도모할 수는 없습니다. 형주의 지세는 험요하여 북에는 한수漢水가 있고 남으로 남해南海로 통할 수 있고 동쪽으로 오군과 회계군, 서쪽으로 파군과 촉군으로 통하니 이는 사방이 터져있는 요충지인 이른바 용무지국用武之國입니다. 그러나 형주의 주인 유표는 이를 지킬 수 없으니 이는 거의 하늘이 장군에게 주려는 것입니다. 유표를 대신하여 이 땅을 차지하기 바랍니다. 또 익주는 지세가 험하고 옥야沃野가 천리에 걸쳐 자원이 풍부한 이른바 천부지국天府之國으로 옛날 한고조 유방이 이곳을 근거로 하여 천하통일의 대업을 이루었습니다. 지금 유장은 암약暗弱하고 장로張魯는 그 북쪽을 차지하고 있습니다. 이곳 백성들은 지금 지혜롭고 재능 있는 자가 오기를 고대하고 있습니다. 장군은 이미 황실의 후예이고 신의는 천하에 빛나고 있습니다. 또 영웅들을 널리 불러 받아들이며 갈증이 나는 것처럼 현인들을 구하고 있습니다. 장군은 형주와 익주를 점거하여 그 험한 지세를 지키면서 서쪽으로는 각 만족蠻族과 융화하고, 남쪽으로는 이월夷越을 위무하고, 동시에 밖으로는 손권과 맹약을 맺고 안으로는 정치를 개혁해야 합니다.이어 시변時變을 좇아 한 명의 상장上將에게 명하여 형주의 군대를 이끌고 완현과 낙양으로 진군하게 하고 장군 자신은 익주의 병력을 이끌고 진천秦川으로 출격한다면 백성들 중 그 누가 감히 장군을 환영하지 않겠습니까? 실로 이와 같이 할 수 있다면 패업의 성취는 물론 한왕실의 부흥도 족히 이룰 수 있을 것입니다."

일명 '초려대草廬對'로도 불리는 이날의 '융중대'에서 정치와 경제, 외교, 군사, 인사 등의 여러 측면에서 천하를 분석한 뒤 중원을 평정하고 한실을 부흥하는 장대한 계책을 제시한 셈이다. 북방은 조조에게 양보하여 천시天時를 차지하게 하고, 남방은 손권에게 양보하여 지리地利를 취하게 하고, 유비 자신은 형주와 파촉을 차지해 인화人和를 취하도록 권한 게 눈에 띈다. 시기상 조조와 손권을 제압할 수 없으니 우선 정족鼎足의 형세를 이룬 연후에 때를 기다려 중원을 도모하라고 충고한 것이다.

요즘의 시각에서 보더라도 매우 탁월한 계책이다. 당연한 결과로 '융중대'에 대한 후대의 평가는 자못 대단했다. 남송 때 성리학을 집대성한 주희는 제갈량의 '융중대'를 놓고 제자들에게 이같이 말한 바 있다.

"역대에 몇 마디 말로써 천하도모의 계략을 정한 것으로는 우선 제갈량의 '융중대'를 천거할 만하다."

그러나 당시 한 척의 땅도 없었던 유비에게 가장 시급하면서도 절실한 당면과제는 우선 형주를 취하는 것이었다. 그럼에도 유비는 이를 곧바로 실행에 옮기려고 하지 않았다. 유비는 유표가 죽고 적벽대전이 있은 후에야 비로소 형주의 일부를 손에 넣었다. 형주를 취한 뒤의 당면과제는 익주의 탈취였다. 그러나 당시의 상황에서 익주 탈취 역시 곧바로 실행할 수 있는 것도 아니었다.

'융중대'의 실현가능성에 많은 이의가 제기된 이유다. 사실 '융중대'는 내용상 적잖은 문제가 있다. 가장 큰 문제는 당시의 정황과 동떨어져 있다는 데 있다. 유비의 입장에서는 무엇보다 먼저 조조의 남하를 막는 것이 시급했다. 그런데 '융중대'에서는 이런 내용이 전혀 나오지 않고 있다.

오직 조조 및 손권과 함께 천하를 삼분하는 내용만이 나오고 있다. '융중대'는 장기적인 전략에 지나지 않는다.

당시 제갈량은 26세의 서생에 불과했지만 유비는 온갖 좌절을 딛고 일어선 불굴의 인물이었다. 그가 먼 길의 수고를 아끼지 않고 무명의 젊은 이에게 머리를 조아리는 것은 아무리 생각해도 이상하다. 많은 사람이 '융중대'에 의구심을 표하는 이유다. 이들은 배송지의 주석에 인용된 『위략』의 기록을 중시하고 있다.

『위략』에는 당시 제갈량이 유비를 찾아가 단기적이면서도 구체적인 대처방안을 제시한 것으로 돼있다. 제갈량의 계책을 좇아 형주의 군사력이 강화되자 유비는 비로소 제갈량을 상객上客의 예로써 대우했다고 기록해 놓았다. 배송지 주에 따르면 이와 비슷한 얘기가 『구주춘추九州春秋』에도 실려있다고 한다.

그렇다면 진수는 왜 본문에 『위략』에 나오는 계책을 인용하지 않고 '융중대'를 인용한 것일까? 이는 진수의 제갈량에 대한 경의敬意에서 그 이유를 찾을 수 있을 듯하다. 중국은 오래 전부터 초야에 묻힌 인재를 군주가 찾아가 예를 갖춰 모셔오는 것을 높이 숭상했다. 탕왕의 부름을 받은 은자 이윤伊尹과 위수 강가에서 낚시를 드리우고 있던 태공망 여상呂尚, 고조 유방의 권유를 받은 장량張良 등이 모두 이러한 은자의 풍모를 갖추고 있었다. 진수 역시 바로 이런 통념에서 제갈량의 출사出仕를 해석했을 가능성이 크다.

'융중대'를 역사적 사실로 간주할지라도 이를 제갈량의 독창적인 아이디어로 보기도 어렵다. 당시 형주에는 많은 사대부들이 난을 피해 몰려와 있었다. 이는 유표가 적극적으로 이들을 받아들인 데 따른 것이기도 했다. 각지의 인재들이 형주로 몰려들었을 뿐만 아니라 형주 자체 내에서도 많은 인재들이 배출되었다. 그러나 이들은 모두 유표와 함께 대업을 이루기는 어렵다고 판단해 유표의 거듭된 요청을 거부했다.

이들은 자주 회합을 갖고 고전이나 사서를 연구하며 고금의 역사를 논했다. 제갈량은 그런 무리의 일원이었다. 사실 당시 방통은 방통대로 동으로는 손권이 있고 북으로는 조조가 있으므로 서쪽의 익주를 손에 넣어야 정족지세鼎足之勢를 이룰 수 있다며 이를 유비에게 제시한 바 있다. 방통의 건의가 그 혼자만의 아이디어가 아닌 것처럼 제갈량의 '융중대' 역시 그 혼자만의 계책은 아니었다고 보는 게 합리적이다.

사실 노숙도 제갈량의 '융중대'가 있기 전에 손권을 만나 '정족지계'를 제시한 바 있다. 배송지의 주를 보면 동오의 감녕과 주유, 유장의 모신 법정 등도 모두 '천하삼분지계'와 유사한 계책을 제시했음을 알 수 있다. 이들의 구상이 비슷했던 것은 제갈량의 '융중대'가 한 사람의 천재가 발견한 것이 아니라는 것을 말해준다. '융중대'가 마련되는 과정에 방통과 노숙 등의 견해가 영향을 미쳤을 가능성도 배제할 수 없다.

그렇다고 제갈량의 '융중대'를 폄하할 필요는 없다. '융중대'의 계책을 제갈량이 단독으로 창안했다고 해서 제갈량이 더욱 위대한 인물이 되는 것도 아니고, 그 반대의 경우라 할지라도 제갈량이 결코 폄하되는 것도 아니다. 중요한 것은 실천이다. 유비는 제갈량의 '천하삼분지계'를 실천에 옮겨 제업의 기반을 마련했다. '융중대'를 높이 평가하는 이유다.

제갈량과 위연

진수는 『삼국지』에서 '삼고초려' 및 '융중대'를 역사적 사실로 받아들이면서도 제갈량에 능력에 대해서는 다음과 같은 평을 덧붙여놓았다.

"군사 통솔 방면에 능력은 있었으나 기발한 모략이 부족했고 백성을 다스리는 재능이 오히려 용병의 재능보다 우수했다. 어떤 변화에 적절히 대응할 줄 아는 장수로서의 지략이 그의 장기는 아니었다."

후대인들은 이 대목을 읽으면서 진수가 고의로 제갈량을 낮게 평가한 것이나 아닌지 의심했다. 청대의 조익趙翼이 대표적이다. 그는 『이십이사차기二十二史箚記』에서 다음과 같이 진수를 혹평해놓았다. "진수의 아비는 마속의 참군이었는데 마속이 제갈량에 의해 주살을 당할 때 역시 머리를 깎는 곤형髡刑에 처해졌다. 그래서 제갈량에 대해 장략將略에 뛰어나지 못하다고 쓴 것이다. 참으로 무식한 논의가 아닐 수 없다."

신상필벌의 귀재, 정치가 제갈량

조익은 제갈량의 군략에 대한 진수의 비판을 예로 들어 진수를 '무식지론無識之論'을 전개한 자로 혹평해 놓은 것이다. 그러나 이는 지나쳤다. 진수의 『삼국지』를 검토하면 알 수 있듯이 진수는 결코 제갈량을 폄하한 적이 없다. 오히려 제갈량에 대해 무한한 경의를 표했다. 제갈량의 군략에 관한 진수의 평은 역사적 사실에 가까웠다고 보는 게 옳다. 진수는 비록 제갈량에 대해 군략에 다소 부족한 점이 있다고 지적하기는 했으나 그를 뛰어난 정치가로 평가하는 데에는 인색함이 없었다.

　사실 제갈량은 신상필벌을 통해 군율을 엄히 하는 등 조직을 유지 내지 관리하는 데에는 뛰어난 바가 있었지만 지략과 계책을 펼치는 전략 면에서는 결코 최고의 인물이 아니었다. 이는 유비가 사활을 걸고 동오와 접전을 한 이릉대전과 유비의 사후에 전개된 '6출기산' 등을 검토하면 쉽게 확인할 수 있다.

　제갈량의 군사적 재능과 관련해 가장 논란이 되는 것은 태화 원년(227)에 있었던 제1차 북벌이다. 위나라에서는 하후무夏侯楙를 황급히 파견해 제갈량의 북진을 저지하게 했다. 이듬해인 태화 2년(228) 정월, 제갈량이 제장들과 함께 작전회의를 할 때 위연이 이같이 건의했다.

"제가 듣건대 하후무는 고량자제膏粱子弟로 매우 겁이 많고 지략도 없다고 합니다. 지금 저에게 정병 5천을 주면 5천 명분의 식량을 갖고 곧바로 보중褒中을 출발해 진령秦嶺을 끼고 동쪽으로 가 자오도子午道에 이른 후 북쪽으로 올라가면 10일도 채 안 돼 장안에 이를 수 있습니다. 장안에 있는 하후무는 제가 들이닥쳤다는 소식을 들으면 반드시 성을 버리고 도망갈 것이니 장안성에는 오직 어사御史와 경조태수京兆太守만을 두면 됩니다. 그리 되면 창고에 비축해둔 양곡과 백성들이 버리고 간 양식으로 군사들을 충분히 먹일 수 있을 것입니다."

　'자오도'는 관중에서 한중에 이르는 남북통로를 말한다. 제갈량이 이 말을 듣고 웃으며 말했다.

"그 계책은 만전지책萬全之策이 아니오. 공은 중원에 훌륭한 인물이 없는 줄로 알지만 그곳에도 훌륭한 인물이 매우 많소. 만일 누가 계책을 써서 산간벽지에 군사를 보내 길을 끊고 치면 정병 5천이 해를 입을 뿐만 아니라 우리의 예기가 크게 상할 것이오."

위연이 다시 말했다.

"위나라가 동쪽에서 군사를 모아 장안으로 오기까지는 약 20여 일 가량 걸릴 터이니 그 사이에 승상은 야곡을 빠져 나와 충분히 장안에 이를 수 있습니다. 이리하면 일거에 함양 이서지역을 평정할 수 있습니다. 그렇지 않으면 공연히 오랜 시일을 헛되이 보낼 것이니 어느 때에 중원을 도모하겠습니까?"

그러나 제갈량은 계속 고집을 부렸다.

"내가 농우隴右를 취하고 탄탄대로를 따라 병법대로 진행한다면 어찌 이기지 못할 리가 있겠소!"

결국 제갈량은 위연의 계책을 쓰지 않았다. 이를 두고 사마광은 『자치통감』에서 이같이 평해놓았다.

"제갈량은 위연의 계책이 많은 위험을 안고 있어 안전하게 대로를 따라 위로 올라가 농우지역을 평정하는 것만 못하다고 생각했다. 그는 십전 전승을 하면서도 전혀 후환이 없어야 한다는 생각에 위연의 계책을 쓰지 않았던 것이다."

제갈량을 옹호하는 사람들은 당시 제갈량이 자오곡이 계책을 쓰지 않은 데에는 나름대로의 이유가 있었다고 주장하고 있다. 이들은 우선 제갈량에게 귀부를 약속했던 맹달孟達이 경솔하게 움직이다가 사마의에게 제거된 점을 들고 있다. 맹달의 죽음으로 인해 위나라의 내부에서 소동을 일으켜 이를 틈타 관중으로 진출한다는 당초의 복안이 타격을 입게 되었고, 따라서 신중을 기하지 않을 수 없었다는 것이다. 나아가 위연의 계책은 상대를 업신여기는 것인 데다가 위험성이 너무 컸다고 지적하고 있다. 하후무가 관문을 닫아건 채 싸우려 하지 않고 촉군이 피로해지기를 기다리는 작전으로 나오면 심각한 위기국면을 맞을 수밖에 없다는 것이다. 제갈량을 옹호하는 사람들은 당시의 제갈량으로서는 전망도 불투명한 데다 병력손실의 위험이 큰 위연의 계책을 맹달마저 죽은 상황에서는 도저히 받아들일 수가 없었다고 주장하고 있는 것이다.

천재일우의 기회를 놓치지 마라

원래 전쟁이란 대치한 쌍방 간의 지혜와 힘을 겨루는 일이기 때문에 한 치의 위험도 없는 일이란 있을 수 없다. 지나치게 소심한 제갈량이 스스로 자신의 손발을 묶는 결과를 조성하는 바람에 천재일우로 찾아온 승리의 기회를 놓치고 말았다는 지적이 타당하다. 실제로 시간을 번 위나라는 군사들을 적절히 재배치할 수 있었던 데 반해 촉나라 군사는 가장 바람직하지 못한 상황에 처하고 말았다. 전투가 진지전으로 이어지고 적의 견고한 방어물만 지속적으로 공격하는 소모전으로 진행된 탓이다.

만일 제갈량이 신중을 기하고 했다면 정면으로 싸우는 것 자체를 피해야만 했다. 이런 불리한 점에도 불구하고 반드시 북벌을 성공시키고자 했다면 궤계를 마다하지 않고 『손자병법』이 역설하는 기병奇兵과 기모奇謀를 수시로 구사했어야만 했다.

당시 촉한은 위나라에 비해 나라도 작고 군사도 적어 국력이 열세였기 때문에 소모전을 벌여서는 절대 승산이 없었다. 게다가 험준한 진령秦嶺은 지키기는 쉬웠으나 밖으로 진출하기는 어려운 곳이었다. 무엇보다도 도로가 평탄치 않아 양식을 지속적으로 공급하기가 어려웠다. 이런 상황 아래서 기발한 계책을 내어 작전을 펼치지 않으면 전쟁의 주도권을 잡아 승리를 낚기란 매우 어려운 일이었다.

그럼에도 제갈량은 굳이 농우로부터 평탄한 대로를 취해 원칙대로 정직하게 진군했다. 패배를 자초했다고 볼 수밖에 없다. 『삼국연의』는 제갈량의 선택이 옳았음을 증명하기 위해 제갈량의 첫 기산출격을 승리로 둔갑시키면서 여러 가지 허구를 끼워넣은 것으로 보인다. 이는 역사소설의 차원을 뛰어넘어 역사를 왜곡하는 짓이다.

공평하고 명확하게 시행하라

가장 유감스러운 것은 1차 북벌의 와중에 벌어진 가정街亭 전투의 실패를 전부 마속馬謖에게 뒤집어씌운 점이다. 제갈량은 가정전투의 패배가 자신의 잘못된 용인술에서 비롯된 것만 알았을 뿐 더 중대한 원인이 전략적 실패에 있다는 사실을 전혀 깨닫지 못했다. 이후 몇 차례 더 출병했지만 여전히 똑같은 방법으로 진격을 시도하다 실패한 사실이 이를 뒷받침한다. 결국 그는 헛되이 시간만 보내는 지구전을 벌이다가 끝내 아무런 공도 세우지 못하고 진몰陣沒하고 말았다.

원래 유비의 심중에 있는 제갈량은 유능한 관료였지 그 이상은 아니었다. 왕부지가 『독통감론』에서 제갈량이 보필을 제대로 했는지에 대해서도 의문을 제기한 게 그렇다. 그럼에도 제갈량에 대한 역대의 평가는 매우 우호적이다. 진수의 평이 그렇다.

"제갈량의 정사와 형벌은 준엄했지만 촉나라 백성은 아무도 그를 원망하지 않았다. 그의 마음이 공평하고 상벌이 명확했기 때문이다. 정사의 본질을 분별했던 인재로 관중 및 소하와 같은 부류라고 해도 좋을 것이다."

제갈량에 대한 극찬이다. 시간이 지나면서 칭송의 수위가 더욱 높아지는 모습을 보였다. 당나라 때에 이르러서는 온통 칭찬 일변도로 일관하게 되었다. 대표적인 게 바로 『정관정요』「논공평論公平」에 나오는 당태종의 다음 언급이다.

"옛날 제갈량은 작은 나라의 승상에 불과했다. 그런데도 말하기를 '내 마음은 저울과 같다. 특정한 사람을 위해 제멋대로 경중을 조작할 수 없다'고 했다. 하물며 내가 지금 큰 나라를 다스리는 데 있어서야 더 할 말이 있겠는가!"

당태종은 공평한 인사의 전형으로 제갈량을 예로 든 것이다. 그의 이런 언급은 후대로 내려오면서 제갈량에 대한 평가가 얼마나 높아졌는지를 보여주고 있다. 제갈량과 연고가 있는 각 지에 제갈량을 제사지내는 무후사武侯祠가 세워지고 많은 시인묵객들이 제갈량의 업적을 칭송하는 시문을 남긴 것도 바로 이 때문이다.

제갈량에 관한 진실

『삼국연의』는 유비의 책사로 활약한 제갈량을 초인에 가깝게 묘사해 놓았다. 그러나 제갈량의 실상을 알고 보면 그는 결코 초인이 아니었다. 그의 진짜 모습은 『삼국지』와 『자치통감』에 자세히 나타나고 있다. 여기에 나타나는 제갈량은 결코 신기神技의 군략으로 적을 마음대로 갖고 노는 인물이 아니다. 오히려 정반대의 인물로 보는 것이 옳다.

또한 『삼국연의』가 제갈량을 적벽대전의 주인공으로 묘사해놓았으나 이 역시 사실과 다르다. 당시 가장 주목받아야 할 인물은 당연 주유였다. 적벽대전 때 제갈량이 한 일이라고는 강동으로 사신으로 가서 손권의 결전의지를 보다 굳건하게 만든 일밖에 없다. 적벽대전 도중 제갈량이 주유를 손에 넣고 우롱하는 이른바 '지격주유智激周瑜'와 조조군의 화살을 10만개나 얻어오는 '초선차전草船借箭', 동남풍을 불게하는 '교차동풍巧借東風' 대목 등도 모두 허구이다. 세 번에 걸쳐 주유를 격분시켜 끝내 주유를 죽게 만든다는 이른바 '삼기주유三氣周瑜' 역시 역사적 사실을 어느 정도 포함하고 있기는 하나 기본적으로 허구이다.

익주를 탈취하는 것도 계책의 수립부터 구체적인 일까지 모두 방통이 주도한 일이다. 제갈량은 전투 후반기에 유비가 낙성과 성도를 공격하여 탈취할 즈음 보조자의 입장에서 도왔을 뿐이다. 『삼국연의』에는 방통이

죽는 시기와 제갈량이 촉으로 들어온 시점을 앞당겨 서술함으로써 제갈
량의 활약을 미화하고 있다.

한중을 계략을 써서 취하는 이른바 '지취한중智取漢中' 대목 역시 법정
이 주도한 일이다. 제갈량은 다만 성도를 수비하면서 양식과 무기를 풍족
히 공급하는 역할을 맡았을 뿐이다. 『삼국연의』에서는 오히려 법정의 공
적을 희석시키고 제갈량이 모든 것을 지휘한 것으로 둔갑시켜놓았다. 제
갈량의 가장 혁혁한 공로로 평가되고 있는 남만정벌 당시 시행한 '칠종칠
금七縱七擒' 역시 비록 사실에 기초한 것이기는 하나 크게 과장돼있다.

제갈량의 북벌을 상징하는 이른바 '6출기산六出祁山' 역시 정확히 말하
면 '5출기산'으로 표현하는 게 옳다. 이 가운데 군사를 이끌고 기산으로
나온 작전은 단 2번뿐이다. 그는 여러 차례 공세를 취했으나 별다른 성과
를 거두지 못했다. 게다가 때로는 아무런 전공도 세우지 못하고 빈손으로
돌아왔다. '육출기산'의 유명한 일화로 거론되는 '지취삼군智取三郡'과 '매
사왕랑罵死王郎', '설야파강병雪夜破羌兵', '공성계空城計', '기습진창奇襲陳倉',
'화소상방곡火燒上方谷' 등의 대목 모두 허구라는 얘기다.

이를 통해 역사상의 제갈량이 비록 오랜 세월 만인의 모범이 되어 왔지
만 실은 자신의 지모를 발휘해 이룬 업적이 그리 많지 않았음을 알 수 있
다. 게다가 제갈량 본인도 「전출사표」에서 스스로 군략에 큰 재간이 없다
는 사실을 인정한 바 있다. 물론 이런 점들이 그의 위대한 면모를 훼손시
키는 것은 결코 아니지만 '팩트'를 정확히 알 필요가 있다.

나이키 공동창업자이자 전 회장 필 나이트와 함께 나이키를 시작한 사람은 고故 빌 바우어만이다. 둘은 각각 500달러를 투자해 신발 시장에 뛰어들었다. 올림픽 육상 코치 출신인 바우어만이 디자인한 신발을 육상선수 출신으로 회계법인에서 일했던 나이트가 자동차 트렁크에서 판매하기 시작했다.

빌 바우어만은 "어떻게 선수들이 더 빨리 달릴 수 있을까?"에 집중하여 신발을 디자인 및 연구했고, 필 나이트는 일찍이 기능성 운동화의 가능성을 알고 있었다. 이후 두 사람이 일군 나이키는 꾸준히 '기능'이 먼저인 운동화를 기치로 내걸었다.

나이키는 선수 중심의 디자이너 빌 바우어만과 기능성 운동화의 가능성을 본 필 나이트의 합작품이다. 두 사람은 1인자와 2인자의 이상향이 같으면 얼마나 시너지 효과가 나는지 알려주는 좋은 예다.

당태종
·
열려 있는
1인자

VS

할 말 하는
2인자
·
위징

리더는 리드하는 사람이라는 뜻이다. 이는 1인자, 2인자에게 공히 적용되는 말이다. 1인자는 전체를 이끈다. 2인자는 전체를 이끌 수도 있고 1인자를 이끌 수도 있다. 2인자는 1인자보다 더 중요하다.

제8장 당태종과 위징

"구리로 거울을 만들면 가히 의관을 단정하게 할 수 있고, 역사를
거울로 삼으면 천하의 흥망성쇠와 왕조교체의 원인을 알 수 있고,
사람을 거울로 삼으면 자신의 득실을 분명히 알 수 있다."

– 당태종

세계를 향한 천하제국

당태종 이세민은 중국의 역대 황제 가운데 위무제 조조 및 청조 강희제
와 더불어 가장 뛰어난 제왕 리더십을 보여준 3대 황제 가운데 한 사람이
다. 중국 정부가 21세기에 들어와 역사공정의 일환으로 만주족 출신 강희
제를 최고의 성군으로 꼽기 전까지만 해도 오랫동안 최고의 성군으로 일
컬어졌다. 이는 그의 치세 때 고구려와 토번을 제외한 주변의 모든 나라
가 당나라에 복속한 사실과 무관치 않다.

당시 당나라 군사는 남쪽으로 지금의 북부 베트남 지역까지 진출했고,

중앙아시아 대부분 지역을 장악해 군현을 설치함으로써 파미르 고원 서쪽에까지 그 영향력을 확대했다. 그는 군사외교뿐만 아니라 정치경제와 문화예술 방면에서도 대대적인 혁신과 부흥을 꾀했다. 주변의 수많은 나라가 수당의 문화와 제도를 받아들인 게 그 증거다.

그가 숨을 거둔 이듬해인 영휘 원년(650) 이웃한 신라가 고유의 연호를 버리고 당나라 연호를 사용하기 시작했다. 비슷한 시기 일본은 율령나라로의 전환을 의미하는 이른바 다이카개신大化改新을 성사시켰다. 정관지치를 모방하고자 한 것이다.

이는 그의 치세 때 당나라가 세계 제국으로 존재했음을 뒷받침한다. 이를 상징하는 도시가 바로 지금의 감숙성 돈황敦煌이다. 북경에서 2천 킬로미터 떨어진 오아시스 도시이다. 본래 한무제 때 중앙아시아 경영을 위한 군대를 설치한 곳으로 당나라 때에 이르러 동서무역을 중계하는 상업도시로 크게 번성했다. 27개의 사원에서 1천 명 가량의 승려와 비구니가 상주했다. 멀리 서역에 이르기까지 세계의 모든 문화를 하나로 융해시킨 결과다. 진시황과 한무제가 중원만을 중시해 그 밖의 지역을 만이蠻夷로 간주한 것과 대비된다. 당태종이 사상 최초의 '황제 칸'이 된 게 결코 우연이 아님을 알 수 있다.

당시 세계 제국의 심장부인 지금의 서안인 장안에 상주한 외국사절의 숫자만 4천여 명에 달했다. 이른바 호한융합胡漢融合의 개방성이 빚어낸 성과이다. 외래문화의 수용에 적극적이고, 이민족의 인재를 요직에 과감히 발탁한 게 관건이었다. 장안성이 명실상부한 세계 최대의 국제도시로 존재한 사실은 다음 통계가 뒷받침한다.

순위	도시명	면적(㎢)	기준연대
1	수당 장안성	84	7세기 초
2	북위 낙양성	73	5세기 말
3	명청 북경성	60	16세기 중
4	원 대도성	50	13세기 중
5	수당 낙양성	45	7세기 초
6	명 남경성	43	14세기 중
7	사라센 바그다드	30	9세기 초
8	서로마 로마	13	4세기 초
9	동로마 콘스탄티노플	12	5세기 중
10	고구려 평양성	11	6세기 말

당나라 수도 장안은 규모 등 여러 면에서 전례가 없는 국제 대도시였다. 당시 장안의 인구는 보통 100만으로 알려져 있으나 호수가 약 30만호에 달한 까닭에 100만이 넘을 가능성이 크다. 서기 7세기에 이런 대규모 국제도시가 등장했다는 것 자체가 놀라운 일이다. 장안성 남쪽의 황성은 동서 2.8킬로미터, 남북으로 1.8킬로미터에 달했다. 장안성 내의 본래 정궁은 태극전太極殿이었다. 이세민은 즉위 후 상황으로 물러나 부황 이연에게 이를 양보한 뒤 따로 대명궁大明宮을 지었다. 이 궁궐의 원래 이름은 영안궁永安宮이다. 정관 8년(634) 장안성 내의 용수산에 지어진 영안궁은 그

리 크지 않았다. 이세민이 거대한 궁궐의 조영을 꺼렸기 때문이다. 영안궁은 당고종 때 대대적으로 확장되면서 명칭이 대명궁으로 바뀌었다.

당고종 용삭 3년(663)에 완성된 대명궁은 세계제국 당나라를 상징하는 거대한 궁궐이자 세계 패권의 중심지였다. 둘레 7.6킬로미터, 면적 3.2평방킬로미터로 북경 자금성의 4배에 달하는 엄청난 규모였다. 궁전은 모두 11개였고 정문인 남문을 제외한 삼면은 겹으로 된 성벽으로 둘러싸여 있었다. 남문 밖 단봉문 거리는 너비가 176미터나 되었다. 대명궁은 당소종 건녕 3년(896) 병란으로 인해 잿더미가 되고 말았다. 지금은 몇 개의 성터만 남아있다. 당현종은 황태자 시절 흥경방興慶坊의 저택에 살았다. 그는 즉위 이후에도 이곳이 마음에 들어 흥경궁을 세운 뒤 개원 16년(728)부터 이곳을 정궁으로 삼았다.

궁성과 황성 이외에는 모두 도로에 의해 가로와 세로가 나뉘었다. 남북으로 11개, 동서로 14개의 도로가 나 있어 빠른 시일 내에 각지로 내달릴 수 있었다. 남북 방향의 가장 큰 도로인 주작대로朱雀大路는 폭이 무려 147미터에 달했다. 백성들이 거주하는 직사각형 모양의 방坊은 총 108개에 달했다. 각 방에는 담장이 있었고 크기는 가로 세로 각각 5백 미터에서 1킬로미터 정도였다.

장안성 내에는 불교사원이 145개, 도교의 도관道觀이 30곳 있었다. 이들 사원은 각종 공연장으로도 이용됐다. 페르시아 국교로 불을 숭배한 까

현재 대명궁의 모습

"짐은 사서를 읽으면서 옛 제왕 가운데 교만하고 자만심에 가득 차 결국 실패한 사례를 많이 보았다. 내심 교만과 자만에 빠질까 두려워하는 이유다. 매번 신하들의 솔직하고 바른 건의와 간언을 들을 때마다 정치교화에 이를 그대로 반영하면서 그들을 사우師友로 대우하고자 했다."

– 당태종

닭에 배화교拜火教로 불린 조로아스터교 교회도 있었다. 당시에는 현교祆敎로 불렸다. 기독교의 네스토리우스교 일파인 경교景敎 교회도 존재했다. 이세민이 백성들의 안심입명安心立命 차원에서 포교를 널리 허용한 결과다. 페르시아 기원의 또 다른 종교인 마니교摩尼敎 역시 측천무후 때 들어와 교세를 크게 떨쳤다.

세계를 융합한 문화

당시 서역문화의 상징은 춤과 노래였다. 이전에 이미 유행한 바 있으나 당나라 때 특히 인기를 끈 것은 호선무胡旋舞 때문이었다. 오랑캐 땅에서 전래된 빙글빙글 도는 춤이란 뜻이다. 당시 장안의 술집에는 호희胡姬들이 매우 많았다. 장안은 호복胡服, 호모胡帽, 호식胡食, 호악胡樂 등 호풍胡風이 넘쳐났다. 머리를 높게 틀어 올려 쪽을 지는 고계高髻와 뺨을 붉게 칠하는 화장법 등이 유행했다.

악무 가운데 가장 성대한 것은 국가행사 때 궁중에서 행해진 대형 춤으로 자무字舞와 화무花舞이다. 자무와 화무는 여러 명의 무용수들이 반주에 맞춰 춤을 추다가 모였다 흩어지면서 문자나 꽃의 형상을 만드는 춤을 말한다. 당시 자무에서 가장 많이 사용한 글자는 '천하태평'과 '황제만세' 등이었다. 측천무후의 성수무聖壽舞는 140명이 출연했다. 자무의 일종으로 8괘 등의 간단한 도형을 만드는 도무圖舞도 있었다. 수백 명의 미희가 악기 소리에 맞춰 일진일퇴하는 사이 재빨리 의상을 바꿔 글자나 도형을 만들어낸다.

당시 악무는 궁중연향과 대중오락을 포함해 각종 행사에 가장 널리 사용된 공연예술이다. 동작이 크고 힘차며 박자가 경쾌한 건무健舞와 우아하고 부드러우며 박자도 완만한 연무軟舞로 대별된다. 궁정에는 전문기관인 교방敎坊과 이원梨園 등이 설치돼 기녀들을 체계적으로 양성했다. 기녀의 종류는 소속 기관에 따라 다양한 유형이 존재했다. 궁중에 배치된 궁기宮妓가 으뜸이었다. 장안과 낙양의 교방에 소속되거나 이원 등에서 양성된 자들을 말한다. 장안에는 동서로 2개의 교방이 있었다.

우교방은 노래, 좌교방은 춤을 잘 추는 자가 많았다. 관청에도 관기官妓가 있었다. 주로 주군이나 번진의 관아에 설치돼 지방장관의 여러 공사연회에 불려나갔다. 종실과 부호들이 사적으로 거느린 가기家妓도 있었다. 당나라는 고위 관원이 집에 공개적으로 기녀를 두고 즐기는 것을 장려했다. 동서로 패를 나누어 경연하는 투가鬪歌가 유행한 배경이다. 요즘의 노래자랑에 해당한다. '투가' 못지않게 인기를 끈 놀이가 타구打毬이다. '타구'는 말을 타고 달리면서 막대기로 공을 쳐서 상대방의 진지에 집어넣는 경기를 말한다. 이세민은 페르시아에서 유래한 이 경기를 매우 좋아해서 군인이나 귀족들 사이에 '타구'가 자연히 널리 퍼졌다.

세계 제국 당나라의 문화를 상징하는 것은 역시 다양한 유형의 시이다. 중국의 전 역사를 통틀어 가장 뛰어난 시들이 이때 쏟아져 나왔다. 이백과 두보로 상징되는 당시唐詩는 중국문학뿐만 아니라 세계문학에도 그 유례를 찾아볼 수 없는 위대한 유산으로 남아있다. 원류는 남북조시대 남조

사대부 사회에서 유행한 서정시이다. 남조의 시는 위진魏晉 때 크게 유행한 도가의 현학玄學 영향을 받아 인생의 허무와 안빈낙도의 삶에 초점을 맞췄다. 이에 반해 당시는 이백처럼 자유분방한 삶을 구가하거나 두보처럼 왕조의 흥망성쇠와 역경 속의 억척스런 삶을 노래했다. 인생과 역사를 긍정적으로 파악한 덕분이다.

당시는 시기별로 크게 초당初唐, 성당盛唐, 중당中唐, 만당晚唐의 4시기로 구분된다. 초당의 시는 대개 남조의 유풍을 완전히 탈피하지 못해 우아하면서도 현란한 표현을 즐겨 썼다. 왕발, 양형, 노조린, 낙빈왕 등이 초당4걸初唐四傑로 불린다. 성당의 시인으로는 자연파의 왕유와 맹호연, 낭만파의 이백, 역사파의 두보 등을 들 수 있다. 사상적으로 도가와 유가, 불가 사상이 하나로 융해되어 내용과 풍격 면에서 최고의 수준을 보이고 있다. 중당의 시는 원진과 백거이, 한유, 유종원 등이 주도했다. 도리를 역설하는 유가의 색채가 짙은 것이 특징이다. 만당의 시는 규격을 역설한 중당의 시에 반발해 주어진 삶을 만끽하며 역사의 무상함을 노래했다. 대표적인 인물이 이상은과 두목이다. 당시의 어지러운 상황을 반영해 초당의 퇴폐적인 시풍이 다시 등장했다는 지적을 받는 이유다.

당나라 문화는 국제적인 개방성과 더불어 실질과 실용성을 숭상한 게 가장 큰 특징이다. 여러 민족의 문화를 하나로 녹여 새롭게 변용한 문화를 만들어낸 결과다. 낙천적이고 모든 것을 있는 그대로 받아들이려는 대범한 자세가 이를 가능하게 했다. 남자 형상으로 수염이 나 있던 인도의 보살이 부드러운 여성의 모습으로 변한 게 대표적인 사례다. 개방성과 실용성으로 요약되는 당나라 문화는 정관지치 위에서 꽃을 피웠다. 궁정화가들이 세계 제국인 당나라의 영화를 표현하는 데 초점을 맞춘 것도 이와 무관하지 않다. 이들이 그린 그림은 천년이 지난 지금도 빛과 광택이 전혀 변하지 않았다. 광석을 갈아서 만든 천연안료를 사용한 덕분이다. 당나라의 문화적 특징을 상징적으로 보여주는 사례다.

인재를 통해 최고를 꿈꾸라

역대 사가들은 당태종 이세민의 치세를 정관지치貞觀之治로 칭하며 역사상 최고의 성세로 평했다. 성리학이 등장하기 전까지 역대 왕조가 사서삼경 대신 『정관정요』를 제왕학의 기본 텍스트로 채택한 사실이 이를 증명한다. 당태종은 23년의 재위기간 동안 단 하나의 연호만 사용했다. 그게 '정관'이다. 후궁 출신 측천무후가 당나라를 찬탈해 주나라를 세운 뒤 똑같이 23년에 걸쳐 재위하는 동안 무려 18개의 연호를 사용한 것과 대비된다. '정관'은 『주역』「계사전」의 '천하를 다스리는 도가 바로 정관이다'라는 구절에서 따온 것이다. 그의 치세는 '정관'의 연호가 결코 허언이 아니었음을 보여준다.

당태종이 신하들과 함께 치국평천하 이치를 논한 얘기를 수록한 책이 『정관정요貞觀政要』이다. 당나라 사관 오긍吳兢이 편찬했다. 『신당서』「오긍전」에 따르면 당고종 때 지금의 하남성 개봉에서 태어난 그는 죽을 때까지 역사 기술과 관련한 벼슬을 살았다. 당현종 때 80세의 나이로 사서 편찬 작업을 하던 중 노환으로 집에서 숨을 거둔 게 그 증거다. 그는 『정관정요』를 집필하면서 모든 역사적 사실을 있는 그대로 기술하는 춘추필법春秋筆法을 고수했다. 이를 뒷받침하는 일화가 있다. 당현종 개원 9년(721)에 『측천실록』을 편찬하게 됐다. 재상 장열張說이 자신에 관한 기록을 바꿔줄 것을 강력 요청했다. 측천무후 때 보여준 행보를 가감 없이 그대로 기록한 탓이다. 오긍이 정중히 거절했다.

"내가 만일 인정에 흔들린다면 어찌 직필直筆이라는 명성을 얻을 수 있겠습니까?"

『정관정요』가 수천 년에 걸쳐 제왕학의 기본 텍스트로 널리 읽히게 된 배경이 여기에 있다. 『정관정요』에는 당태종 이세민의 장점과 단점이 적나라하게 기술돼있다. '직필'을 고집한 덕분이다. 오긍은 최고통치권자인 제왕의 잘못된 행동이 백성은 물론 나라에 엄청난 재앙을 초래한다는 사실을 통찰하고 있었다. 『정관정요』를 저술한 근본이유다. 후대의 제왕과 군신들에게 치국평천하에 임하면서 취해야 할 것과 버려야 할 것을 정확히 파악하는 데 도움을 주고자 한 것이다. 그가 볼 때 '정관지치'만큼 좋은 소재도 없었다. 그가 가장 감명을 받은 것은 위징 사후에 나온 당태종의 탄식이다. 「논임현論任賢」의 해당 대목이다.

"구리로 거울을 만들면 가히 의관을 단정하게 할 수 있고, 역사를 거울로 삼으면 천하의 흥망성쇠와 왕조교체의 원인을 알 수 있고, 사람을 거울로 삼으면 자신의 득실을 분명히 알 수 있다. 짐은 일찍이 이들 3가지

거울을 구비한 덕에 허물을 범하는 것을 막을 수 있었다. 지금 위징이 세상을 떠나는 바람에 마침내 거울 하나를 잃고 말았다!"

　여기에 언급된 동경銅鏡과 사경史鏡, 인경人鏡을 흔히 '3경三鏡'이라고 한다. 원래 경鏡은 감鑑을 바꿔 표현한 것이다. 동감, 사감, 인감을 '3감'이라고 한다. 군주가 3감을 통해 스스로 경계하며 제왕의 덕을 쌓는 것이 바로 3감지계三鑑之戒이다. 줄여서 감계鑑戒라고 한다. '감계'를 최초로 언급한 고전은 『춘추좌전春秋左傳』을 쓴 좌구명의 『국어国语』이다.

　『국어』 「초어楚语」에 따르면 춘추시대 말기 초나라 재상 자서子西가 오자서와 함께 오나라로 망명한 초평왕의 손자를 부르려고 하자 섭공葉公 자고子高가 자서를 만나 이같이 말했다.

　"사람은 늘 역사상 존재했던 수많은 흥망성쇠에 관한 교훈을 가슴 깊이 새겨 자신을 성찰하고 경계하는 '감계'로 삼고자 하오. 그런데 지금 그대는 좋은 얘기를 듣고도 받아들일 생각을 하지 않으니 이는 귀를 막고 듣지 않는 것과 같소."

　당태종이 언급한 '3감'은 「초어」에 나오는 전래의 '감계' 개념을 3가지로 나눠 정리한 최초의 사례에 해당한다. 『정관정요』의 키워드는 '3감지계'에 있다고 해도 과언이 아니다. 오긍이 『정관정요』를 쓰게 된 것도 이 때문이다. 당태종의 '3감지계'에 감동을 받은 결과다.

　당태종이 '사감'과 '인감'을 역설한 것은 말할 것도 없이 새 왕조를 이끌 유능한 인재의 필요성 때문이었다. 그는 인재를 얻기 위해 노심초사했다.

정관2년(628) 그는 신하들에게 이같이 말했다.

"나라를 다스리면서 가장 중요한 것은 인재를 얻는 것이오. 만일 기용한 사람이 재능을 갖추지 못했다면 나라는 반드시 다스리는 일이 곤란해질 것이오."

그러고는 군신들에게 인재의 천거를 적극 권장했다. 실제로 그는 천거의 내용을 보고 해당 관원의 능력을 평가했다. 이를 게을리 하는 신하는 엄하게 꾸짖었다. 주목할 것은 그가 당시로는 매우 특이하게도 23년의 재위기간 동안 단 하나의 연호만 사용한 점이다. 그게 바로 '정관'이다. '정관' 연호에 대한 자부심을 엿볼 수 있다. 측천무후가 당나라를 찬탈해 주나라를 세운 뒤 똑같이 23년에 걸쳐 재위하는 동안 무려 18개의 연호를 사용한 것과 극명한 대비된다. '정관'은 『주역』 「계사전」에 나오는 '천하를 다스리는 도가 바로 정관이다'라는 구절에서 따온 것이다. 그의 치세는 '정관'의 연호가 결코 허언이 아니었음을 보여준다.

능력있는 2인자로 독선을 벗어라

원래 창업創業은 위기의 난세에 행하는 사업이고, 수성守成은 위기가 지난 이후의 치세에 행하는 사업을 말한다. 춘추전국시대의 제자백가들은 창업과 수성을 각각 무력을 토대로 한 패도覇道와 덕치에 기초한 왕도王道의 논리로 설명했다. 난세에는 패도, 치세에는 왕도를 추구하는 게 타당하다는 게 논지이다. 그럼에도 유독 이 문제를 최초로 거론한 맹자는 난세조차 왕도를 좇아야 한다고 주장했다. 그의 이런 주장은 이상적이기는 하나 현실과 동떨어진 것이다. 당시 열국의 군주들이 그의 말을 한 귀로 듣고 한 귀로 흘려보낸 이유다.

이상과 현실의 조화는 동서고금을 막론하고 통치의 영원한 과제이다. 현실을 무시한 채 이상만을 추구하면 종교 내지 윤리도덕이 정치를 지배하는 서양의 중세 내지 동양의 성리학시대를 자초하게 된다. 그렇다고 이상을 포기한 채 현실에만 집착하면 정치가 삭막해져 이내 민심이반을 자초하게 된다. 노동과 휴식이 동시에 필요하듯이 죄었다가 풀어주는 식으로 완급조절이 필요하다. 그게 바로 상황에 따라 왕도와 패도를 적절히 섞어 쓰는 왕패병용王覇幷用의 통치술이다.

당태종은 이를 통찰했다. 그는 원래 태자로 있던 친형 이건성을 죽이고 보위에 오른 인물이다. 권력을 잡기 위해 가차 없이 패도를 구사한 셈이다. 그럼에도 이건성의 참모로 있던 위징을 자신의 측근으로 끌어들이는 모습을 보였다. 직언을 서슴지 않는 그의 충성스런 행보를 높이 산 것이다. 이는 왕도의 행보에 해당한다. 당태종이 군웅을 제압하고 보위를 차지하는 난세의 과정에서 패도를 전면에 앞세웠음에도 인재를 발탁할 때는 과감히 왕도를 행한 이유가 여기에 있다. 그는 보위에 오른 뒤 천하를 다스리는 치세의 과정에서 유사한 모습을 보였다. 왕도를 전면에 내세웠음에도 상황에 따라서는 가차 없이 패도를 구사한 게 그렇다.

그를 두고 '왕패병용'의 묘리를 터득한 명군으로 호평하는 이유다. 그가 개국공신과 통치의 요체를 논하면서 각기 창업과 수성의 논리를 내세운 방현령과 위징의 주장을 하나로 꿰어 제왕의 스승이나 친구인 이른바 사우師友를 곁에 두는 제왕의 겸허한 자세를 역설한 배경이 여기에 있다.

원래 당태종처럼 뛰어난 업적을 이룬 사람은 자부심이 클 수밖에 없다. 자부심은 십중팔구 자만으로 흐르게 된다. 양자는 종이 한 장 차이밖에 없다. 제왕의 자만심은 국가흥망을 좌우한다는 점에서 보통 심각한 문제가 아니다. 늘 곁에서 충고를 해 줄 사람이 필요한 이유다. 최상의 방안은 경륜이 높은 원로를 제사帝師 내지 왕사王師로 모시는 것이다. 그 다음은 사우師友를 두는 길이다. 스승 같은 신하 내지 친구 같은 신하를 뜻한다. 당태종이 이를 행했다. 『정관정요』 「논정」에 이를 뒷받침하는 언급이 나온다.

"짐은 사서를 읽으면서 옛 제왕 가운데 교만하고 자만심에 가득 차 결국 실패한 사례를 많이 보았다. 내심 교만과 자만에 빠질까 두려워하는 이유다. 매번 신하들의 솔직하고 바른 건의와 간언을 들을 때마다 정치교화에 이를 그대로 반영하면서 그들을 사우師友로 대우하고자 했다."

원래 '사우'는 조조가 언급한 것이다. 조조는 측근 하후돈을 위나라가 아닌 한나라 조정의 관직에 임명하면서 이같이 말한 바 있다.

"내가 듣건대 신하 가운데 최상은 사신師臣이고, 그 다음은 우신友臣이라고 했다. 무릇 신하란 덕을 귀하게 여기는 사람이다. 어찌 구구하게 위나라의 신하가 되어 나에게 몸을 굽힐 수 있겠는가?"

사우는 '사신'과 '우신'을 통칭한 말이다. 고금을 막론하고 사우를 두지 못하면 최소한 현량한 신하만이라도 곁에 두고 그들의 계책을 적극 활용할 줄 알아야 한다. 천하의 인재를 두루 그러모으는 게 관건이다. 이마저 없으면 주변에는 무사안일과 복지부동, 아첨을 일삼으며 사리를 챙기려는 자들이 들끓게 된다. 당태종은 그 폐해를 통찰했다.『정관정요』「논구간」의 해당 구절이다.

"수양제는 허물을 지적해주는 말을 듣지 않은 탓에 악행이 날로 쌓이고 재앙이 날로 가득 차 마침내 나라가 패망하고 자신 또한 죽임을 당하는 화를 입게 된 것이다. 군주의 행동이 옳지 못한데도 신하가 바로잡아 주지 않은 채 구차하게 아첨이나 하며 하는 일마다 칭송만 하면 군주는 이내 어리석어진다. 군주가 어리석고 신하가 아첨을 일삼으면 패망은 결코 멀리 있지 않다."

고금을 막론하고 최고통치권자의 독선만큼 위험한 게 없다.『순자』「왕패」에 이를 경계하는 구절이 나온다.

"군주는 관원의 임면을 자신의 능력으로 삼고, 필부는 스스로 할 수 있는 것을 능력으로 삼는다. 명군이 천하의 모든 일을 두루 처리하면서도 매일 여유가 있고 아무런 과실이 없는 이유다. 사람을 시켜 일을 한 덕분이다. 천하를 다스리면서 어찌 반드시 자신만이 모든 일을 해야 하는가!"

『예기』「예운」에 나오는 이른바 천하위공天下爲公의 군신공치君臣共治 이념을 설명한 것이다. 당태종은 일이 있을 때마다 문무백관에게 자문을 구하고, 그들의 의견을 수렴한 뒤 스스로 판단하고, 일이 결정되면 당사자에게 전적으로 맡겼다. 사방으로 영토를 크게 확장하면서 최고의 성세인 정관지치를 이룬 배경이다. '군신공치'의 상징인 역사거울과 사람거울을 적극 활용한 덕분이다.

냉정과 열정을 함께 구비하라

객관적으로 볼 때『정관정요』는 무공보다 문치에 방점을 찍고 있다. 창업보다 수성에 초점을 맞춘 결과다. 이와 대비되는 게 오랫동안『손자병법』등과 더불어 무경7서의 하나로 손꼽힌『당리문대』이다. 역대 병서의 장단점을 세밀히 분석하면서 무공에 초점을 맞추고 있는 책이다. 수성보다 창업에 중점을 둔 결과다.『당리문대』의 명칭은 당태종이 자신의 경험을 토대로 위국공 이정李靖과 함께 역대 병서와 병법 및 전쟁사례 등을 깊숙이 논의했다 하여 붙여진 명칭이다. 공식 명칭은 '당태종이위공문대唐太宗李衛公問對'이다. 이를 줄여 흔히 '당리문대', '이위공문대李衛公問對' 등으로 부른다. 더 크게 줄여 '문대'로 표현키도 한다.

문제가 되는 명칭은 당태종을 쏙 뺀 채 이정만 부각시킨 '이위공문대'이다. 이는 원래 송나라의 사대부들이 당나라를 '더러운 당나라'로 낮추면서 그 원흉으로 당태종을 지목한 데서 비롯됐다. 당태종은 친형을 죽인 데 이어 제수를 자신의 후궁으로 들인 바 있다. 명분을 중시했던 송나라 사대부들이 볼 때 이는 '패륜'의 극치였다. 병서의 명칭이 '이위공문대'로 전해진 배경이다. 그러나 당태종이 이른바 '현무문玄武門의 변'을 일으켜 보위를 차지하게 된 데에는 나름 사연이 있었다. 이런 배경을 생략한 채

드러난 것만 보고 '더러운 당나라' 운운한 것은 송대 성리학자들의 협량狹量을 드러낸 것이다.

　이정 역시 위징과 마찬가지로 처음에는 당태종의 반대편에 서 있었다. 당고조 이연이 반역의 뜻을 품고 있는 것을 알고 이를 수나라 조정에 보고하려고 시도한 것을 보면 그렇다. 공교롭게도 수양제가 머물고 있는 강도江都로 가능 도중 장안까지 이르렀다가 길이 막혀 중지하고 말았다. 이후 이연이 장안을 점령한 뒤 이정을 잡아 죽이려 하자 이정이 큰 소리로 이같이 외쳤다.

　"공이 의병을 일으킨 것은 난폭함을 제거하려는 취지입니다. 큰일을 하는 데로 나아가지 않고 사사로운 원한으로 장사壯士를 죽이려는 것입니까?"

　이세민이 이 얘기를 듣고 이정을 구하는 데 앞장섰다. 이는 훗날 당나라가 돌궐을 제압하는 결정적인 바탕으로 작용했다. 이연이 당나라를 건국할 때만 해도 돌궐의 위세가 당나라보다 컸다. 당나라는 돌궐에 조공을 바치는 나라에 지나지 않았다. 당태종이 즉위한 뒤 이정이 마침내 대군을 이끌고 가 돌궐을 토벌하는 데 성공했다. 이세민은 이정의 노고를 치하하며 대국공代國公에 봉했다. 당태종이 '황제 칸'의 자리에 오른 결정적인 배경이 여기에 있다. 이정의 돌궐 토벌 덕분이다.

　『당리문대』는 구성이 문답식으로 되어있어 추상적인 용어로 꾸며진 『손자병법』보다 이해하기가 쉽다. 내용 또한 역대 병서의 장단점과 다양한 전법의 특징을 종합적으로 정리해놓아 그 가치 또한 매우 높다. 『당리문대』는 '문치무공'으로 요약되는 정관지치의 또 다른 면을 엿보게 해준다. 『정관정요』를 읽을 때 『당리문대』를 겸해야 하는 이유다. 일각에서 『정관정요』를 '문덕의 제왕학서', 『당리문대』를 '무덕의 제왕학서'로 평하고 있기에 더욱 그렇다.

결단력있게 선제공격하라

사서에는 이세민이 천하를 거머쥐는 결정적인 배경으로 작용한 '현무문의 변' 당시 이세민이 현무문에서 기다리고 있다가 간단히 해치운 것으로 돼있다. 현무문이 정변의 핵심장소로 등장한 데에는 그만한 이유가 있었다. 당시의 황궁 제도를 보면 지금은 사라진 장안성내 태극전과 대명전의 배치는 낙양궁성의 궁전양식은 똑같다. 남북을 중앙선으로 하여 대칭으로 배열돼있었다. 북쪽 성벽의 정문인 현무문 밖에는 두개의 회랑이 있었다. 궁정의 수비군 사령부가 이곳에 있었다. 이를 북아北衙라고 했다. 관아는 매우 견고한 구조로 건설돼있었다. 병력도 매우 많았다. 객관적으로 볼 때 현무문을 먼저 장악하는 쪽이 유리했다. 현무문을 장악하면 내정을 장악하고, 내정을 장악하면 다시 황제를 손에 흔들 수 있는 구조로 되어 있었기 때문이다.

통상 양측의 세력이 엇비슷한 정황에서 승패를 결정짓는 것은 늘 선제공격의 결단이다. 실제로 배짱이 두둑하고 결단력이 있는 이세민이 선제

공격을 가해 대세를 결정지었다. 이건성에게도 몇 번의 기회가 있었으나 그는 결단하지 못하고 주춤했다. 최상의 방안을 찾느라 머뭇거린 게 결정 적인 패인이다.

이세민은 이건성과 달리 결단도 빨랐고 단호했다. 정변 직후 이건성의 자식 5명을 모두 죽였다. 이원길의 자식 5명도 모두 살해되었다. 그럼에 도 사서는 정변이 빚어지고 이연이 전격 퇴위하는 과정에서 이세민이 시 종 사양한 것으로 기록해 놓았다. 조카를 무자비하게 도륙한 점에 비춰 앞뒤가 맞지 않는다. 당시 이연은 62세, 이세민은 29세였다. 이연은 훗날 상황으로 물러난 뒤 이세민과 함께 한 술자리에서 '현무문의 변' 당시 목 숨의 위협을 느꼈다고 토로한 적이 있다. 이는 당시 이세민이 무력으로 부친을 유폐하는 등의 극단적인 수순을 염두에 두고 있었음을 시사한다.

'현무문의 변'은 도덕의 잣대를 들이댈 경우 비난을 받을 위험이 너무 크다. 그러나 여기서 주의할 것은 역사를 도덕의 잣대로 평가할 수는 없 다는 점이다. 역사적 현실은 동기보다 결과를 중시하기 때문이다. 고금 을 막론하고 천하의 강산과 역사는 승리자의 몫이다. 형제와 부자 사이일 지라도 마찬가지다. 정치와 도덕을 완전히 분리시켜 생각할 수는 없는 일 이나 그 간격만큼은 매우 크다. 이세민이 성세를 구현해 후대인들로부터 '정관지치'를 이룬 성군으로 칭송받는 사실이 이를 뒷받침한다.

고금동서를 막론하고 정치는 동기를 중시하는 도덕과 달리 결과를 중 시할 수밖에 없다. 이세민이 최고의 성군이라는 칭송을 받게 만든 '정관지치'와 패륜을 자행한 '현무문의 변'이 불가분의 관계를 맺고 있는 이유다. 이는 수천 년 동안 지속되고 있는 정치와 도덕의 상호관계를 웅변하는 것이기도 하다.

정관 원년(627), 이세민이 논공행상을 하면서 방현령과 장손무기, 두여회 등 5명을 일등공신에 명했다. 고금을 막론하고 논공행상에는 늘 불만이 따르기 마련이다. 당사자의 주관적인 판단이 늘 높게 나타나기 때문이다. 이때도 예외가 아니었다. 숙부 회안왕 이신통이 불복했다.

"고조가 처음으로 의병을 일으켰을 때 신은 병사들을 이끌고 가장 먼저 장안으로 갔습니다. 지금 방현령 등은 붓이나 놀리는 아전에 불과했던 자인데 일등공신에 기록됐으니 신은 사적으로 심복할 수 없습니다."

이세민이 말했다.

"국가대사는 오직 상벌밖에 없소. 포상은 그 공에 상당하는 것으로 공이 없는 자는 자연히 물러나게 되어 있소. 처벌은 그 죄에 상당하는 것으로 악행을 저지른 자는 모두 두려워할 수밖에 없소. 이로써 상벌은 결코 가볍게 시행될 수 없는 사실을 알 수 있소. 지금 공훈의 대소에 따라 포상을 행했소. 방현령 등은 전장의 무공은 없지만 전쟁이 일어났을 때에는 군막 안에서 책략을 세우는 주모유악籌謀帷幄의 공을 세웠고, 난을 평정한 후에는 사직의 안녕을 다지는 획정사직畫定社稷의 공을 세웠소. 한나라 건국 당시 소하는 비록 전쟁터에서 공을 세우지는 않았으나 후방에서 차질 없이 병력과 군량을 지원하고, 난을 평정한 후에는 한고조 유방을 천자로 추대하는 대공을 세운 까닭에 그 공이 첫 번째가 될 수 있었소. 숙부는 황실의 지친인 까닭에 포상을 아끼지는 않겠으나 사정私情으로 인해 대공을 세운 공신들과 똑같이 포상할 수는 없소."

이 소식을 들은 공신들이 입을 모아 칭송했다.

"폐하는 지극 공정한 자세로 우리를 대했다. 포상하면서 황실의 종친을 편애하지 않았다. 우리가 어찌 허튼 소리를 할 수 있겠는가?"

이세민의 기본입장은 확고했다. 각계의 우수한 인재들이 그의 주변으로 몰려든 이유다. 이세민은 위징을 포함한 많은 명신들의 건의를 거의 그대로 채택하면서도 자신이 옳다고 생각하는 것은 신하들의 반대를 무릅쓰고 굳건히 밀고 나갔다. 정관 18년(644), 공신들을 표창하기 위해 이세민이 화공을 시켜 공신 24명의 화상을 그린 뒤 이를 능연각凌煙閣에 걸어두었다. 이를 능연각화상凌煙閣畵像이라고 한다. 그는 자주 그곳에 가서 화상을 감상하면서 공신들의 행적을 찬양하고 기념했다.

24명의 공신 중 가장 대표적인 인물은 두여회, 방현령, 위징, 장손무기 등 4명이다. 장손무기는 공신들 중에서 가장 먼저 화상이 걸리는 영광을 얻었다. 북위의 황족인 탁발씨 후손인 그는 수나라 우효위장군 장손성의 아들로 이세민의 황후인 장손황후의 오빠이기도 하다. 관롱집단과 함께 '현무문의 변'을 성사시키는 데 결정적인 공헌을 했다. 이세민이 보위에 오른 뒤 상서복야, 상서령, 사도 등을 역임하며 승승장구했으나 말년은 비참했다.

정관 10년(636), 여동생 장손황후는 죽기 전에 이세민에게 오빠인 장손

무기를 중용하지 말 것을 당부했다. 이세민이 이를 좇지 않았다. 위징 사후 승상 겸 태위가 된 그는 이세민과 함께 고구려 원정에도 나섰으나 대패하고 말았다. 이후 당고종 이치李治가 훗날 측천무후가 된 당태종의 후궁 무씨武氏를 황후로 맞아들이려고 하자 이를 극구 반대했다가 작위를 박탈당하고 귀주로 유배를 가게 됐다. 결국 유배지에서 자결하고 말았다. 이는 관롱집단의 몰락을 알리는 서곡이기도 했다.

방현령은 18세 때 수나라에서 실시한 진사시험에 급제했다. 수나라 때의 진사 시험은 당나라 때보다 훨씬 어려웠다. 이후 당나라가 들어서자 진왕부 18학사의 일원이 되어 이세민의 최측근으로 활약했다. 이세민의 장자방으로 불린 그는 '현무문의 변'을 실질적으로 기획한 인물이다. 이세민이 즉위한 후 중서령, 상서좌복야 등을 두루 역임했다. 이세민의 신망은 매우 두터웠다. 사람들이 그를 두고 후한 광무제 때의 명신 등우鄧禹에 비유한 이유다. 화상이 능연각에 걸린 지 4년 뒤에 사망했다.

두여회는 대대로 북조와 수나라에서 벼슬을 한 관료집안 출신이다. 수나라 때 현위縣尉 벼슬을 한 후 초야에 묻혀 지내다가 진왕부병참군秦王府兵參軍이 되어 이세민 휘하로 들어갔다. 이후 문학관의 18학사의 일원이 된 그는 장손무기 및 방현령과 함께 '현무문의 변'을 기획했다. 머리는 비록 방현령에게 미치지 못했으나 결단력이 뛰어났다. 방현령이 그를 이세민에게 적극 천거한 이유다. 고위직을 역임하면서 공평한 태도로 일관한 까닭에 두여회 및 위징과 더불어 현상賢相의 칭송을 받았다. 이세민이 고구려 원정에 나섰을 때 장안에 남아 성을 지키기도 했다. 능연각에 화상이 걸리기 10여 년 전에 죽었다. 당시 45세였다.

위징은 이밀 휘하에 있었으나 곧 이연에게 귀순해 이건성의 최측근이되었다. '현무문의 변' 당시 이세민의 지은知恩으로 목숨을 구한 것은 물론 간의대부에 발탁된 것을 계기로 '정관지치'의 구현에 결정적인 공헌을했다. 직간을 서슴지 않은 결과다. 제왕학 서적인『군서치요群書治要』등의편찬에 큰 공헌을 했다. 이세민이 왕희지의 진필을 구할 당시 우세남 및저수량 등과 함께 감정에 참여한 데서 알 수 있듯이 서예에도 일가견이있었다. 화상이 능연각에 걸리기 1년 전에 사망했다. 당시 그의 나이 63세였다.

『정관정요』「논납간」에 따르면 이세민은 즉위한 해인 무덕 9년(626)에장병의 징집 명령을 내린 바 있다. 위징은 이 조서를 거머쥔 채 발송하지않았다. 이세민이 여러 번 재촉해도 전혀 개의치 않았다. 대로한 이세민은당장 위징을 불러 그의 대담한 항명 행위를 꾸짖었다. 위징이 간했다.

"신이 듣건대 '연못 속의 물을 말린 뒤 물고기를 잡으면 결코 잡지 못하는 일이 없지만 이듬해에 다시는 물고기를 볼 수 없고, 숲을 태워 사냥을 하면 짐승을 못 잡는 일은 없지만 이듬해에는 짐승을 보지 못한다.'고했습니다. 차남 이상이 모두 군대를 가면 세금과 각종 부역은 누구에게서취할 것입니까?"

이세민이 덕정을 편 데에는 위징의 공이 컸다. 태평성세가 지속되자 대신들 모두 이세민의 은덕을 극구 찬양했다. 오직 위징만은 이세민의 10가지 결점을 지적했다. 자만에 빠지는 것을 경계한 것이다. 이세민은 이를 병풍에 옮겨 적고 조석으로 읽어보며 좌우명으로 삼았다. 그가 재위 기간 내내 수성과 창업의 어려움을 묻는 질문을 스스로에게 던지면서 초심을 잃지 않은 이유다.

역설적으로 이세민이 위징 사후 잇단 실책을 범한 것도 이런 맥락에서 이해할 수 있다. 위징이라는 사람거울을 잃은 후과로 해석하는 게 대표적이다. 고구려 원정을 무리하게 밀어붙여 곤경에 처하고, 후사 문제로 어지러운 행보를 보인 것 등이 그렇다. 그의 사후 후궁 출신인 측천무후에 의해 당나라가 일시 사라지는 파국을 맞이한 것도 이와 무관할 수 없다. 그의 재위 후반기 실책은 기본적으로 지나친 자신감에서 비롯됐다고 평할 수 있다. 사람인 이상 이세민처럼 큰 공을 세운 경우 자만심에 빠질 소지가 크다. 실수가 있기 마련이다. 이를 뒷받침하는 대표적인 일화가 있다.

정관 17년(643) 정월, 위징이 죽자 태종은 손수 붓을 들어 비문을 썼다. 나중에 위징이 과거 자신이 한 간언을 모두 기록해두었다가 실록의 기록 담당관인 기거랑起居郎에게 보였다는 것을 알았다. 격노한 이세민은 자신이 비문을 쓴 위징의 묘비를 밀어버릴 것을 명했다. 그는 앞서 딸 형산衡山공주를 위징의 장남 위숙옥魏叔玉에게 출가시킬 것을 약속한 바 있다. 이것도 취소해버렸다. 일단 세워놓은 묘비를 넘어뜨리는 것은 상식과 동떨어진 행보다. 그의 노여움이 얼마나 심했는지 대략 짐작할 수 있다.

위징이 상세한 간언 기록을 남겼다면 이세민이 만들고 싶어 한 '태종실록'과 저촉되는 부분이 적지 않았을 것이다. 이세민은 자신의 치세에 대한 자부심이 남달랐다. 정관 6년(632) 태산에 제사를 지내는 봉선封禪을 거행하고자 한 이유다. 이는 오직 성군만이 행할 수 있는 일이었다. 위징이 반대했다.

"수나라 말의 대란 끝에 호구는 아직 복구되지 않았고, 식량 창고는 여전히 비었습니다. 거가車駕가 동부를 순행하면 무수한 병거와 기마병의 숙식을 제공하기 위한 노고와 비용 또한 감당키 어렵습니다. 폐하가 봉선하면 만국이 다 모여들고 먼 곳의 군장들 모두 마땅히 폐하의 시종을 들 것이다. 지금 이수伊水와 낙수洛水 이동, 동해, 태산 지방에 이르기까지 백성의 밥 짓는 연기가 아직도 어렵습니다. 이는 곧 융적戎狄을 뱃속에 끌어들여 나라의 허약함을 보여주는 것과 다름없습니다."

봉선을 하게 되면 외국의 사절단이 참여하게 된다. 봉선이 거행되는 태산 주변의 황폐한 풍경이 그대로 드러난다. 당나라를 멸시하는 마음일 일어나고, 장차 침공을 유발할 것인지도 모를 일이다. 위징은 이를 두고 '허명虛名을 중시해 실해實害를 입는 짓'으로 단정했다. 공교롭게도 하남 일대에 수해가 일어나 봉선은 치러지지 않았다. 사서는 이세민 자신이 봉선에 반대한 것으로 돼 있으나 『자치통감』은 위징의 사적을 기록한 『문정공전사文貞公傳事』를 인용해 봉선을 거행하고자 한 것은 이세민 자신이었다고 기록해놓았다. 태종이 『기거주』를 보고 싶어 했다가 제왕은 그런 것을 보아서는 안 된다는 간언을 들었다는 이야기가 『정관정요』에 나온다. 『기거주』는 황제의 일상생활을 기록한 것이다. 그러나 태종은 기어이 『기거주』를 보았다. 『자치통감』 정관 17년(643)의 기록이다.

"처음 주상이 감수국사監修國史 방현령에게 묻기를, '앞선 시대에 사관이 기록한 것을 군주에게 보이지 않은 것은 어찌된 까닭인가?'라고 했다. 이에 대답키를, '사관은 아름다운 것을 거짓으로 적지 않고, 악한 것을 숨기지 않으므로 만일 군주가 그것을 본다면 노여워할 것이니 따라서 감히 보여 드리지 않는 것입니다'라고 했다. 주상이 말하기를, '짐의 마음은 앞선 시대와 다르다. 제왕이 스스로 국사를 보고자 함은 이전의 악을 알고 장차 훈계로 삼기 위한 것이다'라고 했다."

간의대부諫議大夫 주자사朱子奢도 그런 일을 하면 사관이 처벌을 받을 우려가 큰 까닭에 사초를 보아서는 안 된다고 진언했다. 그러나 듣지 않았다. 이세민은 '현무문의 변'을 다시 쓰도록 명했다. 그가 이 사건에 얼마나 신경을 쓰고 있었는지를 방증한다.

스스로를 낮추고 겸허히 들어라

『정관정요』는 주로 당태종 이세민과 위징魏徵의 대화로 구성돼있다. 위징이 당태종에게 수시로 올린 간언의 요체는 '거안사위居安思危'다. 편안할 때 위기가 닥칠 때를 생각해 근면히 정사에 임해야 한다는 뜻이다. 정관 15년(641) 문하시중 위징은 당태종에게 이같이 간한 바 있다.

"역대 제왕을 살펴보면 위기 때 현능한 자를 임용해 간언을 받아들이지

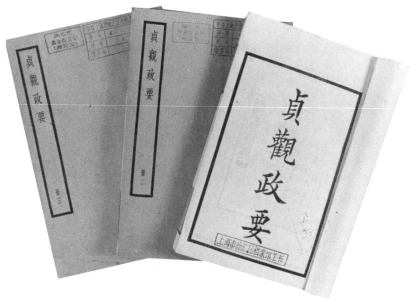

『정관정요』

"수양제는 허물을 지적해주는 말을 듣지 않은 탓에 악행이 날로 쌓이고 재앙이 날로 가득 차 마침내 나라가 패망하고 자신 또한 죽임을 당하는 화를 입게 된 것이다. 군주의 행동이 옳지 못한데도 신하가 바로잡아 주지 않은 채 구차하게 아첨이나 하며 하는 일마다 칭송만 하면 군주는 이내 어리석어진다. 군주가 어리석고 신하가 아첨을 일삼으면 패망은 결코 멀리 있지 않다."
- 당태종

만 일단 위기를 벗어나 안락하게 되면 반드시 느슨하고 태만한 마음을 품습니다. 이런 일이 지속되면 나라는 곧 위기에 처하게 됩니다. 옛날 성인이 '거안사위'를 행한 것은 바로 이 때문이었습니다."

'거사안위'는 스스로를 겸허히 낮추는 '사우' 정신이 전제돼야 가능한 일이다. 우리나라도 고려 때까지는 경연經筵 자리에서 사서삼경 대신 『정관정요』를 놓고 국정을 논하면서 '사우'의 정신을 깊이 새긴 바 있다.

일본의 에도막부를 연 도쿠가와 이에야스는 『정관정요』의 애독자였다. 그는 막부의 기틀을 다지기 위해 『정관정요』를 대거 참조했다. 일본에서는 지금도 황족의 교육기관인 가쿠슈인學習院 대학이 『정관정요』를 교양 필수 과목으로 정해 놓고 있다. 시오노 나나미가 『로마인이야기』를 집필하게 된 것도 본인이 밝혔듯이 모교에서 『정관정요』를 통해 '사우'의 논리를 통찰한 결과다.

"수양제는 허물을 지적해주는 말을 듣지 않은 탓에 악행이 날로 쌓이고 재앙이 날로 가득 차 마침내 나라가 패망하고 자신 또한 죽임을 당하는 화를 입게 된 것이다. 군주의 행동이 옳지 못한데도 신하가 바로잡아 주지 않은 채 구차하게 아첨이나 하며 하는 일마다 칭송만 하면 군주는 이내 어리석어진다. 군주가 어리석고 신하가 아첨을 일삼으면 패망은 결코 멀리 있지 않다."

'사우'의 중요성을 역설한 것이다. 『정관정요』가 21세기까지 제왕학의 바이블로 통하는 이유가 여기에 있다. 군주가 신하들의 간언을 적극 받아들여 스스로를 끊임없이 연마하며 겸양하는 자세로 천하에 임하도록 권한 덕분이다. 이는 '사우'를 곁에 두어야만 가능한 일이다.

『정관정요』 「논군」의 일화에 따르면 정관 10년(636) 당태종은 신하들에게 창업과 수성 가운데 어느 게 더 어려운지 여부를 물은 바 있다. 무장출신으로서 당태종과 함께 숱한 전장을 누빈 방현령房玄齡은 '창업이 더 어렵다'고 답했다. 그러나 위징은 '수성이 더 어렵다'고 반박했다. 창업은 난세의 시기에 백성의 지지를 얻는 일이기에 어쩌면 당연한 일이지만, 수성은 군주가 창업 이후 교만하고 방자해져 백성과 괴리되기 십상이므로 더 힘들다는 게 논지였다. 쉬지 않고 스스로를 채찍질하는 『주역』의 자강불식自强不息 정신을 역설한 것이다.

역사적 사실을 따르라

당태종 이세민은 역사에 밝았다. 수성守成 또한 창업創業 못지않게 뛰어난 신하들의 보필이 있어야 가능하다는 사실을 통찰했다. 그가 한고조 유방과 달리 강신强臣에 해당하는 창업공신을 '토사구팽'의 희생양으로 삼지 않은 것도 이런 관점에서 이해할 수 있다. 『당리문대』에 이를 뒷받침하는 일화가 나온다. 하루는 당태종이 위국공 이정에게 물었다.

"사람들은 모두 한고조 유방을 두고 장수를 잘 다뤘다고 말하고 있소. 그러나 이후 한신韓信과 팽월彭越은 '토사구팽'을 당하고, 소하蕭何는 투옥되었소. 어찌하여 이런 지경에 이르게 된 것이오?"

이정이 대답했다.

"신이 보건대 유방과 항우 두 사람 모두 장수를 잘 다룬 군주는 아닙니다. 유방이 천하를 손에 넣은 것은 장량이 계책을 써서 6국의 부활 움직임을 저지하고, 소하가 배와 수레를 사용해 식량을 제때 운반한 덕분입니다. 한신과 팽월이 '토사구팽'을 당한 것은 범증范增이 항우에 의해 내침을 당한 것과 같습니다."

이세민이 물었다.

"광무제 유수劉秀는 한나라를 중흥한 뒤 한고조의 실패를 거울삼아 능히 공신을 보전하면서 대신 그들이 나랏일에 관여하지 못하게 했소. 이는 장수를 잘 다룬 경우에 해당하지 않소?"

이정이 대답했다.

"광무제는 지성으로 사람을 대했고, 부드러운 도로 천하를 다스리며 공신들을 보전했습니다. 그런 점에서 유방보다 뛰어났습니다. 신은 광무제만이 그 요체를 얻었다고 봅니다."

광무제 유수는 유방과 달리 '토사구팽'을 행하지 않았다. 당태종과 이정은 이를 높이 평가한 것이다. 유방이 천하를 거머쥘 때 가장 큰 공을 세운 사람은 이정이 지목했듯이 단연 장량이다. 더구나 그는 대공을 세운 뒤 일선에서 물러나는 공성신퇴功成身退의 행보를 보였다.

평안할 때 위기를 대비하라

이세민은 여러모로 유방과 달랐다. 본인 또한 광무제 유수를 유방과 대비시킨 데서 알 수 있듯이 자신을 유방이 아닌 유수와 비교하고 싶어 했다. 그가 유방처럼 '토사구팽'까지 했다면 결코 '정관지치'는 없었을 것이다. '정관지치'는 공신들과 함께 천하를 다스리는 이른바 군신공치君臣共治를 철저히 실천한 결과이기도 하다.

고금을 막론하고 왕권王權과 신권臣權 사이의 긴장은 불가피하다. 창업 때는 더욱 그렇다. 공자는 이를 '군신공치' 이념으로 조화시키고자 했다.

천하는 군주가 아무리 유능할지라도 홀로 다스릴 수 있는 대상이 아니다. 유가에서 '군신공치'를 역설한 이유다. 당태종은 이를 통찰했다.『정관정요』「군신감계」에 이를 뒷받침하는 일화가 나온다. 정관 14년(640), 당태종이 고창高昌을 평정한 뒤 양의전兩儀殿에서 커다란 연회를 베풀었다. 연회 도중 방현령에게 말했다.

"고창의 군주가 신하의 예를 잃지만 않았어도 어찌 패망할 리 있겠소? 짐은 이런 나라를 평정한 후 오히려 내심 더 큰 두려움을 갖게 됐소. 왕조를 오래도록 유지하려면 교만과 사치, 음란을 힘껏 경계해 스스로 방어하고, 충간을 받아들여 자신을 바로잡는 길뿐이오. 간녕奸佞한 자를 내쫓으며 현량한 자를 등용하고, 소인의 말로 군자를 논하지 않도록 해야 할 것이오. 이런 식으로 삼가 지키면 그 나라는 오래도록 평안을 얻을 수 있을 것이오."

위징이 진언했다.

"신이 옛 제왕의 사적을 살펴보니 그들 모두 창업할 때는 반드시 매우 삼가며 신중했고, 수시로 자신을 경계하고, 충직한 건의를 좇았습니다. 그러나 천하가 안정되자 멋대로 방종하고 내키는 대로 행동했고, 자신의 뜻을 따르는 아첨배의 말을 좋아하고, 정직한 논의를 듣기 싫어했습니다. 옛날 제환공이 관중管仲과 포숙아鮑叔牙 및 영척甯戚 등과 함께 술을 마신 적이 있습니다. 도중에 포숙아에게 묻기를, '어찌하여 과인을 축수祝壽하지 않는 것이오?'라고 했습니다. 포숙아가 술잔을 들고 일어나 대답하기를, '군주는 전에 거莒나라로 망명했을 때의 일을 잊지 말고, 관중으로 하여금 노나라에 체포되어 곤욕을 당했던 일을 잊지 않게 하고, 영척으로 하여금 수레 아래서 소 먹이던 때를 잊지 않게 하십시오.'라고 했습니다. 제환공이 자리에서 일어나 칭송키를, '제나라 사직은 결코 위험하지 않을 것이오!'라고 했습니다. 폐하도 제환공의 사례를 잊지 말아야 할 것입니다."

당태종이 위징에게 말했다.

"짐은 반드시 포의布衣로 있던 때를 잊지 않을 것이오. 그대 또한 포숙아의 사람됨을 잊지 말도록 하시오!"

위징이 한고조와 유방을 인용하며 말하고자 한 것은 이른바 거안사위居安思危이다. 평안할 때 위기상황이 닥칠 것을 생각해 미리 대비하는 것을 말한다. 수성의 요체가 바로 '거안사위'에 있다. 군주가 '거안사위'를 하려면 반드시 부단히 스스로를 채찍질 하며 연마하는 수밖에 없다. 그게 바로 『주역』을 관통하는 키워드 자강불식自强不息이다.

『정관정요』「논정」에 이세민의 '자강불식' 행보를 뒷받침하는 일화가 나온다. 정관 16년(642), 당태종이 좌우 시신에게 물었다.

"지난 일을 살펴보면 어떤 경우는 군주가 위에서 어리석은 일을 저지르는데도 신하들이 아래에서 잘 다스리고, 어떤 경우는 신하들이 아래에서 어리석게 일을 처리하는데도 군주가 위에서 훌륭하게 다스리기도 하오. 이 두 가지 정황을 비교하면 어떤 쪽이 더 심한 것이오?"

특진特進으로 있던 위징이 대답했다.

"군주가 치국평천하에 전념하면 신하들의 허물을 분명히 살필 수 있습니다. 한 사람을 처벌해 100명을 경계시킬 수 있으면 누가 감히 군주의 위엄을 두려워하지 않고, 온 힘을 다해 일하지 않겠습니까? 군주가 어둡고 포학해 충간을 따르지 않는다면 설령 오자서 같은 인물이 있을지라도 재앙을 구하지 못할 것입니다. 나라의 패망을 더욱 재촉할 뿐입니다."

신하의 보필보다 군주의 리더십에 초점을 맞춘 것이다. 당태종이 반박했다.

"반드시 이와 같다면 남북조시대 북조北齊의 문선제文宣帝는 어둡고 포악했지만 상서우복야尙书右僕射 양준언楊遵彦이 바른 길로 그를 잘 보필해 나라가 다스려지게 됐소. 당시 사람들이 '군주는 위에서 어리석지만 정치는 아래에서 맑았다.'고 칭송한 것은 어찌 해석해야만 하오?"

위징이 대답했다.

"양준언은 폭군을 보필해 백성들을 구제하고 나라의 혼란을 면하게 만들었다고 하지만 사실 북제는 매우 위태로웠고, 백성들 또한 고통스러워했습니다. 양준언은 군주가 밝게 다스리는 정황에서 신하들이 국법을 두려워하고, 군주에게 거리낌 없이 직언하며 바르게 간하고, 모두 군주의 신임을 받는 경우와 같은 차원에서 말할 수는 없습니다."

결정에 앞서 역지사지하라

양준언은 북제 문선제 때의 인물로 법령을 개정하는 등 쇄신책을 강구해 국위를 크게 떨친 인물이다. 통상 뛰어난 재상을 뜻하는 천고일상千古一相으로 관중과 장량, 제갈량, 방현령을 비롯해 명나라 건국공신 유기刘基와 '신 중화제국'의 수상인 주은래周恩来 등을 떠올린다. 모두 군주를 잘 선택해 충성을 바친 경우다. 이와 달리 양준언은 대표적인 암군인 문선제 고양高洋을 만나 현상賢相으로 활약한 특이한 경우에 속한다.

문선제 고양은 동위東魏의 재상으로 있던 고환高歡의 차자이다. 어렸을 때부터 용맹하고 과단성이 있었다. 한번은 고환이 6명의 아들을 시험할 생각으로 어지럽게 엉킨 실타래를 내놓고 이를 풀도록 했다. 모두 망연해 할 때 오직 고양만이 칼을 뽑아 단숨에 잘라버린 뒤 "어지러운 것은 응당 과감히 참해야 한다!"고 했다.

여기서 나온 성어가 쾌도참마快刀斬麻이다. 흔히 쾌도난마快刀亂麻로 표현하고 있으나 이는 일본에서만 사용하는 잘못된 성어이다. 문선제 고양은 즉위 후 군국대사를 포함한 모든 정사를 양준언에게 맡긴 뒤 조금도 의심하지 않았다. 은밀히 문선제에게 양준언을 비판하는 보고를 올린 자들 모두 죽임을 당했다. 한 번은 문선제가 화장실에 있을 때 양준언이 직접 지금의 화장지 대신 사용한 측주厠籌를 전해주기도 했다. '측주'는 나무나 대나무를 얇게 잘라 화장지 대용으로 사용한 물건이다. 당나라 때는 물론 송나라 때까지 널리 사용된 화장실 사용법이 그랬다. 재상이 황제를 위해 '측주'를 전해주는 일은 흔한 일이 아니었다.

당태종이 양준언을 거론한 것은 신하들이 '군신공치'의 정신에 입각해 헌신적인 노력을 하면 설령 어리석은 군주가 들어설지라도 결코 나라가 망하는 일은 없을 것이라는 취지에서 나온 것이다. 사실 양준언과 같은 신하만 있으면 나라가 망하지는 않는다. 수성 역시 창업 못지않게 뛰어난 신하의 보필이 매우 중요하다.

『정관정요』「예악」에 나오는 일화는 당태종이 군신공치의 필요성을 역설한 배경을 선명히 보여준다. 정관 17년(641), 태상경 소우가 상주했다.

"지금 파진악무破陳樂舞가 천하에 널리 전해지고 있으나 폐하의 덕을 칭송하기에는 충분치 못한 면이 있습니다. 폐하가 전에 잇달아 물리친 유무주와 두건덕, 왕세충 등의 형상을 세밀히 묘사해 당시의 승리 장면을 실감나게 표현하고자 합니다."

'파진악무'는 당나라 궁정무용인 이른바 7덕무七德舞를 말한다. 당태종이 진왕으로 있을 때 유무주를 격파하고 진영 안에서 '파진악破陳樂'을 지은 바 있다. 정관 초기에 이를 토대로 '진왕파진악곡秦王破陳樂曲'을 만들었다. 이백약李百藥과 위징 등이 가사를 만들어 이세민의 무공을 칭송했다. 당태종이 반대했다.

"아악雅樂은 응당 정황을 개괄적으로 그려야 하오. 그 내용을 적나라하게 묘사하면 드러내지 않아야 할 정황까지 쉽게 드러나게 되오. 지금 장상들 가운데 많은 수가 유무주의 지휘를 받거나 짧으나마 군신관계를 맺은 바 있소. 그런데 지금 그들이 새삼스레 포획될 당시의 정황을 접하게 되면 틀림없이 참지 못할 것이오. 짐이 당시의 상황을 상세히 묘사하지 못하게 한 이유가 여기에 있소."

소우가 절을 올리며 사과했다.

"이는 신이 미처 생각지 못한 것입니다."

당태종은 자신의 무공을 기리기 위해 신하들을 폄하하는 짓을 하지 않은 것이다. 제왕의 자리에 오르면 자부심으로 인해 신하들을 내려다보기 십상이다. 특히 이세민처럼 큰 무공을 세움으로써 사실상 창업주 역할을 한 경우 더욱 그렇다. 그러나 그의 휘하에는 유무주와 두건덕, 왕세충 등 군웅 휘하에 있던 인물이 매우 많았다.

자신의 무공을 묘사한 '파진악무'를 실감나게 묘사할 경우 이들 군웅 밑에 있다가 투항한 신하들의 체면이 말이 아니게 된다. 소우가 '파진악무'를 실감나게 그리려고 한 것을 저지하며 줄거리만 개괄적으로 표현하도록 조치한 이유다. 군신공치를 통해 천하를 다스리고자 하는 그의 수성守成 의지가 여실히 드러나는 대목이다.

잘못을 깨끗이 인정하라

신하들을 표현할 때 맡은 바 역할에 따라 통상 고굉지신股肱之臣, 후설지신喉舌之臣, 이목지신耳目之臣 등으로 분류한다. 고股는 넓적다리, 굉肱은 팔뚝을 뜻한다. 군주의 넓적다리와 팔뚝의 역할을 하는 게 바로 '고굉지신'이다. 군주 곁에서 보필하는 중신重臣을 비유할 때 사용한다. 출처는 『사기』「태사공자서」이다. 후喉는 목구멍, 설舌은 혀를 뜻한다. 군주의 입을 대신하는 신하가 '후설지신'이다. 군주의 명을 조정에 알리거나 조정의 여론을 군주에게 전하는 역할을 하는 승지承旨 내지 언관言官을 지칭할 때 사용한다. 출처는 『시경』「증민蒸民」이다. 이耳는 귀, 목目은 눈이다. 말 그대로 군주의 눈과 귀 역할을 하는 신하가 '이목지신'이다. 사정司正기관에서 일하는 관원을 지칭한다. 군주가 지방관원을 감시하기 위해 파견하는 어사가 대표적이다. 출처는 『서경』「경명冏命」이다.

'고굉지신' 등의 표현은 천하가 매우 넓은 까닭에 군주 홀로 다스릴 수 없다는 의미를 담고 있다. '고굉'과 '후설' 및 '이목'의 역할을 대신하는 신하들이 제 역할을 해야만 천하를 제대로 다스릴 수 있다는 얘기나 다름없다. 당태종은 이를 통찰했다. 「논정」에 나오는 다음 일화가 이를 뒷받침한다. 정관 5년(631), 당태종이 좌우 시신侍臣들에게 이같이 말했다.

"치국治國과 치병治病은 아무 차이도 없소. 병자의 상태가 좋아졌다고 생각되면 오히려 더욱 잘 보호해야 하는 것 등이 그렇소. 평화롭다고 해서 교만하고 안일한 모습을 보이면 틀림없이 패망하게 될 것이오. 짐의 이목과 고굉의 역할을 경들에게 맡길 터이니 일을 하면서 이치에 맞지 않는 부분이 있으면 서슴없이 간하고, 이를 숨기는 일이 없도록 해주시오. 군신이 서로 의심하며 마음속의 말을 다하지 못하면 실로 나라를 다스리는데 큰 해가 될 것이오."

당태종이 좌우 시신들에게 자신의 '이목' 내지 '고굉'의 역할을 충실히 해 달라고 부탁한 것은 '군신공치' 기조를 토대로 반드시 수성에 성공하겠다는 의지를 드러낸 것이다.

통상 '군신공치'를 행할 때 걸림돌이 있다. 바로 태자를 포함한 황자들의 행보이다. 이들은 군주의 신하인 동시에 자식들이다. 여타 신하들과 차이가 있다. 당태종 역시 사람인 까닭에 군신들이 황자들을 무시했다는 얘기를 듣고 격노했다가 위징의 간언을 듣고 이내 자신의 잘못을 뉘우친 바 있다. 「납간」에 나오는 다음 일화가 그렇다.

정관 10년(636), 월왕越王 이태李泰는 장손황후의 소생으로 태자 이승건의 동생이다. 매우 총명해 당태종의 각별한 총애를 받았다. 어떤 사람이 당태종에게 3품 이상의 대신들 모두 월왕을 경멸한다고 고했다. 당태종이 크게 노했다. 곧 수레를 타고 제정전齊政殿으로 달려가 3품 이상의 대신들을 불러놓고 노한 언성으로 이같이 말했다.

"짐은 수나라의 여러 제후왕과 대관 이하의 사람들이 곤욕을 당하는 것을 본 적이 있어 그들을 너그럽게 용납했소. 짐의 아들인 월왕으로서는 응당 그들이 함부로 방자하게 구는 것을 용납할 수 없었을 것이오. 그대들은 대수롭지 않게 그곳을 지나치면서 어떻게 그들과 함께 월왕을 경멸할 수 있는 것이오?"

방현령 등이 모두 벌벌 떨면서 사죄했다. 이때 위징만이 정색을 하며 이같이 간했다.

"지금 조정의 관원들은 결코 월왕을 경멸하지 않았습니다. 예의 면에서 볼 때 신하는 군주의 자제와 동등합니다. 제후란 군주가 그들을 임용해 공公으로 삼으면 공이 되고, 경卿으로 삼으면 경이 되는 것입니다. 지금 3품 이상 관원은 지위가 공경과 같은 서열입니다. 모두 천자의 대신이고, 폐하가 예로써 공경하며 우대하는 자들입니다. 설령 그들에게 약간의 잘못이 있을지라도 월왕이 어떻게 멋대로 모욕을 가할 수 있는 것입니까? 나라의 기강이 폐해졌거나 무너진 것도 아닌데 월왕이 어찌 그같이 할 수 있는 것입니까?"

당태종이 얼굴색을 바꾸며 위징을 칭송했다.

"짐이 한 말은 개인의 사사로운 애정에서 나온 것이나, 위징이 한 말은 나라의 대법大法을 언급한 것이오. 짐은 방금 화가 치민 나머지 이치에 합당하다고 생각해 아무 의심도 하지 않은 채 말을 했소. 그러나 위징의 말을 듣고는 짐의 생각이 이치에 합당치 않다는 사실을 이내 알게 되었소."

그러고는 방현령 등을 불러 따끔하게 질책한 뒤 위징에게 비단 1천 필을 내렸다. 주목할 것은 당태종이 위징의 말을 듣고는 곧바로 자신의 잘못을 정중히 사과한 점이다. '정관지치'가 출현한 배경을 짐작하게 해주는 대목이다. 후대 사가들이 이런 명군과 현신의 만남이 '정관지치'를 가능하게 했다고 평한 게 결코 틀린 말이 아니다. '군신공치'의 이런 이치가 21세기라고 달라질 리 없다.

사람의 수명은 유한하다. 아무리 많은 재부를 자랑하고, 천하를 호령하는 제왕의 자리에 있을지라도 예외가 될 수 없다. 정관 23년(649) 3월, 이세민이 이질에 걸려 자리에 누웠다. 백방으로 치료해도 효험이 없었다. 태자에게 금액문金液門에서 국정을 처리하도록 명했다. 이해 5월, 병세가 더욱 악화됐다. 태자와 비빈, 장손무기와 저수량을 불러 유조遺詔를 내렸다. 저수량이 유조를 작성했다. 이해 5월, 장안궁 함풍전에서 숨을 거두었다. 당시 51세였다. 이세민의 죽음은 '정관지치'가 사실상 종언을 고했음을 공식 선언한 것이기도 했다. 그러나 그가 생전에 위징을 곁에 두고 자문을 구하며 '정관지치'를 구현한 행보는 1,400년 가까이 지난 현재까지도 난세의 창업 및 수성리더십의 귀감으로 인용되고 있다.

⸫⸫⸫⸫⸫⸫⸫⸫⸫⸫

안나 윈투어는 20년간 미국 패션잡지 〈보그〉의 사령탑을 맡고 있는 자타공인 1인자이다. 윈투어는 칼 같은 일처리, 차가운 성격으로 유명하며, 영화 〈악마는 프라다를 입는다〉 속 캐릭터의 실존인물이기도 하다. 이러한 윈투어와 끊임없이 스파크를 일으키며 수십 년간 〈보그〉를 이끌어온 2인자가 바로 그레이스 코딩턴이다.

윈투어는 한 인터뷰에서 "패션계에서 나를 학대할 수 있는 사람은 오직 그레이스뿐"이라고 밝혔다. 사고로 인해 패션 모델을 할 수 없게 된 코딩턴은 영국 〈보그〉에서 윈투어를 만난다. 코딩턴은 얼음같은 윈투어와는 정반대의, 유연하고 감성적인 성격으로 그녀를 보완하는 〈보그〉의 실세로 언급되기도 한다.

2인자는 1인자와 가장 치열하게 부딪치면서도 가장 가까운 곳에서 지원을 보내야 한다. 이러한 2인자의 모습이 두 사람의 역량에 시너지를 부여한다.

"두 사람은 정치 면에서 적수였소. 왕안석은 개혁을 주장했고 사마광은 이를 반대했지. 그러나 학문에서는 좋은 친구로 서로 존중했소. 그들이 존중한 것은 상대방의 학문이었소. 우리는 이것을 배워야 한단 말이오. 정견이 다르다고 해서 학문마저 부인해서는 안 되오." - 모택동

제 9 장

송신종
·
후원하는
1인자

VS

시기받는
2인자
·
왕안석

역사는 수많은 1인자들이 써내려간 기록이다. 그들의 스토리에는 필연적으로 2인자가 등장한다. 2인자는 시류에 휘둘리는 사람들이 아니다. 출세나 명예나 돈을 얻기 위해서가 아니라 오직 상황에 맞는 이치로 일하는 사람들이다.

"군자는 천하에 무조건 꼭 그래야 한다는 것도 없고, 절대로 안되는 것도 없다. 견주어 실행할 뿐이다."
공자의 이 말은 2인자들에게 시사하는 바가 크다.

제9장 송신종과 왕안석

"안을 살펴보면 국가에 중환이 없는 것이 아니며,
밖을 살펴보면 오랑캐가 쳐들어올 위험이 없는 것이 아니고,
그 위에 전하의 재력은 날로 쇠퇴해가고 있습니다."

– 왕안석

낭비되는 재정을 개혁하라

당시 북송은 세계 최대의 경제대국이었다. 평화까지도 돈으로 산 게 그렇다. 그러나 이 또한 일정한 한계가 있을 수밖에 없었다. 요나라 및 서하에 대한 세폐는 재정에 적잖은 부담을 주었다. 게다가 씀씀이도 컸다. 인종은 죽으면서 대신들에게 거액의 유사遺賜를 행한 바 있다. 유언으로 하사품을 내리는 것을 말한다. 사마광司馬光은 대신들을 대표해 이를 거부했으나 받아들여지지 않았다. 사양할 수 없다면 하다못해 능묘의 조영에라도 기부하게 해달라고 제의했으나 이 또한 허락되지 않았다.

평화와 번영을 지속하고 있던 북송도 건국 이래 100여 년이 가까워지자 여러 가지 폐해가 표면화하기 시작했다. 국가재정이 적자로 돌아섰다. 진종 천희 말년(1021)에만 해도 2,400여만 관의 흑자였다. 인종 경력 8년(1048)에는 1,400여만 관의 흑자였다가 그 다음해에는 세입과 세출이 같아졌다. 영종 치평 2년(1065)에는 마침내 1,570만 관 정도의 적자로 바뀌었다.

서하와 7년간에 걸친 오랜 전쟁을 치르고도 승리하지 못한 게 가장 큰 원인이었다. 군사비가 기하급수적으로 증가했다. 태조 조광윤은 정병주의를 채택했으므로 만년에 금군은 20만, 지방군을 합하여도 총 38만 정도에 불과했다. 서하와 전쟁을 치른 인종 경력 연간에 금군이 82만, 상군을 포함하면 126만으로까지 늘어났다. 군사 유지비가 연간 5천만 관에 달했다. 무기 등의 비용을 합산하면 군사비는 세출의 약 8할을 점했다.

군사비 다음으로 재정 팽창에 영향을 미친 것은 관리의 폭발적인 증가였다. 북송은 특정 관원들에게 권력이 집중되는 것을 방지하기 위해 하나의 직무에도 복수의 관리를 배치했다. 관청 내지 부서의 수효도 증가했으므로 관리의 숫자는 전대에 비해 현저히 늘어났다.

공신의 자제를 무조건 관원으로 채용하는 은서恩蔭 제도가 있었다. 왕흠약이 죽자 은전 5천 냥이 지급되고, 친족과 친지 20여 명이 임용되었다. 게다가 문관 우대정책을 취했기에 다른 왕조에 비해 많아서 통상의 급여 이외에도 여러 가지 명목의 경제적 지원이 있었다. 퇴직 후에도 봉급전액이 지급되었다. 재정상황이 어려워지자 정부는 모든 수단을 동원하여 수입증대를 꾀했다.

북송의 건립 이래 강남을 중심으로 한 농업생산력과 상품경제의 발전으로 국고가 풍부해졌다. 그러나 남아도는 병사인 용병冗兵과 할 일 없이 관록만 타먹는 용관冗官, 황실의 사치에 소요되는 낭비인 용비冗費 등 이른바 3용三冗으로 인해 쌓아둔 재화가 서서히 탕진됐다. 결국 영종 때에 이르러 국가재정이 적자로 전락했다.

이는 커다란 문제를 야기했다. 재정을 보충하기 위해 온갖 종류의 세금을 부과하자 중과세에 견디지 못한 농민들이 크고 작은 반란을 일으키며 저항하고 나섰다. 해가 지날수록 규모가 커졌다. 수도 개봉부조차 도적떼로 가득 찬 상태가 되었다. 지방에는 쓸모없는 상군廂軍밖에 없었다. 서하와 전쟁을 치른 후 재정난과 사회불안을 근원적으로 해결해야 한다는 목소리가 젊은 관원들 내에서 높아졌다. 개혁방안은 제각각이었지만 개혁의 절박성에 대해서는 일치했다. 왕안석 신법에 대해 맹렬히 반대했던 사마광조차 초기에는 열성적인 개혁론자에 속했다.

당시 지방관들 가운데는 비록 제한된 지역이었지만 농민들의 피폐를 구제해보려는 시도를 한 자들이 제법 많았다. 섬서 일대에서는 고리대로 인해 몰락해 가는 농민들을 구하기 위해 봄에 자본을 대부해주었다가 수확 후에 곡물로 변제하게 하는 청묘전靑苗錢 제도를 창시한 자가 있었다. 이 제도는 훗날 왕안석王安石이 주도한 신법 가운데 하나인 청묘법靑苗法의 연원이 되었다. 강남지방에서는 농민들에게 가장 커다란 부담이 되고 있었던 차역差役을 폐지하고 모역법募役法을 시도했다. 이 역시 신법의 하나로 채택돼 전국적으로 시행하기에 이르렀다.

규칙과 제도를 제대로 시행하라

원래 왕안석은 강서에 위치한 무주撫州 임천현臨川懸의 관료집안에서 출생했다. 부친인 왕익王益은 지방관으로서 중국 각지를 전전했을 뿐 중앙정부에는 들어가지 못한 하급관료였다. 고향 임천현에는 하루의 끼니라도 해결할 만한 경작지도 없었던 탓에 왕익은 가족을 이끌고 근무지를 전전했다. 그는 어렸을 때 당시의 수재들과 마찬가지로 정치경제 등의 현실문제를 일체 돌아보지 않고 뛰어난 시부詩賦로 명성을 떨치고자 했다. 17세 되던 해 여름 부친을 따라 지금의 남경인 강령부江寧府에 도착하면서 생각이 바뀌었다. 젊은 시절에 확실한 목표를 설정해두지 않으면 평생 아무것도 성취할 수 없다는 자각이 든 것이다.

그는 19세 때 부친을 잃었다. 집은 가난하고 많은 동생들을 키우지 않으면 안 되었다. 이후 그는 세상일을 완전히 도외시한 채 학문에 매달렸다. 학문의 방법도 일반 학자와는 달랐다. 경서를 읽는 것만으로는 경서를 충분히 이해할 수 없다고 판단해 제자백가의 서적을 비롯해 의서와 소설류에 이르기까지 모든 서적들을 두루 탐독했다.

경전의 해석도 전한 이래의 주석에 구애되지 않고 자신의 생각에 따라 자유롭게 해석했다. 이는 인종 경력 연간에 일어난 새로운 학문경향에 영향을 받은 결과였다. 그러나 그는 이해하는 것만으로 만족하지는 않았다. 책으로부터 얻은 지식이 정확한지 여부를 검증하기 위해 농민이나 수공업자들을 방문하여 현실생활의 고통에 직접 접해보려 노력했다.

공부는 즐거워도 벼슬살이는 적성에 맞지 않는다고 생각했다. 그러나 어머니와 오누이들을 먹여 살리려면 녹봉을 받는 것 말고 방법이 없기도 했다. 인종 경력 2년(1042) 과거에 급제해 벼슬길에 나섰다. 당시 23세였다. 당시는 되도록 중앙에서 근무해야 출셋길이 트였지만 그는 계속 지방 관직을 희망했다. 가족 부양 때문이었다. 양주 지사의 보좌관을 시작으로 16년 동안 은현, 서주, 상주, 파양을 전전하며 지방행정을 맡았다.

이것은 두 가지 점에서 왕안석에게 도움이 됐다. 첫째, 상대적으로 권모술수의 아수라장에서 벗어나 한가함을 이용해 공부를 더욱 깊게 할 수 있었다. 둘째, 지방민들의 실생활을 오래 접하며 무엇이 그들에게 절실한가를 숙고하게 되었다. 이게 훗날 중앙정치에 몰두한 사람들보다 더 성공할 수 있는 배경으로 작용했다. 30대 후반에 그는 이미 경전해석에서 타의 추종을 불허하는 당대의 으뜸이라는 명성을 누렸다.

왕안석은 인종 가우 3년(1058) 중앙관직으로 올라가면서 인종에게 「만언서萬言書」를 올려 개혁에 대한 자신의 포부를 밝혔다. 그는 여기서 선왕의 정치를 본받아 일대 변혁을 꾀하고, 인재를 양성하여 이재理財에 유념할 것을 역설했다. 그는 「만언서」에서 인종의 총명함과 근면함을 칭송하는 말로 시작해 이내 정반대의 현실이 있음을 다음과 같이 기탄없이 지적하고 있다.

"안을 살펴보면 국가에 중환이 없는 것이 아니며, 밖을 살펴보면 오랑캐가 쳐들어올 위험이 없는 것이 아니고, 그 위에 전하의 재력은 날로 쇠퇴해가고 있습니다."

그는 그 원인을 법도가 제대로 시행되지 못하는 데서 찾았다. 법도가 없는 게 아니라 지금의 법도가 '선왕의 정치'에 위배되고 있다는 지적이었다. 선왕의 정신을 따르는 법고法古와 옛 것을 스승으로 삼는 사고師古에 기초하면서 시대 변화에 맞춘 변법變法을 전면적으로 실시해야 적폐를 일소할 수 있다는 게 골자였다. 그는 해법의 출발점을 인재의 확충에서 찾았다.

"지금의 정황을 보건대, 폐하가 천하를 완전히 변혁하시어 선왕의 뜻에 합치시키고자 해도 반드시 실현되지 않을 것입니다. 무엇보다도 지금 천하에 인재가 부족하기 때문입니다."

그는 여기서 인재의 양성 방략으로 이른바 교教, 양養, 취取, 임任 등 네 가지 계책을 제시했다. '교'는 고대의 학교 제도에 따라 학교를 정비하고, 거기서 선왕의 법을 가르치고, 국가에 도움이 되는 인재를 양성해야 한다는 게 요지이다. 선비는 '문文'뿐만 아니라 '무武'도 배워야 한다고 역설한 점이 눈에 띈다. '양'은 인재를 기르는 봉급에 관한 것으로 재화와 예제, 법제의 3가지 관점에서 고찰해야 한다고 주장했다.

인간의 정이라는 것은 재화가 부족하면 탐욕과 비열과 야비함이 걷잡을 수 없게 된다. 선왕이 금전에 쪼들려 염치를 잊어버리는 일이 없도록 조치한 이유다. 당연한 이유로 부자, 형제, 처자의 부양에서 결혼이나 친구와의 사귐에 이르기까지 생활비가 부족하지 않도록 배려해야 한다. 예제의 배경을 재화에서 찾은 것이다. 법제가 필요한 이유는 예제를 따르지 않는 자를 처벌하기 위해서라고 설명했다.

'취'는 인재의 선발에 관한 것으로 기존의 틀에 박힌 과거제에 대한 대대적인 혁신 방안을 담고 있다. 지금의 과거제도는 선왕이 인재를 선발했던 방식과 하나도 닮은 데가 없고, 이런 체제로는 형편없는 인간도 대신까지 승진할 수 있게 돼 있고, 역으로 대신의 자질을 갖춘 사람도 초야에 묻혀 지낼 수밖에 없다고 주장했다. 지역 사회와 학교의 추천에 따라 언행, 정무처리 능력 등을 심사해야 한다는 게 골자이다. '임'은 임용방법에 관한 것으로 과거 합격 여부만 문제 삼으면서, 그 일에 적합한지는 말하지 않고 경력이 오래된 것만 중시하는 것을 비판했다. 선왕이 시행한 전례를 좇아 적재적소에 인재를 배치한 뒤 해당 분야의 전문가로 키워나가야 한다고 역설했다.

하지만 당시 38세의 왕안석이 심혈을 기울여 작성한 「만언서」에 대한 반응은 전혀 없었다. 자존심이 상한 그는 재차 시정時政에 관한 「건백서建白書」를 인종에게 올렸다. 매우 짧은 내용이지만 취지는 1만 자에 이르는 「만언서」와 같았다. 어투는 더욱 준엄해졌다. 그러나 이 역시 아무런 대답도 듣지 못했다.

「만언서」와 「건백서」을 잇달아 올린 이듬해인 가우 4년(1059) 왕안석은 탁지판관의 자리에 있으면서 직집현원直集賢院을 겸했다. 이는 궁정의 도서를 관리하는 일이 주된 업무였다. 이후 천자의 언동을 기록하는 동수기거주同修起居注에 임명되었다. 이때 그는 겨우 1년 전에 직집현원을 겸하게 됐을 뿐만 아니라 마땅히 임명되어야 할 선배들을 두고 자신이 중임을 맡는 것은 도리에 맞지 않다며 사양했다. 결국 12번이나 사퇴서를 낸 끝에 조정이 무리하게 강행하는 형태로 수락했다. 가우 6년(1061), 왕안석은 황명의 초안을 작성하는 지제고知制誥가 되었다.

가우 8년(1063) 3월, 인종 조정이 죽었다. 이 해 8월 마침 왕안석의 모친이 수도 변경에서 운명했다. 곧 강녕으로 모셔가 종산에 묻었다. 인종이 세상을 떠난 후 영종英宗 조서趙曙가 즉위했다. 왕안석은 복상을 위해 강녕에 가 있었던 까닭에 영종과 면대할 일이 없었다. 영종의 재위 기간은 4년밖에 안 된다. 이 사이 그는 한 번도 상경하지 않았을 뿐만 아니라 영종의 장례에도 참례하지 않았다. 결과적으로 이는 현명한 행동이었다.

당시 조정은 이른바 '복의濮義'라는 골치 아픈 전례典禮 문제로 인해 크게 시끄러웠다. 사대부들의 여론이 완전히 양분되었다. 당시 조정은 영종의 생부인 복왕濮王 조윤양趙允讓을 예법 상 어떻게 처우할 것인가를 놓고 갑론을박을 벌였다. 조윤양은 태종 조광의의 4자인 상왕商王 조원분趙元份의 3자이다. 조정은 완전히 두 개의 진영으로 갈려 3년간이나 논쟁을 계속했다. 이를 '복의'라고 부른다. 영종 자신은 폐정의 개혁에 열의를 지니고 있었지만 재위기간의 태반을 '복의'로 허비한 셈이다.

당시 왕안석은 모친상으로 인해 강녕에 내려가 있던 덕분에 어느 한쪽에 설 필요가 없었다. 덕분에 적을 만들지 않았을 뿐만 아니라 쓸데없이 정력을 허비하지 않았다. 이것이 훗날 왕안석의 활약을 더욱 용이하게 만들었다.

핵심인재를 발탁하라

치평 4년(1067) 정월, 영종 조서가 죽자 장자인 신종神宗 조욱趙頊이 즉위
했다. 당시 19세였다. 젊은 신종은 개혁의 필요성을 절감하고 있었다. 젊
은 신종은 영종이 이루지 못한 개혁을 단행해 해묵은 적폐를 일소하려고
했다. 묘당廟堂에 있던 중신들 가운데에 함께 큰일을 행함에 충분한 기개
나 식견을 갖춘 인물을 찾을 수가 없었다. 개혁을 주도할 적임자를 사방
으로 구했다.

신종은 영왕潁王으로 있을 때부터 왕안석을 주목하고 있었다. 즉위하자
마자 그를 강녕부 지사로 임명한 뒤 이내 중앙으로 불러 한림학사翰林學士
겸 시강侍講으로 삼았다. 당시 왕안석은 소장 학자정치가들 내에서 가장
평판이 높았다. 왕안석이 신종을 만나게 된 것은 신종의 태자 시절 사부
였던 한유韓愈의 주선 덕분이다. 한유는 왕안석의 사돈의 사돈이었으므로
어느 정도는 정실이 개입된 만남이었다. 왕안석에 대한 신종의 첫인상은
그다지 좋은 게 아니었다. 신종이 물었다.

"짐에게 도움이 될 만한 이야기라면 무엇이든 말해주게. 그런데 경이
생각하기에 지금 가장 긴요한 정책이란 무엇인가?"

왕안석이 대답했다.

"풍속을 바꾸고 법도를 세우는 것이 급선무입니다. 무릇 풍속을 아름답
게 하려면 군자의 세력을 왕성하게 하고, 소인의 세력을 억눌러야 합니다.
예의와 염치는 군자에게서 나오기 때문입니다."

너무 원칙에만 치우친 이상주의적 대답이었다. 신종이 볼 때 가장 화급한 문제는 서하의 간섭을 물리치고 적자재정을 해소하는 것이었다. 다소 실망이었다.

재위 2년째가 되는 희령 2년(1069), 왕안석을 참지정사參知政事로 임명해 신법을 입안하게 했다. 천자 직속의 제치삼사조례사制置三司條例司를 설치했다. 중서문하성으로부터는 왕안석, 추밀원으로부터는 그 장관이었던 진승지陳升之가 나와 신법을 심의했다.

이 해에 균수법均輸法이 마련됐다. 신법 실시의 신호탄이었다. '균'은 균등, '수'는 수송을 의미한다. 지방에서 중앙으로 수송되는 조세 물자는 먼 곳일수록 운임 부담이 컸다. 백성들의 부담을 공평하고 균등하게 하기 위해 입안된 것이다. 지방에서 올라오는 공물貢物의 운송을 발운사發運司가 통제하도록 한 게 핵심이다. 균수법의 실시로 원거리에서 공물을 바칠 때 신선도를 유지할 수 없어 사실상 중간상인들이 대납하고 폭리를 취해온 것을 차단할 수 있었다.

같은 해에 청묘법靑苗法이 발효했다. 이는 춘궁기에 굶주린 소농이 높은 이자로 대지주에게 식량과 종자를 빌리고, 그 빚 때문에 소작농으로 전락하는 상황을 막기 위한 조치였다. 국가가 저리로 춘궁기에 소농에게 식량과 자금을 빌려주어 소작농으로 몰락하는 것을 막고자 한 것이다. 이자는 2할이었다. 청묘법의 실시로 지주와 호족은 커다란 타격을 입었다. 국가가 대금업貸金業을 하는 것은 부당하다는 주장이 쏟아져 나왔다. 신법에 찬성하면서도 청묘법만은 수긍할 수 없다고 말하는 자도 많았다. 사대부 지주들의 이익이 그만큼 공고했다.

희녕 3년(1070)이 되자 왕안석은 동중서문하평장사同中書門下平章事로 승진했다. 내각의 최고책임자인 재상이 된 것이다. 이 해 2월, 3명의 황제를 모신 원로 한기韓琦가 부임지 하북에서 청묘법의 폐지를 주장하는 상소문을 올렸다. 그의 비판은 주로 운용 문제에 초점이 맞춰져 있었다. 신종도 동요하여 청묘법을 일시에 폐지하려는 움직임도 보였다. 왕안석이 자신의 진퇴를 걸고 저항하여 겨우 매듭지었다. 한기가 그랬듯이 이때를 계기로 원로급 중신들은 거의가 신법의 반대파로 돌아섰다.

당시 반대 상소를 올린 사람들 가운데 손각孫覺과 정호程顥의 이름도 보인다. 손각은 왕안석의 오랜 친구다. 정호는 명도明道라는 호로 더 잘 알려져 있다. 그들을 중심으로 형성된 학문을 도학이라 한다. 당시 도학파는 낙양을 중심으로 조금씩 사회적 기반을 굳혀가고 있었다. 사마광의 강한 반대가 있어 '제치삼사조례사'는 폐지됐다.

이 외중에 모역법募役法을 실시했다. 이는 5등급 가운데 1등호와 2등호의 형세호形勢戶를 고용해 부역을 대신 맡기는 제도를 말한다. '형세호'는 지방호족을 일컫는 말이다. 당나라 말부터 호족과 유력호有力戶 등을 뜻하는 말로 썼다. 대토지 소유자도 포함된다. 북송 때 형세호 가운데 과거에 급제하고 관료가 된 사람이 많았다. 이들을 형세관호形勢官戶로 불렀다. 일종의 지주관료층을 말한다. '관호'는 벼슬을 한 집안을 뜻한다.

당시 형세호와 형세관호 모두 농민들에게 고리대금업을 하며 치부하고 있었다. 일단 고급관리를 배출하면 그 집은 관호가 되어 직역職役도 면제되었다. 왕안석은 관호의 직역 면제를 부조리한 것으로 간주해 그들에게도 돈을 내게 했다. 단 면역免役의 경우는 반액만 내도록 했다. 이를 조역전助役錢이라고 했다. 내지 않던 돈을 납부하게 되니 관호들에게는 크게 불리했다. 북송은 물론 남송 모두 관원들의 천국이었다. 급제 여부에 일족의 부침이 갈렸다. 직역의 면제 여부는 형세호의 사활이 걸린 문제였다. 형세호 출신 관원이 청묘법에 극렬히 반대한 것은 당연했다.

이 해에 실시된 하창법河倉法은 매우 참신한 법이었다. 서리에게도 녹봉을 주고 정식 관리로 승진할 기회를 주되 부정부패는 엄히 단속한다는 게 골자이다. 당시 사대부들은 유학과 문학의 교양을 몸에 익혀 백성들 위에 군림할 뿐 기술과 기능은 천시했다. 이를 담당한 자들이 바로 서리胥吏였다. 관료와 백성 사이에서 실제 업무를 수행했던 존재이다. 그럼에도 사대부들은 이들을 완전히 무시했다. 왕안석은 상급 관청에 서리에 대한 뿌리 깊은 편견을 철폐하라고 요구했다. 같은 해 말 보갑법保甲法이 실시됐다. 향촌을 열 집씩 묶어 행정의 효율성과 향촌방위의 강화를 도모한 것이다. 강병을 위한 조치였다.

사람과 돈 문제는 날마다 개혁하라

희녕 4년(1071) 2월, 오래 전부터 숙원이었던 과거제도를 개혁했다. 핵심은 3가지였다. 첫째, 과거의 명경과明經科를 폐지하고 진사과에 통합한다. 둘째, 진사과의 수험 과목은 종래의 암기 위주의 첩경묵의捷經墨義를 폐지하고 경전해석인 경의經義와 역사적 사실이나 경전 가운데 중요한 의미를 지니는 부분에 주관적인 견해를 덧붙여 설명하는 논論, 시사문제에 대한 해법을 제시하는 책策으로 한다. 셋째, 천자가 출제하는 최종 시험인 전시殿試에는 종래의 시詩, 부賦, 론論 3제를 폐지하고 한 가지 논제를 주제로 1,000자 이상을 써내도록 한다. 이는 명, 청대에도 그대로 계승됐다. 학문과 현실을 일치시키고자 하는 그의 생각이 반영된 결과이다. 이 해 10월에는 앞의 개혁안에 입각하여 학교 제도도 개혁됐다

이에 앞서 이 해 4월, 신법을 강하게 반대해 '구법당'의 영수로 알려진 사마광이 수도인 변경을 떠나 낙양으로 향했다. 자신의 힘으로는 신법의 세력을 꺾을 수 없다고 판단한 결과다. 왕안석과 사마광은 동시대의 신진 관료로서 서로 의기투합한 사이였지만, 신법의 시행으로 결렬하게 된 것이다. 사마광은 이로부터 15년 동안 낙양에서 침묵을 계속했으며, 공적인 정치적 발언은 일절 하지 않았다. 그는 자신의 남은 여력을 전부터 계획하고 있던 사서 편찬에 쏟아부었다. 이후 마침내 19년의 노력 끝에 불후의 거작『자치통감』을 완성할 수 있었다.

희녕 5년(1072) 보갑법과 짝을 이루는 보마법保馬法이 실시됐다. 향촌별로 군마를 할당해 사육토록 한 것이다. 이 해에 실시된 방전균세법方田均稅法은 토지의 소유에 따라 세금을 차등 있게 징수하는 법이었으며, 대지주에

게 타격을 주었다. 또 같은 해에 시역법市易法이 실시됐다. 중소상인이 부족한 자금을 대상인에게 높은 이자로 빌리던 것을 국가에게 낮은 이자로 빌리게 했다. 왕안석을 사직하게 만드는 데 결정적인 역할을 한 것이 바로 이 시역법이다. 청묘법이 빈농의 구제를 위한 정책인데 반해 시역법은 영세 상인을 위한 조치였다. 저리융자와 체화滯貨의 매상, 물자조달의 호상豪商이 지배하고 있는 조합을 통하지 않고 직접 상인에게 구입하는 내용이었다. 어용상인에게 커다란 타격을 줄 수밖에 없었다. 어용상인은 환관이나 후궁과 결탁하고 있었다. 신법 반대운동은 더욱 음험한 양상을 띠게 된 배경이다.

희녕 6년(1073), 왕안석이 말을 타고 도성의 선덕문에 들어올 때 위사衛士가 이를 저지하며 말을 때리는 일이 있었다. 그가 말에서 내리지 않기 때문이라고 했다. 왕안석이 볼 때 자신에게 적의를 품은 누군가가 사주한 것일지도 모른다는 생각을 갖게 됐다. 괘념치 말라는 신종의 위로에도 불구하고 그 의심은 가시지 않았다. 이런 작은 사건을 계기로 신종과 왕안석 사이에는 골이 생기기 시작했다.

희녕 7년(1074) 가뭄이 극심했다. 신종의 우려는 얼굴에 나타나기 시작했다. 이 해 봄, 아전 정협鄭俠이 기근으로 고향을 떠나 수도에서 유랑생활을 하는 백성의 참상을 그린 「유민도流民圖」를 바쳤다. 신종은 당장 뭐라고 하지는 않았으나 왕안석에 대해 강한 의구심을 표했다. 그러나 이미 오래전부터 한발이 지속되고 있었다. 백성들은 유민이 되어 사방으로 걸식을 다녔다. 이는 신법으로 인한 게 아니었다. 신종이 이를 크게 우려하자 왕안석이 말했다.

"홍수와 한발은 늘 있는 것입니다. 요순과 탕왕 때도 이를 면치 못했습니다. 황상이 심려할 일은 아니고, 단지 인사를 잘해 대응하면 될 것입니다."

신종이 말했다.

"이것이 어찌 작은 일이오? 짐이 실로 우려하는 것은 인사가 제대로 이뤄지지 못할까 하는 점이오. 지금 백성들의 짐이 심히 중하니 원망이 자못 클 것이오."

이때 감안상문監安上門으로 있던 아전 정협이 「유민도」를 바친 것이다. 그 그림은 정협이 수도의 안상문 밖에서 보았던 하동, 하북, 섬서 등 각 지방에서 흘러들어온 유민의 참상을 그린 것이다. 신종이 왕안석을 돌아보며 물었다.

"정협이라는 자를 알고 있는가?"

"옛날 신에게 배운 적이 있습니다."

대략 구법당 대신들의 사주를 받았을 것이다. 『송사』「왕안석전」에 따르면 당시 신종은 「유민도」의 비참한 모습을 보고는 내심 이같이 외쳤다고 기록해놓았다.

"이는 왕안석으로 인한 것이다. 그를 제거하도록 하라. 그래야 하늘이 비를 내릴 것이다!"

이때 왕안석을 꺼린 자성慈聖 태후와 선인宣仁 태후도 눈물을 흘리며 호소했다.

"황상, 왕안석이 천하를 어지럽게 만들고 있습니다."

신종이 이내 왕안석를 관문전대학사觀文殿大學士의 자리에서 파직한 뒤 지강녕부知江寧府로 내쫓았다. 그간 여러 원로들의 반대를 무릅쓰고 왕안석을 지지해왔는데, 백성들의 삶이 이처럼 척박해졌다면 신법의 의미를 찾을 수 없다고 판단한 것이다. 이로 인해 보갑법과 방전균세법이 이내 중지되고 말았다. 이런 일이 빚어지자 왕안석은 재상의 임무에서 벗어나고 싶었다. 심신도 피로했고 이제 물러날 때가 되었다는 판단이 섰기 때문이다. 여섯 번에 걸쳐 사임을 간청하여 겨우 허락을 받고, 강녕 지사로 임명되었다. 당시 54세였다. 그의 뒤를 이어 한강韓絳이 재상, 여혜경呂惠卿이 부재상이 되어 왕안석의 노선을 계승했다. 이 해 12월, 동생 왕안국王安國이 죽었다. 47세였다.

이듬해인 희녕 8년(1074) 2월, 왕안석이 다시 소환돼 부득불 재상의 자리에 복귀했다. 희녕 9년(1076) 7월, 장남 왕방王雱이 죽었다. 겨우 33세였다. 진사에 급제한 뒤 경의국經義局 수찬으로 취임해 장래가 촉망되던 젊은이였다. 이 해 10월, 재상에서 물러나 강녕부 지사가 되어 다시 강녕으로 돌아왔다. 이후 두 번 다시 조정에 나가는 일은 없었다. 왕안석의 정치적 생애는 실질적으로 이 해에 끝났다고 할 수 있다.

재상의 자리에서 물러나 어깨 위의 무거운 짐을 내려놓자 그는 자연과 생사를 마주하는 또 하나의 진솔한 모습을 보여주기 시작했다. 강녕으로 돌아온 직후 그는 마을에서 동쪽으로 조금 떨어진 곳에 거처를 마련했다.

그 집은 지금의 남경시 중산문 북쪽의 성벽을 사이에 둔 전호라는 작은 호수 부근이었다. 그는 집에 가만히 있는 것보다 외출하기를 좋아했다. 부성에 갈 때는 작은 배로 갔지만 종산을 산책할 때는 나귀를 탔다. 종산 어디를 거닐지는 고삐를 잡은 종자에게 맡기고, 나귀에게 맡겼다. 하지만 책은 반드시 들고 갔다. 나귀 위에서 읽기도 하고, 잠시 머문 농가나 절의 나무 그늘에서 독서 삼매경에 빠지기도 했다. 그러다 피로해지면 정림사 등지에서 낮잠을 잤다.

왕안석은 남경시 북동쪽에 위치한 종산을 매우 사랑했다. 해발 448미터이지만 비교적 험준한 산이다. 노경에 접어들수록 그는 종산을 더욱 사랑했다. 그러나 그가 강녕에서 은자의 삶으로 시종한 것은 아니다. 도성의 움직임에도 한쪽 귀를 세웠다. 그가 사직한 지 얼마 안 돼 연호가 원풍元豊으로 바뀌었지만 신법은 그의 후계자들에 의해 지속됐다. 국가 재정도 호전됐다. 원풍 3년(1080)『대당육전大唐六典』이 완성되면서 관제의 대개혁이 이루어졌다. 당나라 때의 법전을 모델로 한 것으로 신법이 법제화된 것이다. 왕안석은 대체로 만족해했다.

당시 그는 고전 연구에 매진했다. 그 성과가 바로 신종에게 바친『자설字說』이다.『설문해자說文解字』나『이아爾雅』등의 자서와는 다른 각도에서 독자적인 문자 해석을 시도한 것이다. 고전 연구의 총결산에 해당한다. 그는 언어와 문자가 단순한 기호가 아니라, 사물의 본래 모습이 반영되어 있다고 생각했다. 사물과 언어 및 문자 사이에 존재하는 대응을 그는 '인위'에 반대되는 '자연'이라 풀이했다. 도가에 깊이 심취해있었다.

실제로 그는 강녕으로 은퇴한 후 경건한 불교신도로 바뀌어 있었다. 이는 하루아침에 이루어진 것이 아니었다. 그는 은거하기 이전부터 이미 불교의 선禪에 크게 공명하고 있었다. 번뇌가 밀려오면 종산의 절에 가 종일 선사와 마주보며 묵좌默坐했다

원풍 7년(1084) 봄, 왕안석은 중병을 앓다가 다행히 목숨은 건졌다. 그는 남은 날이 길지 않다는 것을 깨닫고 양산의 저택을 절에 기부하고 싶다는 뜻을 국가에 청원했다. 기부 명목은 신종의 장수 기원이었다. 이리하여 양산 저택은 보녕선사報寧禪寺가 되었다. 신종이 내려준 이름이었다.

원풍 8년(1085) 3월, 신종이 붕어했다. 왕안석이 저택을 기부하여 성수만년을 기원했던 바로 다음 해의 일이다. 재위 19년, 향년 38세의 젊은 나이였다. 신종의 뒤를 이어 10세의 어린 아들 조후趙煦가 철종으로 즉위했다. 아직 어렸기 때문에 조모인 선인태후가 섭정을 했다. 원래 신법을 싫어했던 선인태후는 때를 기다리기나 한 듯 신법과 관료들을 축출하고, 사마광을 비롯한 구법당 인물을 기용했다.

사마광은 선왕의 법도인 이른바 조종지법祖宗之法을 기치로 내걸고 거의 15년에 걸쳐 시행되어온 신법을 뿌리째 뒤엎고자 했다. 이는 왕안석에게 충격이었다. 연호가 바뀐 원우元祐 원년(1086) 4월, 왕안석이 숨을 거뒀다. 향년 66세였다. 자신을 전폭 지지했던 젊은 황제 신종이 숨을 거둔 지 1년 뒤의 일이다.

적폐를 청산하라

왕안석과 정면으로 대립한 구법당의 대표자 사마광도 적폐를 개혁해야 한다는 취지에는 동조했다. 방법론상의 차이만 있었을 뿐이다. 사마광은 진종의 천희 3년(1019) 지금의 산서성 하현인 섬주陝州에서 태어났다. 왕안석보다 2살 위다. 어릴 때부터 신동으로 알려졌다. 물이 가득 차 있는 커다란 독에 빠진 아이를 돌로 독을 깨서 구한 소아격옹도小兒擊甕圖 일화의 주인공이기도 하다.

20세 때 진사에 급제해 순조롭게 승진했다. 부친과 조부 모두 진사 출신이었다. 왕안석이 기용되었을 때 한림학사의 직책에 있었다. 그는 신법이 채택되고 왕안석의 시대가 오자 사마광은 사퇴하고 낙양에 칩거하며 『자치통감』의 저술에 몰두했다.

왕안석의 실각 이후에도 신법을 지지하는 한강과 여혜경 등이 조정에 남아 신법을 꾸준히 뒷받침했다. 당시 신법을 꺼린 황태후 고씨高氏의 지지를 받은 구법파는 이제까지의 방법을 바꾸지 않는 편이 좋다고만 할 뿐 신법보다 나은 정책을 제시하지 못했다. 황태후 고씨가 섭정 8년 만에 죽고 철종 조후가 친정에 나서면서 구법파가 쫓겨나고 다시 장돈章惇 등이 주도하는 신법파의 세상이 되었다.

철종 사후 동생 휘종徽宗 조길趙佶이 즉위하면서 섭정에 나선 황태후 상씨尙氏가 양파의 융합을 꾀했으나 별 효과를 보지 못했다. 이후 휘종이 친정에 나서면서 다시 신법파의 시대가 되었다. 그러나 재상 채경蔡京은 비

〈소아격옹도〉

록 신법파이기는 했으나 예전의 왕안석과 같은 높은 격조가 없었다. 신료들 사이에서의 대립이 정책을 둘러싼 논쟁이 아니라 권력 장악을 위한 당쟁으로 변질된 근본이유다.

당시 채경은 고씨 섭정 때 등용된 구법파에 탄압을 가하고 그들의 이름을 석비에 새긴 뒤 이를 '원우간당비元祐奸黨碑'로 명명했다. 간당의 명단이 올라간 사람은 사마광을 비롯해 120명에 달했다. 이 비석은 개봉의 태학 문밖에 세워졌다. 신법과 구법 사이를 오락가락 하는 사이 민생이 피폐해졌고, 민심 또한 극도로 혼란스러워졌다. 후대 사가들이 천하를 혼란시킨 원흉으로 신법 자체가 아닌 신법의 폐지와 부활을 수시로 오간 당쟁을 꼽는 이유다.

『신당서』와 『신오대사』를 편찬한 구양수歐陽修는 진종의 경덕 4년(1007) 지금의 강서성 길안현인 길주吉州에서 태어났다. 왕안석보다 14세 위이다. 24세에 진사가 된 그는 왕안석이 진사에 급제할 무렵 이미 명성을 크게 떨치고 있었다. 그는 4세에 부친을 여의고 집이 가난해 붓과 종이를 사지 못해 싸릿대로 땅바닥에 글씨를 써 공부한 일화가 있다. 유망한 후배를 추켜세우는 일에 열심이었다. 지간원知諫院으로 있을 때 태학에서 알게 된 증공曾鞏이라는 청년을 통해 왕안석을 소개받았다. 왕안석이 두각을 나타내게 된 데는 구양수의 도움이 컸다.

왕안석은 신념이 강해 은혜와 신념을 명확히 구분했다. 친구인 증공과도 사이가 멀어지고 은인인 구양수와도 대립한 이유다. 왕안석이 신법을 주장했을 때 구양수는 이에 찬동하지 않았다. 왕안석이 그를 격렬히 공격했다. 상식으로 볼 때 배은망덕한 행보였다. 그러나 왕안석은 자신의 사적인 인연보다 국가대사를 더 중시했다. 구양수는 말년에 육일거사六一居士의 호를 만들었다. 여섯 가지 측면에서 '하나'라는 뜻이다. 금석문헌金石文獻 1천 권, 장서 1만 권, 거문고 하나, 바둑판 하나, 술 단지 하나, 그 속에서 늙어가는 구양수 자신 하나를 뜻한다.

당시 후진양성을 보람으로 삼은 그가 희망을 건 것은 왕안석과 소식蘇軾이었다. 그는 신법을 제창한 왕안석에게 실망했다. 소식에게 큰 기대를 건 이유다. 소식은 사천성 미산眉山의 사곡행紗縠行이라는 곳에서 태어났다. 비단장수 거리를 뜻한다. 상인 가문의 출신으로 보는 견해가 있다. 소씨가 처음으로 관리가 된 것은 백부인 소환蘇渙 때였다. 부친 때 처음으로 관리를 배출한 왕안석과 같다. 당나라 때만 해도 결코 출사할 수 있는 신분이 아니었다.

인종 가우 원년(1056)에 소식은 동생 소철蘇轍과 함께 진사에 급제했다. 다음해의 전시에도 급제했다. 진사가 되었을 때 21세였다. 동생 소철은 3세 아래였다. 시험관 가운데 구양수와 매요신梅堯臣이 있었다. 같은 해에 진사가 된 사람으로 39세의 증공도 있었다. 시험을 주관하는 지공거知貢擧 구양수의 천거로 매요신은 지공거를 보좌하는 소시관小試官이 되었다.

매요신은 자가 성유聖兪로 안휘성 선성宣城 출신이다. 선성의 옛 이름이 완릉宛陵인 까닭에 매완릉梅宛陵으로 불리기도 했다. 그는 벼슬길이 잘 열리지 않아 50여 세가 되어서야 진사가 되었고, 최후의 관직은 정7품관인

상서도관원외랑尚書都官員外郎에 그쳤다. 소시관이 된 지 3년 뒤 59세로 사망했다.매요신이 관계에서 빛을 보지 못한 것은 진사출신이 아니었기 때문이다. 부친 매순梅詢은 정3품의 한림학사였다. 그런 특전에 의해 관도에 오른 것이 불행이었다. 당시는 진사만이 고관이 될 수 있었다.

그의 재능이라면 시문을 주로 하는 과거에 급제하는 것이 결코 어려운 일도 아니었다. 그러나 그는 과거에 급제하지 못한 탓에 구양수의 천거로 소시관이 되었다. 그러나 뛰어난 시인이었다. 그의 시는 소순흠蘇舜欽과 이름을 나란히 할 정도로 명성이 높아 흔히 '소매蘇梅'로 불렸다. 그가 하남에서 하급관원으로 있을 때 상사로 있던 왕서王曙는 매요신을 이같이 칭송했다.

"2백 년 이래 이런 작가는 없었다!"

두보가 죽은 지 2백 년 동안 매요신을 뛰어넘는 시인이 나오지 않았다는 뜻이다. 구양수는 비록 관직은 높았으나 시재詩才만큼은 매요신을 앞설 수 없었다. 왕안석과 소식, 황정견黃庭堅과 같은 북송의 대시인이 뒤를 이은 것은 매요신이 죽은 뒤였다.

문학과 법을 공부하라

매요신이 활약할 당시만 해도 당나라 말기 이상은李商隱의 감상적인 시풍을 이어받은 이른바 서곤체西崑體가 시단의 주류를 형성했다. 매요신은 과감히 반기를 들었다. 그의 시는 도가의 평담平淡을 지향했다. 그는『시경』과 『초사』, 두보 등의 현실주의적인 시가의 전통을 이어받을 것을 강조했다. 서곤파와 대립한 이유다. 그는 이같이 말했다.

"시를 짓는 데는 고금이 없다. 오직 '평담'하게 짓는 것이 어렵다!"

그의 시풍이 질박하고 담백한 느낌을 주는 이유다. 그는 당시 농촌의 가난한 생활을 주제로 한「도자陶者」, 「전가어田家語」, 「안빈岸貧」 등의 명작을 남겼다. 그의 작품에는 고양이와 개, 닭, 모기, 파리 등이 수시로 등장한다. 매요신은 43세에 아내 사씨謝氏를 잃고 2년 후 재혼했다.

왕안석은 젊었을 때 매요신에게 『시경』 강의를 들은 일이 있다. 왕안석이 37세 때 상주지사常州知事로 강남에 갔을 때 매요신은 시를 써 보내기도 했다. 매요신이 죽었을 때 왕안석은 만가輓歌를 지었다. 두 사람은 먼 친척이다. 매요신의 전처인 사씨의 오빠 사강謝絳의 딸이 왕안석의 동생 왕안례王安禮의 아내이다. 사강의 장남 사경초謝景初의 아내는 구양수 아내의 여동생이었다. 사경초 부부 사이에 태어난 딸은 황정견의 아내였다.

소식이 고위 관원이 될 무렵 왕안석이 정권을 잡았다. 소식은 신법에 반대했다. 왕안석이 조정에 있을 때 소식은 지방 근무를 지망해 항주의 통판通判과 밀주密州 지사를 역임했다. 왕안석도 15세 연하의 소식을 아꼈다. 과거에 합격했을 때 시험관을 평생의 스승으로 모시는 습관이 있었다. 소식은 구양수의 제자이자 매요신의 제자이기도 했다. 소식은 좌천은 물론 유형과 투옥을 경험했다.

원풍 2년(1079) 왕안석이 강녕으로 떠난 후 소식은 조정을 비방했다는 이유로 체포됐다. 이 해 4월 소식이 호주湖州 지사로 부임한 직후였다. 호주는 절강성 태호太湖 남쪽으로 지금의 오흥현吳興縣에 해당한다. 붓으로 유명한 곳이다. 부임한 4월에 왕안석은 재상의 자리를 사임했다. 소식이 체포된 것은 이 해 7월이다. 개봉에 있는 어사대御史臺의 감옥에 갇힌 것은 이 해 8월이다.

당시 신법파는 시문을 중시하던 기존의 과거시험 체제를 바꿨다. 고전 해석인 경의經義와 정치논설인 논책論策에 중점을 두고 기왕의 시부를 폐지한 것이다. 소식이 지방전출을 지망한 것도 과거시험에서 시부를 제외한 것을 항의하기 위한 것이었다는 이야기가 있다. 이때 관리로 임관된 자는 반드시 법률을 배워야 한다는 조칙이 내려졌다. 왕안석의 주장을 수용한 결과다.

당시 소식은 1백 일 동안 옥에 있다 출옥한 뒤 단련부사團練副使 자격으로 황주黃州로 유배를 떠났다. 황주에서는 황무지를 개간한 뒤 그곳을 동파東坡로 명명했다. 이때 호도 '동파거사'로 바꿨다. 그는 이곳에 영주하고자 했다. 원풍 7년(1083) 소식은 개봉에 가까운 하남의 여주汝州 단련부사로 전임했다. 감형을 받은 결과다. 이때 금릉의 종산에 은거하는 왕안석을 방문했다. 왕안석은 형국공荊國公에 봉해져있었다. 이듬해인 원풍 8년(1084) 3월 신종이 죽고 황태후 고씨가 섭정하면서 소식은 다시 중앙정계로 복귀했다. 등주登州 지사로 임명돼 부임지에 와보니 중앙으로 오라는 통지가 와 있었다.

이듬해인 철종의 원우 원년(1086) 소식은 한림학사에 제수됐다. 동생 소철도 호부시랑에 임명됐다. 재상 사마광은 모역법과 청묘법을 차례로 폐지시켰다. 이때 소식은 모역법에 대해 이미 기정사실로 굳어진 만큼 폐지키가 어렵다는 의견을 냈다. 구법파 내에서도 파쟁이 심했다. 소식은 지방 근무를 희망해 항주의 지사가 되었다. 재임 중 그는 서호西湖의 진흙을 파내 제방을 만들었다. 21세기 현재까지도 그대로 남아있다. 이를 소제蘇堤라고 한다.

소식이 항주에 있는 동안 소철은 한림학사, 예부상서, 어사중승으로 승진했다. 사마광 사후 구법파의 인재가 부족했다. 원우 6년(1091) 소식이 재차 조정의 부름을 받았다. 이후 한 차례 양주지사로 나간 것을 빼고는 줄곧 중앙에서 병부상서, 예부상서 등의 요직을 거쳤다. 동생 소철도 문하시랑으로 승진했다. 소식은 지방전직을 희망해 정주定州 지사로 부임했다.

원우 8년(1093) 9월, 황태후 고씨가 죽고 철종의 친정이 개시되면서 다시 고난이 시작됐다. 정주에 있던 소식에게 지금의 광동성 영주英州 지사로 전근하라는 명이 내려졌다. 영주 부임 도중 모든 관직을 박탈당하고 광주의 동쪽 해안 도시인 혜주惠州로 유배되었다. 당시 59세였다. 이후 62세까지 3년 동안 이곳에 머물렀다. 그는 해학가이며 식도락가이다. 네모난 모양으로 삶은 돼지고기를 '동파육'이라고 한다. 귀양 시절 그가 만든 요리라고 한다.

62세 때 소식은 다시 지금의 해남도인 담주儋州로 유배지가 옮겨졌다. 소철도 강서성 고안현인 균주筠州에서 해남도 맞은 편의 뇌주雷州로 이배되었다. 늙은 형제는 배소까지 동행하게 된 것이다. 담주의 유배생활은 고생스러웠다. 주위는 미개한 여족黎族이었다. 이때 소식은 도연명의 시에 차운次韻한 시를 많이 지었다. 이를 동파의 '해외시海外詩'라고 한다. 담주에서 4년을 보낸 뒤인 원부 3년(1100) 정월 철종이 죽고 동생인 휘종이 즉위했다. 황태후 상씨가 섭정을 하게 되었다. 상씨는 구법파의 복귀를 명했다. 그러나 소식은 귀경하는 도중 강소의 상주常州에서 병으로 쓰러졌다. 휘종의 즉위 이듬해인 건중정국建中靖國 원년(1101) 7월, 소식이 상주에서 숨을 거뒀다. 향년 66세였다. 명예가 회복된 지 1년 만이었다. 동생 소철은 정계복귀를 단념하고 영창穎昌이라는 곳에 은거하며 저술에 매진하다가 10년 후 타계했다.

소식 문하에는 이른바 '소문蘇門 4학사學士'라는 뛰어난 명사들이 있었다. 황정견黃庭堅, 장뢰張耒, 조보지晁補之, 진관秦觀 등이 그들이다. 진관은 소식보다 한해 먼저 유배지인 뇌주에서 죽었다. 휘종의 신법정치로 장뢰는 황주, 황정견은 의주宜州로 유배를 갔다. 조보지의 저서는 금서가 되어 판목을 소각하라는 명령이 내려졌다.

황정견은 호가 산곡山谷이다. 서예가로 명성을 떨쳤다. 소식이 직접 쓴 『황주한식시권黃州寒食詩卷』에 그가 쓴 발문이 있다. 소식의 필치는 꾸밈이 전혀 없는 천의무봉天衣無縫, 황정견의 필치는 신선이 쓴 선필仙筆에 비유된다.

원부 3년(1100) 정월, 철종이 25세의 젊은 나이로 죽었다. 대를 이을 자식이 없었다. 부친 신종의 황후 상씨가 아직 건재했다. 철종 자신이 궁녀 주씨朱氏가 낳은 자식이었다. 황태후 상씨가 중신들에게 후계자 논의를 명했다. 재상 장돈章惇이 건의했다.

"나이로 따지면 신왕申王이 위이고, 예법으로 따지면 동모제同母弟 간왕簡王이 마땅합니다."

장돈이 간왕을 천거한 것은 단왕端王 조길趙佶이 경박했기 때문이었다. 신왕은 실명失明해 즉위가 불가능했다. 신왕을 제외하고 연령순으로 따지면 단왕 조길이 후사가 돼야 한다. 단왕이 즉위했다. 그가 바로 휘종이다. 휘종의 즉위는 황태후 상씨의 고집에 따른 것이었다.

휘종은 예술적 재능이 풍부했다. 서에 대해서도 그는 수금체瘦金體라는 독특한 서체를 만들어냈다. 그는 시문에도 뛰어나 어집御集 1백 권을 남겼다. 친정을 시작한 휘종은 도식대로 신법을 행했다. 서화의 감정에 뛰어난 것만으로도 신임을 받았다. 재상은 채경蔡京이었다. 지금의 복건성 유현遊縣 출신으로 왕안석의 사위인 채변蔡卞의 형이었다.

젊어서 지사가 된 그는 신종 때 개봉부知開封의 지부知府가 되었다. 신종 사후 태후 고씨가 섭정하며 사마광이 재상으로 발탁되자 그는 전력을 다해 모역법을 단기간에 폐지시켰다. 사마광이 크게 칭찬했다. 이후 철종이 친정에 나서면서 신법파의 시대가 되자 호부상서로서 모역법 부활에 진력했다. 휘종은 신법을 택했다. 이때 역시 채경이 앞장섰다.

채경은 신법에 대한 정신적 공감이 없었다. 황제가 신법을 택했으므로 이에 영합했을 뿐이다. 황제는 사치를 하기 위해 자금이 필요했고, 자금조달에는 신법이 유리했다. 채경은 탁월한 행정수완을 발휘했다. 부하를 움직이는 통솔력이 뛰어난 인물이 아니면 못할 일을 척척 해냈다. 이는 백성에게 재난이었다.

휘종이 즉위할 때 채경은 좌천되어 항주에 있었다. 휘종은 서화나 진귀한 예술품을 수집코자 했다. 이에 서화에 식견이 있는 환관 동관童貫이 남방에 파견했다. 오대십국 당시 남당과 오월은 풍요를 구가한 곳이다. 북송조정에 있는 진귀한 서적과 회화 대부분은 남당에서 가져온 것이었다. 채경은 항주에서 동관과 만났다. 서화에 밝았기에 두 사람은 곧바로 의기투합했다. 동관이 채경의 복귀를 위해 바삐 움직였다.

휘종은 동관 및 채경과 함께 있을 때 가장 행복했다. 서화와 시문의 말상대로 두 사람을 앞설 사람은 없었다. 두 사람은 정치수완도 뛰어났다. 휘종은 정치를 그들에게 맡기고 자신은 우아한 예술생활을 하고자 했다. 예술에는 돈이 필요하다. 돈은 재상이 마련한다. '신법'은 이제 그런 일을 위해 쓰이게 되었다.

항주에는 궁정용 기물을 만드는 조작국造作局이 있었다. 동관이 담당했다. 황족의 혼례기구 제조를 위해 후원작後苑作이라는 관청이 만들어졌다. 환관인 양전楊戩이 장관으로 임명되었다. 양전은 공전법公田法이라는 새로운 세법을 만들어 후원작의 경비를 마련했다.

왕안석의 신법 가운데 방전균세법方田均稅法이 있다. 대지주가 숨기고 있는 전지를 찾아내 세금을 물리는 게 목적이었다. 전국적으로 실시하지는 못했으나 토지의 실측으로 숨은 논밭을 찾아내는 데 일정 성공을 거뒀다. 이는 증수로 이어졌다. 휘종 때의 '공전법'은 척尺의 단위를 바꾼 것이다. 조정의 악기에 사용되는 악기의 치수를 재기 위한 자를 악척樂尺이라고 했다. 일반 자보다 약간 짧았다. 이것을 사용해 논밭을 측량하자 1무의 논밭이 1.0849무가 되었다. 1무가 넘는 양을 '공전'의 명목으로 징수했다.

결과적으로 대지주는 물론 영세지주에 이르기까지 모두 약 8퍼센트 가량의 땅을 빼앗긴 것이나 다름없었다. 당시 조정은 매매계약서를 재조사해 소유권이 확실히 증명되지 않는 전지는 모두 몰수해 공전으로 만들었다. 이는 구두약속만으로 소유권이 옮겨지는 예가 많았던 영세농민에게 큰 타격을 가했다. 대지주는 빈틈없이 서류를 구비했다. 양전이 죽자 환관인 이언李彦이 이를 계승해 공전을 더욱 확대했다. 공전법은 신법의 정신과 어긋난 것이었다.

시대의 요구를 찾아 개혁하라

북송 태종 태평흥국 2년(977)에 『태평어람太平御覽』이 만들어졌다. 사상 최초의 백과사전이었다. 모두 1천 권에 달한다. 태종 조광의는 이를 하루에 3권씩 읽어 나갔다. 꼬박 1년이 걸렸다. 어람御覽이라는 명칭이 '태평'이라는 연호에 덧붙여진 배경이다. 『태평어람』은 1,690종의 책이 인용돼 있다. 그 중에 『위략魏略』처럼 지금은 전해지지 않는 매우 중요한 것도 있다. 북송 때는 이밖에도 왕흠약이 황제의 명을 받들어 칙찬勅撰한 『책부원구冊府元龜』1천 권도 있었다. 이는 당나라와 오대십국의 역사를 연구할 때 반드시 참조해야 하는 사료이기도 하다. 이밖에 설화를 모두 수집한 『태평광기太平廣記』, 문집을 분류 편찬한 『문원영화文苑英華』 등이 있다. 이

「태평어람」

를 송4대서宋四大書라고 한다. '송4대서'의 편찬은 북송 때 문치의 기틀이 확립된데 이어 인간을 소중히 여기는 의식이 높아진 결과였다.

　신법의 실시도 이런 시대적 배경과 밀접한 관련이 있다. 후대 사가들은 북송의 멸망을 신법의 탓으로 보아 왕안석은 악역으로 몰아갔다. 개혁은 시간이 필요하다. 왕안석의 집권은 6년에 불과했다. 일관된 신법 실시의 효과가 나타난 것은 훗날의 일이다.

　왕안석의 시 가운데 「상앙商鞅」이 있다.

> 자고로 치민의 요체는 믿음에 있지　自古驱民在信诚
> 한마디 말은 무겁고 백금은 가볍지　一言为重百金轻
> 지금 사람은 상앙을 탓할 수 없지　今人未可非商鞅
> 상앙은 정령을 펼 때 꼭 실행했지　商鞅能令政必行

　'신법'에 대한 의지를 변법의 상징인 상앙에 빗대어 표현한 것이다. 왕안석의 또 다른 작품에 「수렴收鹽」이 있다. 그는 마지막 구절에서 이같이 읊었다.

> 한 백성의 삶은 천하보다 무겁다 했는데　一民之生重天下
> 군자가 작은 이익을 두고 백성과 다투랴　君子忍與爭秋毫

　북송 때도 소금은 국가의 전매품이었다. 사염에 대해 엄히 단속했다. 왕안석은 「수렴」에서 이를 풍자한 것이다. 정치가는 사소한 소금의 전매이익을 놓고 천하보다 귀중한 백성과 싸워서는 안 된다고 주장한 것이다. 사염에 대해 어느 정도는 눈을 감아주어도 좋지 않느냐는 취지를 담고 있다. 그는 토지겸병으로 배를 채우는 지주와 토호, 물가를 조작해 차익을 독점하고 있는 거상 등을 표적으로 삼아야 한다고 주장한 것이다.

객관적으로 볼 때 왕안석이 시행한 신법은 모두 시의에 부합한 것이었다. 당시 그는 강고한 신념을 배경으로 망설이는 신종을 격려하며 신법을 강력 추진했다. 신법은 재정 수입과 규모를 늘리고, 대지주와 대상인에 맞서 소농과 소상인을 보호하는 성격을 띠고 있었다. 부국강병이 궁극적인 목적이었다. 그러나 자신들의 이익이 삭감 내지 박탈당한 관호, 형세호, 호상豪商, 고리대금업자 등이 격렬히 반대했다. 이들은 하나로 뭉쳐 신법의 시행에 강력 저항했다. 이는 결국 왕안석의 낙마를 불러왔다.

여기에는 왕안석이 고집불통의 모습을 보인 게 적잖이 작용했다. 하급 관리 시절 그는 사마광과 함께 '포청천'이라는 별명으로 유명한 포증包拯의 초대를 받아 술자리에 참석한 적이 있다. 왕안석은 관리란 사석에서도 몸가짐이 흐트러져서는 안 된다는 이유로 포증이 권하는 술잔을 받지 않았다. 그날 밤 내내 포증은 '딱 한 잔'만 권했으나 왕안석은 끝내 아무것도 입에 대지 않은 채 밤을 새웠고, 사마광만이 대취했다고 한다. 그는 사소한 예절에는 전혀 신경을 쓰지 않았고, 고집불통이었지만 매우 지혜롭고 박식했다. 하루는 여혜경이 그를 보고 말했다.
"재상의 낯에 검은 기미가 많이 났는데 화원의 고수풀을 우려 세수를 하면 기미가 없어집니다."

"기미가 아니라 내 얼굴색이 원래 검어 그렇소."

"고수풀은 얼굴색도 희게 만듭니다."

"살결이 검은데 그까짓 고수풀로 세수한다고 희어지겠소!"

왕안석은 해수병이 있어 의생이 자단삼의 약 처방을 내렸다. 자단삼은 구하기가 어려웠다. 마침 친구 한 사람이 하동에서 오면서 자단삼紫團蔘을 얻어와 몇 냥을 주었다. 자단삼은 상당上黨의 자단산에서 나는 인삼으로 당나라 이래 인삼 가운데 최상품으로 친 귀한 약재이다. 왕안석이 이를 받으려 하지 않자 곁에서 누군가가 말했다.

"자산삼을 쓰지 않으면 병을 고치기 어렵습니다."

왕안석이 말했다.

"내 목숨은 하늘에 달렸는데 그까짓 자단산이 뭐란 말이냐?"

그러면서 끝내 받지 않았다. 그는 도무지 세수도 목욕도 하지 않아서 얼굴빛이 거무튀튀했다. 보다 못 한 제자가 쥐엄나무를 우려내 세수를 하라고 권했다. 왕안석이 코웃음을 쳤다.

"원래 검은 얼굴인데 그것으로 씻으면 뭐하겠나? 부질없는 짓일세!"

그를 비방하기 위해 만들어진 일화일 수도 있지만, 그가 유난히 타협할 줄 모르며 과격하게 사람을 대했음은 분명하다. 누가 신법의 문제점을 지적하면 이같이 힐난했다.

"당신이 무식하니까 그따위 이야기를 하는 거다. 공부 좀 더 해 가지고 와라!"

그에게 개인적 원한과 울분을 품는 사람이 늘었다. 신법 반대론 역시 더욱 치열해졌다. 왕안석이 좀 더 겸허하고 포용적인 자세로 대했다면 신법 반대론자들의 반발도 느슨해졌을지 모른다. 그의 숙적 사마광을 비롯해서 한기, 구양수, 소식 등은 한때 왕안석의 선배나 친구로서 개혁의 필요성에는 뜻을 같이한 사람들이었다. 그러나 왕안석의 고집스런 태도로 인해 그들은 더욱 결속해 신법의 시행을 막고 나섰다. 결국 그는 이들 구법당의 반격으로 자신이 평생을 바쳐 이룩한 일련의 신법이 폐기되는 것을 보고 파란만장한 삶을 마감해야만 했다.

역대 사가들 가운데 신법을 칭송한 사람보다는 비방한 사람이 훨씬 많았다. 왕안석을 악인으로 묘사한 게 그렇다. 남송의 『경본京本통속소설』에 요상공物相公이 왕안석이다. 명나라 말기 이탁오는 이같이 평했다.

"신법을 반대하는 사마광의 이론도 완전치 못해 왕안석을 납득시키지 못했고, 신종이 크게 이룩해보려는 소원을 억제할 힘도 없었다. 서로 그 과실을 양분해야 한다."

왕안석은 도덕과 인치를 중시한 유교사상의 전통 속에서 볼 때 매우 특이한 위치를 차지한 인물이다. 그는 도덕주의적 전통에 안주하지 않는 개혁가였고, 이를 과감히 실천에 옮긴 인물이기도 하다. 그의 사상은 오히려 이 같은 성격 때문에 전통시대에서는 온당하게 평가받지 못했다. 주자학의 확립 이후 그와 대립한 구법당의 입장이 정론으로 인정되면서 그는 배척의 대상이 됐다.

왕안석에 대한 새로운 평가가 시도된 것은 청나라 때 채상상蔡上翔의 「왕형공년보고략王荊公年譜考略」이 등장한 이후다. 채상상은 남송 이후 뿌리깊게 내려온 왕안석과 그의 개혁에 대한 편견을 바로잡고자 하였다.

청조 말기 양계초는 『왕형공王荊公』에서 왕안석의 선견지명과 개혁정책이 지닌 근대적 성격을 강조하여 그를 위대한 영웅으로 묘사하였다.

최근의 연구경향은 아직 왕안석과 개혁에 대한 종합적 평가보다는 구체적인 개혁시책들을 개별적으로 분석하는 데 치중하고 있다. 왕안석과 그의 개혁정책에 대해서는 일본학자들을 중심으로 그의 개혁의 계급적 기반과 성격에 주목한 게 대부분이다. 왕안석이 사마광 등의 북방출신 대토지 소유자와 독점상인들에 맞서 남방출신의 신흥 중소지주층의 이해관계를 대변했다는 식이다. 구법당과 신법당의 계급적 성격에 대한 이런 해석은 송나라의 지주전호제의 전개라는 사회경제적 분석과 맞물려 나름 일리가 있으나 부분적인 타당성밖에 없다.

신법을 둘러싼 왕안석과 사마광의 논쟁을 보다 입체적으로 조명할 필요가 있다. 모택동이 바로 그런 관점에 서 있었다. 지난 1975년 그는 시중을 들던 맹금운孟錦雲에게 이같이 말했다.

"중국에는 두 개의 대작이 있다. 『사기』와 『자치통감』이다. 두 작품은 모두 재간을 지닌 사람이 정치적으로 불무한 처지에서 편찬했다. 사람이 어려움에 처해졌다고 해서 반드시 나쁜 것만은 아닌 것 같다. 물론 이것은 재간과 뜻이 있는 사람을 두고 하는 말이다."

그는 만년에 침대 머리에 늘 『자치통감』을 놓아두었다. 너무 많이 읽어서 책이 너덜너덜해졌고, 적지 않은 페이지는 투명 테이프로 붙여놓기까지 했다. 그는 맹금운에게 『자치통감』을 해설해놓은 『자치통감 평석』을 주면서 읽어보라고 권하기도 했다. 이 책은 『자치통감』에 대한 그의 깊은 관심과 해박한 지식을 세상에 알린 높은 수준의 노작으로 평가받고 있다.

하루는 모택동이 점심 식사를 끝내고 대청의 소파에 한가하게 앉아 있을 때였다. 맹금운이 보기에 오늘은 책을 읽지 않을 것 같았다. 모택동이 맹금운을 향해 빙그레 웃으며 책상 위의 『자치통감』을 가리키며 이같이 말했다.

"맹동지, 내가 이 책을 몇 번이나 읽었는지 아시오? 모두 17번 읽었소. 읽을 때마다 새삼스레 수확을 얻곤 하오. 정말 보기 드물게 훌륭한 책이오. 아마 이번이 마지막 한 번일지 모르겠소. 읽고 싶지 않은 것이 아니라 그럴 겨를이 없단 말이오."

맹금운이 『자치통감』과 관련해 몹시 궁금했던 것을 하나 물었다.

"왕안석과 사마광은 적수이면서 친구였다고 하는데 어찌된 영문입니까?"

모택동은 이같이 대답했다.

"두 사람은 정치 면에서 적수였소. 왕안석은 개혁을 주장했고 사마광은 이를 반대했지. 그러나 학문에서는 좋은 친구로 서로 존중했소. 그들이 존중한 것은 상대방의 학문이었소. 우리는 이것을 배워야 한단 말이오. 정견이 다르다고 해서 학문마저 부인해서는 안 되오."

21세기에 들어와 중화권에서 왕안석의 신법에 대한 평가는 자못 높다. 일각에서는 역대 최고의 변법가로 손꼽기도 한다. 현재 그는 전국시대 중엽 진나라를 최강국으로 만든 상앙과 함께 개혁의 대명사로 꼽히고 있다.

객관적으로 볼 때 왕안석의 개혁은 숱한 시행착오를 거쳤다. 그러나 그 시행착오는 훗날 반드시 풀어야 할 많은 과제를 남겼다. 21세기 현재까지도 풀지 못하고 있다. 그만큼 그의 개혁정치는 개혁의 본질을 건드린 것이었다. 그의 개혁은 미완의 개혁으로 현재 진행형이기도 하다.

그는 말한다. "변화와 개혁은 아무리 해도 모자란다!" 왕안석은 날로 허약해져가는 북송의 정부를 철저히 개혁하고자 했다. 이는 사대부지주 세력의 착취구조에 대한 대대적이고 본격적인 것이었다. 그러나 인재기용의 허술함, 보수 세력의 완강한 저항, 개혁을 뒷받침할 수 있는 인적·물적 자원의 미비 등으로 인해 실패로 끝나고 말았다. 그러나 그가 제기했던 개혁방안은 시대를 거듭해 논의되고 재활용되었다. 러시아혁명의 주인공인 레닌은 그를 두고 '역사상 최고의 개혁가'로 평하기도 했다.

동서고금의 정치사를 통틀어 그가 시도한 신법은 오늘날 그 누구도 추종하기 어려울 정도의 높은 평점을 받고 있다. 현대에도 과거에도 그는 난세 때마다 높은 평가를 받았다.

미국 2013년 '연봉 킹'은 오라클의 래리 엘리슨이었다. 약 811억 원을 받았다. 하루에 2억 2,220만 원씩 번 것이다. 신도 어쩌지 못하는 래리 엘리슨은 자아도취형 CEO로 유명하다. 최고 연봉에 바람둥이이며, 불확실한 경영환경에도 언제나 자신감 충만한 모습이다. 이사회도 그를 막지 못한다. 전문가들은 이런 사람은 운이 좋아 성공한 경우에도 자기 능력 때문이라 생각하기 때문에 꼼꼼한 2인자가 없으면 한순간에 무너질 위험이 크다고 진단한다.

그런데 그 꼼꼼한 2인자가 있었다. 사프라 카츠다. 래리 엘리슨이 일선에서 물러나면서 새로운 CEO로 사프라 카츠가 등장했다. 카츠가 이끈 첫해 4분기에 오라클의 매출은 전문가 예상을 웃도는 호조를 기록했다. 래리 엘리슨의 긍정사고와 추진력을 살리면서도 자아도취의 함정에 빠지지 않게 한 것은 오로지 꼼꼼하고 보수적인 사프라 카츠 때문이다.

"한 가지 이로운 일을 시작하는 것은, 한 가지의 해로운 일을 제거하는 것만 못합니다. 새로운 제도로 백성을 번거롭게 하기보다 먼저 기존의 불합리한 것을 제거하십시오." - 야율초재

칭기즈칸
·
경청하는
1인자

VS

내려놓는
2인자
·
야율초재

2인자는 1인자의 또 다른 이름이다. 동전의 양면과 같다.
2인자가 1인자의 뒤만 따라서는 안 된다. 형식과 전통에 얽매이지
말고 미래를 바라보며 나아가야 한다. 1인자 역시 2인자를 파트너
로 생각해야 한다. 원심력과 구심력처럼 서로의 힘이 균형을 이룰
때 가장 강력한 에너지가 나온다.

제10장 칭기즈칸과 야율초재

"공부를 한 것은 백성을 편하게 하려는 것이었는데
어찌 약탈과 학살을 일삼는 사람의 부하가 될 수 있겠습니까?"

― 야율초재

가장 먼저 마음을 사로잡아라

지난 1995년 말 미국의 〈워싱턴 포스트〉는 세계사에서 지난 1천 년 동안 가장 중요한 업적을 남긴 인물을 선정하는 과정에서 칭기즈칸을 제1위로 꼽았다. 현대에 이르러서야 칭기즈칸이 단순한 정복자가 아닌 뛰어난 군주였음을 인식하기 시작했음을 보여준다.

금나라와 남송은 금나라가 몽골에게 패망할 때까지 1백여 년 동안 대립하며 병존했다. 양쪽 모두 몽골고원에서 거대한 기마군이 형성되고 있는 것을 제대로 눈치 채지 못했다. 이들 기마군단은 이전의 거란족 기마군단과는 비교할 수도 없을 정도로 재빠른 기동력과 막강한 무력을 지녔다. 바로 칭기즈칸이 이끄는 몽골 기마군단이었다.

영국의 리처드 왕이 이끄는 제3차 십자군 원정이 만족스런 전과를 올리지 못하고 있을 때 동쪽 저편에 프레스터 존 즉 '사제 요한'이 이끄는 기독교도가 성지 예루살렘을 노리고 있다는 얘기가 나돌았다. 몽골초원에 퍼져 있던 네스토리우스파 기독교인 경교景教에 관한 얘기가 와전된 것이다. 그러나 유럽은 이를 사실로 믿었다. 프레스터 존이 동쪽에서 나타나 이슬람 군을 격파해 주기를 간절히 바란 결과다. 결국 희망대로 동쪽에서 전설적인 왕이 다가왔다. 하지만 그의 이름은 프레스터 존이 아닌 칭기즈칸成吉思汗이었다.

'칭기즈칸'의 명칭이 나오게 된 배경에 대해 설이 엇갈린다. 몽골어로 '강하다'는 뜻을 나타내는 '칭'이라는 말에서 비롯됐다는 해석도 있으나 '바다'나 '넓게 펼쳐지다'라는 의미를 나타내던 고대 터키어 '텡기스'가 변형된 것이라는 주장이 유력하다. 칭기즈칸이 이끄는 몽골이 역사의 무대에 모습을 드러내는 것은 13세기 초이다. 당시 몽골초원은 위구르 유목제국이 해체된 후 3세기 반에 걸쳐 분열과 대립이 이어졌다. 요나라를 비롯한 주위 국가들 모두 몽골의 유목부족이 하나로 뭉치는 것을 두려워했다. 과거 흉노, 돌궐 등이 부족통합 후 막강한 힘을 발휘했기 때문이다.

수당을 비롯해 요나라와 금나라 모두 이이제이以夷制夷 계책을 구사한 것도 이런 관점에서 이해할 수 있다. 조금이라도 유력한 부족이 나타나면 그와 적대적인 부족을 지원하여 서로 싸우게 했다. 그래도 안될 때는 대규모 군사를 동원해 직접 격파했다. 이들 유목부족이 하나로 통일되는 일이 쉽지 않았던 이유다.

그러나 요나라가 금나라에게 패하고, 멀리 중앙아시아에서 서요西遼를 세울 당시 몽골초원에 대한 압박도 느슨해졌다. 이 시대에 이르면서 몽골부족은 나름 일정한 연합을 이루고 있었다. 우두머리에 해당하는 '칸可汗'도 이미 3대째에 이르고 있었다. 그럼에도 유목부족 내에서 전쟁이 지속되고 있었다. 칭기즈칸이 나오기 전까지만 해도 전체를 아우를 만한 웅걸이 아직 나타나지 않았던 탓이다.

칭기즈칸의 어릴 때 이름은 테무친鐵木眞이다. 그의 초년 시절은 그리 평탄치 않았다. 당초 테무친의 부친 에스게이는 부족의 수장인 암바가이 칸의 후계자로 낙점돼 부족을 통솔했다. 암바가이 칸은 시집가는 딸을 데려다 주러 갔다가 같은 몽골계의 타타르족에게 붙잡혔다. 타타르족은 암바가이 칸을 여진족의 금나라 황제 알탄 칸에게 보냈다. '알탄 칸'은 금나라 희종의 뒤를 이어 보위에 올랐다가 비명에 횡사한 해릉왕海陵王 완안량完顔亮을 말한다. 그의 치세 때 금나라는 몽골계 타타르족에게 공포정치를 구사했다. 충성의 징표를 요구하자 암바가이 칸을 압송한 것이다.

에스게이가 암바가이 칸의 뒤를 이어 몽골부의 제4대 족장에 올랐다. 당초 그는 호에룬이라는 여자를 메르키트 부족의 남자로부터 빼앗았다.

칭기즈칸은 이 두 사람 사이에 태어났다. 에스게이가 숙적인 타타르족과 싸워 테무친 우게라는 족장을 포로로 잡은 와중에 태어난 까닭에 '테무친'의 이름을 얻게 됐다.

테무친의 명성이 사방으로 퍼지자 인근 메르키트 부족이 촉각을 곤두세웠다. 어느 날 아침 요란한 말발굽 소리를 내며 메르키트 부족의 한 무리가 과거의 원한을 풀기 위해 테무친을 습격해왔다. 뜻밖의 습격을 받은 테무친의 가족들은 재빨리 말을 타고 흩어져 무사했으나 그의 아내는 타고 달아날 말이 없어서 머뭇거리다가 사로잡혀 끌려가고 말았다. 약 20년 전에 테무친의 부친 에스게이가 메르키트 부족장의 친척에게서 신혼 초의 아내를 빼앗아간 것을 복수한 것이다.

테무친은 이내 죽마고우인 자무카와 아버지의 맹우인 왕칸과 손잡고 메르키트 부족을 쳐 아내를 되찾았다. 칭기즈칸은 메르키트를 격파한 뒤 자무카와 약 1년을 함께 보냈다. 이 동안 그의 세력은 급속히 성장해 단 9필의 말로 메르키트를 공격하던 때와 달라졌다. 이후 그는 21개 부족의 수장으로부터 추대돼 칸의 지위에 올랐다. 칭기즈칸은 사람들의 마음을 사로잡는 데 뛰어났다. 신뢰감과 함께 물력을 동원해 백성을 끌어들인 결과다.

자무카를 떠나 그에게 몸을 맡긴 자가 40여 귀족, 20여 부락에 이르렀다. 자무카는 칭기즈칸에게 치명적인 일격을 가할 기회를 노렸다. 원래 자무카는 숙부의 창업을 계승한 젊고 유망한 인물이었다. 그는 한때 칭기즈칸을 거둬들여 휘하 부장으로 쓰기도 했다. 그러나 그는 칭기즈칸의 비밀리에 휘하의 부족들을 끌어들여 자신을 겨냥하고 있다는 사실을 눈치 채지 못했다. 칭기즈칸은 자신의 미약한 세력으로는 자무카에 맞설 수 없다는 사실을 익히 알고 있었다. 자무카 역시 칭기즈칸이 의지하고 있는 옹칸의 강대한 세력을 두려워해 경솔히 손을 쓰지 못했다.

이러는 사이 10년의 세월이 흘렀다. 그 동안 자무카는 타타르 및 왕고부汪古部 등과 결연을 맺고 칭기즈칸을 견제키 위해 애썼다. 서쪽의 나이만부와 연락해 칭기즈칸의 후원자인 옹칸을 견제한 게 대표적이다. 그는 칭기즈칸과 옹칸의 내부에 거짓 투항한 첩자를 침투시켜 이같이 이간질했다.

"칭기즈칸이 칸을 칭한 것은 몽골 부족을 없애고 자신의 독재를 하려는 것이지만 자무카가 연맹을 맺은 것은 각 부족이 평등하게 함께 발전하려는 것이다."

아이디어로 승부하라

당시는 칭기즈칸이 은밀히 힘을 기르며 후일을 대비하던 때였다. 이때 마침 금나라 세종 완안옹完顏雍이 대정 29년(1189)에 죽고 아들 완안경完顏璟이 장종으로 즉위했다. 자무카의 휘하 부장들이 속히 출병해 칭기즈칸을 칠 것을 권했다. 자무카도 금나라가 속국 사이의 분쟁에 간섭할 겨를이 없을 것으로 생각했다. 자무카는 사람을 보내 말을 훔쳐오도록 했다. 한 번은 자무카의 동생이 칭기즈칸의 영지에 들어가 말 한 필을 훔쳤다. 이를 칭기즈칸의 부하가 발견하고 급히 쫓아가 쏘아 죽였다. 이게 전쟁의 빌미가 됐다. 자무카는 타타르 등 13개 부락을 규합해 3만의 군사를 이끌고 가 칭기즈칸을 일거에 궤멸하고자 했다.

그러나 13개 부족 내에 칭기즈칸의 첩자가 숨어 있었다. 이들은 소식을 비밀리에 칭기즈칸에게 알렸다. 칭기즈칸은 휘하를 13익翼의 군사로 조직해놓고 있었다. 이를 13개의 '고란'이라고 불렀다. 고란은 '둘레'라는 뜻으로 후에 이것이 군단으로 발전했다. 13개의 고란의 병력은 총 13,000명이었다. 자무카 연합군의 반에도 미치지 못했다.

칭기즈칸은 국경 밖에서 적을 맞이하기 위해 모든 병력을 이끌고 신속히 동북 방향으로 행군해 자무카가 오기를 기다렸다. 습격 계획이 누설된 것을 안 자무카가 망설일 때 칭기즈칸은 소부대를 파견해 공격을 시도했다. 자무카는 당황했으나 곧 칭기즈칸의 소부대를 물리쳤다. 칭기즈칸은 일시 뒤로 물러나 다시 결전을 치르고자 했다. 자무카도 함정에 빠질 것을 우려해 퇴각령을 내렸다.

당시 자무카는 퇴군 후 내부 첩자가 있다는 것을 알고 12개 부락을 조사했다. 그러나 진짜 내통자는 잡지 못하고 많은 무고한 사람들만 잡아들였다. 자무카는 혐의자들을 삶아 죽였다. 군심이 크게 이반했다. 금나라 장종 태화 원년(1201) 정월, 자무카와 연합한 10여 개 부락 수령이 오논 강 남쪽 기슭에서 맹서하며 자무카를 '구르칸古兒汗'으로 옹립했다. '구르칸'으로 즉위한 자무카는 곧바로 연합군을 이끌고 출격했다. 그러나 그들은 내부에 칭기즈칸의 첩자가 끼어 있다는 사실을 알지 못했다. 첩보를 전달

받은 칭기즈칸은 미리 만반의 대비책을 강구했다. 결과는 칭기즈칸의 대승이었다.

이듬해인 태화 2년(1202) 칭기즈칸이 타타르를 쳐 궤멸시켰다. 이후 옹칸과 대립했다. 객관적으로 볼 때 칭기즈칸이 세운 대업의 절반은 옹칸과 관련이 있다. 그의 지지가 없었다면 그렇게 빨리 대업을 이루지 못했을 것이다. 옹칸도 사심이 없었던 것은 아니다. 그 역시 칭기즈칸의 도움이 필요하다는 사실을 잘 알고 있었다. 그러나 점차 칭기즈칸에 대한 걱정도 커져갔다. 특히 그의 아들 셍굼은 줄곧 칭기즈칸과 사이가 좋지 않았다.

금나라 태화 3년(1203) 봄, 하늘은 칭기즈칸에게 절호의 기회를 내려주었다. 옹칸과 금나라 사이에 충돌이 일어나 금나라 군사가 옹칸을 공격하자 옹칸의 세력이 크게 줄어들었다. 칭기즈칸은 이런 절호의 기회를 놓치지 않았다. 그는 동생 하싸르를 옹칸에게 보내 거짓으로 투항하게 했다. 늙어 판단력이 흐려진 옹칸은 칭기즈칸에 대한 경계심을 풀고 하싸르와 삽혈해 굳은 맹서를 보여주었다.

그러나 칭기즈칸의 대군은 이미 하싸르의 뒤를 쫓아가 옹칸의 궁 앞에 이르렀다. 옹칸은 아무것도 모르고 칭기즈칸의 대군이 코앞에 닥쳐올 때까지도 자신의 궁 안에서 연회를 벌이고 있었다. 전투는 3일 만에 끝났다. 옹칸과 셍굼은 황급히 도주했다. 도중에 부자는 서로를 원망하며 각기 갈 길을 갔다. 옹칸은 나이만부로 도주했다가 그곳을 지키던 장수에게 살해되었다. 셍굼도 서역으로 도주했다가 현지 사람에게 살해되었다. 이로써 몽골 초원 대부분이 칭기즈칸의 판도에 들어갔다.

태화 4년(1204) 위기를 느낀 나이만부가 칭기즈칸의 적들을 규합해 동쪽으로 진공했다. 힘만 비교하면 칭기즈칸은 크게 열세였다. 타양칸은 왕고부와 연합코자 했으나 왕고부의 수령은 나이만부가 승리할 수 없음을 예측하고 이를 거절했다. 그들의 출병계획까지 칭기즈칸에게 밀고했다. 칭기즈칸은 그에게 많은 보물을 보내 자신의 편에 서줄 것을 요구했다.

당시 칭기즈칸은 전통대로 포로들을 귀족들에게 나눠주지 않고 군대에 편제했다. 군사를 십호, 백호, 천호 단위로 편제하고, 호위군을 조직해 친군이라 하고 직접 지휘했다. 쌍방은 살리천 부근에서 만났다. 몽골군은 조직적으로 빠르게 나이만의 군영을 어지럽게 만들었다. 타양칸은 이내 여러 겹으로 포위되었다. 이후 부상 후유증으로 사망했다. 나이만부의 군사는 모두 붕괴되고 왕후는 생포돼 칭기즈칸의 후궁이 되었다. 나이만과 일부 부족은 대부분 투항했고, 타양칸의 아들은 소수의 병사를 이끌고 도주했다. 이때 칭기즈칸은 나이만부가 위구르문자를 사용해 몽골어를 표현하는 것을 알고 이를 재빨리 채용했다. 쿠릴타이에서는 「야사」라는 법령이 발포되기도 했다. 이는 위구르문자를 사용해 철판에 새긴 것이다. 이로써 칭기즈칸, 자무카, 옹칸이 정립鼎立한 초원의 삼국시대는 끝이 나고 칭기즈칸이 실질적인 주인이 되는 새로운 시대가 활짝 열리게 됐다.

태화 5년(1205), 칭기즈칸의 군대는 지금의 감숙성 일대에 정주하는 티베트계 서하를 공격했다. 처음으로 성곽을 가진 적과 싸운 셈이다. 이는 금

적군과 혈투중인 몽고 기병들

"중원의 황제는 천상의 사람이 되는 줄 알았더니 위소왕 같은 용렬한 자도
될 수 있다는 말인가? 절하며 받들 것도 없다!"

- 칭기즈칸

나라를 치기 위한 예행연습이었다. 이듬해인 태화 6년(1206) 칭기즈칸의 제2차 즉위식이 행해졌다. 이전의 1차 즉위식 때는 부족연합의 맹주인 칸이었으나 이번에는 전 몽골계 유목민족 위에 군림하는 황제로 즉위했다. 오논 강변에서 대족장회의인 쿠릴타이를 열어 추대되는 의식이 거행됐다. 이로써 몽골은 그의 통치 아래 영토와 백성의 통칭이 되고 몽골 역시 일개 부족의 이름에서 유목민 전체의 통칭이 되었다. 이른바 '몽골제국'의 출범식이었다.

인문 리더십을 갖춰라

칭기즈칸은 '몽골제국'을 건립한 후 군사 및 행정 개혁을 단행해 전국의 백성을 96개의 천호 단위로 나누고 88명의 천호장으로 하여금 이를 다스리도록 했다. 정복된 부족은 모두 경계선을 없애고 일정한 천호로 편제되었다. 천호 아래에는 백호와 십호가 있었다. 이 조직은 행정조직이자 군사조직이었다. 평시에는 유목을 하다 전시에는 군사로 돌변했다. 이른바 '목전牧戰'에 해당한다. 중원에서 평소 농를 짓다가 전시에 병사로 활약하는 '농전農戰'과 같은 맥락이다.

훗날 청나라를 세운 만주족이 평소 수렵을 하다가 유사시 전투원으로 복무하는 '엽전獵戰'도 이를 흉내 낸 것이다. 21세기도 크게 달라진 게 없다. 평소 산업일꾼으로 일하다가 유사시 예비군 소집령에 의해 전투원으로 배치되는 게 그렇다. 일종의 '산전産戰'에 해당한다.

칭기즈칸은 일자무식이지만 뛰어난 리더십을 갖고 있었다. '몽골제국'
을 유지하기 위한 법률제도와 문화, 교육까지 완비한 게 그렇다. 귀족을
전국 최고의 사법장관에 임명하고 선포한 많은 규범은 그대로 법률이 되
었다. 그는 타타통아를 중용해 몽골 문자를 만들고 문화교육의 책임을 맡
겼다. 이는 문자가 없던 몽골이 문화적으로 비약하는 계기로 작용했다.

칭기즈칸이 '몽골제국'의 성립을 선포할 당시 서하에서는 국왕 이순우
李純佑의 사촌인 이안전李安全이 이순우를 밀어내고 보위를 차지했다. 칭기
즈칸의 제2차 서하침공은 이 정변이 일어난 이듬해이다. 제3회 침공은 금
나라 위소왕 대안 원년(1209)에 일어났다. 당시 서하는 금나라에 구원을 청
했으나 금나라는 이를 받아들일 여력이 없었다. 몽골의 군사가 파죽지세
로 달려가 지금의 영하寧夏 위구르족 자치구인 중흥부中興部를 포위했다.
이안전은 몽골군의 맹공에 굴복해 왕녀를 인질로 내놓고 화해를 청하면
서 매년 조공을 바치기로 했다.

이로써 금나라 태종의 천회 연간에 평화조약을 맺은 이래 80여 년에 걸
쳐 유지된 금나라와 서하의 관계가 끊어졌다. 위급할 때 금나라가 도와주
지 않은 것에 화가 난 서하는 남송을 향해 함께 금나라를 칠 것을 제의했
다. 몽골군이 제3차 서하공격에 나선 해에 금나라에서 장종 완안경이 죽
고 위소왕 완안영제가 즉위했다. 장종은 세종 완안옹의 황태손이고, 위소
왕은 세종의 7자이다.
전에 금나라의 위소왕 완안영제가 지금의 내몽골 호화호특시 동북부인

정주淨州에 출장을 가 몽골의 조공을 접수하는 직무를 맡은 바 있다. 대쿠릴타이에서 대칸으로 추대된 칭기즈칸은 그때 몸소 조공을 전달하는 역할을 했다. 두 사람은 구면이었다. 칭기즈칸은 그때 정해진 배례拜禮의식을 치르지 않았다. 위소왕은 크게 노해 장종에게 몽골을 칠 것을 부추겼다. 위소왕 대안 2년(1210) 금나라 사절이 와서 새 황제의 즉위조서를 내렸을 때 칭기즈칸은 금나라의 새 황제가 완안영제인 것을 알고 이같이 냉소했다.

"중원의 황제는 천상의 사람이 되는 줄 알았더니 위소왕 같은 용렬한 자도 될 수 있다는 말인가? 절하며 받들 것도 없다!"

남쪽을 향해 침을 뱉고는 말을 타고 북쪽으로 사라졌다. 대안 3년(1211) 칭기즈칸이 금나라 친정에 나섰다. 야고령野孤嶺에서 금나라 장수 정설定薛을 격파했다. 몽골군은 금나라의 목마장인 군목감郡牧監을 습격해 말들을 빼앗아 가지고 돌아갔다. 금나라 숭경 원년(1212), 거란족 장수 예루류가耶律留哥가 금나라에 반란을 일으킨 뒤 칭기즈칸에게 사람을 보내 복속 의사를 밝혔다. 예루류가는 금나라가 카라키타이와 몽골의 결탁을 두려워한 나머지 동북쪽의 북만주로 이주시킨 거란족의 일원이었다. 당시 금나라는 거란의 반란을 두려워해 거란족 1호당 여진족 2호를 배치해 감시하게 했다. 장종 때 거란문자의 사용을 금하는 등 억압책을 구사하기도 했다. 당시 예루류가는 천호장의 자리에 있었다.

거란족은 같은 몽골계인 칭기즈칸의 세력이 날로 커가고 있다는 소식에 큰 기대를 걸었다. 예루류가는 금나라 조정이 중도의 방위를 위해 동북수비대를 서쪽으로 이동시킨 틈을 노려 반기를 들었다. 융주隆州, 한주韓州 등 여러 지역을 공략했다. 세력은 10만여 명을 헤아렸다. 이 일대는 여진족의 발상지이다. 예루류가는 흥안령에서 요동으로 진출해 오는 몽골군의 부장과 짜고 세력을 더욱 넓혔다. 숭경 2년(1213) 자립해 요왕遼王을 칭했다. 연호를 원통元統이라고 했다.

칭기즈칸은 그 사이 친정하여 금나라 군사와 싸웠다. 금나라 장수 게스레지중紇石烈執中이 30만 대군을 이끌고 창주昌州, 환주桓州, 무주撫州의 여러 지방을 구원했다. 칭기즈칸은 그를 환아자獾兒觜라는 곳에서 격파했다. 그러나 금나라의 서경인 대동을 공격하는 도중 칭기즈칸은 화살을 맞았다. 부득불 포위를 풀고 철수했다. 이때 몽골군은 산서와 하북의 여러 주를 잇달아 함락시켰다.

이 해 8월 금나라 조정에서 쿠데타가 일어났다. 본명이 호사호胡沙虎인 우부원수 게스레지중이 병권을 탈취해 궁전으로 들어가 감국도원수監國都元帥를 칭하고 황제로 있던 위소왕을 끌어낸 뒤 금고에 처했다. 이어 환관 이사중李思中에게 명하여 죽이게 했다. 그러고는 장종의 이복동생인 풍왕豐王 완안순完顔珣을 옹립해 보위에 앉혔다. 그가 선종宣宗이다.

당시 몽골군은 3갈래로 병력을 나눠 깊숙이 남하해 산동반도까지 유린했다. 하북의 군현 가운데 함락되지 않은 곳은 불과 11개 성읍에 지나지 않았다. 몽골군의 침공을 막기 위해 파견된 금나라 장군은 진주방어사鎭

州防禦使인 수러고지尤虎高琪였다. 그도 송나라 정벌 때 공을 세운 바 있다. 그러나 몽골군의 맹공에 버티지 못하고 병사를 이끌고 지금의 북경인 중도中都에서 철수했다. 그는 책임추궁을 두려워해 그의 집에서 게스레지중을 유인해 죽였다. 선종은 부득불 수러고지를 좌부원수로 위촉했다가 다시 평장정사平章政事로 임명했다.

당초 선종 완안순은 즉위하자마자 여진족 이외의 민족인 제색인諸色人을 본조인本朝人, 즉 여진족과 똑같이 대우한다는 조서를 내렸다. 그러나 이미 때가 늦었다. 이는 주로 거란족을 대상으로 한 것으로 예루류가는 이미 여진족 본거지에서 왕을 칭하고 금나라 파견군을 격파했다

선종 흥정 원년(1217) 8월, 칭기즈칸은 측근인 무카리를 태사로 삼고 중국의 국왕에 봉했다. 여진족 및 한족 등의 군사를 이끌고 남정키 위한 포석이다. 국왕에 봉해진 무카리는 중도를 개칭한 연경에 막부를 설치했다. 가을에 내습해 봄에 철수하던 몽골군이 이후 중원에 계속 주둔하게 된 배경이다. 무카리는 연경을 기지로 사방으로 병력을 출동시켜 황하 이북을 공략했다. 금나라의 어려운 상황을 보고 남송은 세폐를 정지했다.

흥정 2년(1217), 금나라는 몽골의 압력을 받고 있는데도 남송을 치려고 했다. 이는 큰 잘못이었다. 남방전선은 이내 수렁으로 빠져들었다. 서하는 몽골의 침공을 받았을 때 금나라가 도와주지 않아 이반한 바 있다. 서하는 앞장서서 남송에게 금나라를 협공하자고 제의했다. 첫 제의는 남송이 거부했으나 남송은 2년 뒤인 흥정 4년(1219)에 이를 받아들였다. 이때 칭기

즈칸은 문득 발길을 돌려 서역 원정을 떠났다. 금나라에 대한 압박이 느슨해진 틈을 타 금나라가 서하와 남송의 연합군 공격을 물리치기도 했다.

당시 칭기즈칸의 서역 원정은 나름 실리적인 판단 끝에 나온 것이다. 칭기즈칸이 국서 전달을 위탁한 대상隊商이 호라즘에서 살해된 게 발단이었다. 칭기즈칸에 쫓긴 나이만 왕자가 서요西遼를 탈취한 뒤 추격해 온 몽골군에 의해 살해된 것은 원나라 태조 13년(1218)이다. 호라즘사건은 그 이듬해에 일어났다. 호라즘의 지방 태수가 사욕 때문에 죽인 대상이 공교롭게도 칭기즈칸의 국서를 갖고 있었다. 그 국서는 교역을 하자는 매우 평화적인 내용이었다.

광대하고 신속한 정복

칭기즈칸의 서역원정은 중앙아시아에 커다란 변화를 가져왔다. 부하라, 사마르칸트 등이 점령되고 호라즘 국왕 무하마드는 카스피 해의 섬으로 도주해 거기서 죽었다. 몽골군의 일대는 호라즘이 왕자를 추격해 아프가니스탄에서 인더스 강까지 진출했다. 카스피 해까지 나아간 몽골군은 코커스 산맥을 넘어 남러시아의 여러 제후 군사들과 싸워 각지를 약탈했다. 이는 공전절후의 대규모 원정에 해당한다. 칭기즈칸이 카라코룸으로 돌아갔다는 것을 안 각 부대는 잇달아 귀환했다. 7년에 걸친 서정 이후 몽골군은 다시 동쪽으로 향했다.

원나라 태조 22년(1227) 서하가 멸망했다. 이 해 8월 칭기즈칸도 사망했다. 『원사』에 따르면 칭기즈칸은 이같이 유언했다.

"금나라의 정병은 동관潼關에 몰려 있다. 남쪽은 산이 연이어 있고, 북쪽은 큰 강으로 막혔으니 금방 뚫기가 쉽지 않다. 만일 송나라에 길을 빌리고자 하면 송나라는 금나라와 오랜 원수지간이니 반드시 우리에게 쾌히 승낙할 것이다."

동관을 피하고 남쪽 송나라에 길을 빌려 당주唐州, 등주鄧州로부터 개봉을 치라는 주문이었다. 칭기즈칸의 뒤를 이은 오고타이는 부친을 따라 각지를 전전한 당대의 용장이었다. 섬서의 봉상鳳翔을 공격해 금나라의 주의를 끈 뒤 부친의 유언대로 송나라의 길을 빌려 개봉으로 쳐들어갔다.

몽골 대군이 금나라의 새로운 수도가 된 개봉을 포위한 것은 금나라 애종哀宗 완안수서完顔守緖 개흥 원년(1232) 3월이었다. 일단 강화가 성립되었으나 금나라 쪽에서 몽골의 사자를 베면서 교섭이 결렬됐다. 이 해 12월 몽골군이 재차 개봉을 포위해 해를 넘겼다. 그 사이 금나라 황제 애종은 성을 빠져나와 지금의 하남성 상구시인 귀덕歸德으로 향했다.

이때 서면西面 원수 최립崔立의 쿠데타가 있었다. 개봉의 수비를 맡고 있던 완안노신完顔奴申과 시녠아부習捻阿不를 죽이고 정권을 장악해 태후의 명을 내세워 위소왕의 태자인 완안종각完顔從恪을 옹립했다. 이어 몽골군에게 항복을 제의했다. 개봉의 백성들이 쾌재를 불렀다. 금나라 관원들은 가족과 함께 지금의 산동성 요성聊城으로 끌려갔다. 이 해 6월, 금나라 애종이 귀덕에서 지금의 하남성 여남현인 채주蔡州로 달아났다.

당시 남송에서는 권신 한탁주韓侂冑를 암살한 실력자 사미원史彌遠이 이종理宗을 옹립하고 권력을 장악했다. 이종은 태조의 10세손으로 원래 민간에서 생장했다. 몽골의 대군이 금나라 수도 개봉을 점령할 당시는 이종이 즉위한 지 5년 째 되던 해였다. 이때 몽골이 남송으로 사자를 보내 금나라 협공을 제의했다. 남송의 조정은 흥분했다. 사미원의 조카인 경호제치사京湖制置使 사숭지史嵩之가 이를 찬성하고 나섰다. 지양주사知揚州使 조범趙范만이 114년 전에 금나라를 좇아 요나라를 패망시킨 후과를 거론하며 반대했다. 그러나 이는 소수의견에 불과했다. 남송의 조정은 몽골과 동맹키로 했다.

다음해인 소정 6년(1233) 금나라의 애종도 완안아호完顔阿虎를 남송에 보내 순망치한脣亡齒寒의 논리를 들어 식량 원조를 부탁했다. 그러나 남송 조정의 방침은 이미 결정돼 있었다. 이 해 10월, 사숭지가 파견한 남송의 장군 맹공孟珙이 몽골군과 합세해 금나라의 애제가 머무는 채주를 포위했다. 이듬해인 단평 원년(1234) 정월, 몽골과 남송의 연합군이 쳐들어오자 애종이 자진했다. 자진하기 얼마 전에 종실의 완안승린完顔承麟에게 보위를 물려주었으나 완안승린도 전란 속에서 전사했다. 이로써 태조 아구타의 건국으로부터 120년 만에 금나라는 패망하고 말았다.

옳다면 끝까지 관철시켜라

칭기즈칸은 금나라를 칠 당시 군사를 세 갈래로 나눴다. 이들은 산서, 하북, 산동과 동북의 여러 지역을 점령한 뒤 지금의 북경인 중도 부근에서 합류했다. 금나라 황제에게 공주와 비단 등을 헌납하고 강화할 것을 주문했다. 금나라가 이내 남쪽 개봉으로 천도했다. 원나라 태조 10년(1215), 몽골군이 중도를 함락시켰다. 이 전쟁의 최대 수확은 이후 '몽골제국'의 건립에 지대한 공을 세운 야율초재耶律楚材를 손에 넣은 데 있다.

원래 야율초재는 '예루耶律'라는 성씨가 보여주듯이 요나라 황족의 후손이다. 자는 진경晉卿, 호는 담연거사湛然居士, 시호는 문정文正이다. 그는 자신에게도 엄격했다. 훗날 근거도 없는 모함을 받아 포박당해 오고타이에게 끌려왔을 때 그게 당치도 않다는 걸 알고 있었던 칸이 그걸 풀어주려고 했으나 이를 거부했다. 무언가 이유가 있어서 잡혀왔을 터인데, 아무해명도 없이 풀어주면 원칙이 바로 서지 않는다는 게 이유였다. 어명보다 원칙을 중시한 그의 면모가 여실히 드러나는 대목이다.

몽골은 천하를 다스리는 통치의 기술이 없었다. 야율초재가 없었다면 '몽골제국'은 이내 무너졌을 것이다. 그가 세운 업적이 그만큼 위대했다. 금나라가 새로운 수도로 삼은 개봉을 점령했을 때 몽골군이 지켜온 그간의 원칙을 뒤집은 게 대표적인 실례이다. 호라즘 왕국의 예에서 알 수 있듯이 몽골은 저항한 적에 대해서는 추호의 자비도 베풀지 않았다. 야율초재는 항복하지 않은 자를 섬멸하는 관행을 고쳐야 한다고 간언해 이를 관철시켰다.

덕분에 몽골은 금나라의 문물과 군사기술을 성공적으로 흡수할 수 있었다. 이는 이후 남송을 정벌 때 양양성의 공방전에서 커다란 위력을 발휘했다. 문예와 학술 등 문화발전에 커다란 기여를 하게 된 것은 말할 것도 없다.

야율초재의 부친 예루이耶律履는 금나라 조정에서 재상까지 지낸 당대의 명사였다. 그는 3살 때 부친을 여의었다. 글도 읽을 줄 알고 예의에 밝은 어머니 양씨의 영향을 받아 어린 시절부터 학문에 매진했다. 총명함을 타고난 야율초재는 도박이나 잡기 따위에 시간을 낭비하지 않아 남들보다 빨리 많은 책을 읽을 수 있었다. 청년기에 접어들 무렵 이미 그는 천문, 지리, 산술을 비롯하여 불교와 도교 그리고 의학, 점복 등에 상당한 조예를 갖추게 됐다. 노래와 악기연주에도 뛰어났다. 그야말로 다재다능한 사람이었다. 문화소양이 높은 그는 한 번 쓰면 거의 고치지 않아도 될 정도로 뛰어난 문장력을 자랑했다.

그가 약관의 나이인 17세 때 금나라 조정에 출사한 배경이다. 칭기즈칸의 군대가 중도를 함락시킨 해는 금나라 선종 정우 3년(1215)이었다. 당시 그의 나이 25세였다. 그때까지 줄곧 금나라 조정에서 여러 일을 했다. 금나라 조정이 몽골군의 재침을 우려해 수도를 지금의 개봉인 변경汴京으로 옮겼을 때, 그는 따라가지 않고 불교에 귀의했다. 가슴에는 천하를 품고도 남을 기개가 있었지만 이미 국운이 기울어버린 금나라에서 희망을 찾을 수 없었던 것이다.

야율초재가 불교에 귀의한 데는 나름 이유가 있었다. 그는 원래 조동종曹洞宗을 중흥한 만송행수萬松行秀의 제자이다. 그의 호가 담연거사湛然居士인 것은 바로 만송행수가 하사한 법명을 호로 삼은 결과다. 당시 그는 성안사聖安寺 징공澄公 화상의 천거로 만송행수萬松行秀의 제자로 들어가 참선을 시작했다. 만송행수는 야율초재를 수제자로 삼았다. 훗날 그는 야율초재의 문집인『담연거사문집』서문에서 야율초재를 이같이 평했다.

"담연거사는 27세 때부터 나의 지도를 받았다. 그는 불법을 위해 몸과 마음을 모두 잊었고, 세간의 명리에 집착하지 않았다. 마음의 도리를 크게 구하여 신묘한 경지를 정밀하게 추구했다. 추위와 더위, 밤과 낮을 구분하지 않고 참구하기를 3년 만에 도를 얻었다. 이에 나 만송은 그에게 게송을 내리고, 담연湛然이라는 법호를 내려주었다."

'담연거사' 야율초재도 이후 만송행수의 어록을 모아놓은『만송노인만수어록萬松老人萬寿语录』의 서문에서 자신의 선 수행 과정을 이같이 기술해놓았다.

"나는 일찍이 만송노인을 모시고 그 밑에 제자로 있었다. 모든 종파는 나름 뛰어난 면이 있으나 그에 따른 단점도 있다. 오직 만송노인만이 모든 종파의 장점을 취해 조동종의 혈맥을 이었다. 실로 세상의 종사宗师로 일컬을 만하다."

21세기 현재까지도 선종의 법맥을 따질 때 만송행수 법맥으로 야율초재를 거론하면서 '담연거사'로 기록해놓는 이유다. 당초 칭기즈칸은 중도를 장악한 후 천하의 인재를 구하기 위해 주변 사람에게 물어봤다. 사람들 모두 야율초재를 지목했다. 칭기즈칸도 야율초재의 기개와 뛰어난 재능에 관한 소문을 이미 듣고 있었다. 몽골군이 연경으로 들어온 이후 은둔생활을 하던 야율초재가 칭기즈칸이라는 걸출한 영웅을 만난 것은 이미 예견된 일이었다. 야율초재가 칭기즈칸 앞으로 나아간 것은 원나라 태조 3년(1218) 때의 일이다.

당시 칭기즈칸은 야율초재가 금나라에 멸망당해 대대로 금나라와 원수지간인 요나라 종실후예라는 사실을 잘 알고 있었다. 그렇기에 야율초재를 처음 만난 자리에서 이같이 말했다.

"요와 금은 대대로 원수였다. 그대가 나를 도와준다면 나는 그대의 원한을 씻어주겠다."

뜻밖에도 야율초재는 이렇게 말했다.

"그건 지난 일입니다. 저의 조부와 부친, 그리고 저 역시 금나라에서 벼슬을 했는데 어떻게 이전의 군주를 원수로 삼을 수 있겠습니까?"

칭기즈칸이 이 말에 감동했다.

"내 부하가 되지 않겠는가?"

야율초재가 대답했다.

"공부를 한 것은 백성을 편하게 하려는 것이었는데 어찌 약탈과 학살을 일삼는 사람의 부하가 될 수 있겠습니까?"

서슬 퍼런 몽골군의 막사 안에서 대칸에게 대드는 이 서생을 보고 칭기즈칸의 막료 장수들이 크게 노했다. 그러나 칭기즈칸은 야율초재의 말에 일리가 있다고 여겼다. 곧 장수들을 다독인 뒤 부드러운 어조로 부탁했다.

"우리 몽골은 그대 같은 인재가 필요하오. 부디 그대는 그 뛰어난 지혜를 우리 몽골을 위해 써주시오."

야율초재가 조건을 내걸었다.

"두 가지만 약속하면 그리 할 것을 하늘과 땅에 맹세합니다."

칭기즈칸이 크게 기뻐하며 황급히 물었다.

"그게 어떤 것이오?"

야율초재가 말했다.

"우선 백성이 피눈물을 흘릴 때 함께 눈물을 흘려주실 수 있습니까?"

"약속하오."

잇달아 말했다.

"기근이 들어 백성들이 굶주리고 있을 때 같이 굶어주실 수 있겠습니까?"

"약속하오."

그러자 야율초재가 두 번 절하며 이같이 맹서했다.

"황은이 망극합니다. 신은 미력하나마 이제부터 신명을 다 바쳐 대칸을 보필하도록 하겠습니다."

금나라의 젊은 인재 야율초재와 '몽골제국'의 창업주인 칭기즈칸이 처음으로 만나 주고받은 감격적인 첫 대면 장면이다. 인재를 과감히 발탁할 줄 아는 칭기즈칸은 곧바로 야율초재와 밤을 새워가며 얘기를 나눈 뒤 곧바로 그를 군사軍師에 임명했다. 칭기즈칸이 연경에서 금나라 왕족들만 처형한 뒤 백성들은 전혀 학살하지 않고 기술자와 학자 등을 초원에 있는 몽골의 수도 카라코룸으로 끌고 가는 조치를 내린 배경이다.

당시 야율초재가 내세운 두 가지 조건은 군주가 반드시 갖추어야 할 애민愛民의 기본자세에 해당한다. 백성의 안녕과 생업 보장이 다스림의 근본목적이고, 제왕은 이를 위해 존재한다는 취지에서 나온 것이다. 칭기즈칸은 이를 흔쾌히 받아들이고 스스로 그리할 것을 다짐했다. 야율초재의 요구는 시공을 뛰어넘어 모든 위정자가 늘 명심하여야 할 기본덕목이다. 그러나 이를 실천하는 것이 그리 쉬운 일이 아니다. 지존의 자리에 있다 보면 자만에 빠지기 쉽고, 신하들 역시 감히 간언을 하기가 쉽지 않기 때문이다. 관건은 군주 스스로 겸하謙下의 자세로 부단히 스스로 채찍질하며 노력하는 수밖에 없다.

칭기즈칸이 바로 그런 자세를 보였다. 그는 매사를 야율초재와 상의했다. 야율초재는 인품만 뛰어난 것이 아니었다. 고상한 수염과 낭랑한 목소리, 준수한 자태 등, 모든 것이 칭기즈칸의 마음을 사로잡았다. 게다가 그는 한어와 거란어, 여진어, 몽골어 등에 두루 정통했다. 칭기즈칸은 그를 '긴 수염을 가진 사람'이라는 뜻의 '오고싸하리吾国撒合里'라고 부르며 절친하게 대했다. 격변의 시대에 야율초재는 마침내 자신의 기량을 마음껏 펼칠 절호의 기회를 만난 셈이다.

그러나 예로부터 기려지신羈旅之臣이 몽골의 군사귀족들 틈에서 자리를 잡기란 결코 쉬운 일이 아니었다. 한 번은 활 솜씨가 뛰어나 칭기즈칸의 총애를 받는 상팔근이라는 서하의 왕족출신 장군이 여러 사람들 앞에서 교만한 어조로 말했다.

"지금은 무력을 사용할 때입니다. 야율초재 같은 약해빠진 유생이 전쟁에 대해 뭘 알겠습니까? 아무짝에 쓸모없는 사람을 대칸이 너무 아끼시는 것 같습니다."

그 소리를 들은 야율초재가 껄껄 웃으면서 이렇게 응수했다.

"활을 잘 쏘려면 먼저 기술자가 훌륭하게 활을 만들어야 하오. 당신의 이야기는 마치 천하를 얻는 데 활 만드는 기술자 따위는 전혀 필요 없다는 말 같소. 더군다나 천하를 말 위에서 얻을 수는 있지만 말 위에서 다스릴 수는 없는 법이오."

그 말에 힘만 쓸 줄 아는 여타 장수들 모두 입을 다물었다. 옆에서 듣고 있던 칭기즈칸 또한 고개를 끄덕이며 후계자로 지목한 셋째아들 오고타이에게 이렇게 부탁했다.

"이 사람은 하늘이 내게 주신 선물이다. 너 역시 앞으로 나랏일과 군사작전에 대한 것은 모두 그와 상의해서 처리하도록 해라."

몽골군이 1219년부터 시작해 6년 동안 중앙아시아의 호라즘과 서하 등 서역 원정에 나서게 되었을 때 야율초재 역시 칭기즈칸을 좇아 종군했다. 이 해 6월, 한 여름인데도 눈이 무려 석 자나 쌓일 정도로 내렸다. 미신을 중요시 여기는 몽골사람들이 상서롭지 못한 징조라며 술렁일 때 야율초재가 이같이 말했다.

"겨울의 살기殺氣가 여름에 보이는 것은 하늘의 뜻을 우리가 받들어 적을 물리칠 수 있다는 좋은 징조입니다."

사실 이는 전혀 근거 없는 주장이었다. 천문에 무지한 몽골사람들을 안심시키기 위해 즉석에서 꾸며낸 말이었다. 몽골군은 야율초재의 그 말에 용기백배하여 호라즘과 중앙아시아를 정복했다. 그러고는 야율초재의 예언이 적중했다며 그를 더욱 높이 받들었다.

호라즘을 공략할 당시 그는 먼저 호라즘 주변의 세력을 끌어들였다. 별동대를 보내 공격하게 하면서 자신은 현지 주민의 안내를 받아 부하라 및 사마르칸트의 뒤로 우회해 공격을 가했다. 호라즘 군사가 일거에 혼란에 빠졌다. 대승을 거둔 이유다. 이후 공성을 할 때 적지역의 포로들을 동원하여 해자를 메우거나 공성장비를 이동시키도록 했다. 심지어 최전선에서 적이 자기 백성들과 싸우도록 하여 적의 전의를 극도로 떨어뜨렸다. 이로써 한때 서요를 멸하고 사마르칸트를 중심으로 동서무역의 이익을 독점하며 크게 번성했던 호라즘은 이내 패망하고 말았다. 호라즘 도성을 함락했을 빚어진 끔찍한 대학살에 대해 사가들은 이렇게 기록해 놓았다.

"헤라트가 함락되자 160만 명이 도시 밖으로 붙잡혀 나왔다. 그리고 학살이 시작됐다. 한때 호라즘 제국의 수도이기도 했던 이 아름다운 도시에서 모두 120만 명이 학살됐다. 몽골군 한명이 24명꼴로 죽인 셈이다. 기독교 성서번역 도시로 유명한 메르브를 점령한 뒤 몽골군은 130만 명의 인구를 남자, 여자, 어린애로 갈라설 것을 명했다. 몽골군이 살려주곤 하던 기술자는 400명에 지나지 않았다. 몽골군은 사람들을 땅 위에 누우라고 명령한 뒤 난도질을 시작했다. 또 다른 도시 니샤푸르에는 174만여 명이 살고 있었는데 대부분 학살됐다. 몽고군 대장 툴루이는 자기 매제가 화살에 맞아 전사한 것을 복수한다며 그리 한 것이다. 잘린 목은 아이는 아이대로 여자는 여자대로 남자는 남자대로 쌓아져 3개의 거대한 피라미드를 이뤘다."

사마르칸트, 부하라, 메르브, 바그다드 등 당시 크게 번성한 도시들에서 수많은 이슬람교도와 기독교도들이 살해됐다. 당시 호라즘 왕 무하마드가 황급히 달아나자 칭기즈칸은 전군에 명해 그의 뒤를 급히 쫓아가게 했다. 결국 무하마드는 달아나는 도중 병사하고 말았다.

칭기즈칸이 호라즘정벌에 나설 당시 서하에게 원병 차출을 요청했으나 서하왕 이준욱李遵頊은 몽골을 지극히 싫어한 까닭에 이를 거절했다. 이게 서하 패망의 직접적인 배경이 됐다. 당시 몽골의 관행에 따르면 배신은 철저히 보복토록 되어 있었다. 칭기즈칸은 사망 1년 전인 1226년, 마침내 서하 정벌에 나섰다. 도중에 한가한 틈을 타서 비탈진 산에서 사냥을 하다가 낙마하여 크게 다쳤다. 휘하 장령들이 원정 연기를 건의했으나 거절되었다. 칭기즈칸이 서하왕 이덕왕李德旺에게 최후통첩을 보냈으나 서하의 강경파 대신 아샤감부가 칭기즈칸에게 모욕적인 언사를 전하며 결사 항전을 외쳤다.

이 해 3월 서하로 쳐들어가 지금의 감숙성 주천酒泉인 감주甘州를 점령했다. 이 해 여름 주둔지를 산위로 옮겨 휴식을 취한 뒤 이 해 가을 동쪽으로 진군해 양주涼州를 점령했다. 칭기즈칸은 아샤감부가 이끄는 서하의 군사를 대파하면서 서하 백성을 닥치는 대로 주살하라는 명을 내렸다. 이때 야율초재가 만류했다.

"비옥한 땅과 서하의 솜씨 있는 백성은 몽골의 자산입니다. 백성을 보호해 세금을 부과한다면 파괴하여 살육하는 것보다 훨씬 이익이 큽니다."
칭기즈칸이 이를 좇아 야율초재로 하여금 서하를 다스리는 규칙을 정하도록 했다. 이 해 11월 영주靈州로 진공해 도중에 서하의 원군을 격파한

뒤 영주를 점령했다. 몽골군 일부가 지금의 영하성 은천銀川인 서하의 수
도 영하寧夏를 포위했다. 칭기즈칸은 주력군을 이끌고 지금의 감숙성 난
주蘭州 서남쪽 100킬로미터 되는 하주荷州를 공략했다. 이듬해인 1227년 3
월 서녕西寧을 함락시켰다. 이 해 4월 지금의 영하寧夏 위구르족 자치구 서
남쪽에 있는 육반산六盤山으로 병력을 이동시켜 여름 더위를 피했다. 서하
의 말주末主 이현李晛이 사자를 보내 화의를 청했으나 거절됐다. 이 해 6월
도성 영하성이 함락되고 서하왕 이현이 항복했다.

칭기즈칸이 서하를 공략한 것은 배반에 대한 응징의 본때를 보이고자
한 것이다. 여기에는 금나라 서쪽의 서하를 공략해 장차 금나라 도성 개
봉을 양면으로 협공하고자 하는 속셈도 담겨있었다. 당시 그는 서하의 항
복을 받은 뒤 더위를 피하여 육반산에 머물며 재발한 병을 조리했다. 그
러나 병이 더 심해졌다. 결국 이 해 8월 18일 숨을 거뒀다. 기금의 감숙성
청수현淸水縣 서강西江 강변의 야영지였다. 당시 66세였다. 칭기즈칸으로
부터 절대적인 신임을 받은 야율초재도 그의 죽음을 곁에서 지켜봤다.

정보를 확보하여 허를 찔러라

20세기 최고의 전략가 리델 하트는 『전략론』에서 칭기즈칸을 전대미문
의 전략가로 평했다. 몽골군의 기습공격과 배후공격을 높이 평가한 결과
다. 이는 몽골기병의 뛰어난 기동력이 뒷받침됐기에 가능한 일이었다. 칭
기즈칸은 늘 기동력을 살려 적의 주력이 있는 곳을 우회하여 적의 배후를

먼저 쳤다. 적이 혼란에 빠졌을 때 틈을 주지 않고 포위 공격을 가해 섬멸하는 식이었다. 배후공격과 기습공격의 절묘한 결합이었다.

실제로 금나라를 공격할 때 칭기즈칸은 휘하장수 제베哲別로 하여금 거용관居庸關을 배후에서 공격하게 했다. 부하라와 사마르칸트를 칠 때도 배후에 갑자기 나타나 적의 허를 찔러 싸움을 승리로 이끌었다.

또 하나 주목할 것은 칭기즈칸은 싸움에 앞서 늘 광범위한 첩보망을 활용하여 적의 동태를 세밀히 살핀 뒤 철저한 준비를 끝내고 싸움에 임한 점이다. 문맹이었던 그가 『손자병법』을 읽었을 리는 만무하나 결과적으로 보면 『손자병법』의 키워드인 '지피지기知彼知己'의 전략전술 원리를 통찰하고 있었던 셈이다. 당시 그는 역참驛站제도를 최대한 활용했다. 예하 부대의 이동 사항을 훤히 파악할 수 있었던 까닭에 전쟁의 전체 국면에 대한 총괄적인 지휘가 가능했다. 21세기의 전략전술 차원에서 보면 13세기형의 인터넷 정보망을 적극 활용한 셈이다.

고금을 막론하고 정확한 첩보는 싸움의 승패를 좌우한다. 칭기즈칸은 이를 심리전에도 적극 활용했다. 첩보망을 통해 적의 움직임에 관한 온갖 정보를 수집하는 동시에 적국 국민들에게 몽골군의 우수성을 널리 선전했다. 적국 국민들이 몽골군이 접근하기도 전에 이미 공포에 질려있었던 이유다. 이런 상황에서 적들이 전의를 불태우는 것은 사실상 불가능했다.

칭기즈칸이 이끄는 천하무적의 몽골군에게도 약점은 있었다. 기병전에는 능했지만 공성전이나 보병전에는 취약했다. 특히 수전에는 한없이 약했다. 그는 이를 보완하기 위해 현지의 능력 있는 기술자를 우대해 활용하는 계책을 구사했다. 기술자는 죽이지 않고 포로로 삼아 도성인 카라코룸으로 보내거나 현지에서 곧바로 이용한 게 그렇다. 이 과정에서 여러 새로운 전술과 무기를 신속히 배워 다양한 유형의 전투에 활용했다.

칭기즈칸은 또 대상隊商들을 적극 보호했다. 몽골군이 가는 곳마다 늘 상인들이 들끓은 이유다. 몽골군은 이들로부터 온갖 종류의 크고 작은 정보를 얻어냈다. 제베와 수부타이가 러시아연합군을 무찌른 후 크리미아 반도에 들어가 제노아상인을 접견한 게 그 증거다. 칭기즈칸의 몽골군과 상인 모두 상호 '윈-윈' 전략을 구사한 셈이다.

칭기즈칸은 비록 글자를 읽지는 못했으나 현명한 사람의 말을 경청하고, 올바른 판단을 내릴 줄 아는 현자였다. 점령지의 지도자들을 우대하면서 그들의 신분을 보장해주고, 해당 지역의 종교 활동을 존중해준 게 그렇다. 부하라에서는 코란경전에 대해 설명하도록 하며 이를 경청한 바 있다. 중국에서는 도인 장춘張春의 말을 경청하기도 했다. 야율초재가 파괴보다 행정으로 다스리는 것이 이득이라고 설명하자 곧바로 그같이 조치했다. 뛰어난 판단력과 단호한 결단력을 지닌 지도자였다.

후대인들은 그를 단지 지칠 줄 모르는 야망을 지닌 대정복자로 기억했지만 이는 그가 어렸을 때부터 생존을 위해 현실에 적응해나가는 과정에서 자연스레 터득한 것이기도 했다. 불가피한 면이 있었다는 얘기다. 실제로 그가 몽골을 통일한 것은 생과 사의 갈림길에서 '생'을 택한 결과였다. 몽골을 통일한 후 금나라를 친 것도 금나라가 부당하게 과도한 조공을 요청했기 때문이다. 이 또한 '생'을 택한 결과다.

그는 금나라와 처음으로 보병전과 공성전을 전개하면서 측근인 무카리로 하여금 중국의 병법을 배우도록 조치했다. 비록 생전에 금나라를 정벌하지는 못했으나 오고타이는 그의 유언을 충실히 좇아 금나라르 정벌할 수 있었다. 호라즘에 대한 정벌은 비록 잔인하기는 했으나 빌미는 사욕을 챙기기 위해 대상을 죽인 호라즘의 오트랄 성주가 제공했다. 서하를 친 것은 서항의 왕 이현이 배신을 한데 따른 것이었다. 그는 서하를 공격하던 중 낙마해 목숨이 위험했음에도 서하 정벌 계속했다. 서하의 배신을 철저히 응징하고자 한 것이다.

칭기즈칸은 철저한 현실주의자였다. 민족을 가리지 않고 뛰어난 인재를 과감히 발탁해 몽골인의 부족한 점을 보완한 게 그렇다. 그는 이들 인재를 우대하고 그들의 조언을 경청한 뒤 나름 현명한 판단을 내리고 과감히 결단했다. 그의 지우지은을 입은 대표적인 인물이 바로 '초세超世의 기재奇才' 야율초재였다. 칭기즈칸은 사람의 머리와 힘을 빌릴 줄 아는 명실상부한 명군明君이었고, 야율초재는 알아주는 주군을 위해 뛰어난 지혜를 아낌없이 발휘한 당대의 현신賢臣이었다. 역사상 전무후무한 거대한 판도의 '몽골제국'은 칭기즈칸과 야율초재가 있기에 가능했다.

불합리한 것을 제거하라

칭기즈칸은 유언에서 대칸 자리를 셋째 아들 오고타이에게 물려줄 것을 명했다. 그러나 칭기즈칸 사후 몽골의 전통을 좇아 막내아들 툴루이가 당분간 국정을 대리했다. 고금을 막론하고 막강한 위세를 떨치던 제왕이 급서할 경우 급작스런 권력의 공백으로 인해 커다란 혼란이 빚어지기 마련이다. 후계자의 자리를 놓고 골육상쟁이 빚어지는 이유다.

사서에 밝았던 야율초재는 보위가 허수아비 같은 인물로 채워지거나 하면 나라의 기틀이 흔들리고 백성들이 그 피해를 고스란히 떠맡게 된다는 사실을 누구보다 잘 알고 있었다. 그는 곧 오고타이를 재촉해 최고부족회의인 '쿠릴타이'를 속히 열도록 했다. 그러나 회의를 연지 40일이 지나도록 결론을 내지 못했다. 자칫 칭기즈칸의 자식들 내에 전쟁이 일어날 조짐마저 나타났다. 야율초재가 곧 툴루이를 찾아가 천문과 점복에 대한 해박한 이야기를 늘어놓으며 이같이 설득했다.

"이번 기일忌日이 지나면 더 이상 길일은 없습니다."

몽골 귀족들이 믿는 샤먼의 미신을 교묘하게 이용한 것이다. 툴루이가 이내 양보를 하면서 오고타이가 보위에 오를 수 있었다. 야율초재는 곧 오고타이의 친형인 차가타이에게 찾아가 이같이 말했다.

"가족의 서열로 보면 그대가 형이지만 군신관계에서는 신하가 됩니다. 동생의 즉위식에서 무릎을 꿇고 예의를 깍듯이 갖춰야 합니다."

"알겠소. 그리하겠소."

오고타이의 즉위식이 순조롭게 진행된 배경이다. 당시 차가타이가 야율초재를 칭찬하며 한마디 했다.

"당신이야말로 우리 몽골제국의 사직을 지키는 일등공신이오!"

후계구도가 확실해지자 몽골군은 다시 본격적으로 중원정벌에 나섰다. 먼저 남송과 연합해 간신히 명맥을 이어가고 있던 금나라를 쳤다. 그러나 금나라의 저항이 만만치 않았다. 몽골의 정예병과 남송의 군대가 함께 공격을 했어도 그들은 3년이나 버텨냈다. 쌍방의 사상자가 백만에 육박할 정도로 처절했다.

원래 금나라 수도 변경성은 북송 때부터 수도였다. 외호外壕와 내호內壕로 둘러싸여 매우 견고했다. 당시 개봉에는 한인을 비롯해 여진인, 거란인 등 147만 명이 살고 있었다. 몽골군의 대장은 수부타이速不臺였다. 몽골군은 호라즘에서 노획한 이슬람권의 가장 우수한 무기까지 총동원했다. 발석차로 거대한 돌을 성 안에 퍼붓는가 하면, 화통 등을 비 내리듯 쏟아부었다. 불화살이 3층으로 된 개봉성의 4개 방어누각으로 날아갔다. 몽고군은 연자방아 맷돌은 물론 대들보 덩어리까지 발사했다.

그러나 금나라의 방어도 만만치 않았다. 금나라 군사 6만 명이 성벽에서 일제히 화살을 쏘며 신무기인 진천뢰震天雷를 폭발시켰다. 이들은 세계에서 가장 강력한 군대의 총공격을 결사적으로 막아냈다. 금나라 황제 애종 완안수서가 성 밖으로 탈출하고, 전염병이 창궐해 무더기로 죽어나가는 상황에서도 함락되지 않았다.

3달에 걸친 공방전 끝에 마침내 성 안의 무기와 식량이 모두 떨어지고 말았다. 농선전의 한계이다. 게다가 여름철이라 장티푸스가 만연했다. 이듬해인 천흥 3년(1234) 애종 완안수서가 더 이상 버티지 못하고 친위 군사 일부만 이끌고 마침내 변경성을 탈출했다. 지칠 대로 지친 상황에서 금나라의 서면西面원수 최립崔立이 쿠데타를 일으켜 성문을 열고 몽골군에 항복했다. 당시 개봉 백성들은 그렇게 14개월 동안 몽고군에게 처절하게 저항했던 셈이다.

천산산맥 서쪽의 모든 나라를 피와 공포로 물들인 호라즘 침략전쟁은 칭기즈칸의 국서를 지닌 대상隊商들을 호라즘의 오트랄 성주가 살해하면서 시작됐다. 당초 수부타이는 항복을 권하러 개봉에 갔던 몽골의 국신사 일행 30명 가운데 29명이 무참히 살해됐다는 보고를 듣고 땅바닥에 칼을 꽂으며 오고타이 앞에서 도성屠城을 진언해놓은 상태였다. 개봉의 백성 140만 명이 대학살의 처참한 운명에 처해있을 때 야율초재가 오고타이의 막사를 찾아갔다. '도성'을 재고해줄 것을 호소했다. 그러나 오고타이는 잘라 말했다.

"오고싸하리, 이번에는 절대 그럴 수 없소."

'오고싸하리'는 긴 수염을 가진 사람이라는 뜻으로 칭기즈칸이 야율초재에 붙여준 애칭이다. 국신사 일행의 몰살 때문에 오고타이도 이를 갈고 있었다. 나아가 수부타이에게 이미 개봉성 함락 뒤 '도성'을 약속해놓은 상태였다. 오고타이를 비롯한 몽골 지도부 모두 '도성'을 당연시하는 분위기였다. 야율초재가 이마의 땀을 씻으며 거듭 간했다.

"풍성한 것을 만드는 기술자들과 재화를 늘려주는 부자들이 모두 여기에 모여 있습니다. 모조리 죽여 버리면 얻는 바가 없습니다."

오고타이는 이내 고민에 빠졌다. 이튿날 아침 그는 마침내 이같이 발표했다.

"죄는 금나라 황족에게만 물을 것이다. 나머지 사람들의 목숨은 살려준다!"

개봉의 백성 140만 명이 목숨을 구하는 일대 기적은 이렇게 해서 일어났다.『신원사』는 그의 공덕을 이같이 기렸다.

"중원의 백성들이 살을 발라 죽이는 참극을 당하지 않은 것은 전적으로 야율초재 덕분이었다!"

이 사건을 계기로 파괴행위와 대살육의 관행이 사라지게 되었다. 야율초재는 법과 원칙을 중시했다. 한번은 오고타이가 총애하는 자가 살인죄를 범한 자를 싸고돌았다. 아무리 대칸이 총애하는 자일지라도 살인범을 싸고도는 것을 방관할 수는 없는 일이었다. 제국을 운용하는 데는 원칙이 중요하다. 그는 대칸의 서슬을 두려워하며 망설이는 관원들을 호되게 꾸짖어가며 그를 당장 잡아들이게 했다.

이 소식을 들은 오고타이가 대로했다. 곧 야율초재를 당장 감옥에 가두라고 명령했다. 하지만 오고타이는 곧 이를 후회하며 이내 풀어줄 것을 명했다. 문제는 그 다음이었다. 감옥에서 나온 야율초재가 곧바로 오고타이를 찾아왔다. 그의 얼굴에는 노기가 가득했다.

"신은 조정의 대신으로 폐하를 보좌하여 국정을 처리하고 있습니다. 폐하가 신을 잡아들이라고 한 것은 신에게 죄가 있기 때문입니다. 그렇다면 당연히 문무백관 앞에서 신의 죄가 무엇인지 선포해야 할 것입니다. 그런

데 지금 신을 석방하라고 하니 이는 죄가 없다는 뜻이 아닙니까? 신에게 죄가 없다면 도대체 왜 잡아 가두라고 하신 것입니까? 이리 하는 것은 아이들 장난이나 다를 바 없습니다. 대칸은 이같이 해서는 안 됩니다.”

야율초재의 태도엔 거리낌이 없었다. 좌우에 늘어선 조정 대신들의 등에 식은땀이 흘렀다. 대칸에게 대드는 범상犯上의 행동은 용서받을 수 없었다. 그러나 오고타이는 명군이었다. 곧 부드러운 목소리로 자신의 잘못을 사과하며 용서를 구했다.

“짐이 천하의 황제임엔 틀림없지만, 어찌 전혀 실수하지 않을 수 있겠소?”

신하에게 용서를 구한 것은 도량이 그만큼 크다는 증거다. 이는 야율초재의 강직한 면모를 보여주는 대표적인 일화로 인용되고 있다. 야율초재에게 중요한 것은 국가의 기강이며 신상필벌의 법질서였다. 그리고 그것을 지키는 일은 통치자에겐 더욱 중요한 일이었고, 백성을 다스리는 관료에게도 가장 큰 덕목이었다. 그가 남긴 명언이 매우 많다. 그 중에서도 오고타이와 나눈 다음 대화가 널리 알려져 있다. 하루는 오고타이가 그에게 물었다.

“대칸 칭기즈칸은 아들인 나에게 대제국을 남겨주셨소. 나는 장차 많은 것을 개혁해 명실상부한 제국을 이루고자 하오. 좋은 방법이 있으면 알려주시오?”

야율초재가 대답했다.

“한 가지 이로운 일을 시작하는 것은, 한 가지의 해로운 일을 제거하는 것만 못합니다. 새로운 제도로 백성을 번거롭게 하기보다 먼저 기존의 불합리한 것을 제거하십시오."

그의 이런 박학다식이 몽골제국의 기틀을 세우는 데 결정적인 공헌을 했음을 쉽게 짐작할 수 있다. 그는 박학다식하기도 했지만 강직하고 청렴결백했다. 그의 사후 몽골제국의 재상을 15년이나 지낸 그의 집에서 거문고 등의 악기 10여 개, 고금 서화 몇 점, 서적 수십 권 정도만 남아 있었다.

발전된 시스템을 받아들여라

초원의 유목민족인 몽골 사람들은 씨족사회에서 살아왔기에 국가라는 개념이 아직도 미약했다. 그들은 군사와 무기에 의존해서 광대한 영역을 차지했지만 문명이라고 말할 만한 수준이 되지 못했다. 중도를 정벌했을 때 무카리는 칭기즈칸에게 이같이 건의했다.

"중원지구의 한인은 목축을 몰라 우리에게 아무 쓸모가 없습니다. 그러니 그들을 전부 죽이고 중원 땅을 초원으로 만들어버리는 편이 낫습니다."

야율초재가 경악한 것은 말할 것도 없다. 문명수준이 높은 중원과 여타 정복지를 다스리려면 당장 법체계와 정치, 경제, 문화 등 여러 면에서 강력한 개혁을 추진하지 않으면 안 되었다. 칭기즈칸과 뒤를 이은 오고타이 모두 야율초재의 건의를 좇아 '한족의 법과 관습'을 받아들였을 뿐만 아니라 그의 '한화 개혁'을 뒷받침해주었다. 야율초재가 몽골제국의 기틀을 튼튼히 다진 배경이다. 당시 야율초재가 제안한 정책과 제도를 요약하면 다음과 같다.

첫째, 약탈이나 도살 같은 좋지 못한 습속을 없애 백성과 포로의 목숨을 구했다. 중국인의 몽골인에 대한 두려움과 복수심을 많이 해소시켰다. 둘째, 정복지를 나눠 다스리는 분봉방식 대신 강력한 중앙집권 체제를 구축해 천하를 고루 평안하게 하고자 했다. 셋째, 유가사상을 통치이념으로 내세워 천하인을 교화하려고 했다. 많은 유생들이 벼슬길에 나서면서 문무겸전의 새로운 문화를 만들게 됐다. 넷째, 법치를 강화해 폭정을 막았다. 몽골에는 관습만 있을 뿐 법률이 없었다. 방대한 규모의 제국을 다스릴 수 있는 비법이 법치에 있다는 것을 처음으로 설득했다. 관리의 탐욕과 폭정을 억제한 근본배경이다. 다섯째, 농업을 발전시켰다. 천하인민을 먹여 살리려면 농업이 필요하다는 사실을 적극 알렸다. 여섯째, 조세제도를 수립하여 군사적 약탈을 막았다. 몽골족은 그 때까지 녹봉은 물론 세금이란 개념도 알지 못했다. 가는 곳마다 약탈을 자행한 이유다. 그것으로 전비를 포함한 모든 비용을 충당했다. 당연히 필요한 물자와 비용을 조달시키는 체계가 있을 리 만무했다. 관원과 장병의 녹봉제를 시행해 제국의 기반을 다졌다.

처음에는 야율초재가 아무리 설명을 해도 조세제도의 이점을 제대로 이해하지 못했기 때문이다. 1231년 처음으로 하북 일대에 시험적으로 조세제도를 시행했을 때 거두어진 금, 은, 옷감, 농산물 등 현물세를 포함한 세금이 산더미처럼 궁중에 쌓이자 오고타이의 입이 떡 벌어졌다. 오고타이가 신기해하며 야율초재에게 말했다.

"그대는 어떻게 하여 짐의 곁을 떠나지 않고도 국용國用에 필요한 물자를 이토록 많이 거둬들인 것이오? 누가 감히 그대에 비할 수 있겠소!"

일곱째, 고리대금을 억제해 착취를 금지시켰다. 당시 나라가 넓어지자 간상奸商들의 고리대금이 성행했다. 가난한 백성들이 큰 피해를 당했다. 야율초재는 고리대금의 이자율을 제한하고, 많은 빚에 허덕이는 백성들을 대신해 관아에서 빚을 갚아주었다. 또 상인과 결탁하여 뒷돈을 챙기는 관리들을 숙청했다.

야율초재의 노력 덕분에 몽골의 통치자들은 중원의 발전된 제도에 빠르게 적응해나갈 수 있었다. 그는 국가와 백성들에게 이익이 된다고 판단하면 어떤 방법이라도 생각해내고 최선을 다해 실행했다. 그의 제안은 대부분 받아들여졌다. 대칸 본인도 커다란 영향을 받았다. 몽골의 지배 귀족들은 그가 건의할 때마다 조바심을 내야 했다.

기득권을 침해당한 귀족들은 그의 개혁정책에 반대했다. 그러나 대칸 오고타이는 야율초재의 손을 들어주었다. 한번은 야율초재에 대한 유언비어를 악의적으로 퍼트리는 연경의 유후留侯를 잡아들인 뒤 야율초재에게 직접 심문하도록 한 일이 있었다. 눈코 뜰 새 없이 바쁜 야율초재가 말했다.

"개인적인 원한보다는 나랏일이 더 중요합니다. 나중에 처리하도록 하겠습니다."

대칸과 대신들은 사심 없이 일하는 야율초재의 모습에 감탄을 금치 못했다. 이후 그에 대한 유언비어가 사라졌다. 야율초재는 이후 임시 과거시험을 실시해 속금贖金이 없어 노비로 전락한 중원의 지식인 수천 명을 구제하기도 했다. 학교도 세웠다. 나아가 과도한 징세를 목숨을 걸고 막는 등 무단武斷 통치를 절차에 따른 법치로 바꾸기 위해 노력했다.

그러나 오고타이가 등극한지 13년째 되는 1241년에 병사하고 그의 여섯째 황후인 나이마친乃馬眞이 섭정을 하게 되면서 상황이 일변했다. 그간 불만을 품고 있던 귀족들이 야율초재를 집중 공격하고 나섰다. 야율초재가 그토록 반대했음에도 국가의 조세징수권까지 거상에게 많은 돈을 받고 팔아버렸다.

이를 매박賣撲이라고 한다. 이는 예컨대 상인들이 토지징세권을 돈을 미리 지불해 10만 냥에 산 뒤 10만 냥 이상을 뜯어내 그 차액을 챙기는 제도를 말다. 이 매박 제도는 착취를 공인한 것이나 다름없었다. 당시 야율초재는 이를 극렬히 반대했다. 백성들에 대한 착취로 이어질 게 너무나 빤했기 때문이다. 그러나 나이마친은 귀족들의 말에 귀를 기울이며 야율초재를 멀리했다. 야율초재도 달리 방법이 없었다. 이내 30년 가까이 애썼던 몽골조정을 뒤로한 채 집으로 돌아와 쉬다가 이내 자리에 눕고 말았다. 1243년 병이 깊어지자 이내 숨을 거두고 말았다. 칭기즈칸에 이어 그를 전폭 밀어주었던 대칸 오고타이가 세상을 떠난 지 2년 뒤의 일이다. 당시 그의 나이 55세였다.

1990년, 파산 직전이던 미국의 자동차 회사 크라이슬러가 회생했다. 크라이슬러의 소생은 회장 로버트 이튼과 사장 로버트 러츠 사이의 협력 없이는 불가능했다. 그런데 그들의 협력은 오히려 적대적 상황 속에서 시작됐다. 1993년 러츠는 아이아코카의 뒤를 이어 크라이슬러의 회장이 되기를 원했지만 외부에서 영입된 이튼이 회장이 되었다. 제트기 조종사 출신인 러츠는 거칠고 오만했다. 그러나 이튼은 2인자를 제대로 활용할 줄 아는 경영자였다.

그는 러츠에게 스타일을 수정하도록 강요하지 않고 오히려 재능을 발휘할 수 있도록 자율권을 주었다. 이후 그들에겐 애정과 믿음이 생겼고 기업에 대한 헌신이 나타났다.

판을 깔아주는 1인자는 최대한의 역량을 발휘하는 2인자를 만들어낼 수 있다.

제 11 장

주원장
·
못 믿는
1인자

VS

강직한
2인자
·
유기

당현종에게는 한휴라는 신하가 있었다. 한휴의 직언은 당현종을 힘들게 했다. 날마다 야위어가는 황제를 보다못한 다른 신하들이 그를 내치라고 간했다. 당현종이 말했다.

"한휴 때문에 내가 야윈 것은 맞다. 그러나 천하는 살찌지 않았는가?"

바람직한 1인자와 2인자의 관계를 여실히 보여주는 대목이다.

제11장 주원장과 유기

"어진 선비는 예의로써 중용할 것이고,
불량한 관원은 제거할 것이다."

– 주원장

사치와 쾌락을 멀리하라

『명사』에 따르면 명태조 주원장朱元璋의 조상은 원래 생활근거지를 잃고 이곳저곳을 전전하며 생활하는 최하층 빈민이었다. 주원장의 부친은 농토가 많고 살기 좋다는 말을 듣고 안휘성 봉양현 일대인 호주濠州로 이주하면서 비로소 떠돌이 생활을 청산하게 되었다. 그러나 주원장이 17세 때인 지정 4년(1344)에 가뭄과 메뚜기 피해로 대기근이 들면서 그의 부모와 형제 모두 아사하고 말았다. 당시 그는 너무 빈한해 장례도 제대로 치르지 못했다.

그는 목숨을 부지하기 위해 인근 황각사皇覺寺로 들어가 승려가 되었다. 그는 밥을 짓고 옷을 빠는 등 절의 모든 잡일을 도맡아 했으나 대기근으로 인해 다른 승려들과 함께 시주를 받아와 생활해야만 했다. 말이 시주이지 사실은 구걸이었다. 그는 3년여에 걸친 탁발행각 끝에 황각사로 돌아왔다. 당시 그는 탁발행각의 와중에 산야에서 풍찬노숙風餐露宿하며 빈민들과 함께 생활하면서 이내 백련교에 가입했다.

당시 원나라 황실의 보호를 받은 라마교의 승려들은 탐욕스러웠다. 이들은 많은 재물을 요구해 백성들의 분노를 샀다. 몽골 귀족들의 사치와 전횡도 점점 도를 더해가 백성들의 생활은 궁핍해져만 갔다. 이를 배경으로 저항하는 무리가 생겨나기 시작했다. 그게 바로 홍건적紅巾賊이다. 그 중심 세력은 백련교白蓮敎와 미륵교彌勒敎 신자들이었다. 이들은 붉은 천 조각으로 머리를 싸매어 동지의 표시로 삼았기에 '홍건적'으로 불렸다.

지금의 하북성에 본거를 둔 비밀종교결사 백련교의 두목 한산동韓山童은 미륵불이 세상에 나타나 도탄에 빠진 중생을 구제한다는 식의 설법으로 많은 신도를 모았다. 지정 11년(1351) 황하가 범람을 일으켰다. 둑을 수리하기 위해 수많은 농민과 노동자가 징발됐다. 민심이 크게 동요했다. 한산동은 이를 틈타 송나라 휘종의 8세 손자를 칭하고 반란을 일으켰다.

원나라 군사의 반격으로 한산동이 전사하자 유복통劉福通이 그의 아들 한임아韓林兒를 호위해 지금의 강소성 안풍으로 도주했다. 주원장은 유복통이 송宋나라를 세우고 사방에 원나라 타도의 격문을 돌리기 3년 전인

지정 12년(1352) 황각사를 뛰쳐나와 홍건적을 자처한 곽자흥郭子興의 반군에 몸을 담았다. 당시 그의 나이 25세였다.

곽자흥은 젊었을 때 부친이 애써 모은 돈을 마구 뿌려가며 사람들을 사귄 까닭에 당대의 협객으로 이름이 나 있었다. 홍건적의 난이 일어나자 스스로 홍건도紅巾徒를 자처하며 군사를 일으켜 호주 일대를 빼앗고 원수元帥를 칭했다. 주원장은 커다란 주걱턱을 지닌 기이한 용모 등으로 인해 많은 사람들의 주의를 끌었다. 어수선한 시기에 기이한 용모를 지닌 그를 유심히 관찰하던 주변 사람들이 사소한 일을 꼬투리로 삼아 이내 그를 첩자로 몰았다.

그러나 곽자흥은 주원장의 모습을 보고는 크게 신기하게 여겨 이내 포박을 풀어주며 전공을 세울 것을 당부했다. 주원장이 그의 기대에 부응해 여러 차례 눈부신 공을 세웠다. 곽자흥은 이내 자신의 양녀를 그에게 보내 아내로 삼게 했다. 그녀가 바로 훗날 명제국의 전 시기를 통틀어 가장 현명한 황후로 칭송을 받은 마황후馬皇后이다. 마황후는 원래 마씨라는 자가 유괴해 곽자흥에게 팔아먹은 여인이다.

주원장은 곽자흥의 군사가 원나라 군사의 반격으로 큰 손실을 입게 되자 이내 고향으로 돌아와 병사를 모집했다. 주원장이 죽마고우인 서달徐達 및 탕화湯和 등과 함께 7백 명의 군사를 이끌고 돌아왔으나 곽자흥 집단은 이미 내분으로 인해 크게 어지러운 상황이었다. 이에 실망한 주원장은 원나라의 공격범위에서 멀리 벗어난 남쪽에 근거지를 마련할 생각으로 곧 장인인 곽자흥과 함께 남하했다. 이때 그는 홍건적 토벌을 위해 북상하던 원나라 병사들을 속속 흡수했다. 당시 원나라 군사는 대부분 한족 농민을 긁어모아 급조한 까닭에 사실 농민반란군과 별반 차이가 없었다. 남하 도중 곽자흥이 병사하자 주원장이 무리의 우두머리가 되었다.

당시 여러 반란세력 가운데 소금운반업자 출신인 장사성張士誠이 가장 강했다. 이는 소금의 절반 이상이 그가 활약하는 강회江淮 일대에서 산출 된 사실과 무관치 않았다. 당시 원제국은 재정의 8할을 소금의 전매수입 으로 지탱하고 있었다. 그는 소금의 암거래로 축적한 재산을 이용해 많은 사람을 수족처럼 부리는 와중에 홍건적의 난이 일어나자 이를 기화로 이 내 독립을 꾀하고 나섰다. 지정 13년(1353) 장사성이 강소성 고우高郵를 함 락시킨 뒤 독립을 선언했다. 국호는 대주大周, 연호는 천우天祐였다.

그는 독립을 선언한 즉시 곡물과 소금의 운송을 중단했다. 이는 원나라 의 대동맥을 끊는 것이나 다름없었다. 곤경에 처한 원나라 조정은 우승상 토토脫脫에게 명해 그를 토벌하게 했다. 지정 14년(1354) 9월 토토가 장사성 의 군사를 대파했다. '대주'의 도성인 고우의 함락이 임박한 이 해 12월, 원나라 조정이 문득 토토의 관직을 삭탈했다. 토토의 득세를 두려워한 원 순제가 토토 반대세력의 무함을 수용한 결과였다. 궁지에 몰렸던 장사성 의 군사가 일제히 반격에 나서 사령관이 없는 원나라 토벌군을 격파했다.

장사성은 곧 여세를 몰아 인근 지역을 차례로 함락시켰다. 지정 16년 (1356) 2월 천하 제1의 도시로 각광받고 있는 소주를 점령한 뒤 그곳을 수 도로 삼았다. 그러나 이는 그를 패망하게 하는 결과를 낳았다. 소주의 풍요에 취해 매일 연회를 열며 사치를 즐긴 탓이다. 당시 주원장은 날로 세를 불리며 남하하고 있었다. 그는 장사성이 방심한 틈을 타 수만 명의 무리를 이끌고 지금의 남경인 집경集慶을 함락시키는 데 성공했다. 장사성이 소주를 접수한 지 1달 뒤의 일이었다. 주원장은 집경을 응천부應天府로 개명한 뒤 자신의 근거지로 삼았다. 그는 입성하자마자 이런 포고령을 내렸다.

"내가 여기에 온 것은 병란을 제거하기 위한 것이다. 각자 안심하고 생업에 종사하도록 하라. 어진 선비는 예의로써 중용할 것이고, 불량한 관원은 제거할 것이다."

한고조 유방이 진제국의 수도인 함양을 점령한 뒤 법3장法三章을 선포한 것과 닮았다. 당시 그는 남경을 마지막까지 사수하다가 순직한 원나라 어사대부 복수福壽의 장례식을 성대히 거행해 그의 충절을 기렸다. 그는 장사성과 달리 이미 새 왕조를 세울 커다란 꿈을 품고 있었다. 실제로 집경에 입성할 당시 이미 이선장李善長을 비롯해 송렴宋濂과 유기劉基, 도안陶安 등 명망 있는 선비들을 참모로 거느리고 있었다.

당시 주원장은 비록 장사성이 방심한 틈을 타 남경을 함락시키기는 했으나 여러 군웅이 주변에 포진해 있었던 탓에 잠시도 방심할 수 없었다. 소주의 '대주' 이외에도 서쪽 호북 일대에 서수휘徐壽輝가 세운 천완天完이 버티고 있었다. 포목상 출신인 그는 반기를 들자마자 곧바로 황제를 칭할 정도로 배포가 컸다. 서수휘 세력 역시 주원장과 마찬가지로 홍건적에 속했다. 이들은 한산동 및 유복통이 이끄는 홍건적의 주류와 구분되어 흔히 서파西派로 불렸다.

　당시 서수휘는 휘하 장수 명옥진明玉珍을 파견해 사천 일대를 장악한 사실에 고무된 나머지 무모하게도 원나라 주력군과 정면으로 충돌했다. 점차 패주하는 일이 잦아지게 되자 승상 예문준倪文俊이 이내 틈을 노려 보위를 차지코자 했다. 그러나 예문준은 도중에 기밀이 새나가는 바람에 이내 서수휘 제거에 실패해 도주하고 말았다. 서수휘 제거에 성공해 보위를 탈취한 인물은 예문준의 휘하에 있던 진우량陳友諒이었다.

　진우량은 어부집안 출신으로 한때 지방관아의 속리로 일한 바 있다. 그는 예문준 휘하로 들어와 전공을 쌓으며 야심을 키웠다. 지정 17년(1357) 진우량은 예문준을 유인해 살해한 뒤 그의 군사를 손에 넣었다. 이후 여세를 몰아 장강 일대의 요지를 차례로 함락시켰다. 지정 20년(1360) 서수휘를 철퇴로 쳐 살해한 뒤 새 나라를 세웠다. 국호는 대한大漢, 연호는 대의大義였다.

　진우량이 '대한'의 황제로 등극할 당시 그의 영역은 송나라의 소명왕小明王 한림아를 주군으로 모시고 있는 주원장의 영역과 접하고 있었다. 진우량은 남경을 장악하고 있는 주원장을 제거하기 위해 소주의 장사성에게 사자를 보내 협공방안을 제의했다. 그러나 장사성은 이때 이미 원나라와 손을 잡고 태위太尉의 관직을 받고 있었다. 장사성은 어부지리를 취할 생각이었다.

　지정 18년(1358) 9월 원나라 우승상 타시티무르가 마침 자신의 명을 좇지 않는 항주의 장수 양완자楊完者를 제거키 위해 장사성에게 출병을 명했다.

장사성은 이를 기화로 항주를 점거한 뒤 남쪽의 소흥紹興까지 손에 넣었다. 장사성은 오왕吳王을 칭하며 궁궐을 새로 짓는 등 더욱 교만한 모습을 보였다.

한림아를 받들면서 오국공吳國公을 칭하고 있던 주원장은 장사성이 진우량과 합세해 협공에 나설 것을 우려해 절강 일대의 소금행상 출신 방국진方國珍과 손을 잡았다. 그러나 방국진은 해적이나 다름없는 인물로 별 도움을 기대할 수 없는 자였다. 당시 방국진도 원나라 조정으로부터 관직을 수여받고 있었다.

상대의 패를 확인하고 승부수를 던져라

당시 금화金華와 괄창括蒼 등지를 평정한 주원장은 유기劉基와 송렴宋濂 등이 현명하다는 말을 듣고 예물로써 초빙했다. 유기가 응하지 않자 총제總制 손담孫炎이 다시 글을 보내 강경한 어조로 그를 불렀다. 유기가 부득불 밖으로 나왔다. 유기는 「시무18책時務十八策」을 진언했다. 주원장이 크게 기뻐하며 예현관禮賢館을 축조해 유기 등을 거처하게 했다. 새해가 되어 주원장은 중서성中書省에서 어좌御座를 설치해놓고 한림아에게 예를 올렸지만 유기만 홀로 절하지 않았다.

"한림아는 소 치는 아이일 뿐인데, 어찌 받들 수 있겠습니까!"

곧 주원장을 배견한 뒤 천명이 어디에 있는지 자세히 진언했다. 이것이 제갈량의 '천하3분지계天下三分之計'에 비유되는 '천하제패지계天下制覇之計'이다.

"장사성은 자수自守하고 있는 포로 신세이니 족히 생각할 것도 없습니다. 진우량은 주인을 겁박하고 아랫사람을 위협하면서 명분이 바르지 않습니다. 머무는 곳이 장강의 상류上流에 근거하고 있으니, 그 마음은 하루도 우리를 잊지 않고 있을 것입니다. 의당 먼저 도모해야 합니다. 진씨가 멸하면 장씨의 세력은 고립되어 일거에 평정할 수 있습니다. 연후에 북쪽 중원으로 향하면, 왕업을 가히 이룰 수 있습니다."

주원장이 기뻐하며 청했다.
"선생이 지극한 계책이 있으면 앞으로 기탄없이 말해주시오."
동쪽의 장사성을 그대로 둔 채 먼저 전력을 기울여 서쪽의 진우량을 쳐야 한다는 게 요지였다. 진우량을 칠지라도 어부지리를 노리며 향락에 빠져 있는 장사성은 결코 움직이지 않을 것이라는 판단에 따른 것이었다. 주원장이 이를 받아들였다. 문제는 진우량의 막강한 무력이었다. 그의 휘하에는 추보승鄒普勝 등 명장들이 즐비했다. 병사 또한 정예했을 뿐만 아니라 군량미도 넉넉했다. 진우량 역시 주원장과 마찬가지로 장사성보다는 주원장을 먼저 토벌해야만 천하를 제패할 수 있다는 생각을 갖고 있었다. 다만 주원장에 비해 성격이 급해 참을성이 없다는 게 단점이었다.

진우량이 주원장을 1차 타격대상으로 삼은 것은 나름 이유가 있었다. 서쪽의 사천성 일대는 서수휘의 부장출신인 명옥진이 할거하고 있어 배후지로 삼는 데 한계가 있었고, 북쪽은 원제국이 버티고 있어 유일한 활로는 동쪽 주원장 점령 지역밖에 없었다. 주원장을 토벌하면 이내 장사성과 방국진까지 제압할 수 있었고, 강소와 안휘 일대의 재부를 손에 넣으면 북벌의 성공가능성을 한층 높일 수 있었다.

지정 21년(1361) 진우량이 대군을 이끌고 동쪽으로 내려왔다. 그 세력이 매우 컸다. 주원장의 휘하 장수들이 크게 놀라 일부는 항복하자고 하고, 일부는 종산鍾山으로 달아나 굳게 지킬 것을 주장했다. 유기는 묵묵히 지켜보기만 할 뿐 아무 말도 하지 않았다. 주원장이 안으로 불러들이자 유기가 격분한 어조로 말했다.

"항복하거나 달아날 것을 주장하는 자들은 참수해야 합니다."

"선생은 어떤 계책이 있소?"

유기가 말했다.

"적은 교만해졌으니 깊이 들어오길 기다렸다가 복병으로 공격하면 쉽게 이길 수 있습니다. 천도天道에는 뒤에 일으킨 자가 이깁니다. 위엄을 취하여 적을 제압하면 왕업을 이룰 수 있습니다. 이번 거사가 바로 그 계기입니다."

주원장이 이를 좇았다. 진우량이 대군을 이끌고 물밀듯이 남경의 외곽까지 쳐들어왔다가 매복계에 걸려 대패하고 말았다. 황급히 장강과 한수가 합류하는 무창武昌까지 물러났다. 속히 천하를 거머쥐고자 하는 조급함이 참패를 부른 것이다. 막강한 수군을 자랑하는 진우량을 격파한 것은 주원장에게 커다란 자부심을 안겨주었다.

지정 23년(1363) 초 장사성의 부장 여진呂珍이 문득 대군을 이끌고 송나라 소명왕 한림아가 머물고 있는 안풍으로 쳐들어가 유복통을 살해하고 도성을 포위했다. 주원장이 명목상의 주군인 한림아의 구원에 나서지는 않을 것이라는 판단에 따른 것이었다. 실제로 주원장의 '장자방'으로 활약하고 있던 유기는 안풍을 포기하는 쪽이었다. 한낱 백련교의 교주에 불과한 한림아를 구출하는 것도 의미가 없을 뿐만 아니라 오히려 진우량에게 협공의 빌미를 제공할 우려가 있다는 게 이유였다.

그러나 주원장의 생각은 달랐다. 그리하면 설욕을 벼르고 있는 진우량은 협공의 기회가 왔다고 생각해 틀림없이 대군을 이끌고 쳐들어올 것이고, 안풍을 포위하고 있는 장사성의 군사까지 협공에 가세할 경우 최악의 상황을 맞을 수 있다는 게 그의 생각이었다. 실제로 한림아를 포기할 경우 주원장을 얕잡아 본 장사성이 이내 진우량과 손을 잡고 협공에 나설 수 있었다. 주원장은 안풍의 포위를 풀어 장사성의 발을 묶어놓은 뒤 전력을 기울여 진우량의 군사를 격파하는 게 오히려 낫다고 보았다.

이 해 3월, 주원장은 유기의 만류에도 불구하고 마침내 친히 주력군을 이끌고 안풍으로 진격했다. 진우량은 주원장이 안풍으로 주력군을 이끌고 출격했다는 보고를 접하자 환호작약하며 곧바로 대군을 이끌고 장강을 따라 내려왔다. 그러나 그는 남경을 목표로 삼지 않고 안풍의 퇴로에 위치한 지금의 하남성 휘현인 홍주洪州를 목표로 삼았다. 홍주를 점령하면 주원장군의 퇴로를 차단해 안풍을 포위하고 있는 장사성의 군사를 협공에 끌어들일 수 있다고 판단한 것이다. 여기에는 매복계에 걸려 참패한 2년 전의 악몽이 적잖이 작용했다.

그러나 이는 그의 중대한 착오였다. 당시 주원장의 주력부대는 북상하여 장사성 집단과 전투 중인 까닭에 뒤를 돌아볼 여유가 없었다. 남경을 칠 경우 남경에 있는 가족들의 안위가 걱정이 된 주원장의 주력부대 역시 제대로 전투를 할 수 없었다. 뿐만 아니라 장사성의 군사들로 하여금 안풍의 포위를 풀고 협공에 나서도록 적극 유인할 수 있었다. 유기가 우려한 게 바로 이것이었다. 진우량은 절호의 기회를 날린 셈이다.

물론 홍주를 일거에 제압할 수만 있다면 진우량의 판단도 틀린 것은 아니었다. 오히려 보다 빠른 승부를 유도할 수 있었다. 문제는 홍주를 일거에 점거하지 못해 진퇴양난에 빠지는 경우이다. 이 경우 안풍의 포위를 푸는 데 성공한 주원장의 주력군이 홍주의 수비군과 합세해 협공에 나설 공산이 컸다. 진우량으로서는 최악의 상황이 되는 셈이다. 실제로 역사는 그런 쪽으로 전개됐다.

여기에는 홍주의 수장인 주문정朱文正이 무려 80여 일 동안 분투하며 진우량군의 예봉을 막아낸 게 결정적인 배경으로 작용했다. 덕분에 주원장은 전력을 기울여 안풍의 포위를 해소한 데 이어 군사를 돌려 진우량의 군사와 맞서 싸울 수 있게 됐다. 하늘이 도운 셈이다. 당시 안풍의 포위를 푸는 데 성공한 주원장의 군사는 이 해 7월 파양호 입구에 있는 요충지 호구湖口에 당도했다. 진우량은 주원장이 출정했다는 보고를 받자마자 이내 홍주의 포위를 푼 뒤 파양호로 들어갔다. 이 또한 수군의 우위를 확신한데 따른 성급한 판단이었다. 진우량은 일거에 주원장의 주력군을 격파해 승부를 조기에 확정짓고자 했다. 그는 조바심으로 인해 2년 전의 전철을 밟고 있었다.

결정적인 순간에 냉정하라

마침내 양측의 군사가 파양호에서 일대 접전을 벌였다. 천하의 향방을 판가름하는 대회전에 해당했다. 당시 진우량은 스스로 60만 대군을 칭했다. 액면 그대로 믿을 수는 없으나 진우량이 병력 면에서 압도적인 우위를 점하고 있었던 것만은 확실하다. 주원장의 장령들이 막강 수군을 자랑하는 진우량 측의 전선戰船이 배나 큰 것을 보고 지레 겁을 먹고 후퇴하려고 했다. 주원장이 칼을 뽑아 10여 명의 장령을 베었다. 주원장의 독전督戰으로 양측은 일진일퇴를 거듭했다. 이런 싸움이 며칠 동안 계속됐다.

시간이 지나면서 격전에 지친 진우량 측의 부장이 하나둘 주원장 측에 투항했다. 주원장이 포로를 관대히 대한 덕분이다. 주원장은 부상을 당한 포로를 적절히 치료한 뒤 송환한 것은 물론 심지어 전사한 적병을 위해 위령제까지 지내주었다. 정반대로 진우량은 포로를 잡는 즉시 그 자리에서 목을 베었다 . 명분과 실리 두 측면에서 진우량은 패배를 자초하고 있었다.

원래 주원장은 이후 행보를 보면 진우량과는 비교할 수 없을 정도로 잔인한 면을 지니고 있었다. 그럼에도 그는 천하의 향배를 가르는 결정적인 대회전의 순간에 철저히 자제하는 모습을 보였다. 이 해 8월, 진우량이 사력을 다해 호구를 돌파하고자 했다. 이때 마침 바람이 유리하게 불기 시작했다. 주원장이 이때를 놓치지 않고 곧바로 화공火攻을 구사했다. 진우량은 화염에 휩싸인 지휘선을 버리고 옆의 배를 바꿔 타려다가 문득 유시流矢에 맞아 즉사해버렸다. 천하를 놓고 벌어진 대회전은 이로써 주원장의 승리로 끝나고 말았다.

대승을 거둔 주원장은 남경으로 돌아가 논공행상을 한 뒤 곧바로 호북으로 진군했다. 진우량의 군사들이 대세가 기운 것을 알고 모두 투항했다. 주원장은 이 해 말에 부장 상우춘常遇春을 현지에 남겨 놓은 뒤 남경으로 개선했다. 안풍 출병을 극구 만류한 유기가 무색할 정도의 대공을 세운 셈이다. 그러나 주원장은 남경으로 개선한 뒤 유기를 이같이 칭송했다.

"그때 나는 안풍으로 가는 게 아니었다. 만일 진우량의 군사가 홍주를 포위하지 않고 곧바로 응천부를 공격했다면 큰일 날 뻔했다."

당시 그가 안풍으로 출병한 것은 결코 유명무실한 군주인 한림아를 구하려는 것이 아니라 진우량의 군사를 유인해 내기 위한 고차원적인 책략에서 나온 것이었다. 만일 유기의 건의를 좇아 안풍을 버려둔 채 전력을 다해 진우량을 칠 경우 장강을 거슬러 올라가야만 한다. 이는 육전에서 고지를 선점한 적병을 향해 돌진하는 것에 비유할 만했다. 게다가 진우량은 막강 수군을 보유하고 있었다. 도저히 정면승부로는 승산이 없었다. 이때 취할 수 있는 필승의 계책은 적을 유인한 뒤 매복계 등을 통해 격멸하는 방법밖에 없었다. 주원장이 짐짓 주력군을 이끌고 안풍으로 진격한 이유가 바로 여기에 있다.

그의 이런 판단은 절묘하게 맞아떨어졌다. 나아가 한림아를 구하는 게 결코 무용한 일이 아니었다. 당시까지만 해도 한림아는 홍건적의 대종을 이루고 있는 백련교의 교주로 존재하고 있었다. 안풍을 방치할 경우 남의 손을 빌려 목적을 달성하는 차도살인借刀殺人의 계책을 구사했다는 비난을 받을 위험이 컸다. 그런 점에서 천하의 책사로 소문난 유기 역시 주원장보다 한 수 밑이었다.

주원장도 언젠가는 유기가 지적한 것처럼 비적집단과 손을 끊어야 한다는 사실을 잘 알고 있었다. 당시 홍건적은 원나라 반격으로 인해 사방으로 분산된 이후 이미 비적으로 변질돼있었다. 이들 비적과 거리를 둬야만 능히 민심을 잡을 수 있었다. 그는 시변을 예의 주시하면서 홍건적과 절연할 적기를 내밀히 저울질하고 있었다.

지정 25년(1365) 10월, 주원장이 장사성 토벌의 총공격령을 내렸다. 대장군 서달이 20만 대군을 이끌고 출격했다. 당시 주원장은 소주를 먼저 공격하자는 상우춘의 건의를 물리치고 소주 인근의 호주湖州와 방국진의 근거지인 항주를 먼저 제압하는 방안을 채택했다. 소주의 주변을 말끔히 정리한 뒤 총력을 기울여 장사성의 본거지인 소주를 제압하려는 속셈이었다. 20만 대군이 출진할 때 주원장은 말 위에 올라 장병들에게 이같이 훈시했다.

"성이 함락되면 살상과 약탈을 하지 말라. 마구간을 허물지 말라. 무덤을 파헤치지 말라. 장사성의 모친은 성 밖에 묻혀있으니 감히 침범하지 말라."

지정 26년(1366) 3월 서달이 장사성의 이전 근거지인 고우를 함락시킨 데 이어 회안淮安과 호주濠州 등 소주 주변 지역을 차례로 함락시켰다. 당시 호주에는 주원장 부모형제들의 묘소가 있었다. 주원장은 대기근 당시 유계조劉繼祖라는 사람의 도움으로 아사한 부모형제의 유해를 간신히 매장할 수 있었다. 주원장은 호주가 함락되자 곧 신세를 진 옛 친지에게 양곡과 비단을 선물한 뒤 고향의 부로들을 초대해 커다란 연회를 베풀었다. 『명사』에 따르면 그는 연회자리에서 감격스런 어조로 이같이 말했다.

"고향을 떠난 지 10여 년 동안 천신만고 끝에 돌아와 성묘하고 여러 부로들을 다시 만날 수 있게 되었소. 부로들은 모름지기 자제들에게 효행과 근면을 열심히 가르쳐주기 바라오. 인근 군현은 아직도 침략과 약탈에 고생하고 있으니 부로들은 부디 자중자애하기 바라오."

한고조 유방이 반란군을 토벌하고 귀경하는 도중에 고향에 들러 부로를 위해 연회를 열며 「대풍가大風歌」를 노래한 전례를 연상시킨다.

당시 항주의 방국진은 주원장의 군사가 밀려오자 원제국의 토벌군 사령관 코코티무르擴廓帖木兒와 연락을 취해 이를 막으려고 했으나 별다른 회답을 얻지 못했다. 다급해진 방국진은 보물을 배에 싣고 바다 한가운데로 도주했다. 얼마 후 부장들이 잇달아 투항하자 이내 탕화의 항복권유를 받아들여 귀순했다. 주원장이 그를 광서행성좌승廣西行省左丞에 제수했다.

방국진을 용서한 것은 그가 큰 뜻을 품은 게 아니라고 판단한 데 결과다. 일설에는 그가 막대한 보물을 주원장에게 진상해 목숨을 구했다고 한다.

이 해 11월, 주원장은 드디어 전군을 동원해 장사정의 본거지인 소주성 포위작전에 들어갔다. 성 안에 갇힌 장사성은 독안에 든 쥐나 다름없었다. 주원장은 장사성의 항복을 받기 전에 이제 자신의 홍건적 경력을 미리 깨끗이 정리할 시기가 도래했다고 판단했다. 이 해 12월, 마침내 백련교의 교주이자 홍건적의 상징인 한림아를 제거했다. 주원장의 뜻을 헤아린 부장 요영충廖永忠이 한림아를 연못에 던져 익사하게 만들었다.

주원장은 한림아의 사망 직후 새 연호의 사용을 공식 천명했다. 이미 남경에서는 장사성의 토벌을 전제로 한 궁전과 종묘 건립이 빠른 속도로 진행되고 있었다. 주원장의 군사들 역시 이에 부응해 소주성에 맹공을 퍼붓기 시작했다. 소주의 도성은 포위된 지 10달 만인 지정 27년(1367) 9월에 함락되었다. 장사성은 장병들이 사방으로 궤주하자 이내 포로가 된 후 남경으로 끌려가던 도중 목을 매어 자진했다. 당시 그의 나이는 주원장보다 7살 많은 47세였다. 주원장은 예를 갖춰 그를 장사지내도록 했다.

당시 주원장이 진우량과 장사성 세력을 잇달아 쓰러뜨리고 남방을 평정한 데에는 절강 일대의 대부호인 심만삼沈萬三의 도움이 컸다. 심만삼은 응천부의 황성을 축조하는 비용의 3분의 1을 대기도 했다. 지정 28년(1368) 정월 주원장이 마침내 응천부에서 황제의 자리에 올랐다. 국호는 명明, 연호는 홍무洪武였다.

그가 연호를 '홍무'로 정한 이후 이른바 '일세일원一世一元'의 관행이 만들어져 청대 말기까지 이어졌다. 이는 한 황제가 하나의 연호를 채택하는 것을 말한다. 실제로 이때부터 명태조인 주원장을 홍무제洪武帝로 부르는 관행이 만들어졌다. 이 관행은 청대 말까지 변함없이 이어졌다.

롤모델을 정하라

명제국의 개창을 선언한 주원장에게 남은 것은 북벌뿐이었다. 주원장은 명제국의 개창을 선언한 직후 곧바로 북벌군의 편성에 들어갔다. 서달이 정로대장군, 상우춘이 부장군에 임명되었다. 병력은 총 25만 명이었다. 그러나 북벌이 생각처럼 쉽지는 않았다. 원나라의 맹장 코코티무르가 선방한 탓이다.

홍무 원년(1368) 3월 원나라 조정이 문득 코코티무르에게 관작을 깎아내리는 조서를 보냈다. 내분의 결과였다. 사령관인 코코티무르가 실각한 마당에 원나라 군사가 제대로 싸울 리 만무했다. 명군이 파죽지세로 북상하자 원순제가 이내 후비들을 대동한 채 북쪽으로 도주했다. 이 해 8월, 명나라 군사가 북경의 대도에 무혈 입성했다. 홍건적인 난이 발발한 지 17년 만이다. 천하대란이 끝나고 중원의 왕조가 원에서 명으로 바뀌는 순간이었다.

중국의 전 역사를 통틀어 서민에서 출발해 개국조가 된 사람은 한고조 유방과 명태조 주원장 단 두 사람뿐이다. 주원장은 이선장으로부터 한고조 유방을 배우라는 충고를 들은 이후 매사에 유방을 닮고자 노력했다. 학정에 시달리던 백성들을 위한 일련의 정책을 잇달아 발표한 것이 그 실례이다. 그는 서민이 대중을 이루고 있는 농민들의 고통을 누구보다 잘 알고 있었다. 농민에게는 비단옷의 착용을 허용하면서도 상인에게는 이를 엄금한 게 대표적인 사례이다.

그가 말년에 완성한 『대명률』에서 사인의 노비소유를 금한 것도 같은 이유이다. 이는 송나라 이래 오랫동안 특권세력으로 군림해온 강남지역 사대부지주 세력에 대한 탄압의 일환으로 나온 것이다. 중국의 전 역사를 통틀어 명나라 때 관원들이 최하의 대우를 받은 것도 관원들의 대부분이 강남지역 출신인 사실과 무관치 않았다.

빈민 출신인 그는 비록 유가사상을 통치이념으로 내세우기는 했으나 내심 가렴주구를 일삼은 관원들에 대한 깊은 원한을 품고 있었다. 유방은 비록 잔혹한 '토사구팽'을 행하기는 했으나 거병 때부터 행동을 같이 한 동지들에 대해서는 예외를 두었다. 중도에 참여한 장량張良 등도 마지막까지 건재했다. 그러나 주원장은 거의 예외 없이 모든 공신을 제거했다. 이를 두고 청대의 조익은 『입이차기廿二箚記』에서 이같이 힐난했다.

"유방을 배운 것은 가했으나 지나침이 너무 심했다."

주원장이 여러 면에서 유방과 유사한 면을 보이면서도 적잖은 차이점을 보인 이유다.

유방과 주원장의 또 다른 차이점은 학문에 대한 태도이다. 유생을 싫어했던 유방은 유생의 관冠에 소변을 보기도 했다. 주원장은 유방과 달리 상당한 수준의 문재文才를 지니고 있었다. 그가 재위기간 중 자신의 문집을 출간하고 황자들의 교육에 남다른 정성을 기울인 게 그 증거이다. 이는 학문에 대한 기초소양이 없으면 불가능한 일이다.

주원장은 명나라가 영속하기 위해서는 뛰어난 황자들이 부단히 배출되어야 한다는 사실을 잘 알고 있었다. 그가 황자들의 자질을 닦기 위해 기울인 정성은 당태종 이세민과 청세종 강희제와 별반 다를 게 없다. 당태종과 강희제는 자신의 치세 중 황태자를 교체하는 아픔을 겪었다. 이는 사실 황태자 교육에 실패한 것이나 다름없다.

주원장은 그런 일이 일어나지는 않았으나 황태자가 요절하는 불운을 겪었다. 그는 나름 황자들에 대한 교육에서는 성공했다고 할 수 있다. 그의 황자 교육에 대한 집념은 황제의 자리에 오르기 전후에 남경의 황궁 안에 세워진 '대본당大本堂'이 상징한다. 이는 오직 황자들만을 위해 세운 특수학교였다.

그는 생존에 모두 26명의 황자를 두었으나 보위에 오르는 홍무 원년 (1368) 당시만 해도 8명의 아들밖에 없었다. 장자 주표朱標는 13세, 4자 주체朱棣는 7세였다. 당시 일반 사대부 가문의 경우 보통 자제의 나이가 6~7세가 되면 공부를 시작했다. 주원장도 이를 좇아 자신이 즉위하는 시점을 전후로 대본당을 축조한 뒤 새 왕조의 황자가 된 자식들에게 본격적으로 제왕학을 가르치고자 했다. 이를 위해 대본당에 대규모 도서관 시설을 갖춘 뒤 모든 서적을 비치하게 했다. 당시의 기준에서 볼 때 이는 최고의 도서관에 해당했다.

곧이어 전국의 명망 높은 학자들을 대거 초빙했다. 송렴宋濂과 위관魏觀, 공극인孔克仁, 도개陶凱, 오백종吳伯宗 등이 기꺼이 대본당의 교관이 되었다. 이들 대부분이 원나라 치하에서 문관을 지내다가 전란을 피해 민간에 숨어 살거나, 애초부터 벼슬을 멀리하면서 학문을 연마한 사람들이었다. 『명사』「문원전」에 따르면 당시 조정의 명에도 불구하고 출사出仕하지 않은 문인들 모두 불순분자로 간주됐다. 주원장은 늘 자신이 홍건적이라는 비적으로 활약한 사실을 크게 수치스럽게 생각했다.

실제로 비적출신이 새 제국의 건설에 성공한 사례로는 중국의 전 역사를 통틀어 그가 유일무이했다. 한고조 유방도 민란을 기화로 몸을 일으켜 새 제국을 세우기는 했으나 애초부터 비적의 지도자로 입신한 것은 아니었다. 후한제국 말기 조조도 황건적黃巾賊을 기반으로 한 청주병靑州兵을 자신의 주력군으로 활용하기는 했으나 스스로 황건적에 몸을 담은 적은 없다. 주원장이 자신을 비방한 것으로 의심되는 글을 쓴 자들을 가차 없이 탄압한 이른바 '문자지옥文字之獄'은 바로 이런 배경하에서 빚어진 것이었다.

기초를 튼튼히 하라

주원장은 건국공신을 도륙한 것으로 유명하다. 이른바 토사구팽兎死狗烹이다. 이 와중에 살아남은 자도 있다. 지금의 상해시 송강松江 출신 원개袁凱는 미치광이를 가장해 가까스로 위기를 벗어나 천수를 누린 경우에 속한다. 홍무 3년(1370) 그가 감찰어사로 있을 때의 일이다. 주원장으로부터 죄인을 취조할 때 황제가 하는 것과 태자가 하는 것 가운데 어느 쪽이 옳으냐는 질문을 받았다. 주원장의 판결이 황제 견습생인 태자 주표에게 돌아가면 감형되는 일이 많았다.

생각을 거듭한 끝에 원개가 이같이 대답했다.

"폐하는 법을 올바로 행하고, 동궁은 마음이 자비롭습니다."

주원장은 그가 양다리를 걸치는 것으로 보고 의심의 눈초리를 보냈다. 원개는 사태가 심상치 않은 것을 눈치 채고 이내 미치광이처럼 굴었다. 그는 일촉즉발의 위기상황에서 간신히 빠져나온 셈이다.

주원장은 생전에 여러 차례 대형 옥사를 일으켰다. 그 중에서 가장 큰 것으로 이른바 '호람지옥胡藍之獄'을 들 수 있다. 이는 호유용지옥胡惟庸之獄과 남옥지옥藍玉之獄을 통칭한 말이다. 호유용과 남옥 모두 대규모 모반을 꾀한 혐의로 처형을 당했다. 그러나 이는 표면상의 구실에 불과했다. 모두 주원장이 일으킨 유혈사건이다.

원래 호유용은 주원장이 총애한 부하였다. 홍무 10년(1377) 중서성의 최고위 자리인 좌승상이 되었다. 좌승상의 자리가 비어 있는 상황에서 6년 동안 우승상으로 재직한 만큼 오랫동안 국정의 최고 책임자로 있었던 셈이다. 호유용의 독단행위는 점차 대담해졌다. 각처에서 제출된 상주문에 대해서도 자신에게 불리한 것은 황제에게 보이지도 않았다. 인사도 좌우한 까닭에 자연 파벌이 형성될 수밖에 없었다. 역모죄는 물론 날조된 것이지만 그가 빌미를 제공한 것만은 부인할 수 없다.

호유용 모반사건 이후 주원장의 시기심은 더욱 심해졌다. 군신群臣이

반정反正을 일으켜 황제로부터 권세를 빼앗을 수도 있었다. 그는 이를 두려워했다. 조금이라도 수상한 언행이 있으며 주살했다. 홍무 18년(1385) 일등공신 서달이 등에 악성 종기가 났다. 서달은 두문불출하면서 매사에 소심할 정도로 신중을 기했다. 당시 거위고기를 먹어서는 안 되는 것으로 알려져 있었다. 주원장이 거위고기를 하사했다. 서달은 눈물을 머금고 이를 먹고는 얼마 안 돼 숨을 거뒀다.

주원장이 만년에 이르렀을 때 개국공신 대부분이 참살을 당했다. 홍무 23년(1390) 63세가 된 주원장은 후대를 생각했다. 건국공신들이 아직 많이 남아 있었다. 그가 즉위했을 때는 41세였다. 자비심이 많은 태자 주표가 온갖 역경을 견디고 살아남은 공신들을 통제할 수 있을지 걱정이 돼 주원장은 잠을 이룰 수 없었다. 건국원훈인 태사太師 한국공韓國公 이선장이 희생양이 되었다. 호유용의 모반과 관련이 있다는 게 그 이유였다. 호유용은 이선장의 천거로 승진했으니 그에게도 약간의 책임이 있을 것이다. 더구나 인척관계이기도 했다. 그러나 10년이 지난 후 '호유용지옥'과 관련이 있다고 처벌한 것은 지나쳤다. 이선장은 당시 77세였다.

이후 '토사구팽' 행보는 더욱 빨라졌다. 길안후吉安侯 육중형陸仲亨도 이선장이 투옥될 당시 잇달아 주살되었다. 육중형은 17세부터 주원장을 따라 전장을 누볐다. 진우량과의 싸움에서 대공을 세우고, 광동을 평정할 때도 눈부신 활약을 펼쳤다. 주원장은 자신보다 10년이나 젊은 육중형을 제거하지 않고는 눈을 감을 수 없었다. 이때 그는 『소시간당록召示奸黨錄』을 만들게 했다. 연루혐의로 몰살당한 자들의 숫자가 3만여 명에 달했다.

홍무 25년(1392) 주원장이 총애하던 황태자 주표가 죽었다. 주원장은 황태손 주윤문朱允炆을 후계자로 삼을 것을 결정했다. 황태손을 위해 아직 더 많은 사람을 죽여야만 했다. 황태자가 죽은 이듬해에 66세의 주원장은 그 일에 착수했다. 양국공涼國公 남옥藍玉이 표적이었다. 세간의 평가가 좋지 않은 것을 구실로 삼았다. 남옥은 건국원훈 상우춘의 처남이다. 서달의 부장으로 출정해 전공을 세운 상우춘은 건국 직후 병사했다. 어찌 보면 그에게는 다행이었다.

남옥은 외정에서 혁혁한 전공을 세웠다. 홍무 21년(1388)에 대장군으로 승격해 15만 명의 대군을 이끌고 가 북원군을 대파한 게 대표적이다. 이때 원순제의 손자로 북원의 황제로 있던 토구스티무르脫古斯帖木兒의 둘째 아들 티보누地保奴를 생포하기도 했다. 티포누는 훗날 유구로 유배되었다. 그럼에도 그는 거만한 모습을 보인 탓에 이내 토사구팽의 희생양이 되고 말았다.

당시 특무기관인 금의위錦衣衛의 지휘자 장씨蔣氏의 고발이라는 형식을 취했으나 홍무제가 뒤에서 조종한 것임은 말할 것도 없다. 모반의 혐의로 체포된 남옥은 즉시 시중의 거리에서 온 몸이 찢기는 책형磔刑에 처해졌다. 연루돼 죽은 자가 1만 5천여 명이나 되었다. 용맹한 장수들은 거의 대부분 이 사건에 연루돼 몰살을 당했다. 이때는 『역신록逆臣錄』이 작성되었다. 이에 대한 조익의 평이다.

"의문태자懿文太子 주표가 죽고 손자는 더욱 나약했다. 이에 또 다시 대옥을 일으켜 일망타진했다. 호유용 일당을 주살하고도 여전히 미진해 다시 남옥 일당의 옥사를 일으킨 것이다. 이로써 모든 공신과 숙장이 모두 사라졌다."

남옥의 옥사사건 이듬해인 홍무 27년(1394)에는 공작 부우덕傅友德과 후작 왕필王弼이 주살되었다. 홍무 28년(1395) 송국공宋國公 풍승馮勝이 주살되었다. 부우덕과 풍승 모두 역전의 용장이었다. 홍무 29년(1396)의 희생자는 감찰어사 왕박王朴이었다. 죽기 1년 전인 홍무 30년(137)에는 부마도위 구양윤歐陽倫이 주살됐다. 조익은 이를 천성으로 보았다.

"주원장은 여러 공신의 힘으로 천하를 잡았는데도 천하가 평정되자마자 공신들을 모조리 죽였다. 그 잔인함은 실로 천고에 일찍이 없던 일이다. 의심이 많은 데다 죽이는 것을 좋아한 것은 대략 그의 천성에 기인한 것인 듯하다."

주원장은 혈족만을 신뢰했다. 어려서 부모를 여의고 육친의 정에 굶주렸기 때문인지도 모른다. 고아였던 그는 혈연이 적어 우수한 소년을 잇달아 양자로 삼았다. 모두 20여 명이나 되었다. 당나라가 말년에 환관에 의해 좌우되던 일을 생각해 그는 환관의 정치관여를 엄히 금하고 인원수를 제한했다. 그가 가장 억제코자 한 것은 환관과 상인이었다. 농업을 숭상하고 상업을 억제하는 숭농억상崇農抑商의 기조를 취한 것도 이런 맥락에서 이해할 수 있다. 아이러니하게도 명나라는 환관과 상인이 막강한 힘을 발휘하면서 패망했다. 홍무 31년(1398) 5월 그는 병상에 누워 윤5월에 서궁西宮에서 죽었다. 향년 71세였다. 이런 유조를 남겼다.

"황태손 윤문은 어질고 자애로우니 천하의 민심을 따라 모름지기 보위에 오를 것이다. 내외의 문무백관은 마음을 합쳐 정사를 보살펴 백성을 편안하게 하라. 상제喪祭의 기물에 금옥을 쓰지 말라. 능은 산천의 원형에 따르고 함부로 만들지 말라. 천하의 신민은 곡을 한 지 3일 뒤 모두 상복을 벗으라. 복중이라 해도 백성의 결혼을 막지 말라."

『명사』는 그가 말년에 백성을 걱정하는 마음이 더욱 절실해 운하運河와 관개灌漑, 방재防災 등의 대공사를 단기간에 완성했다고 칭송해 놓았다. 나름 역사적 사실에 부합한다. 그는 백성의 대종을 이루고 있는 농민들의 지지를 받는 한 명나라의 기틀은 튼튼하다는 사실을 확신했다. 농민출신이었기에 가능했던 일이다.

인재를 위해 사활을 걸어라

명나라 개국공신은 여러 명이 있으나 이들 가운데 특히 눈에 띄는 인물 3명이 있다. 유기劉基와 이선장李善長, 송렴宋濂이 그들이다. 이들 가운데 가장 돋보이는 인물이 유기이다. 자가 백온伯溫인 그는 천하를 셋으로 나눈 것은 제갈량이고, 강산을 하나로 통일한 것은 유백온이라는 뜻의 '삼분천하제갈량三分天下諸葛亮, 일통강산유백온一統江山劉伯溫' 성어의 주인공이기도 하다. 제갈량 및 장자방과 종종 비교되는 뛰어난 인물이다.

스스로 제갈량보다 낫다고 믿었고 주위 사람들에게도 자주 그같이 말하곤 했다. 주원장도 그를 '나의 장자방'이라고 칭송했다. 시문에도 뛰어나 송렴과 함께 '일대문종一代文宗'으로 손꼽혔다.

지금의 절강성 처주인 청전青田 출신인 그는 원나라 순제 원통 원년(1333) 진사가 된 후 강절유학부제거江浙儒學副提擧 등을 역임했다. 방국진方國珍이 봉기했을 때 행성에서 그를 불러 원수부도사元帥府都事로 삼았다. 유기는 경원慶元에 여러 성을 쌓아 적을 압박하면, 방국진의 기세도 막힐 것이라고 생각했다. 좌승左丞 티리티무르帖里帖木兒가 방국진을 회유하려고 하자 유기가 강력 반대했다.

"방씨 형제들이 먼저 난을 일으켰는데 남김없이 주살해야 후대를 경계할 수 있습니다."

『명사』「유기전」에 따르면 이때 방국진이 크게 두려워하며 유기에게 후한 뇌물을 주었다. 유기가 받지 않았다. 방국진이 조정의 권력자에게 뇌물을 바쳤다. 마침내 방국진에게 관직을 내리면서 유기를 책망했다. 얼마 후 도적이 벌떼처럼 일어나자 행성에서 다시 그를 불러들여 토벌을 명했다. 이에 행원판行院判 석말의손石抹宜孫과 함께 처주處州를 지켰다. 경략사經略使가 그의 공을 상주했으나 조정이 방국진을 의식해 이를 무시하고, 총관부판總管府判을 제수했다. 병권을 주지 않자 이에 낙담한 그는 이내 관직을 버리고 고향으로 돌아왔다. 이때 뛰어난 우화집인 『울리자鬱離子』를 저술했다.

지정 18년(1358) 주원장의 부름을 받아 그의 책사가 된 뒤 시무時務 18책을 올려 한림아를 받들지 말고, 진우량을 무너뜨릴 것 등을 건의했다. 진우량과 맞붙은 포양호 전투 당시 화공을 건의해 싸움을 승리로 이끌었다. 건국 1년 전에 양헌楊憲, 이선장, 도안陶安 등과 함께 새 법률을 제정했다.

건국 후 어사중승御史中丞이 되고 성의백誠意伯에 봉해졌다. 이때 기강을 문란하게 하거나 탐오한 관원을 가차 없이 법에 따라 처벌했다. 홍무 4년(1371) 역법과 군제의 정립에 공헌했다. 둔전과 부병제府兵制의 장점을 취하여 군위법軍衛法을 마련했다. 명나라가 각지에 위소衛所를 두고 군대를 상주시킨 이유다. 인재의 천거에도 발군의 능력을 보여주었다. 양헌楊憲, 왕광양王廣洋, 호유용胡惟庸 등을 승상으로 임명할 때 유기에게 자문을 구한 게 그렇다. 주원장이 이선장을 승상에서 파면시키고자 할 때 이를 반대한 것은 공과 사를 엄히 구분하는 그의 입장을 극명하게 보여준다.

유기와 이선장은 사이가 좋지 않았다. 이는 유기가 어사중승으로 있을 때 승상 이선장과 가까운 중서성도사中書省都事 이빈李彬이 죄를 범하자 이선장의 간청에도 불구하고 법에 따라 처형한 데 따른 것이다. 유기는 평소의 소신에 따라 비리를 저지른 관원에 대해 보다 엄정한 법집행을 구사했음에도 이선장은 유기에게 앙심을 품었다. 이선장은 유기와 달리 제 발로 주원장을 찾아왔다. 당시 주원장은 그에게 천하의 병란이 언제쯤 끝날 것인지를 묻자 이같이 대답한 바 있다.

"한고조 유방은 포의布衣에서 일어났습니다. 활달하고 도량이 넓고, 사람을 알아서 잘 쓰고, 살인을 좋아하지 않자 5년 만에 대업을 이뤘습니다. 그대의 고향 호주는 유방의 고향인 패沛 땅과 멀지 않습니다. 유방을 따르면 천하는 능히 평정될 것입니다."

주원장의 군사가 엄정한 군기를 유지한 데에는 이선장의 이런 헌책이 크게 기여했다. 그러나 그는 유기와 사이가 좋지 않아 여러 면에서 자주 부딪쳤다. 한번은 주원장이 업무로 인해 승상 이선장을 크게 책망한 뒤 승상 교체문제를 유기와 논의했다. 유기가 반대하자 주원장이 의아해하며 물었다.

"그는 수차례 그대를 해하고자 했는데 그대는 어찌하여 그를 감싸는 것이오?"

"그는 훈구대신입니다. 그만이 능히 여러 장수들을 조화시킬 수 있습니다."

주원장이 말했다.

"나도 앞으로 그대를 본받도록 하겠소!"

유기가 머리를 조아리며 말했다.

"승상을 교체하는 것은 기둥을 바꾸는 것과 같습니다. 모름지기 큰 나무를 얻어야 합니다. 만약 작은 나무를 묶어 기둥을 만들면 세워도 이내 엎어지게 됩니다."

이선장이 파직당할 때 주원장은 양헌楊憲을 승상으로 삼고자 했다. 양헌은 본래 유기와 친했다. 그러나 유기는 그가 승상 재목이 아니라며 반대했다.

"양헌은 재상의 재주는 있어도 재상의 도량은 없습니다. 무릇 재상이 될 자는 마음이 물과 같아야 합니다. 의리義理를 저울로 삼아 스스로 챙기는 것이 없어야 합니다. 양헌은 그렇지 못합니다."

주원장이 왕광양汪廣洋에 대해서 묻자 이같이 대답했다.

"왕광양은 편벽하고 천박하여, 양헌보다 더 위태롭습니다."

호유용胡惟庸에 대해 묻자 이같이 대답했다.

"수레에 비유하자면 그가 장차 끌채를 잃을까 두렵습니다."

주원장이 말했다.

"짐의 재상 재목 가운데 실로 선생을 넘어서는 자는 없소!"

유기가 말했다.

"신은 지병이 있고, 또한 번거롭고 바쁜 것을 견뎌내지 못합니다. 이처럼 일할 수 있는 것 또한 오직 성상의 은혜입니다. 천하에 어찌 인재가 없음을 걱정하십니까? 오직 군주가 마음을 다해 구해야 합니다. 눈앞에 많은 인재가 있는데도 실로 아직 그 능력을 다 보지 못한 것입니다."

결국 양헌, 왕광양, 호유용 모두 패망하고 말았다. 유기는 성품이 강직하고 악을 싫어한 까닭에 여러 사람의 미움을 받았다. 홍무 3년(1370), 홍문관학사를 제수하였다. 이 해 11월 공신들을 크게 봉했다. 유기를 개국익운수정문신基開國翊運守正文臣, 자선대부資善大夫, 상호군上護軍을 제수하고, 성의백誠意伯에 봉했다. 녹봉은 240석이었다. 이듬해인 홍무 4년(1371) 고향으로 돌아가 노년을 보내도록 배려했다.

유기는 귀향한 뒤 산중으로 들어가 은거했다. 공성신퇴功成身退를 실천한 것이다. 오직 술 마시고 바둑을 둘 뿐이었다. 고을 수령이 의견을 구해도 얻을 길이 없자 마침내 미복微服 차림으로 유기를 찾아왔다. 마침 유기는 발을 닦고 있었다. 곧 종자를 시켜 안으로 모시고 들어오게 한 뒤 기장

밥을 지어 대접했다. 수령이 고했다.

"사실 신은 청전현의 지현知縣입니다."

유기가 크게 놀라 벌떡 일어나 사과했다.

"신은 일개 백성일 뿐입니다. 드릴 말씀이 없습니다."

그러고는 이내 떠나버렸다. 유기가 구구甌와 괄괄括 사이에 담양談羊이라는 빈 땅이 있었다. 남쪽으로 지금의 복건성인 민閩과 경계가 맞닿아있었다. 소금 밀매업자들이 이곳에 모여들어 방국진의 난을 일으킨 바 있다. 이후 순검사巡檢司를 두어 이곳을 지켰다. 이때 일부 도망간 군사들이 소란을 일으켰다. 관원들이 질책을 두려워한 나머지 이를 보고하지 않았다. 유기가 아들 유련劉璉을 시켜 이를 상주하게 했다. 그러나 먼저 중서성에 말하지는 않았다.

당시 호유용이 좌승左丞으로 있으면서 중서성의 업무를 주관하고 있었다. 그는 이전의 여러 일로 인해 감정을 품고 있었던 까닭에 다른 관원을 시켜 유기를 무함하게 했다. 담양 일대에 왕기王氣가 서려 있고, 유기가 거기에 묘를 쓸 속셈으로 순검을 세우길 청하여 백성들을 내쫓았다고 헐뜯었다. 주원장이 비록 유기에게 죄를 주지는 않았으나 내심 크게 의심한 나머지 이내 유기의 녹봉을 박탈했다.

유기가 크게 두려워하여 이내 상경해 사죄했다. 경사에 머무르며 감히 고향으로 돌아가지 못했다. 얼마 후 호유용이 승상의 자리에 올랐다. 유기가 크게 근심한 나머지 이내 병이 생겼다. 홍무 8년(1675) 3월, 주원장이 친히 글을 지어 내려주면서 사자로 하여금 귀향하는 길을 보호하게 했다.

집에 도착해 병이 더욱 위독해졌다.『명사』「유기전」은 이때 천문서天文書를 장자 유련에게 넘겨주면서 이같이 당부했다고 기록했다.

"이를 높이 받들되, 후인들이 익히지 못하게 하라."

그 책이 바로 역학의 비전으로 읽히는『적천수適天髓』이다. 그러나 이 책은 청대 중기에 세상에 출현했다. 유기를 가탁假託해 펴냈을 수 있다. 또 차자 유경璟에게는 이같이 일렀다.

"무릇 정치는 너그러움과 엄함이 순환하는 관엄호존寬嚴互存이 전제돼야 한다. 지금은 덕을 닦고 형을 줄여서 하늘이 나라의 천명을 늘려주는 것을 기도하는 데 있다. 또한 각 지역의 빼어난 곳과 요충지는 반드시 도성의 명성과 위세와 연결돼있어야 한다. 내가 표문을 남기고자 했으나 호유용이 있으니 좋을 게 없다. 호유용이 패망하고 난 뒤 황상이 필히 나를 생각할 것이니 만약 하문하는 바가 있으면 반드시 이 말씀을 은밀히 아뢰도록 하라."

그러고는 한 달 있다가 죽었다. 나이 65세였다. 유기는 욕심이 없었던 까닭에 자주 관직을 떠났다. 죽을 때도 휴직 중이었다. 주원장이 유방에 비교되듯이 유기도 장량에 비유된다. 실제로 주원장도 그를 '나의 장자방이다'라고 치켜세웠다. 명대 말기의 이탁오는 유기를 장량보다 훌륭하다고 했다. 유기는 강직한 인물이었다. 직언을 꺼리지 않아 적도 많았다. 이게 불행의 씨앗이 되었다.『명사』「유기전」에 이런 일화가 나온다.

"유기가 병들었을 때 재상 호유용胡惟庸이 의사의 약을 가져와 먹게 했다. 얼마 후 뱃속이 온통 돌덩이처럼 굳어졌다. 이후 어사중승御史中丞 도절涂節은 호유용의 역모를 고하면서 그가 유기를 독살했다고 말했다."

호유용은 명나라 초기에 있은 대숙청 사건의 중심인물이다. 유기를 독살한 뒤 그 허물을 모두 호유용에게 뒤집어 씌웠다고 보는 게 학계의 중론이다. 유기는 주원장을 섬기기 전 원나라 장수 석말의손石抹宜孫의 참모로 일한 적이 있다. 이것이 그의 약점이 돼 자주 사직하는 배경이 되었을지도 모른다. 일찍이 주원장은 이같이 말한 바 있다.

"나는 천하를 위해 4명의 선생에게 굴복한다."

유기를 비롯해 송렴과 장일章溢, 섭심葉琛을 지칭한 것이다. 주원장은 희로애락과 호오의 감정 기복이 심했다. 의심이 많았던 이유다. 유기 역시 주원장 곁에 있으면서 적잖이 신경이 쓰인 나머지 휴직을 청했을 공산이 크다. 그럼에도 '토사구팽'의 덫에서 벗어나지 못했다.

「유기전」에 따르면 유기는 구레나룻이 있어 외모가 훌륭했다. 또한 강개慷慨하여 천하의 안위를 논할 때면 그 뜻이 얼굴에 드러났다. 주원장은 매번 유기를 불러 국사를 논할 때면 병풍으로 가려 말이 밖으로 새나가지 않도록 했다.

틈이 나면 덕치에 입각한 왕도王道를 역설했다. 주원장은 매번 공손히 이를 들으면서 이름을 말하지 않고 '노선생老先生'이라고 부르면서 이같이 청했다.

陶学儒

覆瓿集

时代文化出版社

『복부집』

"유기는 문무를 겸비하여 그 성격이 강직하고 재능이 많았다. 원대한 계획을
세워 강령과 조목으로 나라를 다스리게 하고, 용병에는 질서가 있었다."
- 주원장

"자주 공자의 말로 짐을 이끌어 주시오!"

유저로 시문집인 『복부집覆瓿集』과 『이미공집犁眉公集』 등이 있다. 사주와 관련한 『적천수』 등의 저서는 후대인이 그를 가탁해 펴낸 것으로 보인다. 그의 저서로 알려진 병서 『백전기략百戰奇略』 역시 후대인의 가탁으로 보는 게 학계의 통설이다.

큰 틀에서 볼 때 그는 비록 승상의 자리에 오르지는 않았으나 사실상 승상보다 더 높은 제사帝師의 역할을 수행한 것이나 다름없다. 유방의 책사 장량이 승상의 자리에 오르지 않고도 '제사'의 역할을 수행한 것과 닮았다. 훗날 주원장은 유기를 이같이 칭송했다.

"유기는 문무를 겸비하여 그 성격이 강직하고 재능이 많았다. 원대한 계획을 세워 강령과 조목으로 나라를 다스리게 하고, 용병에는 질서가 있었다."

유기가 마지막으로 맡은 관직은 홍문관학사弘文館學士이다. 그가 걸어온 길과 부합한다. 그의 죽음이 호유용의 참소로 인한 것인지 아니면 주원장의 사주로 인한 것인지 여부는 아직도 명확치 않다. 다만 재주가 뛰어난 데다 강직한 성품으로 인해 많은 적을 만든 게 화근이 된 것만은 확실하다. 천하의 지낭으로 일컬어진 범리와 장량, 제갈량 등과 비교할 때 재주는 결코 그들보다 뒤떨어지지 않았으나 인간관계만큼은 매끄럽지 못했다고 할 수 있다. 이 또한 의심이 많았던 주원장의 성격 및 행태와 불가분의 관계를 맺고 있다. 시호는 문성文成이다.

HP의 공동창업자 중 빌 휴렛은 과학기술 분야에서 타고난 재능을 가졌고 조용했다. 데이브 패커드는 운동선수 출신으로 덩치가 크고 고집이 셌다. 둘은 기질이 달랐으나 생각은 같았다.

휴렛의 머리에서 나온 온갖 공학이론들은 패커드로 옮겨가 다양한 혁신적인 가능성이 되었다. 이들이 HP를 창업했을 때 경영은 패커드가 맡았고 기술은 휴렛이 맡았다.

이들은 서로 다른 만큼 서로를 존중하면서 1인자와 2인자의 균형을 지키면서 회사를 이끌었고, 1993년 나란히 은퇴했다.

"화신의 가마는 늘 황제 어가 바로 뒤를 따랐다. 화신 말고는 대신이든 황실 친척이든 그 누구도 어가를 바로 뒤따르지 못했다. 화신의 위치가 어느 정도인지 알 수 있다. 화신은 건륭제가 전적으로 신임한 유일한 인물이었다. 그는 백관을 통솔하고 모든 업무를 관리한 까닭에 대부분의 사람들이 그를 '2황제二皇帝'라고 불렀다." - 영국 사절단

제 12 장

건륭제
·
견제하는
1인자

VS

실권을 쥔
2인자
·
화신

1인자는 정책을 결정한다. 정확한 정보와 근거를 바탕으로 한다. 2인자는 1인자의 의사전달자인 동시에 실행의 감독자이다. 2인자는 너무 강해도 안 되고 너무 허약해도 안 된다. 무능하거나 과잉충성하는 2인자의 잘못된 조언은 1인자를 나락으로 이끌고 만다.

제12장 건륭제와 화신

"짐이 매일같이 팔이 아프다. 그대들은 그 이유를 아는가?
대학사 장정옥이 병들었다니 내 오른팔이 병든 것과 같다."

– 건륭제

문화와 독서가 리더의 기본이다

건륭제는 강희제, 옹정제와 더불어 청나라의 오랜 태평성세를 이룬 황제이다. 청조는 이들 세 명의 황제 치하에서 무려 130년 동안 중국의 전 역사를 통틀어 사상 유례를 찾아보기 힘들 정도의 전성기를 누렸다. 이른바 강건성세康乾盛世이다. 중국사뿐만 아니라 동서고금의 역사를 통틀어 이토록 오래도록 지속된 성세는 없었다.

건륭제의 치세는 '강건성세'의 절정에 해당한다. 인구는 명나라 말기의 6천만 명에서 급증하기 시작해 건륭제의 재위 말기에는 무려 3억 명에 달했다. 이는 생산과 소비가 그만큼 컸음을 시사한다. 건륭제가 명실상부한 '문화황제'로 군림한 사실이 이를 방증한다.

건륭제는 서화와 도자기 이외에도 시문과 학문에도 조예가 깊었다. 그는 평생 총 4만2천여 수나 되는 시를 지었다. 4만여 수의 시는 고금동서를 통틀어 전례 없는 일이다. 그는 1년에 한 차례, 정월 초순 하루 길일을 택해 대신과 학자, 황실 가족들을 건청궁으로 불러 차를 대접하며 시회詩會를 열었다. 약 1,000명 정도가 참석했다. 최고의 장관은 재위 마지막 해인 1795년에 열린 시회였다. 그 날엔 8,000명이 초빙됐다. 5,000명은 자리가 없어 끝날 때까지 서 있었다고 한다.

더욱 놀라운 것은 학자들을 동원해 동서고금의 모든 전적을 총망라한 『사고전서四庫全書』를 편찬한 일이다. 역대 문헌을 유가경전의 경經, 사서인 사史, 제자백가의 자子, 시집 또는 문집인 집集 등 4개 범주로 묶어낸 것이다. 10년간에 걸친 작업 끝에 총 3천4백여 종, 8만 권으로 펴냈다.『사고전서』속에는 이탈리아인 마테오리치가 쓴『건곤체의乾坤體義』와 유클리드 기하학을 번역한『기하원본幾何原本』, 독일인 아담 샬의『신법산서新法算書』, 벨기에인 베르비스트의『곤여도설坤輿圖說』등 서양인의 저서도 있다. 동서고금을 통틀어 전무후무한 일이다. 후대인들이 붙여준 '문화황제'라는 칭호가 결코 허언이 아님을 실감할 수 있다.

건륭제는 1735년 25세의 나이로 왕위에 올라 무려 60년 동안 재위했다. 상황으로 재위한 것까지 포함하면 64년에 달한다. 중국의 역대 황제 가운데 가장 오랫동안 제위한 경우에 속한다. 그는 청조의 기틀을 다진 조부 강희제康熙帝의 뒤를 이어 보위에 오른 옹정제雍正帝의 넷째 아들로 태어났다. 이름은 홍력弘曆, 묘호는 고종高宗이다.

그는 넷째 아들인데도 옹정제가 제정한 태자밀건법太子密建法 덕분에 태자를 거치지 않고 곧바로 보위에 올랐다. '태자밀건법'은 황제가 보위 계승자의 이름을 적은 유조遺詔를 미리 건저갑建儲匣이라는 상자에 넣은 뒤 건청궁乾淸宮 옥좌 뒤에 걸려 있는 '정대광명正大光明'의 편액 뒤에 숨겨두었다가 선황 사후 이를 개봉해 옹립하는 방식을 말한다. 변조를 막기 위해 내무부內務府에 밀지密旨를 간직했다가 상자 속의 유조와 대조한다.

만주족의 청나라는 장자상속의 한족 왕조와 달리 적출과 서출을 가리지 않고 황자의 나이 순서대로 '제1 아고', '제2 아고' 식으로 불렀다. '아고'는 황자皇子를 뜻한다. 이들 모두 '아고방'에 수용해 키웠다. 교육 내용에도 차이를 두지 않았다. 보위는 자격이 있는 자가 자신의 힘으로 획득해야 한다고 생각했기 때문이다. 태조 누르하치와 태종 홍타이지, 순치제 등 초기의 3대까지는 그렇게 했다.

순치제의 뒤를 이은 강희제는 만주족 고유의 이런 승계방식에 반발해 처음으로 자신의 뜻에 따라 황태자를 세웠다. 결과는 실패였다. 황실이 조용할 날이 없었다. 결국 그는 후계자를 정하지 못한 채 세상을 떠났다. 황실 측근들의 옹립으로 황제가 된 옹정제는 강희제의 실수를 거울삼아 '태자밀건법'이라는 독특한 왕위 계승방식을 고안해냈다.

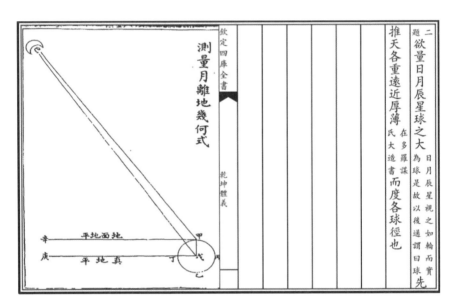

『건곤체의』

황제가 황자들의 언동을 세심히 살펴 가장 뛰어난 자질을 지닌 자식을 고른 뒤 '밀건법'을 통해 자신의 뒤를 잇게 한 것이다. '태자밀건법'은 제9대 함풍제 때 폐지됐다. 상호 경쟁 시킬 자식이 없었기 때문이다. 청조의 패망은 이때 그 조짐을 드러냈다고 해도 과언이 아니다.

건륭제는 84세가 되던 해인 1795년, 조부 강희제의 61년 재위기간을 넘겨서는 안 된다고 생각했다. 재위 60년이 되는 그 해에 15자인 가경제嘉慶帝에게 제위를 물려줬다. 자신은 상황을 칭하며 영수궁寧壽宮에 은거했다. 하지만 권력은 여전히 그의 수중에 있었다. 건륭제는 가경 4년(1799) 정월, 88세를 일기로 숨을 거뒀다. 북경과 피서산장이 있는 승덕 사이의 능에 묻혔다. 유릉裕陵이 그의 유택幽宅이다.

서로 경쟁시켜 시너지를 취하라

건륭제가 즉위할 당시 막강한 세력을 보유한 두 명의 권신이 있었다. 오르타이鄂爾泰와 장정옥張廷玉이 그들이다. 이들의 세력은 강희제 때부터 만들어지기 시작해 옹정제 때 절정에 이르렀다. 옹정 8년(1730) 내각을 대신해 황제 직속기관인 군기처軍機處가 신설되면서 장정옥은 군기처의 규례를 제정하는 임무를 맡게 되었다. 옹정제의 신임이 그만큼 컸다. 언젠가 장정옥이 병으로 몸져눕자 옹정제가 근심어린 표정으로 시종에게 이같이 말해.

"짐이 매일같이 팔이 아프다. 그대들은 그 이유를 아는가? 대학사 장정옥이 병들었다니 내 오른팔이 병든 것과 같다."

옹정제는 오르타이와 장정옥을 수족처럼 중히 여겼다. 이 해에 이들에게 사후 황실의 종묘에서 배향 받을 수 있는 권한을 내준 게 그렇다. 이는 신하로서 황제로부터 받을 수 있는 최고의 영예에 해당했다.

옹정 10년(1732) 오르타이가 수석군기대신에 보화전대학사保和殿大學士를 겸했다. 장정옥이 이끄는 관리집단과 균형을 취하기 위한 조치였다. 장정옥은 한족 대학사 장영張英의 아들로 옹정제 때 재능을 인정받아 황자들의 교육을 맡으면서 예부상서로 발탁됐다. 얼마 후 한림원의 장원학사掌院學士와 조호부調戶部를 겸직하게 됐다가 다시 문연각대학사, 문화전대학사, 보화전대학사의 자리를 얻었다. 학문의 으뜸으로 평가받은 셈이다.

옹정제 말기 오르타이는 서남 지역에서 중앙조정의 통치력을 변방으로까지 확대시키는 개토귀류改土歸流 정책을 입안해 청조의 기반을 확고히 하는데 커다란 공을 세웠다. 이 과정에서 발생한 부당한 조치들로 귀주貴州의 토착민인 묘족苗族의 반발을 샀다. 옹정제가 오르타이 대신 장정옥 무리의 장조張照를 묘강대신苗疆大臣에 임명해 서남부 정복지를 지휘하게 했다. 장조는 오르타이에게 보복할 마음을 품었다. 그는 귀주에서 오르타이가 저지른 비리를 고발해 '개토귀류' 정책을 뒤엎고자 했다. 그러나 옹정제가 재위 13년 만에 세상을 떠나는 바람에 무위로 끝나고 말았다.

뒤이어 즉위한 건륭제는 즉위 이듬해인 건륭 원년(1736) 두 사람을 똑같이 삼등백三等伯에 봉했다. 장정옥의 칠순 잔치 때 친필로 속히 원기를 다스려 복을 받으라는 뜻의 '조원석지調元錫祉'의 편액을 써 하사하고 축시까지 지어 보냈다. 그러나 오르타이와 장정옥은 옹정제와 건륭제의 두터운 총애를 빌미로 자신들의 세력을 키우는 데 골몰했다. 가경제 때 활약한 황족 출신 소련昭璉은 이같이 말한 바 있다.

"건륭제 초기 오르타이와 장정옥 두 상국이 함께 정치를 주관했다. 뜻이 서로 맞지 않았다. 두 무리는 자신의 사람을 서로 추천하면서 붕당을 만들어나갔다."

젊은 황제 건륭제도 이를 잘 알고 있었다. 그대로 둘 수는 없는 일이었다. 그러나 그는 곧바로 손을 쓰지는 않았다. 두 세력을 서로 견제하게 만드는 일종의 이리치리以吏治吏 계책을 쓰다가 마지막 단계에서 양측을 모두 제거하는 높은 수완을 구사했다.

당시 건륭제는 부황의 유지를 받들어 '개토귀류' 정책을 강력 추진했다. 이 과정에서 장조의 어정쩡한 태도에 커다란 불만을 품었다. 결국 그는 묘족 평정에 실패한 죄를 물어 장조 대신 오르타이 무리의 장광사張廣泗를 보내 서남부 개간의 임무를 맡게 했다. 기가 오른 오르타이 무리는 장정옥 무리를 확실히 제압하기 위해 장조를 공격했다. 그러나 건륭제로서는 비록 오르타이의 '개토귀류' 정책을 지지하기는 했으나 오르타이 무리의 무리한 요구를 받아들일 수는 없었다.

장조를 사형에 처해야 한다는 오르타이의 상주를 받아들이지 않은 이유다. 사실 『한비자』가 역설했듯이 신권臣權 세력이 어느 한쪽으로 치우치면 황권皇權은 유명무실해질 수밖에 없다. 건륭제는 어느 한 쪽이 우세해지는 것을 결코 바라지 않았다.

건륭제는 오히려 장조를 재기용해 무영전에서 수서처修書處의 역할을 맡긴 뒤 이부상서로 승진시켰다. 훗날 건륭제는 이를 두고 이같이 회상한 바 있다.

"오르타이와 장정옥은 본래 서로 사이가 좋지 않았다. 각각 자신들의 무리를 이끌고 있었다. 장조는 장정옥 사람이어서 오르타이의 미움을 샀고, 장광사는 오르타이 사람이어서 장정옥의 미움을 샀다. 내가 어찌 이를 모를 리 있겠는가? 나는 두 세력 가운데 하나만을 취하고 싶지 않았다. 그렇다고 양측을 모두 처단할 수는 없는 일이었다. 내가 늘 염두에 둔 것은 권력의 평형이다. 오르타이와 장정옥 모두 어진 신하가 될 수 있다면 이것이 가장 좋은 일이 아니겠는가!"

그러나 이는 그만의 생각이었다. 오르타이와 장정옥 무리는 그를 크게 실망시켰다. 건륭 6년(1741) 오르타이 무리 가운데 언행을 함부로 하는 것으로 유명한 어사 중영단仲永檀이 장정옥 무리가 부유한 거상 유씨俞氏로부터 거액의 뇌물을 받았다고 비판했다. 건륭제가 조사를 시켜 사실무근임이 드러났으나 조사 과정에서 엉뚱하게 제독 악선鄂善이 뇌물 1천 냥을 받은 사실이 드러났다. 그는 곧바로 사형에 처했다. 중영단은 엉겁결에 공을 세운 셈이 됐다. 도어사로 승진한 이유다. 건륭제는 칭찬까지 했다.

"이제부터 관원들은 모름지기 중영단을 본받아야 할 것이다. 이것도 겁나고 저것도 두려워하다가는 결국 아무 일도 못하게 된다."

엉뚱한 표적에 맞았는데도 오히려 칭송을 받게 된 중영단은 당초 의도했던 대로 장조를 겨냥했다. 곧 장정옥 무리가 직권을 남용해 국가기밀을 누설했다고 탄핵했다.

"지금까지 조정에 들어온 비밀 상소문 가운데 아직 처리가 안 된 내용을 조정 밖 사람들이 다 알고 있습니다. 필시 누군가가 안팎으로 내통하며 몰래 정보를 빼돌렸기 때문입니다. 요직에 있는 자 가운데 밀정이 있는 게 분명합니다."

장정옥과 장조를 두고 한 말이다. 설령 사실무근으로 드러날지라도 지난번처럼 뒤지다 보면 뭔가 나올 것으로 기대한 것이다. 건륭제는 이들의 속셈을 훤히 꿰고 있었다.

"오르타이는 장정옥보다 훨씬 더 세심하다."

장정옥 무리가 행여 비밀을 누설했을지라도 오르타이 무리는 그보다 더 심하다는 질책이 담긴 말이다. 중영단의 탄핵이 무위로 돌아가자 이번에는 장조가 반격에 나섰다. 그는 중영단이 처리중인 비밀 상소문이 초고 내용을 오르타이의 사람인 악용안鄂容安에게 알려준 적이 있다는 '팩트'를 제시했다. 상소를 접한 건륭제는 즉시 장정옥을 비롯한 대신들과 친왕 3명에게 명해 이를 합동 조사하게 했다. 결국 사실로 드러났다.

장조가 상대를 일망타진할 속셈으로 여세를 몰아 조사범위를 확대할 것을 건의했으나 건륭제가 제동을 걸었다. 중영단이 하옥 후 병으로 옥사하자 악용안을 지방으로 내쫓는 것으로 마무리했다. 오르타이는 따로 불려가 호된 질책을 받아야만 했다.

건륭 10년(1745) 오르타이가 병사했다. 그러나 그 세력은 굳건했다. 건륭 20년(1755), 오르타이의 문하생 호중조胡中藻가 도리에 어긋나는 말을 시문에 썼다는 이유로 사형에 처해지는 '문자옥文字獄'이 빚어졌다. 오르타이의 조카인 감숙순무 악창鄂昌이 연루 혐의로 자진했다. 오르타이 무리의 패배였다. 게다가 오르타이의 두 아들이 티베트 부족을 평정하는 과정에서 거듭 패해 그 세력은 크게 약화됐다. 건륭제는 이를 틈타 장적옥 무리에게도 제약을 가하고자 했다. 훗날 재상을 지낸 유용刘墉의 부친인 대학사 유통훈劉統勳의 상소가 구실을 만들어주었다.

"대학사 장정옥은 지금까지 3분의 황제를 모시는 과정에서 성은을 입어 오래도록 높은 자리에 앉아 있었습니다. 그러나 그 사이 그 세력이 지나치게 커졌습니다. 명성 뒤에 늘 원망이 따르는 까닭에 공을 세우면 마땅히 근신하는 게 신하된 자의 도리입니다. 조정 밖에서 장씨와 요씨姚氏가 벼슬의 반을 차지한다고 여론이 들끓고 있습니다. 가득 차면 살짝 기울기만 해도 바로 쓰러지기 마련입니다."

유통훈은 강희제가 쓴 방법을 좇아 장정옥 무리를 제압할 것을 건의했다.

"대학사 장정옥을 이부아문으로 부른 뒤 관리 명단을 상세히 조사해 장씨와 요씨 성을 가진 자를 모두 골라내도록 명하십시오. 성은 같으나 조상이 다른 자와 먼 친척뻘 되는 자는 포함시키지 않아도 됩니다. 가까운 친인척 가운데 현직에 있는 자들을 모두 보고토록 하면 명을 내린 날로부터 3년 안에 그들이 관직을 독점하는 일이 말끔히 사라지게 될 것입니다.'

건륭제가 이를 좇았다. 그러나 그는 장정옥 무리가 일시에 큰 타격을 받지 않도록 조치했다. 장정옥을 따로 불러 이같이 위로했다.

"일단 한번 조사를 거치면 사람들이 모두 근신하고 조심하게 될 터이니 대학사도 오히려 득이 될 것이오."

수십 년 동안 관직에 몸담았던 장정옥이 건륭제의 속셈을 모를 리 없다. 곧 상소문을 올려 겸직하던 있는 이부상서의 자리에서 물러날 뜻을 밝혔다. 이후에도 몇 번이나 나이를 핑계로 치사致仕 취지의 상소를 올렸다. 건륭제가 불쾌해했다. 오르타이 세력이 이를 놓치지 않았다. 곧 장정옥은 사후 황실의 종묘에서 배향 받을 자격이 없다고 상주했다.

청나라 건국 이래 배향 받은 조정 대신은 겨우 12명이다. 그는 유일한 한족이기도 하다. 배향 자격의 박탈은 사형보다 더 가혹한 일이었다. 그는 곧 눈물을 흘리며 사후 배향 받을 수 있는 보증서를 써 달라고 청했다. 건륭제는 내심 크게 언짢아했으나 겉으로는 상황인 옹정제의 유명을 번복할 수 없다는 말로 안심시켰다.

다음날 장정옥은 아들 장약징張若澄을 시켜 조정에 나가 자기 대신 황제의 은혜에 사의를 표하도록 했다. 건륭제의 분노가 폭발했다. 배향 받는 자격을 부탁할 때는 직접 와서 상주하다가 막상 소원을 이루자 얼굴도 내비치지 않는 것을 오만무례한 짓으로 본 것이다. 이를 질책하는 성지를 내렸다.

장정옥의 문하생인 협판대학사 왕유돈汪由敦이 황급히 서신을 통해 이 사실을 보내 알렸다. 이튿날 아침 장정옥이 성지를 받기도 전에 입궐해 사의를 표했다. 건륭제가 더욱 화를 냈다. 성지를 받기도 전에 달려온 것을 보고 분노한 것이다. 왕유돈의 소행임을 알게 된 그는 곧바로 백작의 작위를 박탈했다. 왕유돈은 협판대학사와 상서의 직위를 박탈당한 채 이전의 직위는 그대로 수행하며 속죄했다. 이로써 장정옥은 비록 종묘에서 배향 받을 자격은 유지했으나 건륭제의 총애를 잃고 말았다.

건륭 15년(1750), 건륭제의 큰 아들인 정안친왕定安親王 영황永璜이 병사했다. 초제初祭가 막 끝났을 때 장정옥은 영황의 스승 신분도 망각하고 귀향의 뜻을 밝혔다. 건륭제가 참았던 분노를 폭발시켰다 .

"일찍이 경은 짐의 공부를 돕고, 또 정안친왕의 스승까지 되었소. 그런데 이제 초제가 끝난 지금 귀향하겠다는 말을 하는 것이오. 대체 경에게 인정이 눈곱만큼이라도 있는 것이오?"

곧바로 대신들에게 종묘 배향의 자격이 있는지 여부를 논하게 했다. 만장일치로 박탈을 결정했다. 이에 옹정제의 유명을 고쳤다. 장정옥 세력을 철저히 무너뜨렸다 붕당이 더 황권의 안정을 해치지 못하게 한 것이다.

같은 해 9월 장정옥의 사돈 주전朱荃이 '여유량呂留良 사건'에 연루됐다는 혐의로 고발됐다. 이는 강희제 때 변발을 거부하고 불문에 귀의하며 화이론華夷論을 펼쳤다가 사후 55년이 지난 옹정 10년(2732)에 생전의 저술이 문제가 돼 부관참시를 당한 사건이다. 건륭제가 다시 장정옥을 불러 질책했다.

"공연히 그런 자와 사돈을 맺은 것은 무슨 속셈이오? 아무리 꺼리는 것이 없다 한들 이 지경까지 이르러도 되는 것이오? 황제의 은혜를 팽개치는 이유가 도대체 무엇이오?"

백은 만 오천 냥의 벌금을 내게 하고, 예전에 하사한 각종 선물을 압수하고, 자택까지 샅샅이 수사하게 했다. 이때 장정옥의 무리인 왕유돈 등도 처벌되었다. 5년 뒤인 건륭 20년(1755) 장정옥이 병사하자 건륭제는 그의 죄를 용서하고 종묘 배향의 자격을 회복시켜 주었다.

오르타이와 장정옥 무리의 대립은 몇 십 년 동안 지속됐다. 건륭제는 즉위 초에 그들의 힘을 빌려 조정의 일을 처리해나갔다. 붕당 행보에 관용적인 모습을 보인 이유다. 그러나 점차 황권을 공고히 해나가면서 차례로 이들 세력을 삭감해나갔다. 이들이 권력을 남용해 사적인 이익을 도모하는 상황을 좌시할 수 없었기 때문이다.

역사의 지혜를 현실에 활용하라

오르타이와 장정옥 무리를 제거한 뒤 건륭제의 총애를 입은 중신은 재상을 지낸 유용劉墉과 기효람紀曉嵐, 화신和珅이다. 지난 2000년대 이들을 소재로 한 드라마가 중국대륙에서 커다란 인기를 끈 바 있다. 건륭제는 재위기간 동안 많은 일화를 남겼다. 이들 3인과 얽힌 얘기가 매우 많다. 그만큼 커다란 총애를 받았다.

이들 가운데 유용이 가장 연장자이다. 기효람보다 5살이 많고, 화신보다는 무려 31살이나 많았다. 유용과 기효람이 화신보다 먼저 관리가 되었지만 화신은 초고속 승진을 거듭해 대부분 유용과 기효람보다 윗자리에 앉아 있었다. 유용과 기효람 역시 도성을 떠나 지방관원으로 오래 있었던 까닭에 서로 얼굴을 맞대고 지혜를 겨룰 시간이 그리 많지 않았다.

유용은 청관淸官의 상징이다. 자는 숭여崇如인 그는 지금의 산동성 고밀현高密县 출신이다. 건륭 16년(1751)에 진사시험에 합격한 뒤 승진을 거듭해 내각대학의 자리까지 올랐다. 부친 유통훈劉統勛 역시 병부상서를 두 번 역임하고, 예부와 병부를 함께 관할하는 동각대학사東閣大學士를 맡은 바 있다. 부친에 이어 아들까지 재상의 자리를 맡은 것은 매우 드문 일이다.

건륭 38년(1773) 유용의 부친 유통훈이 사망했다. 건륭제가 친히 문상을 갔다. 그의 집 대문이 너무 작아 가마가 들어갈 수 없었다. 내부 역시 초라한 작은 집이었다. 건륭제는 울면서 좋은 재상 하나를 잃었다고 애석해했다. 문정공文正公의 시호를 내렸다.

건륭제 중기 이후 화신이 권력을 잡자 조정의 관원들 모두 그에게 몰려들었다. 그러나 유용은 냉담한 모습을 보였다. 오히려 화신을 농락했다. 일설에 따르면 어느 해 설날 눈이 펑펑 쏟아지고 바람이 세차게 불었다. 화신이 궁을 나선다는 소식을 들은 유용은 화신이 자신의 집을 지나갈 때 일부러 수하들에게 명찰을 내걸고 가마 앞에서 이같이 소리치도록 했다.

"유중당劉中堂이 몸소 나리의 저택을 방문해 세배를 드리려 했으나 만나지 못했습니다. 지금 길 복판에서 기다리고 있습니다."

'중당'은 재상을 의미한다. 유용이 어느새 땅에 꿇어 앉아 세배를 올리고 있는 것을 본 화신이 황급히 땅에 꿇어 앉아 답례를 올렸다. 그 바람에 그가 입고 있던 비단옷이 진흙이 묻어 엉망이 되었다. 화신을 골려주고자 한 의도가 적중한 것이다.

유용은 시문과 서법에 능했다. 특히 웅장한 기골과 고상한 정취를 가진 독특한 서풍으로 유명하다. 진한 먹을 사용해 중후함을 표현했기에 농묵재상濃墨宰相으로 불렸다. 이른바 첩학파帖學派의 완성자로 평가받고 있다. 지난 2000년대 초 그를 주제로 한 드라마 〈재상 유라과劉羅鍋〉가 중국에서 큰 인기를 끌었다. '유라과'는 유씨 곱사등이의 뜻이다. 그렇다면 유용은 실제로 곱사등이였을까? 그렇지는 않다.

이 별명은 드라마에서처럼 건륭제 때 나온 게 아니라 가경제가 지어준 것이다. 건륭제 사후 가경황제가 유용을 만났을 때 그는 이미 80세가 넘어 허리가 굽어 있었다. 가경제는 그를 보는 순간 존경스런 마음이 일면서도 한편으로 장난기가 발동해 '유라과'로 불렀다. 친근감의 표시였다.

원래 유용의 부친 유통훈과 기효람은 깊은 인연이 있었다. 기효람이 과거시험을 볼 때 시험관이 바로 유통훈이었다. 훗날 기효람이 억울하게 유배를 떠나게 될 안건을 다룬 사람도 유통훈이었고, 기효람을 『사고전서』 편찬의 집필 책임자로 천거한 것도 유통훈이었다. 기효람이 생전에 늘 그 은혜들을 잊을 수 없다고 술회한 데서 두 사람이 얼마나 깊은 사제師弟 관계를 맺었는지 짐작이 된다. 유용과 기효람이 젊었을 때부터 서로 친형제처럼 지낸 이유다. 유용은 가경 9년(1804) 타계했다. 시호는 문청文淸이다.

기효람도 유용과 마찬가지로 부친의 영향을 크게 받았다. 그의 부친 기용서紀容舒는 지금의 하북성 헌현獻縣 출신으로 강희 52년(1713) 과거시험에 급제해 호부와 형부의 관원을 역임했다. 그는 저명한 고증학자였다. 옹정 2년(1724)에 태어난 기효람도 부친 덕분에 4세부터 글을 배우기 시작했다. 기억력이 비범하고 역사와 문학에 정통해 '신동' 소리를 들었다. 젊었을 때 부친의 뒤를 이어 고증학 연구에 전념했다. 31세 때인 건륭 9년(1744) 우수한 성적으로 과거시험에 합격해 한림원으로 들어갔다. 건륭제는 지방 관원으로 있던 기효람이 자신의 곁에서 보필하는 게 낫다고 판단해 이내 발탁한 뒤 줄곧 북경에 남겨 두었다.

그러나 건륭제는 화신을 각별히 총애하고 신임한 까닭에 기효람에 대한 총애는 상대적으로 이보다 못했다. 화신은 말 그대로 '일인지하, 만인지상'의 권세를 자랑했다. 조정의 대소 관원들 모두 화신을 붙좇았다. 기효람은 시종 화신과 거리를 유지하며 청렴한 행보를 보였다. 사람들이 그의 글씨를 묵보墨寶로 여기며 이를 소장하고 있는 것을 큰 영광으로 생각한 것도 그의 이런 행보와 무관치 않았다.

화신도 기효람의 '묵보'를 갖고 싶었다. 한번은 기효람에게 신축한 자택에 걸 편액을 부탁했다. 사람들 모두 기효람이 거절할 것으로 생각했다. 뜻밖에도 기효람이 선뜻 청을 받아들여 죽포竹苞 두 자를 써 보냈다. 이는 『시경』「소아, 사간斯干」의 앞머리에 나오는 말이다.

졸졸 흐르는 시냇물　秩秩斯干

아득한 남산 위에　　幽幽南山

대나무 무성한 듯　　如竹苞矣

소나무 무성한 듯　　如松茂矣

　일족의 화목을 노래한 것으로 매우 좋은 뜻을 지니고 있다. 화신이 크게 기뻐하며 정성껏 표구한 뒤 누각의 가장 잘 보이는 곳에 걸어 놓았다. 빈객들 모두 칭찬을 아끼지 않았다. 하루는 건륭제가 화신의 집에 들르게 됐다. 편액을 보고는 잠시 머리를 갸웃하더니 크게 웃음을 터뜨렸다. '죽포'를 파자破字하면 개개초포个个草包가 된다. '초포'는 무능한 사람과 바보를 지칭한다. 화신의 집안사람 모두 바보 같다는 뜻이다. 화신은 쓴웃음을 지을 수밖에 없었다. 이 일이 있은 후 화신이 기효람을 더욱 미워했으나 건륭제가 기효람을 특별히 아낀 데다 기효람 자신도 기민하게 대처해 어찌할 수 없었다.

　기효람의 가장 큰 업적은 『사고전서四庫全書』의 편찬에 있었다. 역대 전적典籍들을 총망라해 체계적으로 정리해 낸 것이다. 유가경전인 경經, 역사서인 사史, 제자백가인 자子, 문집인 집集 등 4개 부분에 걸쳐 총 3천5백여 종에 달했다. 권수로는 거의 8만 권에 육박했다. 중국의 전 역사문화를 하나로 집대성했다고 해도 과언이 아니다.

　그 결과로 나온 것이 기담집奇談集인 『열미초당필기閱微草堂筆記』 24권이다. 거의 40만 자에 달하는 방대한 양이다. 『사기』에 버금한다. 그가 직접 수집한 민간전설과 기문奇聞 등 1200여 편의 이야기가 담겨 있다. '열미초당'은 그의 서재 이름이다. 유령 등의 괴담이 중심이나 이국의 물산이나 전설, 작자의 추억담 등도 포함되어 있다. 당시 크게 유행한 포송령蒲松齡의 『요재지이聊齋志異』가 남북조시대의 지괴志怪 소설과 당나라 때의 전기傳奇 소설을 혼용하고, 내용상으로 견문과 공상을 뒤섞은 것에 불만을 품고 집필한 작품이다. 우아하고 간결한 문체로 시정에 떠도는 얘기와 사건에 대한 견문을 토대로 한 까닭에 매우 사실적이다. 독자들의 환호를 받으며 민간에 널리 유행한 이유다.

전설에 따르면 현존 『열미초당필기』는 원래 원본에 해당하는 『열미필기閱微筆記』의 10분의 1에도 미치지 못한다고 한다. 『열미필기』는 그가 문진각文津閣에서 『사고전서』를 편수할 때 은밀히 보관되어 있던 희귀본과 금서 가운데서 취한 것들로 구성돼 있었다. 대목에 따라 평석評釋을 달아 놓기도 했다. 이런 사실이 화신에게 발각돼 기밀누설 혐의를 받게 되자 이 사실을 알게 된 왕정王丁이라는 협객이 문진각에 숨어들어 『열미필기』를 꺼내 비밀리에 도성 밖의 쌍탑산에 묻었다. 기효람은 다행히 화를 면했으나 왕정이 돌연 사망하는 바람에 『열미필기』는 사라지게 됐다.

『열미필기』가 사라진 후 기효람이 부득불 기억에 의존해 다시 쓰기 시작했다. 옛날에 읽은 것을 다시 찾아보고 기억이 나는 대로 글로 써서 10년 만에 완성했다. 그러나 내용이 『열미필기』의 10분의 1에도 미치지 못했고, 내용 또한 이전만큼 풍부하지 못하다. 그 결과물이 바로 현존 『열미

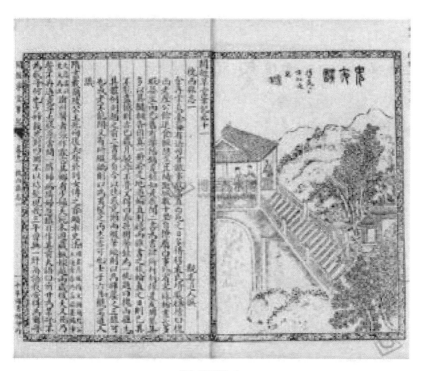

『열미초당필기』

초당필기』이라는 것이다. 중국인들은 이를 마치 역사적 사실처럼 믿고 있으나 이는 허구에 가깝다. 협객이 삼엄한 궁궐로 침투해 『열미필기』를 은밀히 빼내갈 가능성은 거의 없었다. 사람들이 화신과 기효람을 대비시켜 만들어낸 무수한 일화 가운데 하나로 보는 게 옳다. 그는 유용이 죽은 이듬해인 가경 10년(1805) 82세로 타계했다. 가경제는 '민활하고 학문을 좋아해 가히 뛰어난 문학을 이뤘고, 정사를 담당하면서도 통달하지 않은 게 없었다.'는 내용의 비문을 내렸다. 시호는 문달文達이다.

1인자의 창의성에 이르게 하라

건륭제가 가장 신임한 신하는 화신이었다. 그러나 그는 오랫동안 간신의 전형으로 매도됐다. 건륭제의 총애를 배경으로 상상을 초월하는 거액의 뇌물을 챙긴 게 결정적이다. 오랫동안 간신 내지 탐관오리의 전형으로 매도된 배경이다. 주목할 것은 여기에는 그가 유용 및 기효람과 달리 만주족 출신이라는 점이 크게 작용한 점이다. 심지어는 그를 환관으로 왜곡한 경우마저 있었다.

그러나 그는 이름 없는 생원에서 병부상서, 대학사를 거쳐 1등 공작의 자리까지 오른 입지전적인 인물이다. 뇌물을 받아 치부한 것과 별개로 그가 '문화황제'인 건륭제의 지극한 총애를 받게 된 데에는 나름 그럴만한 배경이 있다.

원래 그는 건륭 15년(1750) 팔기八旗 집안에서 태어났다. 그의 모친은 3년 뒤 그의 동생 화림和琳을 낳다가 난산 끝에 사망했다. 당시 부친은 팔기의 도통都統 벼슬을 지냈다. 건륭 24년(1759) 동생 화림과 함께 함안궁咸安宮의 관학에 입학했다. 옹정 연간에 설립된 함안궁 관학은 본래 내무부의 우수한 자제를 가르치기 위한 기관이다. 건륭제 때부터 팔기 관원의 자제들까지 받아 들였다. 입학생은 대단히 엄격한 과정을 거쳐 선발했다. 화신은 용모가 빼어나고 학식 또한 뛰어난 덕분에 함안궁 관학의 학생이 될 수 있었다. 이 해에 부친이 전염병으로 사망했다.

이 과정에서 화신은 고금의 해박한 지식을 습득했다. 사서오경을 달달 외울 정도로 경서에 능통했다. 게다가 그는 만주어, 한어, 몽골어, 티베트어를 자유자재로 구사할 수 있을 정도로 어학에 뛰어난 능력을 보였다. 이는 한족 출신 관원들이 도저히 흉내 낼 수 없는 그만의 자랑이었다. 당시 청나라 황제는 어릴 때부터 이들 4개 국어에 능통해야만 했다. 백성의 대종을 이루는 중국인은 물론 라마교를 신봉하는 몽골인과 티베트인을 복속시키기 위한 최소한의 요건이기도 했다. 만주족 중 학문을 깊이 연마한 사람도 많지 않았지만 설령 그런 사람일지라도 화신처럼 4개 국어에 능통한 사람은 거의 없었다. 4개 국어로 된 국서國書를 능수능란하게 쓸 수 있는 그가 건륭제의 총애를 받은 것은 자연스런 일이었다. 건륭 32년(1767) 조정의 형부상서 겸 호부시랑으로 있던 풍영렴馮英廉이 화신의 능력을 한 눈에 알아보고 아끼던 손녀를 시집보냈다. 18세 때였다.

건륭 34년(1769) 12월, 화신은 함안궁 관학을 수료한 뒤 부친의 작위를 이어받아 3등 경거도위轻车都尉에 제수됐다. 당시 21세였다. 건륭 37년(1772)

11월, 3등 어전시위御前侍衛로 선발됐다. 어전시위는 품계는 낮았으나 황제를 가까이서 모시는 매우 중요한 자리다. 황제의 눈에 들 경우 초고속 승진도 가능했다. 비상한 머리에 원대한 야망을 가진 그는 포부를 펼칠 기회를 찾기 위해 온 힘을 기울였다.

건륭 40년(1775) 11월, 처음으로 건륭제를 직접 배견해 상주하게 됐다. 이게 그의 삶에 일대 전기로 작용했다. 즐겨 민정시찰을 자주 나갔던 건륭제가 문득 외출코자 했다. 그러나 가마를 덮는 황룡산개黃龍傘蓋가 제대로 준비되지 않았다. 건륭제가 화를 냈다.

"이는 누구의 잘못인가?"

『논어』「계씨」에 나오는 구절을 인용한 힐책이었다. 신하들이 사색이 되어 서로의 얼굴만 바라봤다. 이때 화신이 재치 있게도 같은 「계씨」에 나오는 구절을 인용해 화답했다.

"담당자는 책임을 변명하지 않는 법입니다."

원래 「계씨」에 이런 내용이 나온다. 내심 탄복을 금치 못한 건륭제가 고개를 돌려 화신을 봤다. 기백이 있는 데다 태도 또한 의젓했다. 건륭제가 주위를 둘러보며 그를 칭찬했다.

"너희들 중 누가 이 말뜻을 알겠는가!"

꿀 먹은 벙어리처럼 아무도 대답하지 못했다. 건륭제는 화신의 당당한 모습과 유창한 말에 칭찬해 집안과 나이 등을 물었다. 이후 건륭제는 화신을 주의 깊게 살펴보기 시작했다. 화신 역시 건륭제의 성격과 기호 등을 파악하는 데 모든 노력을 기울였다. 당시 건륭제는 화신을 매일 1번씩

황룡산개

만나 여러 얘기를 나누면서 매우 흡족해했다. 곧 어전시위로 승진시키면서 정람기正蓝旗 부도통副都统에 제수했다. 이 해에 훗날 부마가 된 장남 풍신은덕豐绅殷德이 태어났다.

건륭 41년(1776) 정월, 호부시랑이 되었다. 이 해 3월 다시 군기대신 행주行走로 승진했다. '행주'는 상설되지 않은 임시직을 말한다. 이 해 4월 총관내무부대신总管内务府大臣을 겸했다. '내무부'는 황실의 업무를 전담하는 부서를 말한다. 이 해 8월, 양남기鑲蓝旗 부도통에 제수됐다. 다시 이 해 11월 국사관총재재国史馆副总裁에 임명됐다. 이 해 12월 내무부 3기三旗의 군사 업무를 총괄하게 됐다. 건륭제가 그에게 자금성紫禁城 내에서 말을 타고 다닐 수 있는 특권을 부여했다. 초고속 승진에 최고의 총애를 내린 셈이다.

이듬해인 건륭 42년(1777) 6월, 호부좌시랑户部左侍郎에 제수돼 이부우시랑吏部右侍郎의 직책을 겸했다. 이 해 11월 보군통령步军统领이 됐다. 그의 초고속 승진은 시의에 부합한 정책을 건의해 건륭제의 호감을 산 데 따른 것이었다.

건륭 45년(1780), 화신은 건륭제의 명을 받아 운남총독 이시요李侍堯의 부패를 조사하게 됐다. 여기서 그는 다시 능력을 발휘했다. 이시요는 건국 초기의 공신 이영방李英芳의 후손이다. 부친 이원량李元亮은 호부상서를 역임했다. 이시요 자신도 호부시랑, 광주장군, 양광총독을 거쳐 운귀총독과 무영전대학사 등을 역임했다. 그는 높은 지위와 막강한 권력을 믿고 항상 다른 대신들을 무시했다. 화신에 대해서도 마찬가지였다.

화신은 운남에 도착하자마자 이시요의 휘하에 대한 심문을 통해 횡령 사실을 포착했다. 이시요도 머리를 숙이고 죄를 인정할 수밖에 없었다. 건륭제에게 올린 상주문에서 그는 두 성의 부패 관리와 재정 적자의 문제를 낱낱이 보고했다. 상주문을 읽은 건륭은 화신에게 이시요의 조사를 맡긴 것을 잘한 일이라고 생각했다.

귀경 직후 화신은 건륭에게 세관의 설치, 소금 및 화폐제도, 미얀마와의 외교, 월남 우역 등에 대해 그럴듯한 건의를 올렸다. 그는 또 사천과 운남 접경의 사염私鹽과 운남의 사전私錢을 단속하는 법을 만들 것을 상주했다. 이전까지 화신은 지방을 다스린 경험이 없었다. 그러나 이번 서남 지방의 행차에 많은 문제를 밝혀낼 수 있었던 것은 자신의 능력도 있으나 누군가 그런 정보를 제공해주었기 때문에 가능했을 것이다.

건륭제는 화신의 건의를 하나하나 시행했다. 화신이 호부상서 겸 의정대신議政大臣 자리로 승진한 배경이다. 당시 그는 31세였다. 건륭제는 이미 70세였다. 건륭제는 그의 어린 장남 풍곤은덕豐坤殷德과 자신의 6세 딸 고륜固倫 공주를 약혼시켰다. '풍곤은덕'은 건륭제가 하사한 이름이다.

이후 건륭제는 화신을 어전대신으로 승진시킨 뒤 양람기도통을 보좌하는 역할도 맡게 했다. 이어 정백기도통 겸 시위내대신으로 올렸다. 건륭 46년(1781) 2품관인 호부상서에 제수된 후 이부상서, 병부상서, 형부상서, 국자감 교장 등을 두루 거친 뒤 사실상의 재상인 문화전대학사文和殿大學士 겸 군기대신軍機大臣의 자리에 올랐다.

건륭 51년(1786) 감찰어사 조석보曹錫寶가 화신의 심복인 유전劉全을 탄핵했다. 유전은 화신이 득세를 하기 전부터 화신을 그림자처럼 따른 인물이다. 그는 수도에 전당포를 열고 고리대금업으로 20만 냥에 이르는 재산을 긁어모았다. 감찰을 맡고 있던 조석보가 상소를 올려 비판하자 건륭제를 모시고 승덕의 피서산장으로 가 있던 화신은 미리 이 소식을 전해 듣고 유전에게 집을 철거하고 돈을 다른 곳으로 옮겨두도록 주문했다.

나중에 건륭제가 이 일을 꾸짖자 화신은 유전이 어떻게 살고 있는지 살펴 탄핵이 사실이라면 유전에게 중죄를 내려야 한다고 말했다. 건륭제는 조석보 등에게 명해 유전의 집으로 가 엄중히 조사하도록 했다. 집안은 돈은커녕 황량하기 짝이 없었다. 건륭제가 조석보를 파직하자 조석보는 이때 입은 충격으로 자리에 누웠다가 몇 년 뒤 세상을 떴다.

건륭 54년(1789)에는 장남 풍곤은덕이 건륭제의 막내딸 고륜 공주와 혼인하면서 황제의 사돈이 됐다. 아무도 그의 영화를 따를 사람이 없었다. 당시 화신의 동생 화림의 처가 쪽 사람 소릉아蘇菱阿는 탐욕스러웠다. 그는 호부상서, 양강총독을 지냈다. 가경 2년(1797) 화신이 소릉아를 동각대학사東閣大學士로 천거했다. 당시 소릉아는 이미 80이 넘었다. 눈이 흐려지고 귀도 잘 들이지 않았다. 화신이 가경제에게 소릉아를 천거하자 강경제는 상황의 심기를 헤아려 모르는 척 했다. 참다못한 일부 대신들이 죽음을 무릅쓰고 그를 탄핵하자 화신은 건륭제의 위세를 의지해 이들을 제거했다.

건륭 60년(1795) 건륭제가 조부인 강희제보다 더 오랫동안 보위에 앉아 있을 수 없다는 이유로 상황으로 물러나면서 아들 가경제가 즉위했다. 가경제는 누차 화신을 파직하려 하였으나 건륭제의 비호로 실패했다. 건륭제는 퇴위한 지 2년 뒤부터 기억력이 눈에 띄게 나빠졌다. 방금 아침밥을 먹고도 다시 아침을 대령하라고 명했다. 치매에 걸린 것이다. 말도 제대로 못하게 되면서 화신 외에는 그 누구도 상황의 말을 알아듣지 못했다. 화신은 곁에서 '통역사' 노릇을 했다. 건륭제는 잠시도 떨어져 있으려 하지 않았다.

광서제 때 이악서李岳瑞가 쓴 『춘빙실야승春冰室野乘』에 따르면 하루는 건륭제가 아침을 먹은 후 화신을 불렀다. 화신이 어전으로 들어가자 상황 건륭제는 남면을 하고 앉아 있고, 가경제는 서쪽을 향해 궤에 기댄 채 앉아 있었다. 평소의 모습과 같았다. 화신이 인사를 올린 지 한참이 지났는데도 건륭제는 잠을 자는 듯 눈을 감은 채 입으로는 뭔가 떠듬떠듬 중얼거렸다. 가경제가 귀를 갖다 댔으나 한마디도 알아듣지 못했다. 얼마 후 갑자기 눈을 뜨더니 다시 물었다.

"그 자의 이름이 뭐였지?"

화신이 대답했다.

"고천덕高天德, 구문명苟文明이라고 했습니다."

이들은 백련교도의 우두머리이다. 다시 눈을 감고 중얼거리다가 화신에게 나가보라는 손짓을 했다. 가경제가 조용히 화신을 불러 물었다.

"태상황이 한 말씀이 무엇이고, 경이 대답한 6글자는 무슨 의미요?"

화신이 대답했다.

"주문 중 하나입니다. 이 주문을 외면 수천 리 밖에 있는 사람이 비명횡사를 하거나 큰 재앙을 당하게 됩니다. 저는 주문을 듣고 필시 저주하고 싶은 백련교도들이라 생각해 그 우두머리들의 이름을 말한 것입니다."

사실인지 여부를 알 길이 없다. 그러나 화신에게 얼마나 의지했는지 짐작할 수 있다. 화신은 자신의 위치를 공고히 하기 위해 곳곳에 자신의 사람을 심었다. 화신의 동생 화림和琳은 생원출신에 불과했다. 조정에 들어가 관료가 될 자격이 애초부터 없었다. 화신 덕분에 내각학사, 공부좌시랑, 공부상서 등의 고관직을 두루 역임했다. 화신의 스승 오성란吳省蘭과 외숙 명보明保 역시 화신 덕분에 요직을 역임했다. 오성란은 어느 정도 학문이 있었으나 명보는 순전히 생질 덕분에 출세한 경우에 속한다. 여러 악행을 저질러 해당 지역 백성들의 원성을 샀다.

당시 천하의 명군으로 손꼽힌 건륭제는 왜 화신을 끝까지 신임한 것일까? 학자들의 견해는 엇갈린다. 대다수 학자들은 화신이 자신에게 불리한 상소문 등을 미리 빼돌리고 술수를 부려 건륭제의 귀와 눈을 막은 점을 지적하고 있다.

가경 4년(1799) 건륭제가 죽자 가경제는 곧바로 그를 옭아 넣기 위한 계책을 냈다. 먼저 국상을 책임지는 장의도감葬儀都監으로 삼았다가 곧바로 꼬투리를 잡아 파직한 뒤 20개의 죄목을 발표했다. 여기에는 후임 황제의 이름을 누설한 죄, 무엄하게 가마를 타고 궁에 들어온 죄, 건륭제가 병으로 누웠을 때 아무렇지도 않게 행동한 죄, 부정부패를 야기한 죄 등이 포함되어 있었다. 가경제는 화신에게 자진을 명했다. 그는 다음과 같은 말을 남기고 자진했다.

"지금의 황상은 더 이상 나를 필요로 하지 않는다."

건륭제가 죽은 지 보름 만이었다. 당시 50세였다. 그의 재산도 모두 몰수됐다. 토지는 8천 경頃이 넘고, 집은 2천여 칸, 규모가 큰 은행인 은장銀莊 10곳에 60만 냥, 전당포 10곳에 80만 냥, 창고에 순금 5만8천 냥과 은전 895만 개였다. 모두 합산하면 약 8억 냥 가량 됐다. 당시 청나라 정부의 1년 예산이 7천5백만 냥이었다. 그 규모가 어느 정도였는지 짐작이 간다. 중국의 전 역사를 통틀어 화신만큼 탐욕스럽게 재산을 모은 사람은 없다.

화신이 생전에 사실상의 정승인 수석 군기대신의 자리까지 오른 것은 기본적으로 그의 부단한 노력이 뒷받침됐기에 가능했다. 화신은 당대 최고의 지식을 자랑하는 건륭제의 눈에 들기 위해 틈만 나면 유가경전을 비롯해 군서群書를 박람博覽했다. 조조와 강희제 등 역대 명군들이 평생 책을 손에서 놓지 않는 수불석권手不釋卷을 흉내 낸 것이다. 건륭제의 총애를 잃지 않기 위한 피눈물 나는 노력의 소산이었다.

화신은 이 와중에 자신의 능력과 건륭제의 총애를 믿고 지방 장관들로부터 많은 뇌물을 받아 챙겼다. 총독과 순무 등 지방 장관들은 혹여 비리가 적발되지나 않을까 우려해 거액을 바치며 그의 눈치를 살핀 결과다.

화신이 득세할 당시 청나라를 방문한 영국 사절단 가운데 한 사람은 이같이 회고한 바 있다.

"화신의 가마는 늘 황제 어가 바로 뒤를 따랐다. 화신 말고는 대신이든 황실 친척이든 그 누구도 어가를 바로 뒤따르지 못했다. 화신의 위치가 어느 정도인지 알 수 있다. 화신은 건륭제가 전적으로 신임한 유일한 인물이었다. 그는 백관을 통솔하고 모든 업무를 관리한 까닭에 대부분의 사람들이 그를 '2황제二皇帝'라고 불렀다."

권력을 이용해 막대한 재산을 그러모은 화신이 간신의 행보를 보인 것은 분명한 사실이다. 그러나 그는 단순한 간신이 아니었다. 나름 뛰어난 능력을 지녔고, 무엇보다 건륭제의 심기를 위해 모든 것을 바친 말 그대로 '황제의 남자'였다. 건륭제 또한 당현종처럼 말년에 미색에 취해 정사를 그르치지도 않았다. 이는 화신이 그만큼 뛰어난 역량과 충성심을 발휘했다는 것을 반증한다.

화신은 생전에 건륭제의 생각을 찾아내는 데 모든 노력을 기울였다. 덕분에 그는 건륭제가 지금 무엇을 바라는지, 어떤 기분인지 등의 심기心氣를 정확히 찾아냈다. 건륭제가 시부를 좋아하는 것을 알고 그는 밤낮을 가리지 않고 열심히 시 짓기 연습에 몰두했다. 건륭제가 지은 시에 화답하는 시를 즐겨 지은 이유다. 건륭제는 그를 지음知音으로 여겼다. 건륭제는 노년이 되면서 기침이 잦았다. 그는 조정에서 건륭제가 기침할 때마다 문무대신들 앞에서 가래침 그릇을 손으로 받쳐 들었다. 건륭제가 자식들보다 화신을 더 신임하고 총애한 게 다 이유가 있었다.

한 발 더 나아가 그를 변명한다면 그의 치부는 대부분 지방 총독과 순무 등 고관들로부터 받은 것으로 백성들의 재산을 편취한 게 아니다. 물론 건륭제도 화신이 그토록 많은 재산을 축적했으리라고는 짐작하지 못했겠지만 이는 건륭제가 일정부분 그의 수뢰행위를 눈감아줬음을 시사한다. 그의 세력 또한 만력제 때 악명을 떨쳤던 위충현과는 비교할 수 없을 정도로 미미했다. 그럼에도 위충현보다 훨씬 더 많은 재산을 모을 수 있었던 것은 건륭제 때의 경제 규모가 그만큼 컸다는 것을 의미한다.

실제로 건륭제 때 청나라 경제는 세계 GDP의 30퍼센트에 해당할 정도로 극성했다. 안정기에 접어들면서 가장 화려한 문화를 꽃피우던 시기가 바로 건륭제의 치세 기간이었다. 건륭제가 화신을 총애한 것은 단순히 그의 '칭송'에 귀가 멀었기 때문이 아니다. 청제국의 통치에 매우 중요한 4개 국어에 능통한 화신의 능력을 높이 평가해 곁에 두었고, 화신은 명민한 머리와 타고난 재주를 최대한 발휘해 건륭제의 신임을 얻었고, 고위 관원에 대한 인사권을 쥐게 되자 이를 기화로 재산을 긁어모은 것이다. 그의 수뢰행위를 비호해서는 안 되지만 그가 뛰어난 능력과 모든 노력을 기울여 건륭제의 총애를 받은 점까지 싸잡아 비난하는 것은 지나치다.

본질을 잃으면 모두 잃는다

건륭제는 25세에 즉위해 60년 동안 재위했다. 역대 황제 중 최장수 재위기간을 기록한 조부 강희제보다 1년 적다. 그러나 그 내용을 보면 색다른 평가를 내릴 수밖에 없다. 강희제는 8세에 즉위한 까닭에 오보이 등의 보정대신들이 황제의 통치를 대신한 7년간의 '보정기輔政期'를 빼면 실제로 제국을 통치한 기간은 54년에 해당한다. 여기에 건륭제의 경우는 태상황의 자리에 있던 4년을 더할 경우 실질적인 재위기간은 총 64년에 달하게 된다. 이는 중국의 역대 황제 중 재위기간이 가장 긴 경우에 해당한다. 수명 또한 89세에 달해 70세를 채우지 못하고 69세에 죽은 강희제와 비교할 때 무려 20년이나 더 장수했다.

원래 건륭제가 총 64년에 달하는 전무후무한 최장수 '황제 칸'으로 군림할 수 있었던 것은 부황인 옹정제가 확고한 통치기반을 정립한 사실과 무관치 않았다. 옹정제는 생전에 건륭제를 위해 2가지 커다란 선물을 준비해 놓았다. 하나는 13년 동안만 재위한 뒤 후사인 건륭제에게 보위를 물려준 점이다. 옹정제가 좀 더 오랫동안 보위에 앉아 있었다면 64년에 달하는 건륭제의 기록적인 재위기간 수립은 원천적으로 불가능했다. 다른 하나는 확고히 다져놓은 황권 우위의 통치체제를 물려준 점이다. 건륭제가 재위 초기부터 태평성대에 부응하는 성군의 자질을 마음껏 발휘할 수 있었던 배경이 여기에 있다. 옹정제는 부황 강희제로부터 겨우 8백만 냥을 물려받았으나 건륭제는 근검절약을 생활화하며 생산을 독려한 옹정제 덕분에 5천만 냥을 물려받았다.

3대에 걸친 '강건성세'를 두고 강희제가 흥륭興隆의 시대, 옹정제가 보전保全의 시대, 건륭제가 난숙爛熟의 시대를 열었다고 평가하는 이유이다. 강희제의 뒤를 이은 옹정제는 선황 강희제가 이룬 중원지배의 기틀을 확고히 다진 뒤 이를 아들 건륭제에게 넘겨주었다. 강희제가 씨를 뿌렸다면 옹정제는 물을 주고 건륭제는 열매를 거둔 셈이다. 그런 의미에서 조손祖孫 3대에 걸친 '강건성세'는 '강옹건성세康雍建盛世'로 표현하는 게 옳다.

그럼에도 오랫동안 옹정제의 이름이 빠져 있다. 그 이유는 무엇일까. '강건성세'의 3대 중 조부 강희제와 손자 건륭제의 치세는 각각 60년이 넘었다. 그 사이에 낀 옹정제의 경우는 겨우 13년에 불과하다. 상대적으로 짧아 보인다. 게다가 옹정제는 보위계승 과정이 석연치 않다. 이는 오랫동안 옹정제에 대한 부정적인 평가의 논거로 거론되었다. 많은 사람들이 옹정제의 치세를 최고의 성세를 구가한 강희제 및 건륭제의 치세에 중간에 놓인 과도기 정도로 치부하는 것도 이와 무관치 않을 것이다.

그러나 통치차원에서 보면 옹정제는 나름 커다란 업적을 많이 남겼다. 가장 큰 업적은 바로 '황제 칸'의 바탕 위에 성립한 세계제국의 통치체제를 완비한 데 있다. 청대 말기 양계초梁啓超가 내린 평이 그 증거다.

"강희제는 관대했으나 건륭제는 치밀하지 못했다. 만일 옹정제가 질서를 바로 잡지 않았으면 청조는 오래가지 못했을 것이다."

양계초는 세평과 달리 옹정제를 강희제 및 건륭제보다 높이 평가했다. 사실 옹정제는 황권 우위의 통치기반을 확고히 다져 건륭제의 성세를 견인했다는 점에서 강희제 및 건륭제 못지않은 위업을 이뤘다. 옹정제는 군국기무를 전담하여 다루는 '군기처軍機處'를 설치해 황권 우위의 통치체제를 반석 위에 올려놓았다. 이는 선황인 강희제 때 도입된 '주접奏摺' 제도를 전면적으로 확대한 결과이기도 했다. 그가 '태자밀건법'이라는 독특한 제도를 창안한 것도 같은 맥락에서 이해할 수 있다. 이는 가장 공평한 방법으로 태자를 선정하는 것이 제국통치의 관건이라는 사실을 통찰한 결과였다. 실제로 옹정제가 행한 일련의 통치체제 정비 작업 중 가장 눈여겨 볼만한 것이 바로 '태자밀건법'이기도 하다.

건륭제는 바로 '태자밀건법'을 통해 보위에 오른 최초의 사례에 해당한다. 그는 문무文武 두 측면에서 조부인 강희제 못지않게 뛰어난 업적을 이뤘다. '무'의 차원에서 볼 때 그는 중국 역사상 그는 재위기간 중 중국 역사상 가장 넓은 영토를 확보했다. '문'의 차원에서 볼지라도 탁월한 바가 있다. 고증학의 발달로 역대의 모든 명저를 총망라했다는 평가를 받고 있는 『사고전서四庫全書』를 편찬하고, 『명사明史』를 완간한 것이 대표적인 실례이다. 건륭제가 어제시문집御製詩文集의 명칭을 『십전집十全集』으로 정한 것도 이런 자신감의 표현으로 볼 수 있다.

그러나 건륭제는 오랫동안 '문자지옥文字之獄'으로 인해 많은 비판을 받아 왔다. 그러나 이는 '황제 칸'의 성격을 간과한 것이다. 청조는 한족이 세운 역대 왕조와 달리 만주족과 몽골족, 한족을 3족을 중심으로 한 다민족의 세계국가였다. 화이론華夷論에 입각해 만주족 등을 이적시夷狄視하는 것은 결코 용납할 수 없는 일이었다. 이는 그가 한족을 특별히 차별한 게 아니라는 사실을 보면 쉽게 알 수 있다.

전설적인 '향비香妃'의 전설도 이런 맥락에서 이해할 수 있다. 세계를 하나로 아우르자고 한 것이다. 당초 건륭제는 지금의 신강성인 준가리아부를 정벌하고 위구르족의 회부를 장악할 당시 하심 가문의 딸인 용씨容氏

가 궁중으로 들어왔다. 전설에 따르면 백산파의 동생 하심 지한의 아내가 절세미인이라는 소문이 북경까지 전해졌다. 이에 건륭제는 출정 장수에게 하심 지한의 아내를 데려오도록 명했다. 북경으로 끌려온 향비는 언제나 비수를 소매에 숨겨 놓고 황제를 거부했다. 모후인 성헌태후聖憲太后가 걱정이 되어 이내 죽이든지 고향으로 돌려보내든지 양자택일할 것을 권했으나 건륭제는 결단하지 못했다. 이내 건륭제가 교외로 나간 틈을 이용해 환관을 시켜 향비를 목 졸라 죽이게 했다는 게 전설의 골자이다.

이 전설을 믿는 사람들은 청조에 복무한 이탈리아 화가 카스틸리오네가 그린 것으로 전해지는 그림의 주인공이 바로 '향비'라는 주장하고 있다. 그림 속의 여인은 투구를 쓰고 갑옷을 입고 있어 매우 인상적이다. 그러나 이는 건륭제의 비빈이 된 용비容妃의 얘기가 와전된 것이다. 『청사고』「후비전」에 따르면 용씨容氏는 원래 회부의 하심의 딸로 궁중으로 들어왔다. 건륭제의 총애를 입어 귀인에서 비로 승격된 뒤 20년 뒤인 건륭 53년(1788)에 죽었다. 성헌태후보다 11년이나 더 살았다. 성헌태후의 사주에 의해 교살되었을 리가 없다.

현재 카슈가르시 교외에 있는 하심씨 집안의 가묘에는 용비의 무덤으로 전해지는 것이 있다. 현지 전설에 따르면 용비는 29세에 죽었고, 건륭제는 그녀의 죽음을 크게 슬퍼해 120명의 호위병과 가마꾼을 시켜 3년이나 걸려 그녀의 관을 고향인 카슈가르까지 운구하도록 했다고 한다. 관을 운반한 관교棺轎도 보존돼있다.

전설에 따르면 '향비'의 명칭은 그녀가 터키식 목욕을 즐겨 늘 몸에서 향내가 난 까닭에 이런 이름을 얻게 되었다고 하나 이 또한 와전이다. 현재 자금성의 무영전 서북쪽에 있는 욕덕전浴德殿은 흰 타일로 된 터키식 욕실로 꾸며져 있다. 그러나 무영전은 원래 황실의 출판소였다. 이곳서 간행된 서적은 '무영전본'이라고 불렸다. 출판소에서 일하는 사람은 인쇄 잉크로 몸이 더러워지기 쉽다. 욕덕전은 바로 이들을 위한 시설이었다. 욕덕전이 궁궐 바깥에 있는 것이 그 증거이다.

'향비'의 전설은 당시 자금성 깊숙한 곳까지 국제화가 이뤄졌음을 반증한다. 국력이 충실해진 결과로 볼 수 있다. 그러나 매사가 그러하듯이 정점에 오르면 내리막길로 내려가기 마련이다. '강건성세'는 대략 용비가 죽은 후 세간에 향비의 전설이 만들어지는 시점에 최고점에 달했다. 64년에 달하는 건륭제의 치세 중 만년의 10년은 조락을 알리는 징후가 도처에서 나타났다. 사치와 만연이 서민들에게까지 널리 퍼진 게 그 증거이다. 달이 차면 기울 듯이 만월로 표현되는 난숙爛熟은 쇠망의 조짐이기도 하다. 가장 큰 것은 제국의 기둥을 이루고 있던 만주8기가 급속히 한화되면서 특유의 상무정신을 잃고 부패해간 점이다. 물론 건륭제 자신은 만주족의 급속한 한화에 적잖은 우려를 나타냈다. 그는 자신의 우려를 이같이 표현한 바 있다.

"만주족으로서 관의寬衣를 입은 자가 있으니 좋지 않은 일이다."

'관의'는 중국 전래의 유복儒服을 말한다. 당시 한족 여인은 행동하기 편한 치파오旗袍를 좋아했다. 이는 만주족의 고유의상이다. 그러나 만주족

남자들은 오히려 한인 사대부의 복장을 동경해 '관의'를 입었다. 과거시험이 봉쇄된 기인들이 자신들의 본업인 무업武業을 소홀히 하면서 한족의 '관의'를 동경한 것은 이미 정체성을 상실한 것이나 다름없었다. 이런 상황에서 절대 다수인 한족의 인해人海 속에 파묻힌 소수민족의 앞날은 이미 정해진 것이나 다름없었다. 불행하게도 만주족 역시 과거의 정복왕조가 걸어간 길을 답습하고 있었던 것이다.

건륭제의 치세는 영국을 위시한 서구의 동방진출이 전례 없이 활발해진 때이기도 했다. 특히 산업혁명에 가장 먼저 성공한 영국은 차를 마시는 습관이 보급돼 수요가 폭발적으로 늘어나고 있었던 까닭에 대청무역에 더욱 적극적이었다. 영국의 동인도회사는 더 많은 차를 수입하기 위해 청국과의 공식적인 교역을 절실히 원하고 있었다. 당시 찻잎은 중국에서만 산출되었다.

당시 동인도회사의 수입품목 중 찻잎이 대종을 이루었고 견직물과 도자기가 그 뒤를 따랐다. 오랫동안 자급자족 체제였던 중국에서는 외국 무역이 필요하지 않았다. 영국은 대량의 찻잎을 사지만 중국에 팔 물건이 없었다. 한때 모직물에 열심히 공을 들였으나 모직물은 야만인이 입는 것이라는 중국인의 선입견으로 인해 이내 수출이 정체되었다. 이로 인해 영국의 대중무역은 늘 적자였다. 은으로 결제가 이뤄진 까닭에 대량의 은이 중국으로 유입되었다.

무역수지가 계속 악화되자 영국은 비상수단을 강구하기 시작했다. 이들이 고심 끝에 찾아낸 것이 바로 아편이었다. 동인도회사는 건륭 45년

1780에 영국정부로부터 아편 전매권을 따냈다. 이는 본격적으로 아편을 팔아 대중국 무역적자를 줄이겠다는 심산이었다. 영국정부도 이를 묵인했다.

원래 아편은 의약품으로 오래전부터 소량 수입된 바 있었다. 풍토병이 유행한 대만에서 아편을 진통제로 사용하는 일이 많아지면서 어느덧 마약으로 둔갑하기 시작했다. 아편의 해악을 우려한 옹정제는 아편을 판매한 자는 칼을 씌운 채 1달 동안 군역에 복무하게 하고, 아편 흡음소를 경영한 자는 곤장 1백 대에 3천 리 유배의 형벌에 처했다. 당시 영국은 교착상태에 빠진 통상허락 문제를 타개하기 위해 건륭제의 80세를 축하키 위한 사절단을 파견을 요청했다. 청조이 이에 동의했다. 건륭 58년(1793) 영국의 조지 3세가 보낸 사절단이 단장인 조지 매카트니의 인솔 하에 북경에 도착했다. 당시 건륭제는 83세였다.

영국 사절단이 북경에 도착했을 당시 건륭제는 열하의 피서산장避暑山莊에 가 있었다. 청조는 피서산장으로 찾아 온 이들 사절단을 조공사朝貢使로 간주했다. 3궤9고두三跪九叩頭를 요구하자 매카트니가 이를 거부했다. 신경전 끝에 결국 계단에 올라가 무릎을 꿇고 친서를 바치는 것으로 타결되었다. 매카트니는 영국의 요구사항을 내놓았지만 아무것도 인정되지 않았다. 러시아의 전례를 좇아 북경에 상관을 상설하고, 주재원을 두고, 주산舟山 및 천진天津에 상선이 정박하는 등의 요구가 모두 거부되었다. 여기에는 포르투갈 상인의 방해도 있었으나 설령 그것이 없었을지라도 영국의 요구는 받아들여질 수 없었다. 이는 건륭제가 조지3세에게 준칙유를 보면 쉽게 알 수 있다.

"아, 그대 국왕은 들어라. 천조天朝는 먼 곳의 사람들에게 혜택을 베풀고 사방의 오랑캐를 어루만져 길렀다. 천조는 물산이 풍부하여 없는 것이 없다. 본래 외부 오랑캐의 화물을 빌어 유무상통有無相通 무역하지 않는다."

건륭제 때까지만 해도 국내의 은광銀鑛 산출량이 매우 많아 은이 넘쳐났다. 당시 모든 세입을 지세地稅로 통일해 은으로 납부하게 하는 이른바 '지정은地丁銀' 제도를 확립할 수 있었던 이유다. 은이 넘쳐났기에 가능했던 일이었다. 당시 은화를 포함해 은을 다루는 점포를 '은항銀行'이라고 했다. 그러나 아편수입이 폭발적으로 증가하자 청국은 마침내 비용지급을 대신한 생사와 견직물, 도자기, 찻잎으로는 이를 결제할 수 없는 지경에 이르게 되었다. 가경 11년(1806) 아편은 이미 27만 톤에 달했다.

이로 인해 마침내 법정통화제도 및 조세제도의 기본 골격을 이루고 있는 은을 대량으로 유출하게 되었다. 은본위제 나라에서 은이 대량 유출은 금융·경제의 교란에 이어 실물경제의 파탄을 가져올 게 빤한 일이었다. 국가재정이 적자에 시달리고, 유민의 증가로 인한 육상과 해상의 반란이 접종한 근원이 바로 아편에 있었다고 해도 과언이 아니다. 이 모든 일이 바로 가경제 치세 때 일거에 터지고 만 것이다.

건륭제는 청조가 쇠락하는 모습을 보지 못했다. '강건성쇠'의 정점에서 숨을 거둔 덕분이다. 그는 생전에 원정에 모두 성공했다고 생각해 '십전지공十全之功'을 자랑했다. 그가 행한 10회의 출정은 준부準部(준가르부) 2회,

회부回部 1회, 금천金川 2회, 대만 1회, 미안마 1회, 안남 1회, 할하 2회를 통칭한 것이다. 그는 조부 강희제를 본떠 남순南巡 6회, 동순東巡 5회, 서순西巡 4회 등 총 15회에 걸친 순수巡狩를 행하기도 했다.

이제는 한 가정당 1대 이상의 컴퓨터는 당연한 일이지만, 불과 30~40년 전만 해도 컴퓨터는 가정용이 아니었다. 우리나라에서 '가정용 컴퓨터'라는 개념을 퍼지게 한 것은 '코모도어'였다. 당시 컴퓨터 업계 1인자 애플에서 출시한 '애플2'는 1천 달러가 넘었고, 코모도어가 내놓은 '코모도어64'는 300여 달러에 불과했다. 브랜드 파워가 비교적 약한 2인자가 취할 수 있는 저가 전략이었다.

그러나 코모도어는 2인자로서 취할 수 있는 전략을 망각하기 시작했다. 코모도어는 오래되어 예전만큼의 기세를 내지 못하고 있었다. 조급해진 코모도어는 애플 매킨토시를 지나치게 의식한 나머지, 아미가를 인수해 애플과 같은 시장에 뛰어들어 경쟁을 시작했다.

2인자로서의 위치를 잊고 자신의 능력을 깨닫지 못하면 2인자의 자리조차 지킬 수 없다.

모택동
·
본질을 꿰뚫는
1인자

VS

신중하고 총명한
2인자
·
주은래

1인자와 2인자는 주변 환경의 역학관계에 대한 이해를 바탕으로 전략적 사고를 해야 한다. 1인자는 자신을 둘러싸고 있는 환경에 대한 이해도가 뛰어나야 한다. 1인자가 모르면 우수한 2인자를 영입할 수 없다. 또 감성과 이성의 균형을 이뤄 한쪽으로 치우치지 않도록 해야 한다.

제13장 모택동과 주은래

"모택동은 항상 옳았고, 우리는 그의 말에 귀를 기울여야 한다."

‒ 주은래

2인자를 뺀 1인자는 없다

청대의 건륭제는 재위기간만 해도 60년이 넘었고, 88세까지 살았다. 증조부, 조부, 아버지, 아들, 손자 등 5대가 한 집에서 한 솥밥을 먹고 사는 이른바 '5세동당五世同堂'의 상징이다. 일반인들은 감히 꿈꾸기가 어려웠던 까닭에 '4세동당'을 최고로 쳤다. '5세동당'이든 '4세동당'이든 기본적으로 장수해야만 가능한 일이다. 장수는 건강이 뒷받침돼야 한다.

동양에서 전통적으로 수壽, 부富, 심신의 건강인 강녕康寧, 군자의 삶인 유호덕攸好德, 명대로 살다 죽는 고종명考終命의 5복 중 '강녕'을 가장 기본적인 복으로 꼽는 이유다. 이와 관련해 중국인들 사이에 유행하는 우스갯소리가 있다.

> 임표는 술과 담배를 모두 멀리해 63세에 죽었고,
> 주은래는 술은 가까이하고 담배를 멀리해 73세에 죽었고,
> 모택동은 술은 멀리하고 담배를 가까이해 83세에 죽었고,
> 등소평은 술과 담배를 모두 가까이해 93세에 죽었고,
> 장학량은 술과 담배는 물론 여색도 가까이해 103세에 죽었다.

사실 이는 억지로 만든 말이기는 하나 더 재미난 것은 그 뒤의 얘기다. 123세의 장수하는 노파가 있어 〈인민일보〉 기자가 찾아가 그 비결을 물었다.

"할머니, 장수 비결이 뭡니까?"

노파의 대답이 걸작이다.

"응, 담배는 건강에 좋지 않다니까 피우지 마. 나는 5년 전에 벌써 끊었어!"

임표는 횡사한 까닭에 술·담배와 무관하다. 주은래의 경우도 말년에 모택동의 허락이 떨어지지 않아 방광암수술을 2년이나 늦춰야 했다. 제때 수술을 받았다면 그 또한 더 오래 살았을 것이다. 모택동은 주은래가 자신보다 더 오래 살아 '중화제국'을 손에 틀어쥐는 것을 원치 않았다.

그러나 주은래는 아무런 불평도 하지 않고 이를 받아들였다. '대장정' 이후 죽는 그 순간까지 41년 동안 그는 단 한 번도 얼굴을 찌푸리지 않고

충성스럽게 '신 중화제국'의 창업주인 모택동을 깍듯이 모셨다. 그의 이런 충성스런 삶은 삼국시대 당시 유비와 유선 2대에 걸쳐 분골쇄신의 자세로 충성을 바친 제갈량에 비유할 만하다. 중국인들이 중국의 전 역사를 통틀어 역대 최고의 '승상'으로 제갈량과 주은래를 꼽는 이유다.

이는 '신 중화제국'의 창업이 결코 모택동 혼자만의 힘으로 이뤄진 게 아니라는 것을 시사한다. 주은래를 뺀 모택동은 상상하기 어렵다. 당초 중국공산당이 성립할 당시만 해도 그는 모택동과 비교할 수도 없는 높은 위치에 있었다. 그는 중국공산당 내에서 최고의 명성을 얻고 있는 프랑스파의 우두머리에 해당했다. 그런 그가 '대장정'의 와중에 스스로 머리를 굽히고 모택동의 참모로 들어간 것이다.

그러나 이것이 훗날 인민들로부터 제갈량과 더불어 중국 역사상 가장 위대한 '승상'으로 떠받들어지는 배경이 되었다. 황제인 모택동이 왼쪽으로 지나치게 빠질 경우 적절한 조언과 충고로 일정부분 이를 견제하며 제자리로 돌아오게 하는 역할을 수행한 결과였다. '황제'와 '승상'의 관계는 현대정치에서 대통령과 의회의 관계를 생각하면 쉽게 이해할 수 있다.

농민황제 모택동과 대장정

모택동은 청조 말기인 광서 19년(1893) 호남성 상담현湘潭縣의 소산韶山에서 중농의 자식으로 태어났다. 자는 윤지潤之이다. 8세 때 초등학교에 입학했고 13세까지 『논어』 등의 고전을 읽었다. 16세까지 부친의 반대로 진

학을 못하고 농사일을 도우며 틈틈이 책을 읽었다. 선통 원년(1909) 등산東
山 고등소학에 들어갔다. 이후 장사長沙의 상향湘鄕 중학으로 옮겼다. 선통
3년(1911) 10월 신해혁명이 일어나자 혁명군에 입대했다. 이듬해에 제대한
뒤 제1중학에 들어갔다가 다시 제1사범학교에 입학하였다. 지금의 호남
사범대학이다.

그는 여기서 영국에서 유학한 스승 양창제楊昌濟를 만나 커다란 영향을
받았다. 재학 중이던 1917년에 '신민학회新民學會'를 조직한 배경이다. 회
원은 대부분이 제1사범학교 학생들이었다. 이 학회는 호남성 혁명 지식
인들의 본영이 되었다. 1918년 학교를 졸업한 뒤 북경으로 올라가 호남성
출신 청년들의 외국 유학을 도왔다. 이 해 10월 북경대로 자리를 옮긴 양
창제의 소개로 북경대 도서관 주임 이대조李大釗의 조교로 일하면서 수업
을 청강하게 됐다. 이때 비밀 학생 단체들과 접촉하면서 무정부주의에 관
한 책을 읽고 마르크스주의로 기울게 되었다.

1919년 5 · 4 운동 발발 후 장사에서 '호남학생연합회'를 설립하고 〈상
강평론湘工評論〉을 펴냈으나 곧 금지당하고, 북경으로 달아나 러시아 혁명
에 관한 책을 많이 읽었다. 1920년 상해에서 진독수陳獨秀를 만나 얘기를
나눈 뒤 다시 장사로 돌아와 1924년까지 장사 제1사범학교의 부속소학교
교장 겸 어문 교사로 일했다. 이듬해인 1920년 겨울 양창제의 딸 양개혜楊
開慧와 결혼했다.

1921년 7월 상해에서 열린 중국공산당 창립대회에 호남성 대표로 참석
해 중국공산당 제1차 전국대표대회에 출석하였다. 1924년 국공합작이 시

작되자 공산당 중앙위원, 국민당 제1기 후보 등을 역임했다. 1927년 무한武漢으로 가서 중국공산당 중앙 농민부장이 되었다. 국공합작이 무산되자 농홍군農紅軍 3천 명을 이끌고 강서성 정강산井岡山으로 들어가 주덕朱德의 군대와 합류했다.

이듬해인 1928년 공농홍군工農紅軍의 정치위원에 선출됐다. 장개석의 공산당 토벌이 본격화하자 1931년 강서성 서금瑞金에 있는 중화 소비에트 정부의 중앙집행위원회 주석이 되었다. 장개석의 공격이 강화되자 1934년 1월 제2차 소비에트 대표대회가 서금에서 열렸다. 여기서 그간의 성과에 대한 검토가 이뤄졌다. 이 해 10월 서금에서 섬서성 연안延安까지 약 1만2천여 킬로미터에 이르는 대장정이 시작됐다. 당 중앙이 직접 지도하는 제1방면군은 10월 15일 살아남은 전투원 8만 5천 명과 후방요원 1만 5천 명 등과 함께 포위망의 허술한 부분을 뚫고 서쪽으로 이동하기 시작했다. 모택동은 사흘 뒤 퇴각하는 홍군과 뒤늦게 합류했다. 당시 그는 책 상자 한 개와 부러진 우산, 담요 두 장, 낡은 외투만을 휴대하고 있었다.

당시 모택동은 당 중앙에 의해 축출된 상태였던 까닭에 주덕이 군사령관, 주은래가 당 주석을 맡고 있었다. 제1방면군은 하룡이 이끄는 제2방면군이 호남과 호북, 사천, 귀주의 경계지역에 진출하고 있어 이와 합류할 예정이었으나 국민당 정부군의 공격으로 좌절됐다.

1935년 1월 하순 홍군의 주력부대인 제1방면군이 국민당 정부군의 격렬한 공격을 받아가며 우여곡절 끝에 귀주의 준의遵義에 도착했다. 1월 9

일부터 중앙 정치국 회의가 시작되었다. 중앙정치국 확대회의는 1월 15일부터 17일까지 열렸다. 참가한 사람은 모택동, 주덕, 주은래, 유소기 등 모두 20명이었다. '준의회의'는 중국공산당은 물론 중국의 장래에 커다란 영향을 미친 회의였다. 지도부는 이전에 범한 여러 잘못에 대해 난상토론을 벌였다. 이 자리에서 주은래는 뜻밖에도 이같이 말했다.

"모택동은 항상 옳았고, 우리는 그의 말에 귀를 기울여야 한다."

지금까지 줄곧 모택동의 상관으로 존재했던 주은래가 사상 최초로 모택동의 '참모'를 자처한 발언이었다. 이는 주은래 자신은 물론 모택동의 운명에 결정적인 전환점이 되었다. 훗날 '중화제국'의 초대 황제와 정승으로 짝을 이루는 계기로 작용했기 때문이다.

주목할 것은 준의회의를 계기로 극좌노선이 부인되고, 모택동 노선이 채택된 점이다. 지난 1981년 중국공산당 제11기 6중전회에서 통과된 「역사결의」는 그 의미를 이같이 풀이해 놓았다.

"이 회의는 모택동 동지로 하여금 홍군과 당 중앙의 영도적 지위를 확립하게 했고, 위급한 상황에서 당 중앙과 홍군을 보존할 수 있게 했다. 이에 마침내 장정을 성공적으로 완수하고 중국혁명의 새로운 국면을 타개하는 계기가 마련됐다."

조급하게 생각하지 마라

모택동의 '연안시기'는 대장정에 나선 홍군이 우여곡절 끝에 약 8천 명만 살아남아 연안에 도착하는 1935년 가을부터 시작됐다. 이 해 12월 27일 섬서 북부의 자장현 와요보진瓦窯堡鎭에서 공산당 중앙위원회 정치국 회의가 열렸다. 그간 당내에서는 반동적인 민족자산계급과 연합할 수 없다는 게 중론이었다. 그러나 이 '와요보회의'에서 모택동은 이와 반대되는 내용의「일본 제국주의를 반대하는 전술에 대하여」라는 보고서를 발표했다. 민족자산계급과 통일전선을 구축해 항일전에 나서야 한다고 게 골자였다. 그가 대장정을 소위 '파종론'에 비유한 이유다. 그의 설명이다.

"대장정은 유사 이래 처음 있는 일이다. 대장정은 11개 성에 수많은 종자를 뿌려놓았다. 그 종자가 싹이 트고 잎이 자라고 꽃이 피고 열매가 맺히어 앞으로 수확이 있게 될 것이다. 지금은 대변동의 전야이다. 당의 과업은 홍군의 활동과 전국의 노동자, 농민, 학생, 소자산계급, 민족자산계급의 일체 활동을 합류시켜 통일적인 민족혁명전선을 형성하는 데 있다."

'파종론'은 모택동의 통일전선 전략의 골자이다. 그는 세상의 모든 변화와 주행에 직선코스는 없다고 단언했다. 대다수 사람들이 혁명노선을 직선으로 간주한데 반해 모택동은 굴곡이 많은 곡선으로 간주한 것이다. 그가 혁명에 대한 조급증과 폐쇄주의를 신랄히 비판한 이유다.

"우물 안의 개구리가 '하늘이 우물만큼 크다'고 말한다면 그것은 틀린 말이다. 하늘은 우물에 비할 바가 아니기 때문이다. 만일 '하늘의 어느 한 부분이 우물만큼 크다'고 말한다면 그것은 옳다. 사실에 부합하기 때문이다."

냉철한 현실적 판단에 기초한 임기응변의 중요성을 역설한 것이다. 연안에 도착한 이듬해인 1936년 9월 16일 그는 〈신민보〉 등의 기자들과의 만나 이같이 말했다.

"세 살 먹은 어린 아이에게도 옳은 생각이 많겠지만 아직 천하대사를 알지 못하는 그들에게 천하대사를 맡길 수는 없다. 마르크스-레닌주의는 혁명대열 내의 소아병을 반대한다. 폐쇄주의 전술을 고집하는 사람들이 주장하는 것이 바로 소아병이다. 혁명의 길도 세상의 모든 사물과 마찬가지로 곧은 것이 아니라 언제나 굴절돼있다. 혁명과 반혁명의 전선도 세상의 모든 사물이 변동될 수 있는 것과 마찬가지로 변동될 수 있는 것이다."

통일전선에 반대하는 교조주의자들을 소아병에 비유해 성토한 것은 매우 통렬하다. 모택동의 여러 저술과 논문 중 군사 분야에 특출한 것도 그의 이런 생각과 관계가 있다. 대표적인 것으로 1936년 12월에 발표한 「중국혁명전쟁의 전략문제」 논문을 들 수 있다. 그는 여기서 일반적인 공식이나 교조적인 것을 배척하면서 중국의 특수성을 보편적인 일반논리로 끌어 올리려고 노력했다. 그의 주장이다.

"지금 우리는 전쟁을 하고 있다. 우리의 전쟁은 혁명전쟁이다. 우리의 혁명전쟁은 중국이라는 이 반식민지-반봉건적인 나라에서 진행되고 있다. 그러므로 우리는 일반적 전쟁의 법칙도 연구해야 하며 또한 특수한 중국혁명전쟁의 법칙도 연구해야만 한다. 아는 바와 같이 무슨 일을 하든 그 일의 성격, 다른 일과의 연관성을 모르면 그 일의 법칙을 알 수 없다. 어떻게 그 일을 할 것인가를 알 수도 없고, 그 일을 잘 할 수도 없다"

그는 당시 상황에서 국공합작이 절대 필요하다고 판단했다. 이는 국제 정세에도 부합하는 것이었다. 실제로 영미의 서방세계와 소련 모두 일본을 견제하기 위해서는 국민당과 공산당이 합세해 대적하는 게 절대 필요하다고 보았다. 그가 공산당의 기본입장을 국민당과 대비시켜 비유한 다음 대목이 그의 속셈을 잘 보여준다.

"남이 나를 건드리지 않으면, 나도 남을 건드리지 않는다!"

이는 원래 국공합작을 성사시키기 위한 엄포의 성격으로 나온 것이었다. 결국 여론에 밀린 장개석은 국공합작을 받아들였다. 여기에는 주은래의 설득에 넘어간 장학량이 장개석을 연금하는 '서안사건'을 일으킨 게 결정적인 배경으로 작용했다. 모택동의 '연안시기'는 시작부터 좋은 조짐을 보인 셈이다.

1938년 5월 모택동은 자신의 전략전술을 담은 「지구전을 논함」을 발표했다. 소련혁명은 소련의 국내 사정과 적군의 특수성을 떠나서 생각할 수 없는 것이므로 그것은 그것대로 참고하되 중국혁명 역시 중국의 특수사정을 감안해 전개돼야 한다고 주장한 것이다. 그는 이를 전체와 부분의 상호연관 문제로 해석했다.

"한 수만 잘못 두어도 지게 된다는 것은 어떤 부분적인 성격을 띤 한 수를 말하는 것이 아니라 전반 국면에 결정적 의의를 가지는 한 수를 두고 말하는 것이다. 바둑을 둘 때뿐만 아니라 전쟁을 수행할 때도 마찬가지다. 전쟁의 역사에서는 연전연승하다 한 차례의 패배로 모든 것이 수포로 돌아가는 경우도 있고, 여러 번 패전하다가 한 차례의 승리로 새로운 국면을 여는 경우도 있다. 여기서 말하는 한 차례의 패배나 승리는 모두 결정적인 것이다. 이런 모든 것은 전체 국면을 고려하는 것이 얼마나 중요한가를 설명해 주고 있다."

탁월한 지적이다. 군사 부문에서 드러나는 그의 탁월한 용병술은 『손자병법』의 병서는 물론 『자치통감』 등의 사서에 해박한 지식을 갖고 있었기에 가능했다고 보아야 한다. 『주역』을 포함한 유가경전에 해박했던 장개석과 대비되는 대목이다.

모택동을 포함한 홍군의 수뇌부는 연안에서 모든 것을 자력으로 마련해야 했다. '자력갱생'과 '생산투쟁'이 강조된 배경이다. 모택동은 즐기는 담배를 스스로 조달하기 위하여 자기의 동굴 앞에 있는 작은 텃밭을 가꾸어 담배를 재배했다. 1939년 2월 그는 '생산동원 대회'를 열고 날로 어려워지는 경제적 곤경을 해결하는 방안을 한마디로 압축해 제시했다.

"스스로 움직여 입을 것과 먹을 것을 풍족하게 하라!"

이후 이는 공산당이 상용하는 구호 중 하나가 됐다. 주둔하고 있는 해당 지역의 경제사정이 어려워지면 스스로 움직여서 먹고 입을 것을 해결하는 지침으로 활용된 결과다. 그의 이런 지침은 지휘관의 자질과 조건에 대한 언급에 보다 소상히 드러나고 있다.

"군사 지도자는 물질적인 조건이 허용되는 범위 내에서 승리를 쟁취할 수 있고 또 반드시 그래야만 한다. 본인이 하기에 따라서는 객관적 조건 위에 설정된 무대 위에서 다채롭고 웅장한 활극을 공연할 수 있다. 전쟁이라는 대해 속에서 유영遊泳하는 지휘관은 자신을 가라앉히지 않고 대안에 이르게 하여야 한다. 전쟁의 지도 법칙은 곧 유영술이다."

상대가 들어오면 물러나라

그가 전략적 퇴각을 매우 중시하는 이유가 여기에 있다. 실제로 제때 퇴각이 이뤄지지 못할 경우 참패로 연결될 수밖에 없다. 이때 그가 만들어낸 것이 바로 현대 게릴라전의 금언으로 인용되는 '16자결十六字訣'이다.

첫째, 적진아퇴敵進我退이다. 적이 진격하면 나는 퇴각한다. 둘째, 적주아요敵駐我擾이다. 적이 주둔하면 나는 교란한다. 셋째, 적피아타敵疲我打이다. 적이 피로하면 나는 공격한다. 넷째, 적퇴아추敵退我追이다. 적이 퇴각하면 나는 추격하는 것을 말한다. '16자결'은 전력이 절대적으로 열세에 놓인 측이 구사하는 가장 효과적인 전법이었다. 실제로 홍군이 막강한 전력의 국민당 정부군의 공세에도 괴멸되지 않고 버틸 수 있었던 것은 모택동이 제시한 '16자결'을 충실히 따른 결과였다.

연안시기에 모택동은 주덕과 주은래, 유소기 등과 함께 연안에서 4차례에 걸쳐 거처를 옮겨 다녔다. 안전 때문이었다. 동굴 집을 전전하면서도 그들은 장교와 사병, 수뇌급과 일반 당원 모두 똑같은 수준의 생활을 꾸려나갔다. 에드가 스노 등 서방 기자들은 이를 경이로운 눈초리로 바라보았다.

그러나 모택동이 연안시기에 일약 장개석과 어깨를 나란히 하는 중국 최고의 지도자로 부상하게 된 결정적인 배경은 역시 1937년 7월에 터져 나온 '중일전쟁'으로 보는 게 옳다. 그런 점에서 모택동은 시운을 타고난 셈이다. 중일전쟁으로 장개석은 소위 '안내양외'에 입각한 최후의 '위초'를 포기해야만 했다.

국공합작의 주도권을 둘러싼 국민당과 공산당 간의 경쟁은 공산당 내부의 권력투쟁과 밀접한 관련이 있다. 모택동은 마르크스나 레닌의 저서를 원어로 읽은 적도, 읽을 수도 없다. 그러나 그는 중국의 역사문화와 실정만큼은 자신이 가장 잘 안다고 자부했다. 그는 이 시기에 「모순론」과 「실천론」 등을 펴내 탁월한 이론가로 승인받는 전기를 맞이했다. 이는 그가 공산당의 영수로서 이론과 실제 양면에서 정적들을 압도하는 결정적인 배경이 됐다. 당시 그는 이같이 주장했다.

"국제적으로 볼 때 중국혁명은 제국주의에 대항하는 세계 프롤레타리아 혁명의 일부분이다. 국내적으로 볼 때 중국은 항일연합전선에 속하는 모든 정당에 의해 통치되어야 한다."

이는 '항일'을 기치로 공산당의 위상을 국민당과 같은 위치로 격상시켜야 한다는 속셈에서 나온 것이었다. 그가 통일전선을 붕괴시켜서는 안 된다고 역설한 이유다. 그의 이런 입장이 당시의 상황에 비춰 타당한 것이었음은 말할 것도 없다.

그럼에도 소련 유학파는 적군이 백군 및 서구 열강과 동시에 싸우면서 소비에트정권을 수립한 전례를 좇아 국민당과 결별하고 공산혁명을 추진해야 한다는 주장을 펼쳤다. 그러나 이는 자멸의 길이었다. 국제적으로 히틀러와 힘겨운 싸움을 벌이고 있던 소련이 미영 등의 서구 열강을 자극할 위치에 있지도 못했다. 국내적으로 세인들의 지지를 받기도 어려웠다. 임기응변에 취약한 교조주의자들의 한계가 선명히 드러나는 대목이다. 실제로 이들은 고집스럽게 볼셰비키 적군노선을 계속 주장하다가 숙청되고 말았다.

이 시기에 그는 이미 오래전에 연안에 둥지를 틀고 있던 인물을 포함해 자신의 정적을 일거에 제거하는 데 성공했다. 이들을 우파기회주의자로 몰아가는 1942년, 1943년의 이른바 '정풍운동整風運動'을 전개한 덕분이다. 이 운동은 1937년 이래 기하급수적으로 늘어난 신규 공산당원들에게 마르크스 이론과 레닌의 원칙을 설명해주는 것을 그 목표로 삼았다. 그러나 이는 표면적인 것이고 실은 소련의 방식을 무조건 답습하고 소련의 지령에 맹종하는 태도를 버리게 하는 것이었다. 당시 모택동은 소련유학파의 주장을 이른바 '외국교조주의'로 몰아붙였다.

1943년 3월 중국공산당의 사무국과 정치국 주석에 선출된 배경이다. 공산당원들 모두 중국 전래의 역사문화에 대한 그의 해박한 지식에 존경을 표한 결과다. 이는 그가 사상 처음으로 공산당을 공식적으로 장악한 것이기도 했다. 이에 앞서 장개석은 『중국의 명운』이라는 책을 펴냈다. 이 책은 도희성이 대필한 것으로 모두 8장으로 되어 있다. 중화민족의 역사 변천과 발전, 국치의 유래와 혁명의 역사, 불평등조약의 영향, 불벌에서 항전에 이르는 역사, 호혜평등의 신조약과 향후 방향, 혁명 창건의 근본문제, 중국혁명 창건의 동맥과 명운을 결정하는 문제, 중국의 명운과 세계의 전도 등이다. 이를 두고 모택동은 이같이 비난했다.

"이 책의 핵심 내용은 3가지다. 첫째 중국사에 대한 회고를 통해 봉건전통의 도덕적 윤리를 찬양해 이를 토대로 봉건체제를 계속 유지하고자 하는 것이다. 둘째 중국의 최근 1백 년을 회고해 국민당 통치를 찬양하고 인민이 중국의 명운을 국민당에 맡겨야 한다고 주장하는 것이다. 셋째 공개적으로 공산당을 비판하고 있다. 공산당의 용병이 군벌과 다름없고, 평화방식이 효과를 볼 수 없다고 한 게 그것이다."

모택동의 이런 비판은 부분적으로만 타당하다. 장개석의 주장 역시 부분적으로만 타당하다. 중국의 역대왕조 교체역사를 볼 때 양자 모두 왕조교체기에 천하를 놓고 다투는 '군벌'에 지나지 않았다. 실제로 모택동과 장개석은 서로 상대방을 '군벌'이라며 격렬한 선전전을 펼쳤다. 삼국시대 당시 조조와 손권, 유비가 독자적인 무력을 배경으로 서로를 향해 '군벌'로 매도한 것을 방불하게 한 대목이다.

승자의 법칙을 이용하라

모택동이 '신 중화제국'을 건립하게 된 직접적인 배경은 제2차 세계대전이 끝난 직후 천하를 놓고 국민당과 건곤일척의 혈전을 치른 국공내전에서 승리를 거둔 데 있다. 일본이 패퇴한 1945년 8월부터 시작해 중화인민공화국 수립이 선포되는 1949년 10월까지 4년간의 시간이 바로 국공내전의 시기에 해당한다.

주목할 것은 당시 스탈린은 중국공산당이 국공내전에서 승리하는 것을 바라지 않은 점이다. 인민해방군이 1949년 4월 남경을 점령했을 때 광동으로 퇴각하는 국민당 군대를 따라간 외교사절로는 소련대사밖에 없었다는 사실이 이를 뒷받침한다. 스탈린은 모택동이 '황제'로 군림하는 '중화제국'의 등장을 크게 꺼렸던 것이다. 스탈린이 최상으로 여긴 것은 모택동과 장개석이 남북으로 대치하는 중국의 분열이었다. 모택동이 석권한 공산국가의 등장은 부득이한 차선책에 지나지 않았다. 소련이 제정 러시아의 '대국주의'를 철저히 이어받았음을 뒷받침하는 대목이다.

모택동은 초기만 하더라도 스탈린의 이런 속셈을 제대로 간파하지 못했다. 사실 이는 불가피한 면이 있었다. 일본이 패퇴한 상황에서 그의 최대 적은 장개석일 수밖에 없었다. 모든 역량을 장개석 타도에 쏟아붓지 않으면 안 되었다. 소련의 도움이 절대 필요했다. 스탈린의 속셈 따위를 한가하게 따질 여유가 없었던 것이다. 당시 그는 장개석을 능히 제압할 수 있다고 자신했다. 1946년 8월 6일 미국 여기자 안나 루이스 스트랑과 가진 인터뷰가 그 증거다.

"일체의 반동파들은 모두 종이호랑이인 소위 '지노호紙老虎'입니다. 내가 보기에 반동파는 일견 대단해 보이나 사실 그 역량은 별 볼 일 없습니다. 장기적인 관점에서 보면 진정한 강한 힘은 반동파에 속하는 것이 아니라 인민에게 속합니다."

'지노호'는 장개석이 이끄는 국민당 정부군을 지칭한 것이다. 그의 이런 말이 과연 타당한 것이었을까? 부분적으로만 타당했다. 현실적으로 국민당 정부군은 나름대로 상당한 무력을 보유하고 있었다. 홍군 역시 국민당 정부군을 일거에 제압할 만한 역량을 보유하지 못했다. 이는 중국 특유의 '호언'에 지나지 않았다.

그럼에도 그가 일단의 진실을 언급한 게 사실이다. 당시 장개석군은 막강한 화력과 병력에도 불구하고 전략적인 실수로 인해 만주를 점차 상실해 가고 있었다. 이를 계기로 패배주의가 퍼져나가기 시작했다. 치명타였다. 1949년 3월 홍군의 승리가 확실해지자 중국공산당은 제7기 전국대표대회 제2차 중앙위원회 전체회의, 즉 7기 2중전회를 열었다. 이 자리에서 모택동은 감격스런 어조로 이같이 말했다.

"우리는 단지 '만리장정萬里長程'의 첫걸음을 내디뎠을 뿐이다!"

'만리장정'은 2가지 의미를 지니고 있다. 하나는 앞으로 천하운영의 어려움이 뒤따를 것이니 긴장을 늦추지 말고 이에 대비해야 한다고 주문한 것이다. 이는 스스로에 대한 주문이기도 했다. 다른 하나는 이전의 '대장정'을 승리로 미화하려는 의도가 담겨있다. 객관적으로 볼 때 '대장정'은 패퇴였다. 그럼에도 그는 중일전쟁 등 안팎의 여러 요인이 복합적으로 작용한 결과 막강한 무력을 자랑한 장개석을 제압하고 천하를 거머쥐는 행운을 만난 것이다. '대장정'이 그 단초인 셈이다.

실제로 그는 '대장정'을 계기로 당의 영도적 지도자 위치에 올라설 수 있었다. 모택동의 입장에서 볼 때 장개석의 축출은 '대장정'의 값진 보상일 수밖에 없다. 그가 '만리장정' 운운한 진정한 속셈이 바로 여기에 있다. '만리장정' 운운은 '중화제국' 건립 취지를 천하에 선포한 것이나 다름없다. 1949년 10월 1일 그는 천안문광장에 모인 군중들 앞에서 감격스러운 어조로 이같이 말했다.

"중국인민이 떨쳐 일어났다!"

이는 '중화제국'의 모습이 '중화인민공화국'으로 나타날 것임을 암시한 것이다. 그는 표면상 프롤레타리아 독재를 근간으로 하는 '사회주의 인민 공화국'을 내세웠으나 실은 자신이 '중화제국'의 창업주라는 자부심을 갖고 있었다. 중화인민공화국이 건립된 이후 숨을 거두는 1976년까지 그가 역대 왕조의 그 어떤 황제보다 더 막강한 황권皇權을 휘두른 사실이 이를 뒷받침한다. 중화인민공화국은 겉만 빨간색일 뿐 속은 역대 왕조와 마찬가지로 '황권'을 상징하는 노란색이었다.

거시사에 입각한 왕조순환설의 관점에서 볼 때 모택동이 세운 '중화인민공화국'은 원세개가 생전에 그토록 추구하다 끝내 실패한 '중화제국'이 원세개 사후 30여 년 만에 실현된 경우에 해당한다. 원세개의 '중화제국'은 꽃도 피기도 전에 시든 실패작에 해당한다. 모택동을 '신 중화제국'의 창업주로 간주하는 이유다. 이는 '중화제국'과 역대 왕조의 닮은 점을 비교하면 쉽게 알 수 있다. 크게 3가지다.

첫째, 그는 역대 왕조의 창업주와 마찬가지로 자신의 대업을 해칠 우려가 있는 자에 대해서는 극도로 무자비했다. 창건공신인 팽덕회와 하룡, 유소기 등이 비참한 최후를 맞이한 게 그 증거이다. 사실 이는 춘추시대 말기 월나라 구천이 구사한 '토사구팽'이 한제국은 물론 당, 송, 명, 청제국에 이르기까지 예외 없이 반복된 전례에 비춰 이상하게 볼 것도 없다. 그 역시 자신이 애써 이룬 대업의 기반을 튼튼히 하기 위해 창건공신들을 가차 없이 '토사구팽'의 희생물로 삼은 것이다.

둘째, 그는 역대 왕조의 창업주와 마찬가지로 '애민군주愛民君主'의 모습을 보여주기 위해 애썼다. 창업 직후 전국의 모든 땅을 국유화한 후 농민들에게 고루 나눠주는 일부터 시작한 게 그 증거다. 이는 전한제국 말기에 '신'나라를 세운 왕망이 실험적으로 실시한 후 한 번도 시행된 적이 없었던 극히 예외적인 조치였다. 중국의 역대 왕조에서 군벌상쟁 과정을 거치지 않고 왕조를 세운 유일한 경우가 바로 '신'나라였다. 여기에는 전국의 모든 땅을 국유화한 후 '경자유전'의 원칙에 의해 농민들에게 고루 나눠준 게 결정적인 배경으로 작용했다.

모택동이 근 2천년 만에 왕망이 시행한 토지국유화 조치인 '왕전제王田制'와 유사한 조치를 취할 수 있었던 데에는 공교롭게도 마르크스-레닌이즘이 왕망의 이상주의적인 '왕전제' 이념과 일치한 게 크게 작용했다. 청조 말기에 홍수전도 태평천국을 세운 후 '왕전제'의 이상을 구현한 바 있다. 그러나 태평천국이 이내 무너지면서 이는 하나의 실험에 그치고 말았다. 그런 면에서 그는 왕망이 이루지 못한 꿈을 1세기 뒤에 실현한 것이나 다름없다.

실제로 학계에서는 그가 공화국 건립 이후에 실시한 '대약진운동'과 '문화운동' 등을 왕망이 실시한 일련의 개혁조치와 비교해 그 유사성을 크게 부각시킨 바 있다. 그가 평생 인민복을 착용하며 검박한 삶을 산 것도 이런 맥락에서 이해할 수 있다. 그는 죽을 때까지 몇 가지 안 되는 반찬으로 구성된 식단으로 일관했다. 명절을 포함해 자신의 생일날에도 시종 주변의 몇 사람과 함께 조촐하게 지냈다. 그는 천하를 흉중에 품은 난세의 호걸이 그러했듯이 천하대사에는 지대한 관심을 기울이면서도 자신과 주변에 대해서는 극도로 무심했다. 유사한 인물로 삼국시대 위나라의 조조를 들 수 있다. 모택동이 전장에서도 손에서 책을 놓지 않고, 명산대천을 만나면 반드시 시를 읊은 것도 조조와 빼어 닮았다.

셋째, 그는 역대 왕조의 창업주와 마찬가지로 자신이 이룩한 대업을 만세토록 유지시키기 위해 후계자 선정에 고심을 거듭했다. 결국 그는 몇 차례에 걸친 시행착오 끝에 죽기 직전 화국봉을 자신이 건립한 '신 중화제국'의 황태자로 삼았다. 많은 사람들이 그 결과에만 주목해 이를 실패작으로 평가하고 있으나 이는 평면적인 분석에 지나지 않는다.

주목할 점은 그가 죽기 직전 자신의 손으로 복권시킨 등소평의 당직을 박탈하면서도 당적만은 보유하게 한 점이다. 이는 노회한 등소평이 설령 화국봉을 누르고 자신의 뒤를 이을지라도 과거 흐루쇼프가 '스탈린 격하운동'을 전개한 것과 같은 극단적인 조치를 취하지는 않을 것이라는 확신이 있기 때문에 가능한 것이었다. 그가 죽는 순간까지 사인방을 후계자로 선택하지 않은 이유가 여기에 있다.

역대 왕조의 창업주 대부분이 후계자 선정에 실패했다. 창업주 사후 거의 예외 없이 보위를 둘러싸고 창업주의 자식과 손자들 사이에 처절한 유혈사태가 빚어진 게 이를 뒷받침한다. 그런 점에서 유혈사태를 최소화한 등소평은 역시 노회했다. 이는 그가 화국봉을 움직여 가장 먼저 사인방 전격 체포함으로써 유혈사태를 미연에 방지한 결과였다. 집권 후 모택동의 공과를 '공7, 과3'으로 정리한 것을 두고 놀라움을 표하는 견해도 있으나 사실 모택동도 죽기 직전 등소평이 집권할 경우 자신의 공과를 대략 '공7, 과3'으로 정리하리라는 것을 알고 있었다. 모택동은 결코 후계자 선정에서 실패한 게 아니다.

전체가 동의할 비전을 제시하라

주은래周恩來는 광서 24년(1898) 3월 5일 강소성 회안淮安에서 태어났다. 모택동보다 5세 연하이다. 그의 부친 주이능周貽能은 주은래가 태어난 해에 과거에 합격했다. 아들의 이름을 '은래'로 지은 이유다. 황은皇恩이 찾아왔다는 뜻이다.

주이능은 사회적으로나 직업적인 면에서 평범한 삶을 살고자 한 향신鄕紳이었다. 실제로 그의 부친은 미관말직을 전전하면서도 녹봉을 술 몇 잔 마시는 데 쓰는 것으로 만족해했다. 주은래의 모친 만씨萬氏는 교양 있는 여성으로 명문가 출신이었다. 그녀는 그림이나 서예 같은 중국의 전통 예능에 조예가 깊었다. 독서도 많이 했다.

만씨의 친정아버지가 주은래 출생 다음날 죽은 까닭에 만씨는 아들조차 제대로 돌볼 여유가 없을 정도로 크게 비통해했다. 그가 태어난 지 4달쯤 되었을 때 백부 주이갱의 집에 양자로 보내진 것도 이런 집안 사정과 무관치 않았다. 주이갱은 중병을 앓는 데다 후사가 없었던 까닭에 주은래를 친자식처럼 사랑했다.

당시 주이능은 매사에 책임감이 없었다. 주은래가 백부 집에서 생장한 배경이다. 훗날 그는 자신의 부친에 관해 이야기 하면서 수백만 농민들이 생계를 유지하기 위해 땀을 흘리는 반면 편히 놀고먹는 관원들을 이같이 비판했다.

"부정부패가 아니라면 어떻게 그처럼 좋은 옷을 입고, 많은 가족을 먹여 살릴 돈을 마련할 수 있었겠는가. 얼마 안 되는 월급을 받는 지방관원이 말일세."

주씨 촌의 두 집안은 서로 가까운 거리에 있었다. 주은래는 어렸을 때부터 백모이자 양모인 진씨陳氏를 생모처럼 공경하며 따랐다. 진씨는 남편 사후 재혼해 자식을 낳은 후에도 주은래를 무척 아꼈다. 그녀는 주은래에게 신식 교육을 시키고자 했다. 결국 기독교 계통의 선교사를 집으로 데려와 주은래와 자신의 아들 주은주를 가르치도록 배려했다. 덕분에 그는 비록 초보적인 것이기는 하나 어렸을 때 이미 영어를 어느 정도 배울 수 있었다. 훗날 그가 여타 공산주의자들과 전혀 다른 모습을 보여준 근본배경이 여기에 있다.

당시 진씨는 어린 주은래에게 중국 전래의 설화나 전설도 많이 얘기해주었다. 주은래가 중국의 전통 회화와 서예에 대해서도 일가견을 갖게 된 배경이다. 그가 한시를 평생 좋아한 것도 이때의 학습과 밀접한 관련이 있다. 모든 것이 백모이자 양모인 진씨 덕분이었다. 그는 훗날 이같이 술회했다.

"나는 어머님의 가르침에 감사하고 있다. 모친의 보살핌이 없었다면 나는 학문적 추구에 대한 관심을 계발할 수 없었을 것이다."

이때 그는 유교경전을 익히면서 공자의 가르침을 가슴 깊이 새겼다. 그는 회안에서 남쪽으로 500킬로미터 정도 떨어진 절강성 소흥에서 매년 일정 기간을 보내곤 했다. 주씨 가문의 종가가 거기에 있었기 때문이다. 광서 33년(1907) 그는 양모 진씨와 생모 만씨를 동시에 잃었다. 이후 2년 동안 늙은 유모가 그를 돌보았다.

선통 2년(1910) 봄 그의 삼촌 중 한 사람이 그를 데리고 만주 심양으로 갔다. 이곳은 청나라의 본거지가 있는 곳이기도 하다. 그는 잘 적응했다. 훗날 그는 이같이 술회했다.

"나는 1910년 심양으로 가서 3년을 살았다. 당시 나는 '변발'을 하고 있었다. 내가 지금처럼 건강한 것은 심양의 옥수수 음식과 황토에 몰아치는 강풍 덕분이다."

그는 선교사들이 운영하는 심양의 '동관모범학단'에 입학했다. 그는 이곳에서 서양의 학문을 접하면서 중국의 현실을 정확히 이해하게 되었다. 한 번은 교장이 학생들에게 왜 공부하는지를 물었다. 대부분 부자나 고관이 되기 위해서라고 대답했다. 주은래의 답은 달랐다.

"중국이 다시 일어설 수 있도록 하기 위해서입니다."

이듬해인 선통 3년(1911) 10월 신해혁명이 일어났다. 그의 나이 13세 때였다. '중화민국'의 총통 자리를 놓고 원세개와 손문이 북경과 남경을 거점으로 치열한 신경전을 벌인 끝에 마침내 1912년 2월 선통제가 퇴위하고 중화민국이 들어섰다. 주은래를 비롯한 대다수 학생들은 기쁨을 감추지 못했다. 총통이 누구인지는 중요하지 않았다. 학생들은 곧바로 '변발'을 잘라버렸다. 15세가 되는 1913년 그는 학교를 졸업하면서 친구에게 편지를 썼다.

"중국이 이 세상에서 솟아오르는 날 다시 만나고 싶구나."

젊은 주은래의 부푼 꿈은 더 넓은 곳을 향하고 있었다. 그는 심양을 떠나 북경으로 갔다. 그가 맨 처음 원서를 넣은 학교는 북경의 '청화淸華학교'였다. 미국 대학에 진학하려는 중국 학생들을 교육시키기 위해 미국의 지원으로 설립된 학교다. 현재 중국에서 북경대학과 쌍벽을 이루고 있는 청화대학의 전신이다.

그러나 그는 불행히도 영어시험에 떨어졌다. 어렸을 때부터 영어를 습득한 그의 영어실력이 딸렸기 때문이 아니다. 지역안배 때문이었다. 장강 삼각주인 강소 출신의 경쟁률은 다른 지역에 비해 두 배나 높았다. 예로부터 강소와 안휘, 절강 일대의 과거합격자 수가 많았던 전통이 '중화민국'이 들어선 이후에도 그대로 이어지고 있었다.

당시 주은래 집안은 그가 '청화학교' 입학에 실패한 사실에 크게 실망했으나 그는 오히려 이를 전화위복의 계기로 삼았다. 자신의 야망이 결코

남개대학교

"중국이 이 세상에서 솟아오르는 날 다시 만나고 싶구나."
– 주은래

인습적인 학교에 의해 채워질 수 없다고 생각한 것이다. 그가 두 번째로 선택한 것은 천진의 '남개南開학교'였다. 현재 중국 내에서 손꼽히는 명문 대학인 남개대학의 전신이다. '남개학교' 역시 미국 계통이다. 천진은 북양군벌의 발상지로 상해와 마찬가지로 외국인의 조계가 형성돼 있었다. 그는 시험에 합격하자 주변의 반대를 무릅쓰고 1913년 늦여름에 천진으로 가 넷째 아주머니 댁에 머물며 남개학교에 입학했다. 당시 중국의 유력 성씨들은 보통 중요한 지역마다 대표자를 한 사람씩 두고 있었다.

'남개학교'는 미국 대학의 전통을 그대로 들여온 까닭에 학습 분위기가 매우 자유롭고 민주적이었다. 당시까지 주은래는 심양에 있는 삼촌으로부터 재정지원을 받았다. 얼마 후 삼촌의 경제사정이 여의치 않아 비싼 수업료를 감당하기 쉽지 않았다. 그는 학비를 벌기 위해 여가 시간에 학교에서 교재를 필사하고 등사판의 원지를 자르는 일을 했다. 단벌인 푸른 면의 외투를 일요일마다 빨아 밤새 널었다가 다음날 다시 입고 등교하는 생활이 계속됐다.

남개학교 입학 첫 해에 그는 중국의 앞날을 위해 열심히 공부해야 한다는 내용의 작문을 썼다. 이는 애국적인 중국청년의 열망을 반영한 것이었다. 그는 다른 학생들이 잠이 드는 밤늦게까지 공부했다. 교사들 중 일부가 그의 가정형편과 뛰어난 학교성적을 감안해 학비 면제를 건의했다. 이에 입학 2년째 전교에서 유일무이한 학비면제생이 됐다. 당시 학비는 연간 36달러였다. 여기에 기숙사비와 식비로 각각 월 24달러와 4~5달러가 필요했다. 주은래의 생활은 검약의 표본이었다. 그의 술회다.

"남개중학에 다니던 마지막 2년 동안 나는 가족으로부터 아무 도움을 받지 않았다. 나는 반에서 최우등생으로 받은 장학금으로 생활했다."

1914년 초 주은래는 친구 2명과 함께 '경업군락회敬業群樂會'라는 과외 서클을 결성했다. 책을 바꿔 보고 강연과 세미나를 열어 교우를 넓히자 는 취지였다. 1915년 진독수가 노신 및 호적 등과 함께 〈신청년〉을 펴내 자 그는 이 잡지의 열렬한 애독자가 됐다. 이 해에 원세개가 일본의 노골 적인 침략 의도를 드러낸 21개조를 요구에 굴복하는 모습을 보이자 그는 격분했다. 이내 공원으로 가 사람들 앞에서 민족적 모욕에 강력 항의하는 연설을 하기도 했다. 이 해에 자신이 결성한 토론서클에서 닦은 실력을 배경으로 그는 남개학교 대표로 출전해 천진의 여러 학교를 제치고 우승 하기도 했다. 1916년 초 원세개가 '중화제국'의 황제에 취임했다. 격분한 그는 또 군중들 앞에서 이를 통렬히 비판했다. 이 해 5월 원세개를 비판하 는 대중연설의 대표로 선발된 그는 역사적인 사례를 들어 반동적인 군벌 정권을 성토하는 작문을 써내면서 이같이 끝맺었다.

"국민의 일부를 얼마 동안 우롱할 수는 있으나 국민의 전부를 두고 우롱할 수는 없다!"

촌철살인의 명문이었다. 그는 수상의 영광을 얻었다. 당시 그는 남개학 교가 가장 자랑할 만한 모범생이었다. 이 해 9월 원세개가 사망하자 북양 군벌 내에 치열한 후계자 다툼이 벌어졌다. 본격적인 '군벌상쟁'을 알리는 신호탄이었다. 그러나 주은래는 아직 학업을 마치지 못한 까닭에 이에 적극 개입할 입장이 못 되었다.

이듬해인 1917년 6월 마침내 졸업식이 열렸다. 그는 문학에서 전교수석을 차지했다. 자연과학과 수학도 우수했다. 평균점수 90점이었다. 30여 년 후 그는 남개학교를 찾아가 교직원과 학생들 앞에서 연설하면서 당시의 추억을 이같이 떠올렸다.

"당시 우리가 받은 것은 자본주의 교육이었습니다. 나는 다소의 지식을 습득했고 조직의 능력을 훈련했습니다."

당시 상황에서 '남개학교'를 나온 것만으로도 대단한 학벌이었다. 그러나 그는 더 큰 꿈을 꾸고 있었다. 중국을 열강이 침탈에서 구해내기 위해서는 더 배워야 한다고 생각했다. 그는 당시 많은 중국학생들이 그렇듯이 일본유학을 택했다. 거리도 가깝고 무엇보다 학비가 상대적으로 쌌기 때문이다.

1917년 9월 주은래는 신학문을 더 배울 목적으로 가까운 친구가 머물고 있는 일본 교토로 갔다. 이때 그는 〈사회문제연구〉를 발행하던 가와카미 하지메河上肇 박사의 저술을 탐독했다. 가와카미는 일본 최고의 좌익 이론가였다. 주은래의 가와카미의 글을 읽으면서 마르크스 이론을 어느 정도 이해하게 됐다. 훌륭한 학업성적과 뛰어난 학자적 자질에도 불구하고 그가 학자의 길을 가지 않은 이유가 여기에 있다. 이를 두고 훗날 에드가 스노는 '학자에서 정치가로 전향한 반도叛徒'로 표현했다.

그가 자신의 꿈을 학자에서 정치가로 바꾼 것은 중국의 앞날을 위해 좀 더 큰일을 하고자 했기 때문이다. 그 시기는 의외로 빨리 왔다. 그가 일본으로 유학을 떠난 지 채 2년도 안 된 1919년 초 중국에서 북경대를 중심으로 5 · 4운동이 일어났다. 이때 천진에 있는 친구로부터 문득 편지가 왔다.

"바야흐로 나라가 사라지려고 하는 마당에 도대체 공부가 무슨 소용이 있단 말인가!"

주은래는 귀국을 서둘렀다. '오'의 아내는 반지를 팔아 여비를 마련해 주었다. 귀국 직후 곧바로 대학으로 승격한 남개대학에 등록하고자 했다. 그러나 그의 가족은 대학진학에 필요한 학비를 대줄 여유가 없었다. 총장이 그에게 비서자리를 제공해 주었다. 그는 비서생활을 하면서 학교에서 발행하는 학생신문의 편집을 맡았다. 이 신문은 문어체로 발행되고 있었다. 그는 이를 백화문으로 바꿀 것을 주장해 관철시켰다. 편집진이 그를 주필로 선출했다. 일반인들도 많이 구독한 까닭에 발행부수는 2만 부로 늘어났다.

그는 신문사 경비를 아끼기 위해 여러 가명을 사용하며 많은 기사를 썼다. 거의 그가 혼자 만드는 것이나 다름없었다. 선동적인 사설도 제법 많이 썼다. 중국사회를 전면적으로 개편하고 새로운 사상을 받아들여야 한다는 게 요지였다. 1919년 8월 6일자 사설이다.

"아, 동포여, 검은 세력의 힘은 어느 때보다 더 강해져 가고 있다. 그들에 대항해 스스로 지키기 위해 우리는 어떻게 해야 할 것인가. 대비가 있어야 하고 방법이 있어야 하고 희생이 있어야 한다."

이는 천진을 장악하고 있는 친일파 산동군벌을 겨냥한 것이었다. 그가 북경에서 열리는 국민저항대회에 참가할 학생 대표단을 파견한 것도 이런 맥락에서 이해할 수 있다. 파견 대표단이 투옥되자 다른 학생 대표단이 북경의 총통 관저 앞으로 몰려가 3일 동안 연좌시위를 벌였다. 이 해 9월 초 그는 석방된 학생들과 함께 천진으로 돌아왔다.

이때 그는 군벌정부에 보다 효과적으로 대처키 위해 별도로 조직돼있는 남녀학생들을 하나로 묶는 게 필요하다고 판단했다. '각오사覺悟社'가 등장한 이유다. 이때 천진의 제1여자사범학교에 다니는 16세의 등영초鄧穎超를 만났다. 그녀는 5·4운동 당시 뛰어난 글을 발표해 명성을 떨친 바 있었다. 두 사람은 서로 사랑하는 사이가 됐다.

당시 중국에는 성 단위로 유망한 젊은이들을 유럽으로 유학을 보내 그곳에서 노동을 하면서 학업을 닦게 하는 이른바 '근공검학勤工儉學'이 커다란 반향을 일으키고 있었다. 1919년, 1920년 사이 약 1,600여 명의 중국 학생들이 '근공검학' 계획을 좇아 프랑스로 건너갔다. 이들 중 상당수가 훗날 중국공산당의 지도자가 됐다. 주은래를 비롯해 이립삼, 등소평, 진의 등이 그들이다.

1920년 11월 우편선 포르토스 호에 몸을 싣고 상해를 떠나 프랑스 마르세이유로 향했다. 그의 나이 22세였다. 마르세이유 도착 직후 파리로 올라온 그는 많은 것을 구경했다. 프랑스도 인종차별 면에서는 미국과 별반 차이가 없었다. 훗날 그는 주중 프랑스 대사에게 이같이 비꼰 바 있다.

"당신네는 자유를 사랑하는 국민이오. 프랑스에 있을 때 나는 도처에서 당신네 나라 사람들이 인종평등을 존중하는 것을 즐거운 마음으로 목도했소."

그가 만난 프랑스 경찰과 관리, 교수, 하숙집 여주인 등은 결코 중국 유학생들에게 친절하지 않았다. 그나마 일본인들은 겉으로는 제법 대우를 받는 듯했으나 결코 인종차별 대상에서 자유로운 것도 아니었다. 이런 환멸이 그로 하여금 더욱 마르크시즘에 깊이 빠져들게 만들었는지도 모를 일이다.

이듬해인 1921년에 들어와 프랑스와 북경정부는 프랑스 내 중국 유학생들을 위해 리옹에 대학교를 설립키로 합의했다. 그러나 프랑스에 입국한 지 얼마 안 된 중산층의 유학생들만 받아들인다는 단서가 붙었다. 주은래와 같은 시위 전력 학생들을 배제하기 위한 꼼수였다. 그는 이에 항의하는 시위를 주도했다. 그를 선두로 한 수백 명의 중국 학생들이 파리에서 리옹까지 450킬로미터를 도보로 가두행진을 할 요량으로 시위에 나섰다. 프랑스 경찰당국이 급히 시위가담자들을 전원 체포한 뒤 이들 중 1백여 명을 강제 추방했다.

이로 인해 프랑스의 대학에 입학하려던 당초의 계획은 물거품이 되고 말았다. 이때 마침 중국에서 공산당이 창립됐다. 그는 비슷한 시기에 프랑스 지부 창설의 산파 역할을 맡았다. 이후 코민테른과 교신을 갖게 된 그는 유럽 내 중국 학생들을 규합하는 조직책이 되어 유럽의 여러 곳을 자주 여행하게 되었다.

1923년 1월 손문이 소련대표 요페와 이른바 '손-요페 공동선언'을 발표
했다. 소련이 과거 제정 러시아가 중국으로부터 취한 일체의 이권을 양보
할 뜻을 밝힌 게 결정적인 배경으로 작용했다. 손문은 '연소용공'을 기치
로 내걸고 공산당과의 합작을 서둘렀다. 이듬해인 1924년 1월 국민당 제1
회 전국대표대회가 광동에서 열렸다. 의원들이 소련과 동맹을 체결해 공
산당과 협력할 것을 결의하면서 '제1차 국공합작'이 가시화되었다. 이 해
6월 주은래는 당 중앙의 명에 의해 문득 귀국길에 오르게 되었다. 이는 국
공합작의 새로운 상황을 맞아 '조직의 귀재'로 소문난 그를 급히 국내로
끌어들인 것이다. 3년 반 만의 귀국이었다.

당시 국민당과 공산당은 비록 오월동주의 일시적인 협력이기는 하나
일단 북경의 중앙군벌을 토벌해 통일을 완수한다는 데 동의하고 있었다.
주은래는 국민당의 군사고문으로 와 있는 바실리 블루체르 장군과 친밀
한 관계를 유지했다. 에드가 스노는 일명 '갈린'으로 불린 불루체르를 주
은래의 '실질적인 두목'으로 표현해놓았다. 그러나 사실 주은래는 자신과
죽이 맞는 미하일 보로딘의 지시를 좇고 있었다. 프랑스에서 만난 베트남
혁명의 아버지 호지명도 이때 광주에 와있었다.

광주에서 만난 당원 중에는 호남의 시골뜨기 출신 모택동도 있었다. 일
각에서는 주은래와 모택동의 우정이 이때 맺어진 것으로 보나 이는 지나
치다. 시골에서 홀로 마르크시즘을 공부한 모택동에게는 당시 정통 마르
크시즘을 공부한 주은래의 관심을 끌 만한 게 별로 없었다. 코민테른을
'정통 공산주의'로 간주하고 있던 주은래의 입장에서 볼 때 모택동은 시

골에서 독학으로 사회주의 이념을 습득한 '얼치기 공산주의자'에 불과했다. 이는 모택동이 '농민운동 훈련연구소'라는 특이한 단체를 운영한 데서 극명하게 드러났다.

당시만 해도 주은래는 대다수의 '국제공산주의자'들이 그러했듯이 농민의 혁명역량을 결코 높이 평가하지 않았다. 모택동이 농민을 주축으로 한 유격전술에 집착하는 모습을 보인 것은 오히려 주은래의 심기를 적잖이 거슬렸을 것이다. 실제로 주은래는 공산당 간부들을 이념적으로 정예화한 특수군단에 초점을 맞추고 있었다. 모택동은 모택동대로 이를 '부르주아' 행보로 간주해 좋지 않게 생각했다.

두 사람은 친교를 맺기보다는 오히려 갈등관계를 형성했을 가능성이 크다. 객관적으로 볼 때 제1차 국공합작이 진행될 당시 모택동은 여러모로 주은래와 대등한 위치에서 자신의 주장을 펼칠 수 있는 입장이 아니었다. 이는 대다수 전문가의 견해이기도 하다.

제1차 국공합장 당시 주은래는 황포군관학교의 정치부 주임으로 있으면서 생도들에게 마르크시즘을 주입하기 위해 애썼다. 그의 훈화를 받은 사람 중 훗날 홍군의 저명한 지도자가 된 임표와 나서경 등이 있었다. 처음 배출된 학생 중 8명 이상이 공산당에 가입했다. 당시 그는 학생들을 상대로 정치조직을 만들고, 신문을 발행하는 등 바쁘게 일했다. 매일 아침 배편으로 광주에서 황포까지 출근하면서 배 안에서 즉석 강의를 하기도 했다. 퇴근 이후에도 짬이 없었다.

당시 고위급 정치요원으로 있던 주은래는 광동지역 농민을 설득해 국민당 정부군을 지원하도록 하는 데 성공했다. 이때의 공을 인정받아 국민혁명군 제1군 정치부 및 군관학교 계엄사무 책임자로 임명됐다. 제1차 국공합작 기간 중 공산당은 국민당 내에서 그 세력을 급속히 신장시켰다. 모택동이 선전부장 등을 맡은 게 그 증거다. 주은래는 계속 황포군관학교 정치부 주임으로 있었다.

국공합작 초기만 하더라도 장개석은 주은래를 크게 신임했다. 이는 주은래가 코민테른의 지시를 좇아 '국공합작'의 유지에 헌신적인 노력을 기울인 사실과 관계가 깊다. 당시의 객관적인 정황을 감안할 때 이 점에 관한 한 모택동은 주은래보다 세계정세를 보는 시각이 확실히 좁았다. 이들 두 사람의 견해가 접점을 찾게 된 계기는 내부가 아닌 외부에서 왔다.

손문이 1925년 3월 세상을 떠나자 장개석은 공산당을 축출할 생각을 품었다. 이듬해인 1926년 3월 장개석이 황포군관학교에 대해 개혁을 시도했다. 공산주의자들이 반역행위에 가담하고 있다는 의심에서 비롯된 것이었다. 이내 소련 군사고문과 공산당 계열의 정치장교를 직위해제하고, 계엄령을 선포했다. 주은래도 가택연금 상태에 놓였다. 이때 당원 일부가 보복을 가할 것을 주장했으나 주은래는 반대했다. 이는 국공합작을 바라는 코민테른의 지시에 따른 것이었다. 당시 스탈린은 일본이 만주를 점거해 만주에 대한 소련의 이익을 침탈하고 제1차 세계대전 때처럼 시베리아로 출병할까 크게 우려했다. 장개석의 도발적인 행동이 유야무야 상태로 넘어간 이유다.

얼마 후 주은래는 종전의 직위로 복귀했다. 황포군관학교 내에도 공산당 출신의 생도를 위한 학급이 편성됐다. 이 해 7월 장개석의 제1차 북벌이 시작됐다. 파죽지세였다. 이 해 말 국민당 정부군은 광동에서 7백 마일 떨어진 장강 삼각지대에 도달했다. 주은래는 중국에서 가장 현대적이고 최고로 산업화된 상해를 먼저 장악하고자 했다. 그는 아내 등영초와 함께 상해로 갔다. 노동조합과 산하 노동자들을 규합해 상해를 동남군벌의 마수에서 해방시키기 위한 사전조치였다.

이듬해인 1927년 3월 21일 정오 상해의 모든 교통수단이 일시에 멈췄다. 1시간 뒤 관공서와 경찰서 및 통신시설에 대한 무장 노동자들의 공격이 시작됐다. 주은래는 3백 명의 동지들을 이끌고 가 우체국 점령을 시작으로 경찰서와 기차역을 잇달아 점거했다. 다음날 새벽 4시경 상해 전체가 주은래가 이끄는 홍군의 수중에 떨어졌다. 중국 최대 도시를 이처럼 빠른 시일 내에 접수한 것은 전례 없는 일이었다.

주은래는 즉각 '시민정부'를 선포했다. 이것이 이른바 '상해코뮌'이다. 그는 상해를 계속 장악하기 위해서는 추가적인 지원이 필요하다고 생각했다. 상해 부근에 주둔하고 있는 장개석의 지원을 기대했다. 그러나 국민당 내의 우파세력이 장개석을 의구심을 부추겼다. 공산 세력을 타도할 수 있는 절호의 기회로 생각한 장개석은 상해지역의 부호들을 비롯해 폭력조직인 청방의 우두머리 두월생杜月笙을 만났다.

4월 12일 아침 상해 전역을 진동시키는 요란한 함성소리가 났다. 국민당 정부군이 시내로 들어와 노동자 주거지역에 거점을 마련하고 있는 홍군을 소탕하는 작전개시 신호였다. 목표는 각 기관의 무장경비를 서고 있던 홍군이었다. 이들은 장개석 군대의 기습으로 전멸했다. 이어 노동자들로 구성된 노동자 민병대가 이 비상사태에 대처하는 움직임을 보이자 장개석과 제휴한 상해의 폭력조직이 즉각 행동에 들어갔다. 노동자들로 가장한 이들 깡패조직이 노조 지도자들을 살해하자 노동자 민병대는 이내 궤산되고 말았다.

당시 주은래는 조합 본부 건물에서 방어전을 지휘하고 있었다. 이미 수적으로 엄청난 열세에 놓인 노동자들은 패주를 계속했다. 주은래는 노동조합 건물이 점령당하기 몇 분전에 탈출을 시도했으나 이날 늦게 국민당 정부군에 체포되고 말았다. 이미 5천여 명의 공산당원들이 처형된 상황이었다. 특이하게도 당시 주은래는 이런 절체절명의 위기상황에서 용하게도 빠져나올 수 있었다. 훗날 문화대혁명 때 이것이 커다란 문제가 된 바 있다. 일설에는 그를 잡아 가두고 있던 국민당 정부군 장교의 동생을 주은래가 이전에 구해준 적이 있다고 한다. 이런 주장이 맞는다면 인과응보의 보답을 받은 셈이다.

장개석은 즉시 주은래의 목에 8만 달러의 현상금을 내걸었다. 도주를 위해 그는 짙은 눈썹을 밀어버리고 수염을 길렀다. 이후 그는 국민당이 발행하는 통행증을 신청해 기차를 타고 서쪽의 무한으로 갔다. 그곳에는 국민당 좌파의 수령 왕정위가 공산당과 합작한 '무한정부'가 있었다.

당시 스탈린은 중국공산당이 주도하는 무장봉기를 격렬히 반대했다.

그러나 주은래는 몇몇 동지와 장시간에 걸친 논의 끝에 당초 계획대로 무장봉기를 진행시키기로 결정했다. 스탈린의 명을 묵살한 셈이다. 이는 중국이 공식적으로 스탈린과 코민테른의 명을 거역한 첫 번째 사례에 해당한다.

8월 1일 새벽 마침내 '남창봉기'가 일어났다. 초반은 봉기군의 압도적인 승리였다. 병력도 우세한 데다 사전 계획과 작전도 주밀했고, 지휘체계도 통일적이었다. 그러나 남창 인근의 무한과 남경 방면의 지원 세력이 원래의 계획처럼 움직일 수 없었다. 남창을 에워싼 국민당 정부군의 규모가 봉기군의 몇 배에 달할 정도로 증원된 결과였다. 결국 남창에서 철수하여 남하할 수밖에 없었다. 8월 5일 주은래가 마지막으로 남창을 떠났다. 그는 남쪽 홍콩으로 피신했다. 이로써 남창봉기는 참패로 끝나고 말았다. 이는 공산당이 자체의 병력을 모아 적과 대규모로 전쟁을 벌인 첫 번째 시도에 해당된다.

남창봉기를 계기로 중국공산당은 자체의 인민혁명군을 건설하기 시작했다. 자체의 군대로 무장혁명투쟁을 전개해 나가겠다는 새로운 노선을 확고히 한 것이다. 얼마 후 모택동도 자신의 고향인 호남에서 '추수폭동'을 일으켰다. 장사를 장악하고자 했던 이 봉기 역시 성공하지 못했다. 남창봉기 후 병력 일부를 이끌고 이곳저곳을 헤매던 주덕은 '추수폭동' 실패 후 정강산으로 들어간 모택동과 합류했다.

이 해 말 광주에서 다시 봉기가 일어났다. 그러나 광주봉기도 실패해 4

천여 명의 공산당원이 살해당했다. 님 웨일즈의 『아리랑』은 당시의 상황을 자세히 묘사해놓고 있다. 결국 1927년 한 해에 잇달아 시도된 상해점거와 남창봉기, 추수봉기, 광주봉기 모두 무참히 실패한 셈이다. 주은래의 책임이 크다. 당시까지만 해도 주은래는 모택동이 지적한 '외국교조주의자'에 지나지 않았다.

대장정 속의 타협

당초 주은래는 장개석이 전면적인 공산당 토벌에 나설 당시 국민당 정부군에 대한 홍군의 전면 공세를 주장한 바 있다. 불행하게도 그가 지휘봉을 잡았을 때 장개석은 자신이 아끼는 최정예부대를 투입하는 등 총력전으로 임했다. 1934년 10월 서금이 함락되자 이들은 마침내 '대장정'에 오를 수밖에 없었다. 10만 명 이상의 남녀노소가 수많은 산하와 밀림을 도보로 행군했다. 주은래를 비롯한 '외국교조주의자'의 책임이 컸다.

일각에서는 당시 주은래가 연금 상태에 있는 모택동을 방문해 '대장정' 문제를 논의했다고 주장하고 있으나 구체적인 증거를 제시하지 못하고 있다. 중국 측의 공식 자료는 '대장정'이 모택동과 아무런 의견교환도 없이 소련 및 프랑스 유학파 내에서 자체 결정된 것으로 되어 있다. 당시의 정황에 비춰 이게 타당할 듯싶다.

'대장정' 당시 주은래는 꼭 필요한 물품만 챙겼다. 밤이 되면 다음날 행군할 곳을 지도에 그리곤 했다. 그는 당 행정부와 군사령부 참모진 및 부녀자와 어린이들을 이끌고 있었다. 당시 그의 아내 등영초는 공교롭게도

남창봉기를 이끌었던 하룡, 엽정, 주은래, 주덕, 류백승

결핵을 앓고 있었고, 그녀를 간호하던 주은래도 이내 행군 도중 병에 걸리고 말았다. 국민당 정부군의 추격이 급박해지면 이들은 등에 하얀 천을 달아 뒤에 따르는 사람이 볼 수 있도록 하는 식으로 밤에만 행군했다. 대장정에 참가한 사람들 중 상당수가 행군 도중 죽었다. 일부는 시골로 잠적했다. 시간이 갈수록 이탈하는 사람의 숫자가 늘어갔다.

1935년 초 주은래와 모택동 등이 참여한 제1방면군이 귀주 북부의 준의에 도착했다. 거기서 이들은 당 회의를 갖기 위해 잠시 행군을 멈췄다. 이때 주은래가 모택동을 적극 지지하고 나섰다. 이는 모택동을 중심으로 한 '토착파'가 장차 중국공산당을 향도해 나갈 것임을 알리는 신호탄이었다. 실제로 이 회의를 통해 모택동은 일약 중국공산당의 핵심 지도자로 급부상했다. 당시 '엘리트 유학파'의 두목 격에 해당하는 주은래는 왜 '토착파'의 우두머리인 모택동에게 문득 머리를 조아리고 나선 것일까?

여러 해석이 있으나 당시 주은래가 모택동과 생사의 고비를 넘나드는 '대장정'의 와중에서 엘리트 유학파가 지니지 못한 특이한 장점을 찾아낸 결과로 보는 견해가 가장 그럴 듯하다. 당시 공산당 지도부 내에서 모택동과 주은래는 여러모로 대비되는 면모를 지니고 있었다.

우선 주은래는 관료집안 출신의 도시인에 가깝다. 세계에 대해 폭넓은 경험을 갖고 있는 게 장점이다. 이에 반해 모택동은 전형적인 농민집안 출신인 데다 외국에 한반도 나가본 적이 없다. 정통 마르크시즘에 대해 제대로 공부했을 리 없다. 그러나 고전에 밝았던 까닭에 중국 전래의 역사문화 전통을 누구보다 잘 알고 있었다. 이는 그만이 지니고 있던 장점이었다. 성격도 정반대였다. 주은래는 매사에 신중하면서도 깔끔하다. 전형적인 외교관 스타일이다. 이에 반해 모택동은 매사에 대범하면서도 사태의 본질을 꿰뚫고 큰 맥을 잡는 데 남다른 재주가 있었다. 전형적인 혁명가 스타일이다.

만일 두 사람이 힘을 합칠 경우 그간 자신들이 체험한 다양한 경험을 주고받을 경우 엄청난 시너지 효과를 발휘할 수 있었다. 총명한 주은래는 바로 이를 읽었던 것이다. 실제로 역사는 그런 식으로 흘러갔다.

물론 주은래의 준의발언 이후에도 외양상 당 지도부에 근본적인 변화가 있었던 것은 아니다. 모택동은 비록 정치국 상임위원으로 선출됐으나 군사위 주석은 여전히 주은래가 맡고 있었기 때문이다. 그러나 그 내막은 그 이전과 확연히 달랐다. 주은래의 모택동에 대한 태도가 확연히 달라진 게 그것이다. '대장정' 동안 주은래는 누차 당 지도자들이 다른 동료들의 고통을 함께 나눠야 한다고 역설했다. 이는 농민들과 함께 들판에서 일할 자세를 갖춰야 한다는 모택동의 신념과 궤를 같이 하는 것이었다.

주은래는 1935년 10월 마침내 모택동과 함께 목적지인 섬서의 연안에 도착했다. 이곳에는 수년 동안 세력을 키워온 홍군의 기지가 있었다. 책임자는 연안을 담당한 공산당 섬서위원회 서기 습중훈習仲勳이었다. 당시 약관의 나이에 불과했던 그는 21013년 보위에 오른 습근평習近平의 부친이었다. 당시 연안은 그야말로 황무지나 다름없었다. 훗날 주은래는 당시의 상황을 이같이 회상한 바 있다.

"섬서의 농민은 형언할 수 없을 정도로 가난하고 땅은 척박하기 그지없다. 강서와 복건 등지에서 홍군의 진영으로 들어오는 사람들은 짐을 잔뜩 가지고 왔다. 그러나 여기서는 젓가락 하나 가져오지 않았다. 그들은 완전한 빈민이었다."

섬서는 빈민들이 몰려든 중국 내에서 가장 가난한 곳 중 하나였다. 대장정에서 살아남은 홍군은 섬서에 산재한 수천 개의 동굴 속에 거처를 마련했다. 에드가 스노는 『중국의 붉은 별』에서 연안의 혈거穴居 상황을 이같이 낭만적으로 그려놓았다.

"이 동굴들은 서양 사람들이 생각하는 그런 동굴이 아니다. 여름에는 시원하고, 겨울에는 만들기도 쉽고, 청소하기도 쉽다. 동굴들 중 어떤 것은 여러 개의 방이 있는 거대한 건축물로 그 안에는 가구가 있고, 바닥에는 돌이 깔려 있다. 천장이 높게 되어 있는 이들 방에는 동쪽으로 난 창문을 통해 밝은 빛이 들어온다."

비 온 뒤에 땅이 굳는 격으로 가까스로 연안에 당도한 공산당 지도부와 홍군은 끈끈한 전우애로 똘똘 뭉쳐있었다. 이들은 그간 생사를 넘나드는 '대장정'을 거치면서 굳건히 다져온 유대감을 유감없이 발휘했다. 이들은 각지에서 몰려온 사람들을 인민과 하나 되는 것을 골자로 한 '모택동사상'으로 세뇌시켜 천하무적의 막강한 홍군으로 길러냈다. 새롭게 태어난 홍군은 부정부패에 찌들어 이전의 군벌 휘하 장병과 하등 차이가 없는 국민당 정부군과 대비될 수밖에 없었다.

형식주의를 타파하라

1941년 12월 일본군이 하와이 진주만에 있는 미 해군 기지를 습격함으로써 이른바 '태평양전쟁'이 발발했다. 미국의 참전으로 소련과 영국, 프랑스 등의 연합국 세력이 갑자기 막강해졌다. 소련은 이미 이 해 6월 대독일전에 참전한 상황이었다. 이듬해인 1942년 1월 장개석이 중국·버마·인도 전선의 연합군 총사령관에 임명됐다. 당시 장개석은 일본군을 물리치는 임무를 대거 미국 측에 떠넘기면서 홍군 토벌 활동을 배가시켰다.

이는 미국의 루스벨트 대통령 심기를 크게 거슬렸다. 1943년 이후 주은래가 대부분의 시간을 연안에서 보낸 것도 이와 무관치 않다. 당시 미군은 연안의 홍군에 매우 우호적이었다. 전쟁이 종전으로 치달을 즈음 루스벨트의 명에 의해 미국 군사고문단이 연안에 상주하게 된 게 그 증거다. '외교의 달인' 주은래의 공이었다.

1945년 초 주은래는 모택동과 루스벨트 간의 회담을 주선하기 위해 노력했으나 불발로 끝났다. 이는 이 해 4월 루스벨트가 급서한 데 따른 것이었다. 부통령 해리 트루먼이 대통령직을 승계했다. 이 해 8월 두 개의 원폭이 일본 본토에 투하됨에 따라 제2차 세계대전은 마침내 종식됐다. 일본이 무조건 항복을 선언한 후 주은래는 모택동과 함께 중경으로 가 국민당 관계자들과 회담했다. 국민당 측에서는 모택동의 안전을 보장하겠다고 했으나 주은래는 혹여 음식에 독이 있을까 먼저 시식하는 등 세심하게 신경을 썼다.

이 해 12월 미군 참모총장 마셜은 국민당과 공산당의 불화를 중재하기 위해 중국으로 건너왔다. 그는 양측이 휴전에 합의해 연립정부와 초당적인 협의회를 수립해야 한다며 양측을 설득했다. 이듬해인 1946년 3월 마셜이 미국으로 돌아갔다. 자신의 노력이 성공적이었다는 판단을 내린 결과다. 그는 중국의 재건을 지원하기 위한 차관을 얻어냈다.

장개석은 이를 만주 지역의 홍군 공격 작전에 유용했다. 주은래가 미국의 대중정책을 신랄히 비판했다. 이 해 4월 18일 마셜이 다시 중국을 찾았다. 주은래가 가차 없이 쏘아붙였다.

"당신은 정말 기계적인 형식주의자가 아니오? 장군도 알다시피 그리고 모든 사람이 알다시피 미국이 넘겨주는 모든 물자가 홍군과 대치하고 있는 장개석 군대 손으로 넘어가고 있소. 이를 외면한다면 그것이야말로 위선이 아니겠소?"

정전협상이 실패로 끝나자 마셜은 황급히 미국으로 돌아갔다. 이 해 10월 마셜이 휴전협상 중재를 위해 다시 중국을 찾았다. 주은래는 더 격앙돼 있었다.

"이제는 시간이 충분하지 않소. 게다가 나는 장개석을 믿을 수 없소."

마셜이 중국을 떠난 지 얼마 안 돼 국민당군과 홍군 사이에 전면전이 빚어졌다. 본격적인 '국공내전'이 발발한 것이다. 이 내전은 이후 3년 동안 지속됐다. 내전 초기만 해도 국민당 정부군이 여러 면에서 크게 우세했다. 병력만 해도 홍군의 3배가 넘었다. 1947년 후반 여러 차례 대승을 거둔 끝에 홍군이 장악하고 있던 상당수의 지역을 탈환했다. 홍군은 가까스로 연안을 빠져나와 국민당 정부군의 추격을 이리저리 피해 다녀야 하는 지경에 이르렀다.

그러나 얼마 안 돼 중국 인민들은 장개석 정부의 행보가 이전의 군벌보다 별반 나을 게 없다는 사실을 절실히 깨닫기 시작했다. 지도층의 부정부패와 지식인에 대한 사상탄압은 인민들을 크게 자극했다. 서민들을 격노하게 만든 것은 살인적인 인플레이션이었다. 민심이 급격히 장개석 정부에 등을 돌린 이유다. 이 해 말 홍군이 내전 사상 처음으로 기록적인 승리를 거두었다.

이듬해인 1948년 초 홍군이 연안을 재탈환했다. 이 해 중엽 공산당은 3백만의 당원을 확보했다. 이를 기반으로 홍군은 만주 지역으로 방향을 돌렸다. 국민당도 총력전으로 맞섰다. 이 해 말부터 이듬해인 1949년 초 사이에 국공내전 기간 중 가장 치열한 3개 전투가 벌어진 이유다. 만주에서 벌어진 심양전투沈陽戰鬪, 북경과 천진 사이에서 빚어진 평진전투平津戰鬪, 용해철도로부터 회해 쪽으로 뻗어 나온 넓은 들판에서 벌어진 회해전투淮海戰鬪가 그것이다. 이 중 회해전투가 가장 치열했다.

이 전투는 3개 전투 중 유일하게 국민당군의 수가 홍군 수보다 많았다. 군민당군은 약 80만, 홍군은 약 60만이었다. 그러나 약 65일간에 걸친 교전 끝에 국민당 정부군은 이 전투에서 55만 명의 병력을 잃었다. 이들 중 상당수가 홍군 쪽으로 도주했다. 이를 계기로 그간 어느 정도 균형을 유지하던 저울추가 급격히 기울었다. 국민당 정부군은 이들 3대 전투를 전개하는 와중에 무려 150만 명의 사상자를 냈다.

1949년 10월 1일 건강을 회복한 주은래는 모택동과 함께 자금성 천안문 누상에 나란히 섰다. 모택동은 감격스런 어조로 '중화인민공화국'의 성립을 선포했다. 주은래는 곧바로 정무원 총리 겸 외교부장에 임명됐다. 당시 그의 나이 51세였다. 그간 '조직의 귀재' 내지 '외교의 달인'이라는 명성을 얻어온 주은래에게 새로운 세상이 활짝 열린 셈이다.

중화인민공화국의 초대 총리가 된 주은래는 '신 중화제국'의 기반을 튼튼히 하기 위해서는 자유주의 성향 인사들의 지원이 절실하다는 것을 익히 알고 있었다. 등영초가 상해로 가 손문의 미망인인 송경령에게 속히 북경으로 올라와 새 정권에 협력해줄 것을 설득한 이유다. 중국은 장기간에 걸친 군벌통치와 일제의 점령 및 국공내전 등으로 인해 피폐해질 대로 피폐해있었다. 가장 시급한 것은 인민들의 민생을 챙겨주는 일이었다. 인민들을 하나로 결속시킬 법제도의 정립이 시급했다. 주은래는 정무원 총리로서 전국을 하나로 묶는 행정제도를 구상했다. 당 안팎의 인사들로부터 자문을 구했다. 역대 왕조와 마찬가지로 강력한 중앙집권적 통치체제가 마련된 배경이다.

당시 그는 외교부장으로서 세계 각국과 새로운 관계를 수립하는 임무까지 수행해야 했다. 오전과 오후에는 각종 모임과 회의에 참석해 '신 중화제국'의 입장을 설명하며 협조를 당부했다. 저녁에는 공식 만찬에 나가 외교사절과 외빈을 접대했다. 일이 끝나면 보고서를 읽거나 직접 작성했다. 새벽이 되어서야 3시간 정도 잠을 자는 습관을 길들인 이유다. 그는 죽을 때까지 이를 깨뜨리지 않았다.

주은래가 모스크바에서 '중소우호동맹 상호원조조약'을 체결한 지 불과 5달 만인 1950년 6월 한반도에서 전쟁이 터졌다. 미국의 응징은 전광석화와 같았다. 트루먼은 즉각 군사를 파견하는 한편 대만에 있는 장개석 정권을 보호하기 위해 제7함대를 대만해협으로 이동시켰다. 주은래는 즉각 성명을 통해 제7함대의 이동을 '중국영토에 대한 무력침공'으로 비난했으나 트루먼은 이를 일축했다.

이 해 9월 유엔군의 전격적인 '인천상륙작전'으로 북한군이 패주를 계속했다. 유엔군이 북진이 계속될 경우 만주가 전쟁터로 변할지도 모를 일이었다. 주은래가 중국의 외교부장 자격으로 포문을 열었다.

"중국은 절대로 외세의 침략을 용납할 수 없고, 이웃 나라가 무참하게 유린당하는 것을 좌시하지 않을 것이다."

그는 주중 인도 대사를 시켜 유엔군이 압록강까지 진격해올 경우 중국이 전쟁에 개입할 것이라는 경고를 미국 정부에 전하게 했다. 트루먼은 이것도 묵살했다. 이는 트루먼의 실수였다. 이 해 11월 26일 주은래의 성명이 결코 허언이 아니었음이 증명됐다. 수많은 중국군이 한반도로 밀려들어왔다. 이듬해인 1951년 1월 북한군과 중국군은 남한의 수도 서울을 다시 점령했다. 이른바 '1·4후퇴'가 빚어진 것이다. 이때 맥아더는 전세를 일거에 반전시킬 속셈으로 만주의 중국군 기지에 대한 공습을 트루먼에게 건의했다. 소련의 개입으로 인한 제3차 세계대전으로의 비화를 우려한 트루먼은 이를 거부했다. 유엔군이 재차 공세를 펴 가까스로 서울을 탈환했다. 곧이어 협상이 시작돼 휴전협정이 체결됐다.

한국전쟁으로 인해 미중 두 나라의 불화는 이후 20년 넘게 지속됐다. 이 기간 동안 미국은 대만의 장개석 정부를 중국 유일의 합법 정부로 인정하는 비현실적인 노선을 고집했다. 주은래는 이를 뒤집기 위해 집요한 노력을 경주했다. 그 결과로 나온 게 바로 '제3세계 외교'였다. 당시 주은래는 '중화제국'에 덧씌워진 호전적 이미지를 불식시키기 위해 애썼으나 일정한 한계가 있었다. 이는 모택동이 시도한 일련의 개혁조치가 과격한 모습을 띠고 있었던 관계가 있다.

이상과 실무를 겸비하라

주은래가 밖에서 눈부신 성과를 올리고 있을 즈음 '신 중화제국'의 초대 황제 모택동은 점차 불편한 심기를 드러내고 있었다. 이는 문학적 상상력이 뛰어났던 모택동의 조급증으로 인한 것이었다. 두 사람은 중소분쟁이 불거지면서 '중화제국'을 외부의 위협으로부터 구하기 위해서라도 속히 공업화의 기반 확충에 나서야 한다는 데 인식을 같이하고 있었다. 문제는 방법론이었다.

주은래는 지식인들과 대화를 나누는 식의 점진적인 방법으로 기반을 다지고자 했다. 이는 조속히 계급 없는 사회를 만들고자 한 모택동 및 유소기의 입장과 배치되는 것이었다. 이후 그를 대표로 하는 실용적 행정테크노크라트 세력과 이상국가의 조속한 실현을 꿈꾸는 정치이념주의자 세력 간의 갈등이 표면화하기 시작했다. 소부르주아인 자영농민의 자영 포기 시점을 얼마나 앞당길 것인지, 지식인들에게 어느 정도의 자유를 허용할 것인지 여부가 쟁점으로 부상했다.

제1차 5개년 계획은 그런대로 성공적이었다. 설정한 목표가 거의 대부분 계획대로 달성됐다. 주은래가 전문 인력과 지식인을 적극 설득해 '중화제국' 건설의 역군으로 포용한 결과였다. 그러나 당내에서는 지식인의 역할에 대한 논란이 뜨겁게 일었다. 농민을 위시한 대부분의 인민들은 지식인을 청조 때의 관원과 같은 부류로 간주했다.

그러나 사실 이들 지식인들은 기본적인 자세가 청조 때의 관원과 달랐을 뿐만 아니라 현실적으로도 중국의 과학기술 발전에 필수적인 존재들이었다. 1956년 1월 주은래가 공식적으로 밝힌 지식인들에 대한 당의 기본입장이 이런 인식을 뒷받침한다.

"대부분의 지식인들은 사회주의 명분을 갖고 정부를 위해 일해왔다. 이들은 이미 노동 계급의 일부가 되었다. 문제가 되는 것은 사회주의 건설을 가속화해야 한다는 요구에 부응하기 위해 현재 우리 지식인들이 그 숫자나 기술 수준, 정치의식 등 여러 면에서 아직 충분치 않다는 데 있다."

이듬해인 1957년부터 이른바 '명방鳴放운동'이 일어난 배경이 여기에 있다. 이는 주은래와 모택동이 지식인의 역할과 문제점 등에 관해 의견합치를 본 결과였다. 이를 뒷받침하는 이 해 5월 1일의 모택동 발언이다.

"온갖 꽃이 만발하게 하고, 백가가 쟁명하게 하자. 우리 중국인들은 비판을 두려워하지 않는다."

당시 유소기는 회의적인 견해를 밝히면서 '명방운동'을 반대했다. 격렬한 자유토론은 오히려 '신 중화제국'의 건립기반을 위태롭게 할 수 있다는 게 이유였다. 그러나 주은래는 '명방운동'이야말로 오히려 건설적인 비판을 자극해 중화제국의 기반을 더 탄탄하게 다질 수 있다고 보았다. 모택동은 주은래의 손을 들어주었다. 그러나 얼마 후 그는 유소기의 지적이 옳았다는 사실을 깨닫게 됐다.

당시 '명방운동'에 대한 민중의 반응은 매우 뜨거웠다. 그러나 이들의 반응은 모택동을 비롯한 당 지도부가 예상했던 것보다 훨씬 격렬했다. 토지개혁 과정에서 공산당이 보여준 무차별적인 강압조치를 비롯해 인민의 생활형편이 전혀 나아지지 않고 있는 점 등이 도마 위에 올랐다. 이들의 비판이 당 지도부의 조속한 해법을 촉구하는 양상으로 전개되자 모택동은 이들의 배신적인 행태에 격분했다. 그가 '명방운동'을 '해로운 독초'로 선언하자 주은래는 이내 자아비판을 해야만 했다.

1958년 2월 주은래는 자신의 오랜 친구이며 동료인 진의에게 외교부장의 자리를 넘겨주었다. 그러나 그는 외교상 미묘한 협상문제가 나올 때마다 직접 협상대표가 되어 순방길에 나섰다. 청일전쟁 패배 후 정치일선에

명방운동

"온갖 꽃이 만발하게 하고, 백가가 쟁명하게 하자. 우리 중국인들은 비판을
두려워하지 않는다."

– 모택동

서 물러난 이홍장이 황제의 '흠차대신'이 되어 세계를 순방했던 것처럼 그 역시 '외교 흠차대신'의 역할을 수행한 셈이다.

주은래가 외교부장에서 물러날 당시 모택동은 공개적으로 '대약진운동'을 선언했다. 전국 규모의 계획을 통해 중국의 공업화시키겠다는 의도였다. 모택동은 이 운동의 성패가 노동자와 지식인의 참여 및 지지 여부에 달려있다는 점을 강조했다. 그러나 대약진운동은 처참한 실패로 귀결됐다. 1959년 7월 모택동은 당 지도자들의 비판을 받아들여야만 했다. 세계의 많은 언론은 주은래가 모택동을 계승해 주석이 되고, 임표가 주은래의 뒤를 이어 총리가 될 것으로 내다봤다. 실제로 '경제재건'의 과제를 떠안은 주은래는 많은 사람들의 기대를 한 몸에 모으고 있었다.

이때 흐루쇼프가 공화국 창건 기념일에 중국을 방문한 데 이어 내친 김에 미국까지 방문했다. 미소간의 해빙을 도모한 것이다. 그는 미국을 방문하는 동안 중국의 대약진운동을 조롱하는 내용의 연설을 했다. 중국에 핵무기 기술을 이전하는 것도 반대했다. 모택동이 대로했다. 1960년 중국에 있던 소련의 고문관들과 기술자들이 갑자기 본국으로 소환됐다. 이는 두 '공산제국'에 심각한 반목이 존재해왔다는 사실을 외부 세계에 알린 첫 번째 사건이었다. 소련은 곧 다른 공산국가에게도 중국과의 외교관계 단절을 압박했다. 이듬해인 1961년 모스크바에서 열린 제22차 소련 공산당 전당대회에서 중국을 지지한 알바니아가 여러 나라의 비판을 받게 되자 중국대표로 참석한 주은래가 퇴장해버렸다. 밖으로 나온 주은래는 흐루쇼프에 대한 경멸의 표시로 스탈린 묘소를 찾아가 헌화했다.

1962년 당 대회에서 주은래가 대약진운동에 찬사를 보내면서 실패의 원인을 '자연재해'에서 찾은 건 고육책의 일환이었다. 황제의 체면을 살려주면서 퇴로를 열어준 것이다. 이때 그는 당면과제를 해결하기 위해 농업을 공업보다 우위에 두는 방안을 제시했다. 식량마저 자급자족하지 못하는 게 아니냐는 당 지도부의 우려를 반영한 것이다. 실제로 당시 중국의 경제는 10여 년 이상이나 뒤로 물러나 있었다. 국제무대에서도 더욱 고립되어 날로 그 위상이 떨어졌다. 이 와중에 '문화대혁명'이 터져 나왔다. 엎친 데 덮친 격이었다.

'대약진운동'의 폐해를 수습하는 과정에서 모택동이 2선으로 물러나면서 실권은 자연스럽게 국가주석 유소기에게 넘어가게 됐다. 당초 유소기와 주은래는 연안시절부터 경쟁관계에 있었으나 겉으로는 상호 협력하는 자세를 견지했다. 유소기는 특이하게도 '혁명가'인 모택동과 '실무가'인 주은래의 특징을 반반씩 갖고 있었다.

난세의 시기에 이런 성향을 가진 인물은 좋게 풀리면 보위에 오를 수 있고, 나쁘게 풀리면 역적으로 몰릴 수 있었다. 등소평도 유소기와 유사했다. 그러나 두 사람의 운명은 판이했다. 그 이유는 역린逆鱗의 수위에 있었다. 유소기는 본인이 잘 나갈 때 '혁명가' 기질을 노골적으로 드러내 '역린'의 수위를 고조시켰고, 등소평은 '실무가' 기질을 발휘해 그 수위를 한껏 낮췄다. '실무가' 기질은 거의 없고 오직 '혁명가' 기질밖에 없는 모택동에게 필요한 것은 '실무가'일 뿐이다. 또 다른 혁명가는 곧 반역에 해당한다.

유소기는 바로 이런 간단한 이치를 몰랐다. 그는 비록 겉으로는 겸손한 척 하며 '실무가'의 모습을 보여주려 애썼으나 문득 국가주석의 자리에 오르자 본인의 위치를 망각하고 자고자대自高自大하는 모습을 보인 것이다. 이는 '혁명가' 기질로 똘똘 뭉친 모택동에게 속히 목을 쳐달라고 주문한 것이나 다름없다. 그와 정반대의 모습을 보인 사람이 바로 주은래다. 주은래는 '대장정' 와중에 모택동에게 몸을 굽힌 이후 죽을 때까지 단 한 번도 '혁명가' 기질을 내비친 적이 없다. 아니 자신의 내부에 남아있던 '혁명가' 기질을 아예 불태워 없앴다고 보는 게 옳다. 모택동과 주은래가 죽을 때까지 '중화제국' 초대 황제와 최고의 정승으로서 콤비를 이룬 이유다.

당시 유소기는 경제사정이 어느 정도 호전되자 교만해진 나머지 서서히 자신의 실체를 드러내기 시작했다. 극좌적인 모택동 노선에 염증을 느낀 당내 우파 세력을 노골적으로 지지한 게 그 증거다. 모택동의 의중을 헤아린 좌파 세력이 이들을 이른바 '주자파走資派'로 부르기 시작하면서 서서히 반격 채비를 갖추기 시작했다. 주은래는 이들과 행보를 같이했다. 당시 주은래로서도 자신과 모택동 사이가 점차 벌어지고 있다는 사실을 크게 의식하지 않을 수 없었다. 임표에게 충성하는 군 장령들이 신병훈련 기간이 연장되어야 한다는 그의 제안을 모택동의 재가를 얻어 기각한 게 그의 경계심을 자극했다. 생과 사의 갈림길에 서게 된 것을 안 그는 식은 땀을 흘리지 않을 수 없었다.

이와 정반대로 유소기는 부나방처럼 이글이글 타오르고 있는 숯불 속으로 뛰어들고 있었다. 당과 정부 내에서 자신의 위치를 확고히 다져나가기 위해 자기 사람들을 심는 식이었다. 그를 지지하는 사람들 중 일부는 공공연히 모택동을 비난하고 나섰다. 1966년 초에 이르자 유소기가 모택동은 말할 것도 없고 주은래까지 권좌에서 밀어내고 등소평을 후임에 앉히려는 음모를 꾸미고 있다는 소문이 나돌았다. 이런 상황까지 이르렀다면 건곤일척의 승부수를 던져야 했다. 그러나 그는 별다른 실력도 없이 만연히 대처하다가 결국 모택동의 반격을 받아 비참한 최후를 맞이하고 말았다.

이듬해인 1967년 1월 6일 천안문 광장에 높이 15미터의 장대에 거대한 깃발이 나부꼈다. 거기에는 '주은래를 산 채로 화장하자'는 과격한 구호가 적혀 있었다. 그러나 그를 옹호하는 사람들은 그 깃발 밑에 '주은래를 불태워 죽이는 것은 프롤레타리아 본부를 불태우는 것과 같다'는 반대 슬로건을 내걸었다. 주은래가 자신의 입장을 밝혔다.

"나는 지난 수년간 당을 위해 일해왔습니다. 당에 기여한 바도 많지만 실수도 많이 했습니다. 나는 남은 평생 동안 당에 모든 충성을 다 바칠 것입니다. 이는 마지못해 하는 말이 아닙니다."

얼마 후 홍위병들이 편을 갈라 어느 쪽이 모택동의 교시를 정확히 추종하고 있는지 논란을 벌이다가 무력충돌을 일으키는 사태가 빚어졌다. 주은래도 논란의 대상이 되었다. 이 해 8월 북경 주재 영국 공사관이 홍위병의 방화로 불타고, 직원들이 억류당하는 일이 빚어졌다. 현장에 도착한 주은래는 크게 화를 내면서 인질들의 석방을 명했다. 이는 모택동도 전혀 바라는 바가 아니었다. 광란을 촉발한 모택동도 어떤 식으로든 이 문제를 매듭짓지 않으면 안 되는 상황으로 몰리고 있었다.

홍위병의 횡포는 주은래를 거의 사흘 동안 집무실에 연금하는 1967년 8월 26일에 이르러 절정에 달했다. 당시 모택동은 지방에 있었다. 홍위병이 들고 나온 문제는 진의 외교부장의 배척운동이었다. 주은래가 동원할 수 있는 것은 외교적인 수완밖에 없었다. 음식도 없고, 휴식도 취할 수 없는 상황에서 그는 차분한 말로 홍위병을 설득하는데 성공했다. 몇 시간 후 주은래는 심장발작을 일으켜 병원으로 실려 가야만 했다.

이는 모택동의 결단을 촉구했다. 당시 사인방을 추종하는 상해의 급진 주의자들은 '코뮌'을 만든 후 다른 도시에도 이를 확산시키고자 했다. 이는 '군벌시대'로의 후퇴를 의미했다. 중앙집권체제가 무너질 경우 군벌할거가 찾아와 다시 열강의 '과분瓜分' 대상으로 전락할 수밖에 없다. 역대 왕조의 역사에 밝은 모택동이 이를 모를 리 없었다. 그는 '코뮌'을 '분파주의'로 규정했다. 이는 일대 반전의 계기로 작용했다.

이 해 10월 간신히 심장발작에서 회복한 주은래는 아픈 몸을 이끌고 광란의 열기를 가라앉히기 위해 백방으로 노력했다. 외교통인 그가 가장 역점을 둔 것은 외교정책의 방향을 일관성 있게 잡아가는 일이었다. 당시 중국은 국경을 맞대고 있는 베트남전쟁에 깊이 개입하고 있었다. 그러나 당시 최대 적은 소련이었다. 이듬해인 1968년 소련은 체코슬로바키아를 무력으로 침공했다. 세계 각국의 반응은 지극히 비판적이었다. 가장 신랄한 비판은 그의 입에서 나왔다.

"소련의 침공은 소비에트 수정주의자들에 의해 저질러진 '파시스트 정치'의 가장 뻔뻔스러운 본보기다."

중소의 이념논쟁은 갈수록 첨예화했다. 주은래는 대안으로 미국에 화해의 손짓을 보냈다. 1970년 12월 그는 파키스탄 정부를 통해 리처드 닉슨 미국 대통령에게 비밀 서한을 보냈다.

"본국은 이제까지 평화적인 수단에 기초한 중미협상을 성사시키기 위해 다방면으로 노력해왔습니다. 대통령 각하의 특사가 북경에 올 수만 있다면 크게 환영할 것입니다."

미국의 탁구팀이 중국의 초청을 수락하자 미국 언론은 이를 대서특필했다. 1971년 7월 닉슨정부의 국가안전보좌관 헨리 키신저가 극비리에 북경을 방문해 주은래를 향해 먼저 손을 내밀었다. 훗날 키신저는 이같이 회고했다.

"주은래는 중국 고대문명의 문화적 우수성을 타고난 사람이다. 그는 힘들이지 않고 문제의 핵심에 파고드는 유연한 태도로 날카로운 이념적 적대관계를 완화시켰다."

당시 미국은 중국의 동맹국인 북베트남과 전쟁을 치르는 중이었다. 대만 문제도 복병이었다. 그러나 소련을 견제해야 한다는 양국의 공통관심사가 이런 여러 문제를 압도했다. 회담 끝에 키신저는 닉슨의 방중을 진지하게 검토하겠다는 약속을 했다. 중국 지도자들 가운데 일부는 이런 변화에 노골적인 반대 의사를 표명했다. 임표가 대표적인 인물이다. 그는 소련과의 관계를 개선하는 쪽이었다. 이 해 9월 13일 모택동을 제거하는 군

쿠데타를 획책하다 실패한 그는 가족과 함께 비행기를 타고 소련으로 탈주하던 중 추락사했다.

이 해 10월 닉슨은 키신저를 다시 중국에 보내 정상회담을 적극 추진하게 했다. 최대 정적인 임표가 사라진 덕분에 주은래는 매우 유연한 모습을 보일 수 있었다. 커다란 감명을 받은 키신저는 훗날 이같이 술회했다.

"그는 사태의 전후 맥락을 비범할 정도로 잘 파악하고 있었다. 타고난 이론가이기도 했으나 자신의 격정적인 성격을 끊임없이 갈고 닦은 덕분인 듯하다. 그는 내가 만난 사람들 중 현실을 가장 예리하고 정확하게 판단할 줄 아는 사람이었다."

키신저가 미국으로 돌아올 즈음 유엔총회는 표결을 통해 중국의 가입을 승인하고 대만을 축출했다. 이듬해인 1972년 2월 17일 세계를 깜짝 놀라게 만든 미중 정상의 첫 만남이 북경에서 이뤄졌다. 이와 관련한 유명한 일화가 있다.

당시 미중 정상회담을 앞두고 미국은 매체 전송을 위해 위성기지국 설비를 직접 가지고 오겠다고 했다. 주은래는 그 경우 중국이 그것을 구매하거나 임대해 외신기자들이 사용할 수 있도록 제공할 뜻을 밝혔다. 미국은 그 비용이 100만 달러가 넘는 만큼 임대하는 것보다는 자신들이 가지고 가는 것이 낫다고 충고했다. 그때 주은래는 이같이 말했다.

"이는 단순한 금전 문제가 아니라 중국의 주권과 관계된 문제다. 우리는 미국으로부터 기지국 설비를 임대할 것이다. 임대 기간 동안 기지국 설비의 소유권은 중국 정부에 속하기 때문에 미국 정부는 먼저 중국에 사용 허가를 신청해야 한다. 그러면 중국은 미국에 사용료를 청구할 것이다. 사용료는 임대료와 맞먹는 수준이 될 것이다."

　탁월한 논리다. 미국은 결국 그의 요구를 모두 받아들였다. 닉슨이 중국을 처음으로 방문했을 때 주은래가 공항으로 나가 그를 영접했다. 북경 시내로 들어가는 도중 동승한 주은래가 말했다.

　"우리 두 사람의 악수는 아무런 대화도 없이 지내온 25년의 세월을 뛰어넘어 이 세상에서 가장 넓은 바다로 함께 오게 된 것을 의미합니다. 바야흐로 새로운 시대의 문이 열린 것입니다."

　미국 언론은 중국의 유적을 탐방하는 닉슨 부부의 동정을 상세히 보도했다. 중국에 가장 적대적인 미국 대통령으로 하여금 외교적 승인도 하지 않은 중국을 방문하도록 한 것은 그의 외교업적 중 최고의 찬사를 받을 만했다. 그러나 주은래는 두 나라 관계가 공식적으로 정상화되는 과정을 보지 못했다. 닉슨이 귀국한 지 얼마 안 돼 암이 이미 치유불가능의 상태로 접어들었다는 진단을 받았다.

　그럼에도 그는 중국을 현대화와 공업화의 도정에 올려놓기 위해 쉬지 않고 일했다. 이 와중에도 언제나 현실적인 감각을 잃지 않았다. 그는 미국인 친구에게 이같이 털어놓았다.

　"중국이 약간의 발전을 이룬 것이 사실이지만 미국의 수준까지 따라가자면 아직 멀었습니다. 그것은 우리 세대에서는 결코 이뤄지지 않을 것입니다."

주은래

"주은래는 중국 고대문명의 문화적 우수성을 타고난 사람이다. 그는 힘들이지 않고 문제의 핵심에 파고드는 유연한 태도로 날카로운 이념적 적대관계를 완화시켰다."

- 헨리 키신저

이는 사인방이 그의 발목을 끈질기게 잡고 있었던 사실과 관련이 있다. 그는 경제성장의 중요성을 알고 있었다. 등소평을 자신의 후계자 겸 인민해방군의 총참모장으로 천거한 이유다. 당시 모택동은 노환에도 불구하고 정신만은 말짱했다. 그는 어느 파벌도 독단적인 권력행사를 하지 못하도록 조치했다. 한고조 유방의 부인 여후呂后처럼 자신의 사후 여제女帝로 군림하고자 하는 강청을 특히 경계했다. 그는 강청에게 신중한 행보를 주문하는 서신을 보내면서 이같이 덧붙였다.

"나는 주은래 총리의 결혼생활을 크게 부러워하고 있소."

1975년 1월 제4기 전국인민대표 대회장에 병상에 누워 있던 주은래가 문득 모습을 드러냈다. 이날 연설에서 그는 중국이 곧 '4대 현대화 계획'을 시작할 것임을 천명했다. 20세기 말까지 농업과 공업, 국방 및 과학기술 분야에서 현대화를 달성함으로써 중국을 세계 선진 대열에 진입시킨다는 복안이었다. 물론 이는 모택동의 재가를 받은 것인 만큼 모택동의 의중이 그대로 공표된 것이나 다름없다.

이날 연설은 그가 민중 앞에 모습을 드러낸 마지막 사건이 됐다. 그는 이후 건강이 악화됨에 따라 시종 병원 침대에서 생활하지 않을 수 없었다. 그러나 죽기 직전까지 그는 병실에서 외빈을 맞고 서류를 처리하기도 했다. 1976년 1월 8일 주은래는 아내 등영초가 지켜보는 가운데 북경의 한 병원에서 숨을 거두었다. 그의 나이 78세였다. 그의 장례식에는 의장대도 없었고, 장송곡도 연주되지 않았다. 모택동도 장례식에 모습을 드러내지 않았다. 사인방의 이간질과 방해 때문이었다.

그러나 북경시민은 물론 전 인민이 그의 죽음을 애도했다. 그의 유해를 실은 영구차가 북경 시내를 지날 때 시민들은 연도에 늘어서서 말없이 그의 죽음을 애도했다. 유해는 그의 유언을 좇아 화장됐다. 골회骨灰가 잠시 '인민의 대전당'으로 옮겨진 사이 등소평이 추도사를 읽었다. 얼마 후 그의 골회는 비행기로 발해만 일대에 뿌려졌다.

이 해 4월 고인을 추모하는 청명절이 다가오자 그를 추모하는 일반인들의 추모행사가 잇달아 이뤄졌다. 사람들은 천안문 광장에 설치된 임시기념비 밑에 화환과 시를 적어 바쳤다. 사인방의 사주를 받은 경찰이 추모행렬을 강제로 막는 와중에 유혈충돌이 빚어졌다. 이를 구실로 사인방이 병상의 모택동을 부추겼다. 등소평은 이내 일체의 당직에서 물러났다. 모택동은 공교롭게도 자신이 '추수폭동'을 일으킨 이 해 9월 9일 숨을 거두었다.

이 해는 유난히도 홍수와 지진 등 천재지변이 많았다. 많은 중국인들은 한 왕조가 망할 때 그런 재난이 일어난다고 믿었다. '중화제국'의 창업주인 모택동과 사직지신社稷之臣 주은래가 앞뒤로 사망한 것은 곧 후계 자리를 둘러싼 격렬한 싸움을 예고한 것이었다. 그러나 그 싸움은 싱겁게 끝났다. 부도옹不倒翁 등소평의 노련한 수완 덕분이었다. 그는 삼국시대 위나라의 사마의가 정적인 조상을 제거할 때처럼 강청을 비롯한 사인방을 일거에 제압했다.

중국인들은 그의 죽음을 모택동의 죽음보다 더 슬퍼했다. 더 정확히 말하면 전 인민이 하나 같이 애통해 했다고 표현하는 게 옳을 것이다. 모택동도 생전에 이를 알고 있었다. 자신이 먼저 죽을 경우 보위는 그에게 돌아갈 공산이 컸다. 주은래도 모택동의 입장에서 볼 때는 자신을 그토록 구박했던 '유학파'의 일원에 해당한다. '토착파'인 자신이 천신만고 끝에 세워놓은 '중화제국'의 옥좌를 그에게 내주는 것은 곧 자신의 자존심을 허무는 것이기도 했다. 모택동이 끝까지 주은래의 방광암 수술을 허락지 않으면서 죽는 순간까지 경계의 끈을 늦추지 않은 이유가 여기에 있다.

이런 기묘한 관계는 아이러니하게도 주은래에게 '중화제국' 창건의 1등공신이자 중국의 전 역사를 통틀어 최고의 승상이었다는 극찬을 안겨주었다. 실제로 그가 죽기 직전에 보여준 행보는 제갈량을 방불하고 있다. 유비가 임종 직전에 그토록 신임했던 제갈량의 충성심을 거듭 확인한 뒤 눈을 감은 것과 달리 모택동은 인위적으로 주은래를 자신보다 앞서 보낸 게 다른 점이다.

마크 제이콥스는 세계 패션계에서 가장 영향력이 있는 패션디자이너
다. 패션잡지 〈엘르〉에 따르면, 스타 디자이너인 그가 개구쟁이가 되는
순간이 있다고 한다. 바로 오랜 파트너인 로버트 더피의 앞에서이다.
제이콥스가 디자이너로서 세상에 나올 수 있었던 것은 로버트 더피의
눈에 띄었기 때문이었다. 1984년에 함께 '제이콥스 앤 더피'라는 작은
회사를 차린 후부터 둘의 파트너십은 계속되어왔다.

얼마 전 로버트는 경영 일선에서 물러났지만, 그는 "마크 제이콥스는
26년을 함께 해온 내가 아는 마크다."라고 말하기도 했다.

1인자를 신뢰하면서 지지하는 2인자의 존재는 1인자의 든든한 버팀목
이 되어준다.

참고문헌

• 기본서

『논어』,『맹자』,『관자』,『순자』,『열자』,『한비자』,『여씨춘추』,『춘추좌전』,『공양전』,『곡량전』,『회남자』,『손자』,『오자』,『세설신어』,『신감』,『잠부론』,『염철론』,『국어』,『설원』,『전국책』,『논형』,『정관정요』,『자치통감』,『사기』,『한서』,『후한서』,『삼국지』,『명사』,『청사고』.

• 한국어판

강상중,『오리엔탈리즘을 넘어서』, 이산, 1997.

권중달,「주원장정권 참여 유학자의 사상적 배경」,『인문학연구』14, 1987.

김상협,『모택동사상』, 일조각, 1977.

김종박,「명대말기 이갑제의 성격」,『상명여대논문집』15, 1985.

김종원 외,『중국근현대 주요인물연구』, 부산대학교출판부, 2009.

김충렬 외,『논쟁으로 보는 중국철학』, 예문서원, 1995.

김호동,『황하에서 천산까지』, 사계절, 1999.

남경태,『종횡무진 동양사』, 그린비, 1999.

둥예쥔,『강희 원전 수신제가』, 허유영 역, 시아출판사, 2004.

등소평,『등소평문선』, 김승일 역, 범우사, 1994.

라이샤워 외,『동양문화사』, 을유문화사, 1973.

레이 황,『장개석 일기를 읽다』, 구범진 역, 푸른역사, 2009.

르네 그루세,『유라시아 유목제국사』, 김호동 외 역, 사계절, 1998.

리아오, 강성애 옮김, 『서태후의 인간경영학』, 지식여행, 2008.

리핑, 『저우언라이 평전』, 허유영 역, 한얼미디어, 2005.

마쓰시마 다카히로 외, 『동아시아 사상사』, 조성을 역, 한울아카데미, 1991.

모리야 히로시, 이찬도 옮김, 『중국 고전의 인간학』, 을지서적, 1991.

민두기, 『중국초기혁명운동의 연구』, 서울대출판부, 1997.

박시인, 『알타이신화』, 청노루, 1995.

박한제 외, 『아틀라스 중국사』, 사계절, 2007.

사이드, 『오리엔탈리즘』, 박홍규 역, 교보문고, 1997.

서울대동양사학연구실 편, 『강좌 중국사 1~7』, 지식산업사, 1989.

솔즈베리, 『대장정』, 정성호 역, 범우사, 1999.

시그레이브, 『중국 그리고 화교』, 원경주 역, 프리미엄북스, 2002.

신기석, 『동양외교사』, 동국문화사, 1955.

신동준, 『인물로 보는 중국근대사』, 에버리치홀딩스, 2010.

오금성, 『명청시대 사회경제사』, 이산, 2007.

이경일, 『다시 보는 저우언라이』, 우석, 2004.

이성규 외, 『동아사상의 왕권』, 한울아카데미, 1993.

이욱연, 『중국이 내게 말을 걸다』, 창비, 2008.

이종오, 『후흑학』, 신동준 역, 인간사랑, 2011.

일본동아연구소 편, 『이민족의 중국통치사』, 서병국 역, 대륙연구소, 1991.

전순동, 『명왕조성립사연구』, 개신, 2000.

전해종 외, 『중국의 천하사상』, 민음사, 1988.

중국공산당문헌편집위원회 편, 『모택동선집』, 이희옥 역, 전인, 1990.

진순신, 『중국의 역사』, 권순만 외 역, 한길사, 1995.

최명, 『춘추전국의 정치사상』, 박영사, 2004.

치엔무,『중국사의 새로운 이해』, 권중달 역, 집문당, 1990.

크릴,『공자-인간과 신화』, 이성규 역, 지식산업사, 1989.

페어뱅크 편,『캠브리지 중국사』, 김한식 외 역, 새물결, 2007.

황원구,『중국사상의 원류』, 연세대출판부, 1988.

• 중국어판

郭志坤,『荀學論稿』, 三聯書店, 1991.

匡亞明,『孔子評傳』, 齊魯出版社, 1985.

金德建,『先秦諸子雜考』, 中州書畵社, 1982.

勞思光,「法家與秦之統一」,『大學生活 153-155』, 1963.

童書業,『先秦七子思想研究』, 齊魯書社, 1982.

鄧小平,『鄧小平文選』, 人民出版社, 1993.

毛澤東,「新民主主義論」,『毛澤東選集 2』, 人民出版社, 1991.

方立天,『中國古代哲學問題發展史』, 中華書局, 1990.

傅樂成,「漢法與漢儒」,『食貨月刊 復刊 5-10』, 1976.

徐復觀,『中國思想史論集』, 臺中印刷社, 1951.

蕭公權,『中國政治思想史』, 臺北聯經出版事業公司, 1980.

蘇誠鑑,「漢武帝"獨尊儒術"考實」,『中國哲學史研究 1』, 1985.

蕭一山,『清代通史』, 臺灣商務印書館, 1985.

孫謙,「儒法理學異同論」,『人文雜誌 6』, 1989.

孫立平,「集權·民主·政治現代化」,『政治學研究 5-15』, 1989.

梁啓超,『先秦政治思想史』, 商務印書館, 1926.

楊善群,「論孟荀思想的階級屬性」,『史林 1993-2』, 1993.

楊幼炯, 『中國政治思想史』, 商務印書館, 1937.

楊鴻烈, 『中國法律思想史』, 商務印書館, 1937.

呂思勉, 『秦學術槪論』, 中國大百科全書, 1985.

嗚乃恭, 『儒家思想研究』, 東北師範大學出版社, 1988.

嗚辰佰, 『皇權與紳權』, 儲安平, 1997.

王道淵, 「儒家的法治思想」, 『中華文史論叢 19』, 1989.

王文亮, 『中國聖人論』, 中國社會科學院出版社, 1993.

王亞南, 『中國官僚政治研究』, 中國社會科學出版社, 1990.

于孔寶, 「論孔子對管仲的評價」, 『社會科學輯刊 4』, 1990.

熊十力, 『新唯識論 原儒』, 山東友誼書社, 1989.

劉 爲, 『淸代中朝使者往來研究』, 黑龍教育江出版社, 2002.

劉奇 編, 『慈禧生平』, 中國社會出版社, 2006.

劉如瑛, 「略論韓非的先王觀」, 『江淮論壇 1』, 1982.

劉澤華, 『先秦政治思想史』, 南開大學出版社, 1984.

游喚民, 『先秦民本思想』, 湖南師範大學出版社, 1991.

李育民, 『近代中外關系與政治』, 中華書局, 2006.

李宗吳, 『厚黑學』, 求實出版社, 1990.

李澤厚, 『中國古代思想史論』, 人民出版社, 1985.

張豈之, 『中國儒學思想史』, 陝西人民出版社, 1990.

張國華, 「略論春秋戰國時期的'法治'與'人治'」, 『法學研究 2』, 1980.

張君勱, 『中國專制君主政制之評議』, 弘文館出版社, 1984.

張永江, 『淸代藩部研究』, 黑龍江教育出版社, 2001.

鄭良樹, 『商鞅及其學派』, 上海古籍出版社, 1989.

丁中江, 『北洋軍閥史』, 春秋雜誌社, 1978.

曹思峰, 『儒法鬪爭史話』, 上海人民出版社, 1975.

趙守正, 『管子經濟思想研究』, 上海古籍出版社, 1989.

趙雲田, 『淸末新政硏究』, 黑龍江教育出版社, 2004.

周立升 編, 『春秋哲學』, 山東大學出版社, 1988.

周雙利, 「略論儒法在‘名實’問題上的論爭」, 『考古』4, 1974.

周燕謀 編, 『治學通鑑』, 臺北, 精益書局, 1976.

曾小華, 『中國政治制度史論簡編』, 中國廣播電視出版社, 1991.

陳大絡, 「儒家民主法治思想的闡述」, 『福建論壇, 文史哲 6』, 1989.

郝鐵川, 「韓非子論法與君權」, 『法學研究 4』, 1987.

韓學宏, 「荀子‘法後王’思想研究」, 『中華學苑 40』, 1990.

黃公偉, 『孔孟荀哲學證義』, 臺北, 幼獅文化事業公司, 1975.

• 일본어판

加藤常賢, 『中國古代倫理學の發達』, 二松學舍大學出版部, 1992.

角田幸吉, 「儒家と法家」, 『東洋法學 12-1』, 1968.

岡田武彦, 『中國思想における理想と現實』, 木耳社, 1983.

鎌田 正, 『左傳の成立と其の展開』, 大修館書店, 1972.

高文堂出版社 編, 『中國思想史』, 高文堂出版社, 1986.

高須芳次郎, 『東洋思想十六講』, 東京, 新潮社, 1924.

高田眞治, 「孔子的管仲評-華夷論の一端として」, 『東洋研究 6』, 1963.

顧頡剛 著 小倉芳彦 等 譯, 『中國古代の學術と政治』, 大修館書店, 1978.

館野正美, 『中國古代思想管見』, 汲古書院, 1993.

溝口雄三, 『中國の公と私』, 硏文出版, 1995.

堀川哲男, 『中國近代の政治と社會』, 法律文化社, 1981.

宮崎市定, 『アジア史研究, l-V』, 同朋社, 1984.

宮島博史 外, 「明清と李朝の時代」『世界の 歴史』, 中央公論社, 1998.

近藤邦康, 『毛澤東實踐と思想』, 岩波書店, 1991.

段瑞聰, 『蔣介石と新生活運動』, 慶應義塾大學出版社, 2006.

大久保隆郎也, 『中國思想史』, 高文堂出版社, 1985.

大濱晧, 『中國古代思想論』, 勁草書房, 1977.

渡邊信一郎, 『中國古代國家の思想構造』, 校倉書房, 1994.

嶋倉民生, 『鄧小平の中國』, 近代文藝社, 1996.

木村英一, 『法家思想の探究』, 弘文堂, 1944.

別宮暖朗, 『失敗の中國近代史』, 竝木書房, 2008.

服部武, 『論語の人間學』, 東京, 富山房, 1986.

福澤諭吉, 『福澤諭吉選集』, 岩波書店, 1989.

山口義勇, 『列子研究』, 風間書房, 1976.

山田辰雄 編, 『近代中國人物研究』, 慶應通信, 1989.

上野直明, 『中國古代思想史論』, 成文堂, 1980.

上田榮吉郎, 「韓非の法治思想」, 『中國の文化と社會 13』, 1968.

石田收, 『鄧小平帝國の遺産』(光人社, 1995).

小林多加士, 「法家の社會體系理論」, 『東洋學研究 4』, 1970.

小野勝也, 「韓非.帝王思想の一側面」, 『東洋學術研究 10-4』, 1971.

小此木政夫 外, 『東アジア危機の構圖創出』, 東洋經濟新聞社, 1997.

小倉芳彦, 『中國古代政治思想研究』, 青木書店, 1975.

孫江, 『近代中國の革命と秘密結社』(汲古書院, 2007).

松浦玲, 「'王道'論をめぐる日本と中國」, 『東洋學術研究 16-6』, 1977.

守本順一郎, 『東洋政治思想史研究』, 未來社, 1967.

狩野直禎, 『韓非子の知慧』, 講談社, 1987.

矢吹晉, 『毛澤東と周恩來』(講談社現代新書, 1991).

信夫淳平, 『荀子の新研究』, 研文社, 1959.

安岡正篤, 『東洋學發掘』, 明德出版社, 1986.

安居香山 編, 『讖緯思想の綜合的研究』, 國書刊行會, 1993.

野町和嘉, 『長征 毛澤東の歩いた道』, 講談社, 1995.

野村浩一, 『近代中國の政治文化』, 岩波書店, 2007.

栗田直躬, 『中國古代思想の研究』, 岩波書店, 1986.

伊藤道治, 『中國古代王朝の形成』, 創文社, 1985.

日原利國, 『中國思想史, 上·下』, ペリカン社, 1987.

町田三郎 外, 『中國哲學史研究論集』, 葦書房, 1990.

竹内實, 『毛澤東と中國共産黨』, 中央公論社, 1972.

紙屋敦之, 『大君外交と東アジア』, 吉川弘文館, 1997.

津田左右吉, 『左傳の思想史的研究』, 東京, 岩波書店, 1987.

陳柱著 中村俊也 譯, 『公羊家哲學』, 百帝社, 1987.

淺間敏太, 「孟荀における孔子」, 『中國哲學 3』, 1965.

村瀬裕也, 『荀子の世界』, 日中出版社, 1986.

貝塚茂樹 編, 『諸子百家』, 筑摩書房, 1982.

貝塚茂樹, 『毛澤東傳』, 岩波書店, 1951.

平野聰, 『大清帝國と中華の混迷』, 講談社, 2007.

布施彌平治, 「申不害の政治說」, 『政經研究 4-2』, 1967.

戶山芳郎, 『古代中國の思想』, 放送大教育振興會, 1994.

丸山松幸, 『異端と正統』, 每日新聞社, 1975.

丸山眞男, 『日本政治思想史研究』, 東京大出版會, 1993.

荒木見惡, 『中國思想史の諸相』, 中國書店, 1989.

荒野泰典, 『近世日本と東アジア』, 東京大出版會, 1988.

横山宏章, 『中國近代政治思想史入門』, 研文出版, 1987.

• 서양어판

Ahern, E. M., Chinese Ritual and Politics, Cambridge Univ. Press, 1981.

Allinson, R., ed., Understanding the Chinese Mind The Philosophical Roots, Hong Kong Oxford Univ. Press, 1989.

Ames, R. T., The Art of Rulership - A Study in Ancient Chinese Political Thought, Honolulu Univ. Press of Hawaii, 1983.

Aristotle, The Politics, London Oxford Univ. Press, 1969.

Barker, E., The Political Thought of Plato and Aristotle, New York Dover Publications, 1959.

Bell, D. A., 「Democracy in Confucian Societies The Challenge of Justification」 in Daniel Bell et. al., Towards Illiberal Democracy in Pacific Asia, Oxford St. Martin's Press, 1995.

Carr, E. H., What is History, London Macmillan Co., 1961.

Edward Hallett Carr, Nationalism and After, London Macmillan, 1945.

Cohen, P. A., Between Tradition and Modernity Wang T'ao and Reform in Late Ch'ing China, Cambridge Harvard Univ. Press, 1974.

Creel, H. G., Shen Pu-hai. A Chinese Political Philosopher of The Fourth Century B.C., Chicago Univ. of Chicago Press, 1975.

Cua, A. S., Ethical Argumentation - A study in Hsün Tzu's Moral Epistemology, Univ. Press of Hawaii, 1985.

De Bary, W. T., The Trouble with Confucianism, Cambridge, Mass. Harvard Univ. Press, 1991.

Fingarette, H., Confucius The Secular as Sacred, New York Harper and Row, 1972.

Fukuyama, F., The End of History and the Last Man, London Hamish Hamilton, 1993.

Hegel, F., Lectures on the Philosophy of World History, Cambridge Cambridge Univ. Press, 1975.

Held, D., Models of Democracy, Cambridge Polity Press, 1987.

Hsü, L. S., Political Philosophy of Confucianism, London George Routledge & Sons, 1932.

Huntington, S. P., "The Clash of civilization." Foreign Affairs 7, no.3, summer.

Johnson, C., MITI and the Japanese Miracle, Stanford Stanford University Press, 1996.

Machiavelli, N., The Prince, Harmondsworth Penguin, 1975.

Macpherson, C. B., The Life and Times of Liberal Democracy, Oxford Oxford Univ. Press, 1977.

Mannheim, K., Ideology and Utopia, London Routledge, 1963.

Marx, K., Oeuvres Philosophie et Économie 1-5, Paris Gallimard, 1982.

Mills, C. W., The Power Elite, New York Oxford Univ. Press, 1956.

Moritz, R., Die Philosophie im alten China, Berlin Deutscher Verl. der Wissenschaften, 1990.

Munro, D. J., The Concept of Man in Early China, Stanford Stanford Univ. Press,

1인자의 인문학

1969.

Peerenboom, R. P., Law and Morality in Ancient China - The Silk Manuscripts of Huang-Lao, Albany, New York State Univ. of New York Press, 1993.

Plato, The Republic, Oxford Univ. Press, 1964.

Pott, W. S., A Chinese Political Philosophy, Alfred. A. Knopf, 1925.

Rawls, J., A Theory of Justice, Cambridge, Harvard Univ. Press, 1971.

Rubin, V. A., Individual and State in Ancient China - Essays on Four Chinese Philosophers, Columbia Univ. Press, 1976.

Sabine, G., A History of Political Theory, Holt, Rinehart and Winston, 1961.

Sartori, G., The Theory of Democracy Revisited, Catham House Publisher, Inc., 1987.

Schumpeter, J. A., Capitalism, Socialism and Democracy, London George Allen & Unwin, 1952.

Schwartz, B. I., The World of Thought in Ancient China, Cambridge Harvard Univ. Press, 1985.

Strauss, L., Natural Right and History, Chicago Univ. of Chicago Press, 1953.

Taylor, R. L., The Religious Dimensions of Confucianism, Albany, New York State Univ. of New York Press, 1990.

Tocqueville, Alexis de, Democracy in America, Garden City, New York Anchor Books, 1969.

Tomas, E. D., Chinese Political Thought, New York Prentice-Hall, 1927.

Tu, Wei-ming, Way, Learning and Politics- Essays on the Confucian Intellectual, Albany, State Univ. of New York Press, 1993.

Waley, A., Three Ways of Thought in Ancient China, doubleday & company, 1956.

Weber, M., The Protestant Ethics and the Spirit of Capitalism, London Allen and Unwin, 1971.

Wu, Geng, Die Staatslehre des Han Fei - Ein Beitrag zur chinesischen Idee der Staatsräson, Wien & New York Springer-Verl., 1978.

Wu, Kang, Trois Theories Politiques du Tch'ouen Ts'ieou, Paris Librairie Ernest Leroux, 1932.

리더는 어떻게 탄생하는가
1인자의 인문학 | 중국편

초 판 1쇄 2017년 10월 02일

지은이 신동준
펴낸이 류종렬

펴낸곳 미다스북스
총 괄 명상완
마케팅 권순민
편 집 이다경
디자인 한소리

등록 2001년 3월 21일 제2001-000040호
주소 서울시 마포구 양화로 133 서교타워 711호
전화 02) 322-7802~3
팩스 02) 6007-1845
블로그 http://blog.naver.com/midasbooks
전자주소 midasbooks@hanmail.net

ⓒ 신동준, 미다스북스 2017, *Printed in Korea.*

ISBN 978-89-6637-543-1 03320
값 **18,000원**

이 도서의 국립중앙도서관 출판예정도서목록(CIP)은 서지정보유통지원시스템 홈페이지(http://seoji.
nl.go.kr)와 국가자료공동목록시스템(http://www.nl.go.kr/kolisnet)에서 이용하실 수 있습니다.(CIP
제어번호: CIP2017024364)」

미다스북스는 다음세대에게 필요한 지혜와 교양을 생각합니다.